월호 스님의 유마경 강설

월호 스님의 유마경 강설

초판 1쇄 찍음 2021년 11월 15일
초판 1쇄 펴냄 2021년 11월 22일

지은이.   월호
발행인.   정지현
편집인.   박주혜

대 표.   남배현
기 획.   모지희
편 집.   유철주
디자인.   홍정순
마케팅.   조동규, 김관영, 조용, 김지현, 서영주
구입문의. 불교전문서점 향전(www.jbbook.co.kr) 02-2031-2070~1

펴낸곳.   (주)조계종출판사
          서울 종로구 삼봉로 81 두산위브파빌리온 831호
          전화 02-720-6107 ㅣ 팩스 02-733-6708
          출판등록 제2007-000078호(2007. 04. 27.)

ⓒ 월호, 2021
ISBN 979 - 11 - 5580 - 168 - 0 03220

월호 스님의

유마경 강설

조계종
출판사

삼세제불三世諸佛의
최상의 깨달음을 설한 『유마경』

　『유마경』은 삼세제불三世諸佛의 최상의 깨달음을 설한 것이며, 붓다의 깨달음도 이로부터 생긴다고 일컬어집니다. 『유마경』은 예로부터 '소小화엄'이라고 했습니다. 부처님의 깨달음의 경지를 설한 경전 『화엄경華嚴經』은 내용이 너무 방대하고 심오해서 이해하기 어려운데, 이 『화엄경』을 농축시켜 엑기스로 만든 게 바로 『유마경』이라는 거죠. 행불行佛('부처의 행을 수행한다')의 실천 교과서라고 할 수 있습니다.

　필자가 『유마경』을 처음 만난 때는 지금으로부터 약 40년 전, 1980년도예요. 당시 동해안 경비사령부 최전방 철책선, 비무장지대에서 근무했는데 경계근무 위주로 하다 보니 시간이 남아서 어머니께 볼만한 책 좀 보내달라고 편지를 썼어요. 그때 속가 모친께서 보내주신 책이 『유마경』이어서 처음으로 탐독하게 되었고, 그

후로 몇 번 읽어 본 적은 있지만 깊은 뜻은 잘 몰랐어요. 그러다가 이번에 원문과 기존의 번역본들을 일일이 대조하면서 살펴보니 '교재를 만들기 위해 번역했지만 진짜 공부가 된 것은 바로 나로구나. 아는 만큼 전하다 보니, 전할수록 알게 되는구나'를 실감했습니다.

　필자가 학창시절 한겨울에 북한산에 간 적이 있어요. 꼭대기에 올라갔는데 춥고 배고파서 일행들과 뭐 해먹으려고 버너에 코펠 올려놓고 물을 끓였죠. 바람이 하도 많이 불어서 텐트 치고 그 안에서 물을 끓였는데, 그걸 잘못 건드려서 펄펄 끓는 물이 제 발등에 고스란히 쏟아졌어요. 발등이 폭삭 익어버려서 얼른 내려가려고 하는데, 한겨울이니까 맨발로 내려올 수는 없죠. 경사진 돌길을 신발 끈을 헐겁게 매고, 일행 중 한 사람이 부축해줘서 쩔뚝거리면서 내려오는데 화상 입은 부위에 신발이 쓸리니까 한 발 한 발 걷는 게 고통스럽기 짝이 없었죠. 그때 문득 '발등만 데어도 이렇게 괴로운데 이 세상에는 이것보다 더한 육체적 고통이나 정신적 고통을 겪는 사람들이 얼마나 많을까? 내가 앞으로 그런 사람들을 위해서 살아야겠구나'라고 그 어린 애가, 고등학교 때쯤인데 불현듯 그런 생각이 든 거예요. 그런데 희한한 일이 벌어졌습니다. 그 생각을 하자마자 제 발등의 고통이 없어졌어요. 마취제나 진통제를 맞은 것처럼 전혀 고통이 안 느껴졌어요. 거기서부터는 뛰다시피 해서 산을 내려왔습니다.

　그땐 그냥 신기하다 여기고 지나갔는데, 나중에 불교를 공부하면서 생각해보니 바로 이거였어요. "이 몸은 아바타요, 붓다의 몸

들어가며　　　　　　　　　　　　　　　　　　　　　　　　5

은 법신이다. 생사가 있으면 병이 있겠지만 법신은 불생불멸이다. 그러므로 모든 병 또한 아바타의 병으로 관찰하면서 자기의 병으로 남의 병을 가엾이 여겨야 한다. 이러한 법을 설하는 것이 진정한 자애다. 그러므로 방편이 없는 지혜는 속박이요, 방편이 있는 지혜가 해탈이다. 지혜가 없는 방편은 속박이요, 지혜가 있는 방편이 해탈이다."

"번뇌의 바다에 들어가지 않으면 지혜의 보배를 얻을 수 없다. 일체 번뇌가 여래의 씨앗이기 때문이다. 일체의 마군과 외도들이 나의 시자다. 뭇 마군들은 생사를 즐기고 보살은 생사를 버리지 않기 때문이며 외도들은 모든 견해를 즐기고 보살은 견해에 있어서 동요하지 않기 때문이다. 보살을 핍박하는 이는 불가사의 해탈보살이다. 당나귀는 코끼리를 차거나 밟을 수 없기 때문이다."

여러분이 보살도를 닦기로 마음먹었는데, 괴롭히는 사람이 있으면 '아이고, 대보살님께서 나를 공부시키려고 이렇게 나를 괴롭히시고 스트레스를 주시는구나'라고 생각하세요. '저놈만 세상에서 없어지면 내가 사는 게 편해질 텐데'라고 생각하면 보살도를 닦는 게 아니에요. "일체의 마구니와 외도들이 다 나의 친척이고 시자"라는 게 바로 붓다의 안목입니다. 또 "번뇌의 바다에 들어가지 않으면 지혜의 보배를 어찌 얻을 수 있으랴"고 합니다. 최고의 진주를 캐내려면 바닷속으로 들어가서 보배를 캐야죠? 그러니까 '번뇌를 너무 두려워할 필요 없다. 오는 번뇌 막지 말고 가는 번뇌 잡지 말라' 하는 마음가짐으로 살아야 돼요. 번뇌는 끊어야 할 게 아니고 관찰해야 할 대상입니다. 아바타의 번뇌로써 관찰을 하는 게 진정한 번뇌를 대하는 방식입니다.

　요즈음이야말로 '중생이 아프므로 나도 아프다'는 유마 거사의 말이 실감나는 시기입니다. 인류는 운명공동체입니다. 인류의 대다수가 코로나19에서 벗어나야 비로소 나도 벗어나는 것입니다. 너와 나, 인간과 자연이 둘이 아니라는 『유마경』의 지혜를 잘 전해서 모든 생명이 해탈의 길로 나아가기를 기원합니다.

불기 2565년 11월
행불사문 월호 합장

| 차례 |

제3막. 다시 암라팔리 동산

*
* *
*

암라팔리 동산과 유마방

『유마경』 전체는 3막 14장으로 이루어져 있습니다.『유마경』의 내용으로 오페라를 만들 수도 있을 것 같아요. 만약에 제가 희곡 작가라면 전체 3막의 중요한 내용들을 토대로 얼마든지 써낼 수 있을 것 같습니다. 그만큼 내용이 풍부하고 의미가 깊어요.

이것을 왜 유마에 의해 설해진 경이라고 하냐면, 보통 경이라 하면 부처님께서 설하신 것인데 이『유마경』은 부처님도 물론 중간중간 설하셨지만 유마가 설한 내용들이 훨씬 많습니다. 말하자면 세존께서는 연출하셨고,『유마경』의 주연은 유마장자와 문수보살, 사리불 등입니다. 유마장자는 행불의 경지를 설해주고, 문수보살은 대승보살의 경지를 설해주고, 사리불은 성문·연각의 입장을 대변해주고 있어요. 사리불은 색즉시공을 설하고 있고, 문수보살은 공즉시색을 설하고 있고, 유마장자는 색즉시색을 설하고 있습니다. 세 가지가 다 표현되어 있어요. 우리가 이걸 대조해가면서 명료히 뜻을 파악할 수가 있습니다. 이게 바로『유마경』의 장점이죠. 보통 초기 경전은 성문의 입장인 '제법무아諸法無我, 색즉시공'의 입장을 주로 설하고 있고, 대승

월호 스님의 유마경 강설

경전은 보살의 입장인 '공즉시색'의 입장을 주로 설하는데, 『유마경』은 그 두 가지를 바탕으로 한 '색즉시색'의 입장, 즉 붓다의 안목을 설해주고 있습니다.

제1막은 암라팔리 동산과 유마의 방입니다. 암라팔리 동산이라는 꽃동산에서 이야기가 시작되죠. 제2막은 유마의 텅 빈 방으로 모두 문병을 가서 나누는 대화가 주로 이루어집니다. 그다음에 제3막은 다시 부처님이 계시는 암라팔리 동산으로 돌아와서 마무리하는 단계로 되어 있습니다.

제1막은 4장으로 이루어져 있어요. 제1막 제1장은 '중생계가 보살의 불국토이다' 하는 '불국품'으로 시작합니다. 그리고 제2장은 '유마거사가 일부러 병을 나타내는 방편품', 방편으로 병을 보입니다. 그래서 제3장에서는 '유마의 가르침을 받은 십대제자, 제자품'이 되죠. 십대제자들과 유마거사가 서로 주거니 받거니 하는 대화 내용들이 나열됩니다. 제4장은 십대제자뿐 아니라 유마의 가르침을 받은 네 보살들이 등장해서 유마거사와 대화를 나눕니다.

● 제1장 ●

중생계가 보살의 불국토이다
(一. 佛國品)

1. 『유마경』의 무대와 등장인물

이와 같이 나는 들었다. 한때, 붓다께서 비야리[01]에 있는 암라수원[02]에서 8천 명의 대 비구승과 더불어 함께 하시니, 보살은 3만 2천 인이었다. 그들은 대중에게 잘 알려져 있었으며, 큰 지혜의 근본 수행을 모두 성취하였으니, 제불의 위신력에 의해 이루어진 것이었

---

01 바이샬리 또는 웨살리. 릿차비족을 비롯한 여러 종족으로 이루어진 왓지 공화국의 수도. 부처님께서는 웨살리 대재앙 때 이곳을 처음 방문하고 보배경을 설하여 삼대재앙을 물리치셨다. 이곳에서 최초로 양모인 마하빠자빠띠와 오백 명의 사끼야족 여인들에게 비구니계를 주어 비구니 승단이 성립되었다. 이곳에서 왓지 출신 비구들이 제기한 십사의 비법 때문에 제2차 경전결집이 이루어졌으며, 이로 인해 상좌부와 대중부의 근본분열이 일어났다.

02 바이샬리 최고의 기녀였던 암라빠리가 부처님께 기증한 망고나무 숲. 부처님께서는 암라빠리의 공양청을 먼저 받고, 나중에 온 릿차비 귀족들의 공양청을 거절하셨다. 다음 날 부처님과 제자들이 공양을 마치자, 암라빠리는 부처님께 나아가 아뢰었다. "세존이시여, 저는 이 동산을 부처님의 교단에 바치겠습니다." 세존의 설법을 들은 그녀는 오계를 지킬 것을 굳게 맹세하였으며, 훗날 비구니가 되어 마침내 아라한과를 성취하였다고 한다.

다. 불법의 성을 지키기 위해 정법을 수지하며, 사자후로서 이름이 시방에 떨쳤다. 대중이 청하지 않아도 벗이 되어 편안케 하며 삼보를 이어 융성하게 하여 끊어지지 않게 하였다. 마군들의 원한을 항복받고 모든 외도들을 제압하여 모두 다 청정하여 영원히 속박으로부터 벗어나 있었다.

그 자리에 모여 있는 대중들에 대한 설명이죠. "비야리 성의 암라수 꽃동산에서 8천 명의 대 비구승과 3만 2천의 보살이 있었다." 등장인물을 보면 부처님께서 지금 어떤 대중을 상대로 법을 설하는지 알 수가 있어요. 등장인물이 굉장히 중요한데, 누구인지에 따라서 법을 설하는 수준이 달라지기 때문이에요. 벌써 등장인물만 봐도 대 비구승, 즉 성문승이죠. 또 보살 3만 2천 인, 바로 보살승이죠. 여기서 법문은 성문승과 보살승을 주요 대상으로 하는 것임을 알 수 있습니다.

마음은 항상 걸림 없는 해탈에 안주하고, 사념처四念處[03]· 사선정四禪定[04] 및 다라니陀羅尼[05]와 변재辯才[06]가 끊어지지 않았으며, 보시·지계·인욕·정진·선정·지혜 및 방편력 등을 갖추지 않은 것이

---

03 몸에 대해 몸을 보고, 느낌 대해 느낌 보고, 마음 대해 마음 보고, 법에 대해 법을 보는 것.
04 초선 : 인위적으로 사념처를 닦으며 희열을 느낌, 2선 : 자연스럽게 사념처를 닦으며 희열과 행복을 느낌, 3선 : 희열은 사라지고 미세한 행복을 느낌, 4선 : 행복조차 사라진 평정 상태.
05 모든 이치를 함축해 지녔다고 해서 총지. 진실한 말이라 해서 진언 혹은 주문.
06 말 잘하는 재주.

없었다. 무소득無所得⁰⁷과 무생법인無生法忍⁰⁸의 경지에 이르렀으며, 이미 순리에 따라 퇴보 없이 법륜을 굴리며, 법의 모양을 잘 이해하고, 중생의 근기를 알며, 모든 중생을 뒤덮는 두려움이 없는 경지에 이르렀다. 공덕과 지혜로써 그 마음을 닦고, 상호로써 장엄하여 형상이 제일이라. 세상에 있는 모든 장신구가 필요 없었으며, 명성은 드날려 수미산보다 더 높았다.

이미 이 보살들은 무소득과 무생법인의 경지에 이르렀습니다. 무소득은 말 그대로 얻을 바가 없는 경지, 즉 충만한 경지죠. 충만하여 얻을 바가 없으므로 생사에 대한 두려움을 떠나게 되는 거예요. 충만하여 얻을 바가 없는 경지에 아직 못 이르면 두려움이 있어요. 삶과 죽음, 늙고 병듦에 대한 두려움이 없는 경지가 바로 무소득, 또 무생법인입니다. 무생법인은 '태어남이 없는 법의 진리를 깨우쳤다'는 소리인데, 태어남이 없다는 건 바로 불생불멸의 경지에 들어간 거예요. 사실은 누구나 다 무생법인의 경지에 있습니다. 태어나는 것은 아바타가 하는 거고, 본래 나는 이미 무소득이고 이미 무생법인의 경지에 있는데, 그것을 모를 뿐인 거죠. 잊어버렸어요. 그것을 다시 기억나게 해주는 게 바로 경전 공부라고 하는 겁니다.

깊은 믿음이 견고하여 마치 금강석과 같았으며, 법의 보배를 널리

---

07 이미 충만하여 더 이상 채우거나 얻을 것이 없는 경지.

08 미혹을 쉬고 공空의 이치를 터득함. 공의 이치는 생기거나 일어남이 없으므로 무생법無生法, 혹은 불기법不起法이라 한다. 여기서의 인忍은 인가認可를 뜻한다.

월호 스님의 유마경 강설

비추어 감로의 비를 내리고, 모든 음성 가운데 미묘하기 으뜸이었다. 깊이 연기법에 들어가 모든 삿된 견해를 끊고, 유·무의 두 가장자리에 머무름이 없었으며, 법을 펼침에 있어 두려움이 없음은 마치 사자후 같고, 그 강설하는 바는 마치 뇌성벽력 같았다. 사량분별이 없었으며, 이미 사량분별을 초월하였다. 뭇 법의 보배를 모아 마치 바다의 인도자와 같았다. 모든 법의 깊고 미묘한 이치를 통달하였으며, 중생의 왕래하고 나아가는 바와 마음이 가는 바를 잘 알았다.

이 보살들은 마치 바다의 항해사, 요새 말하면 네비게이터 navigator와 같았다는 거예요. 여러분이 인생을 어떻게 살아야 하는지, 마음공부를 어떻게 해야 되는지, 마음공부의 안내자 같은 존재들이었다는 거죠.

비교할 수 없는 붓다의 자재한 지혜와 10력[09], 사무외[10]와 18불공법[11]에 근접했다. 일체의 모든 악취세계의 문을 닫았지만, 일부러

---

09 붓다가 지닌 열 가지 지혜의 힘. 가능한 것과 불가능한 것을 안다, 삼세 업보를 안다, 선과 해탈과 삼매를 안다, 중생의 근기를 안다, 상대방의 이해 정도를 안다, 중생의 경지를 안다, 중생의 갈 길을 안다, 천안이 걸림 없다, 숙명을 모두 안다, 습기를 영구히 끊었다.

10 4무소외. 네 가지 두려움 없는 자신감. 일체 법을 증득한 자신감, 일체의 번뇌를 끊은 자신감, 수행에 장애되는 것을 모두 설한 자신감, 고통에서 벗어나 해탈로 가는 길을 설한 자신감.

11 아무도 함께하지 못하는 붓다만의 18가지 특징. 신·구·의 삼업에 과실이 없는 것 세 가지, 중생에 대해 평등한 것, 선정에 의해 마음이 안정된 것, 일체를 포용하여 버리지 않는 것, 중생 구제의 의욕·정진·염력·선정·지혜에 물러나지 않는 것 다섯 가지, 해탈로부터 물러나지 않는 것, 중생 구제를 위해 삼업을 나타내는 것 세 가지, 과거·현재·미래의 삼세에 대해 통달한 것 세 가지.

5도[12]에 태어나 그 몸을 나타내었다.

이게 보살의 큰 특징이죠. "일체의 모든 악취세계의 문을 닫았다." 더 이상 삼악도에 떨어지지 않는 경지에 이르렀지만, 일부러 5도에 태어나서 그 몸을 나타내었다는 것은 바로 '원생'이라고 하는 거죠. 10력, 사무외, 18불공법 같은 전문 불교 용어들은 각주를 참고하시면 되겠습니다.

큰 의왕이 되어 중생의 병을 치료하되, 병에 따라 약을 주어 복용케 하였다. 한량없는 공덕을 모두 성취하고, 한량없는 불국토를 모두 장엄하여, 그 보고 들은 자로서 이익을 얻지 않은 사람이 없었다. 모든 짓는 바가 공허함이 없어서 이와 같이 일체의 공덕을 두루 구족하였다.

"큰 의왕이 되어 중생의 병을 치료했다. 병에 따라 약을 주어서 복용케 하였다." 그래서 부처님이나 대보살들을 큰 의사, 의사들의 왕 '의왕'에 비유를 합니다. 중생들의 착각의 병을, 즉 탐진치貪瞋癡 바이러스에 감염되어 있는 병을 치료해주는 거죠. 육신의 병은 금생에 끝나지만, 탐진치는 마음의 병이기 때문에 내생까지 가져가요. 죽어서도 마음은 가져갑니다. 그리고 정말 위험한 것은, 본인들이 탐진치 바이러스에 걸렸는지 안 걸렸는지 자각 증상이 전혀 없어요. 본인들은 대부분 안 걸렸다고 생각해요. 그런데 미안한 이야

---

12 육도 가운데 아수라를 지옥에 포함.

기이지만, 이건 모든 중생들이 다 걸려 있는 거예요. 증세가 약하냐 강하냐의 차이일 뿐이죠. 자각 증상이 없는 바이러스가 정말 무섭잖아요? 자각 증상이 있으면 나도 조심하고 너도 조심할 텐데, 이건 뭐 본인이 걸렸는지 안 걸렸는지 모르니까, 남도 전염이 될지 안 될지 모르고, 무자각 증상이라는 게 정말 위험한 겁니다. 그래서 탐진치 바이러스에 감염이 되면 격리 치료를 해야 돼요. 그다음에 면역력 증강을 해야 돼요. 격리 치료하는 방법은 바로 '아바타 명상'이라 할 수 있죠. "몸과 마음은 아바타, 관찰자가 진짜 나. 그래서 이 몸과 마음으로부터 자기 자신을 격리해야 된다", 이게 첫 번째예요. 다른 바이러스하고 똑같아요. 그다음에 면역력을 증강해야 다시 안 걸립니다. 그게 바로 '바라밀 명상'입니다. "'마하반야바라밀'을 앉으나 서나, 오나 가나, 자나 깨나 염하면서 '나는 본래 크고 밝고 충만하다', '나는 지금 크고 밝고 충만하다', '나는 항상 크고 밝고 충만하다', '마하반야바라밀'." 이렇게 해서 스스로 면역력이 증강돼야 해요. 자생력을 키워줘야 합니다. 이게 바로 탐진치 바이러스에서 벗어나는 지름길입니다. 이런 방법을 몸소 가르쳐주니까 바로 큰 의왕이 되어서 중생의 병을 치료한다는 이야기입니다.

그 이름은 등관보살, 부등관보살, 등부등관보살, 정자재왕보살, 법자재왕보살, 법상보살, 광상보살, 광엄보살, 대엄보살, 보적보살, 변적보살, 보수보살, 보인수보살, 상거수보살, 상하수보살, 상참보살, 희근보살, 희왕보살, 변음보살, 허공장보살, 집보거보살, 보용보살, 보견보살, 제망보살, 명망보살, 무연관보살, 혜적보살, 보승보살, 천왕보살, 괴마보살, 전덕보살, 자재왕보살, 공덕장엄보살, 사자후보살, 뇌음보살, 산상격음보살, 향상보살, 백향상보살, 상정진보살, 불휴식보살, 묘생보살, 화엄보살, 관세음보살, 득대세보살, 범망보살, 보장보살, 무승보살, 엄토보살, 금계보살, 주계보살, 미륵보살, 문수사리법왕자보살이었다. 이와 같은 보살들이 3만 2천 명이나 있었다.

"수많은 보살이 있었는데 그중에는 관세음보살이나 미륵보살이나 또 문수사리보살, 이런 분들도 포함되어 있었다"—대보살이죠.

또 범천왕 시기 등 만 명의 신들이 다른 4천하로부터 와서 붓다에게 나아가 법을 들었다. 또 제석천을 비롯한 1만 2천의 천신들이 다른 4천하로부터 와서 앉아 있었고, 다시 그 외에 큰 위력이 있는 모든 천신과 용신, 야차, 건달바, 아수라, 가루라, 긴나라, 마후라가 등이 모두 와서 회상에 앉아 있었으며 많은 비구, 비구니, 우바새, 우바이도 모두 와서 회상에 앉아 있었다.

"성문 비구승이나 대보살들뿐 아니라 천신들도 모두 와서 앉았고, 또 팔부신중, 비구, 비구니, 우바새, 우바이, 이런 대중들이 모두 회상에 앉아 있었다." 여기까지 이 『유마경』을 설하실 때 참석한 등장인물들의 이름이 거명되었습니다.

2. 보적보살이 게송으로 찬탄하다

그때 붓다께서 한량없는 백 천 대중들로부터 공경받고 둘러싸여 그들을 위해 법을 설하셨다. 비유컨대 마치 수미산 왕이 큰 바다에 드러나는 것 같았으며, 갖가지 보배로 장식된 사자좌에 편히 앉아 일체 참석 대중을 덮는 것 같았다.

이때 비야리 성에 장자의 아들이 있었으니, 그 이름이 보적이라. 장자의 아들 5백 명과 함께 칠보로 된 일산을 갖고 붓다가 계신 곳에 이르러, 이마를 발에 대고 예를 올리며 각자 그 일산을 다 함께 붓다께 공양 올렸다. 붓다의 위신력으로 보배 일산을 합쳐 하나로 만들어 삼천대천세계[13]를 두루 덮으니, 이 세계의 드넓은 모습이 다 그 가운데 나타났다.

이런 내용은 글자만 읽으면 재미가 없고 상상하면서 읽어야 돼요. 장자의 아들 5백 명이 다 일산日傘을 가지고 있어요. 요즘은 일산이라 안 하고 양산이라 그러죠? 볕을 가려주는 큰 우산을 말해요. 장자의 아들 5백 명이 다 부처님께 예를 올리고 공양을 올렸는데, 일산 5백 개를 부처님께서 합쳐서 하나로 만들어버렸어요. 하나로 쫙 만들어서 이 삼천대천세계를 두루 덮으니, 세계의 모습이 다 그 가운데 나타났다는 겁니다.

---

13 태양계가 천 개 모이면 소천세계, 소천세계가 천 개 모이면 중천세계, 중천세계가 천 개 모이면 대천세계라고 하며, 삼천세계 혹은 삼천대천세계라고도 한다.

또 이 삼천대천세계의 수미산, 설산, 목진린다산, 마하목진린다산, 향산, 보산, 금산, 흑산, 철위산, 대철위산, 큰 바다, 강, 하천, 냇물, 샘물 및 해, 달, 별, 천궁, 용궁, 뭇 존귀한 신궁이 모두 보배 일산 속에 나타났다. 또 시방의 제불과 제불의 설법 또한 보배 일산 속에 나타났다. 그때에 모든 대중들은 붓다의 신통력을 보고 미증유라 감탄하며 합장 예불하고, 존안을 우러러보며 한시도 눈을 떼지 못하였다. 이에 장자의 아들 보적이 곧 부처님 앞에서 게송으로 설하였다.

요새 시내에 나가면 높은 빌딩에 커다란 광고판이 달려 있고, 거기에 온갖 장면이 다 나오잖아요. 히말라야산도 나타나고 태평양도 나타나고, 그런 것을 연상하면 돼요. 그러니까 부처님이 일찍이 그러한 신통력을 가지신 게 아닌가. 그래서 사람들이 보고 감탄을 금치 못했던 거죠. 그때 장자의 아들 보적이 게송으로 찬탄하는 찬가를 부릅니다.

"눈은 맑고 광대하여 푸른 연꽃 같으시며 마음은 청정하여 모든 선정 이루었네. 청정한 업 오래 쌓아 '무량'이라 칭하였고, 적정으로 인도하니 머리 숙여 절합니다.
이미 보니 대성현의 신통변화, 널리 시방 무량국토 나투시며 그 가운데 모든 붓다 법에 대해 설하시니 이곳에서 일체 모두 보고 듣네.
법왕의 법력은 모든 중생 초월하고 항상 법의 재물로써 일체에게 베푸시네. 모든 법의 모양 분별하기 잘하면서 최고의 진리에서 벗어나지 않으시며 이미 모든 법의 자재함을 얻으시니 그러므로 이 법왕께 머리 숙여 절합니다.

존재는 있는 것도 없는 것도 아니며 인과 연에 의지해서 모든 존재 생겨나니 '나'도 없고, '짓는 이'나 '받는 이'도 없지만 선과 악의 업은 또한 사라지지 않음이라.

이 대목이 부처님께 머리 숙여 공경하는 대목이고, 여기 보면 모든 존재는 있는 것도 아니고 없는 것도 아니라는 거예요. 지금 보면 있는 것이 내일도 똑같이 있을까요? 바뀝니다. 백 년 후에도 있을까요? 없어지죠. 있는 것 같지만 사라지고, 사라진 것 같지만 작년에 피었던 벚꽃이 올해 또 오잖아요. 봄이 되니까 또 꽃이 핀단 말이에요. 그럼 올해 핀 벚꽃과 작년에 핀 벚꽃은 똑같을까요? 아, 그거 애매하죠. 같은 나무에서 폈으니까 같은 벚꽃 같기도 한데, 또 똑같은 건 아니야. 바로 그런 말을 하는 거예요. 존재는 마치 벚꽃처럼 있는 것 같은데, 멋있다 하다 보면 비바람 촥 불면 사라져버리고, 또 사라져서 없나 하면 내년에 보면 또 확 피고, 이런 소식입니다. "있는 것도, 없는 것도 아니고, 인과 연에 의지해서 존재가 생겨날 뿐이다". 봄바람 불고 날 따뜻해지면 그 인과 연이 맞닥뜨려지니까 피어났다가, 또 비바람 치면 사라진다는 소리예요. 그래서 나도 없고, 짓는 이나 받는 이나 실체는 없지만, 그런데 또 묘한 게 선과 악의 업은 사라지지 않는다, 업은 남아 있는 거예요. 그래서 내가 죽어도 자기가 지은 선업이나 악업은 내생에 가져간다는 거예요.

살면서 선업을 지어야 한다는 이유가 내생에도 가져가기 때문입니다. 내가 죽으면 몸은 못 가져갑니다. 그런데 업은 가져가요.

한 남자가 있었는데 부인이 네 명 있었어요. 어느 날 몸이 이상해서 병원에 갔다가 갑작스런 시한부 선고를 받아요. 이미 치료할 수 있는 단계를 지났어요. 갑자기 저세상으로 가게 됐으니까 '혼자 가기는 좀 억울하다. 부인이 넷이나 있는데 한 사람이라도 데려가야지' 하고 평상시 가장 애지중지하던 부인에게 "같이 갑시다" 말해요. 그러자 이 부인이 "살아서야 같이 살았지만 죽음까지 어떻게⋯⋯?" 하면서 거절해요. 그래서 두 번째로 애지중지하던 부인한테 "그럼 당신이라도?" 물으니 "첫째로 애지중지하던 부인도 안 가는데 내가 왜? 데려가려면 저 사람 데려가지⋯⋯". 그래서 세 번째 부인한테 이야기했더니 세 번째도 "장례식 지내는 곳까지 따라가겠습니다. 그러나 무덤까지 같이 들어갈 수는 없습니다"라는 거예요. 마지막으로 평상시에 있는지 없는지 존재 유무조차 불투명했던 부인한테 이야기했더니, 웬일입니까? "제가 같이 가겠습니다. 다음 생뿐 아니라 저는 세세생생 따라가겠습니다" 하는 거죠. 하하하. 그제야 이 사나이가 회한의 눈물을 흘리죠. '이럴 줄 알았으면 진작에 너한테 내가 공을 들였어야 하는 건데 지금까지 내가 엉뚱한 것들한테 공을 들였구나'. 하지만 때는 늦으리.

이게 부처님께서 말씀하신 비유담이죠. 가장 애지중지하던 첫째 부인은 바로 이 몸뚱이를 비유하죠. 그리고 이 몸뚱이에서 나온 자식을 가장 애지중지하죠. 그렇지만 이 몸뚱이나 애들은 결코 나와 죽음, 내세까지 동반할 수가 없다, 금생으로 끝. 두 번째로 재

월호 스님의 유마경 강설

산, 소유물을 애지중지하지만, 이것 역시 다 놓고 가야 합니다. 여러분이 지금 가지고 있는 통장을 저승에서는 못 씁니다. 이승하고 저승이 가치체계가 달라서 저승 가면 못 써요. 아까워서 '내 돈, 현찰, 화장할 때 같이 태워줘요'라고 해도 못 가져가요. 그러니까 금생에 이것을 효용 있게, 가치 있게 쓰고 가는 게 지혜로운 거죠. 그 다음에 세 번째로 애지중지하던 것은 친척, 친구. 이런 사람들은 평소에 가깝게 지내더라도 무덤까지 같이 들어오진 않죠. 마지막 네 번째, 평상시에 존재 유무조차 몰랐던 넷째 부인은 뭐예요? 바로 자기의 업이에요. 선업, 악업. 그래서 자기가 지은 업은 내세는 물론이고 세세생생 따라갑니다. 우리가 살아가면서 선업을 꾸준히 짓고 악업은 줄여나가는 게 진짜 지혜롭게 사는 거죠. 금생만 보고 살면 안됩니다. 금생에 지나갔다 하더라도 나중에 또 받게 돼요. 그러니까 요행을 바라지 말고 꾸준히, 그저 선업 지어나가고 악업은 줄여나가고 하는 게 잘 사는 겁니다.

처음 붓다께서 보리수나무에서 마구니를 항복받고 감로의 적멸과 대각의 도를 성취하셨네. 이미 마음의 움직임도 없고, 받아들이는 것도 없어 모든 외도들을 다 굴복시켰네.
삼전법륜[14] 대천세계에 굴리시니 그 바퀴는 본래 항상 청정하였네. 천신과 인간들이 이에 의해 도를 증득하니, 삼보가 이 세계에 출현하셨다네.

---

14 초전법륜, 중전법륜, 삼전법륜. 고·집·멸·도의 사성제를 설하신 것을 초전법륜, 무상과 공의 이치를 설하신 것이 중전법륜, 불성과 여래장의 이치를 설하신 것을 삼전법륜이라 한다.

삼전법륜이라는 것은 초전·중전·삼전 법륜입니다. 사성제 등 초기불교의 가르침이 초전법륜이고, 공의 이치 설한 게 중전법륜이고, 불성과 여래장 설한 게 삼전법륜입니다. 학교 다닐 때 초등학교, 중학교, 고등학교 커리큘럼이 있듯이 부처님도 커리큘럼이 이렇게 있어요. 처음부터 어려운 말하면 못 알아들으니까 처음에는 좀 쉬운 사성제 이치를 가르치고, 그 다음에 또 공 사상을 가르쳤고, 그 다음에 맨 마지막으로 불성을 가르친 거예요.

이 미묘한 법으로써 뭇 중생을 제도하시니, 한 번만 받아도 물러나지 않아 항상 고요함이라. 늙고 병들며 죽음을 건너가신 큰 의왕이시여. 마땅히 법의 바다 예배하면 그 공덕이 끝이 없네.

'노·병·사'야말로 싯다르타 태자의 화두였습니다. "사람은 누구나 늙고 병들고 죽는데, 그럼 노병사를 초월하는 비결이 없을까?" 하고 출가하셔서 마침내 그 법을 터득하시고 우리에게 전해 주신 거예요. 그런데 그 법은 의외로 간단합니다. 뭐예요? 아바타. "몸과 마음은 아바타. 관찰자가 진짜 나. 진짜 나는 즐거워. 진짜 나는 행복해. 크고 밝고 충만해." 간단해요. 이게 핵심이에요. 나머지는 부수적인 겁니다.

불명예와 명예에도 움직이지 않기는 마치 수미산과 같고, 선인이건 선인이 아니건 평등하게 자비를 베푸시네. 마음과 행동의 평등함은 마치 허공과 같으니, 누가 인간의 보배를 듣고 공경하며 믿

월호 스님의 유마경 강설

지 않으리.

이제 세존께 이 미미한 일산을 바치나니, 그 속에 우리들의 삼천 세계와 모든 천신과 용신이 사는 궁전과 건달바 및 야차들도 나타나네.

세간에 있는 바 모두 보이시니, 10력으로 불쌍히 여겨 이러한 변화를 나타내네.

뭇 중생이 희유함을 보고 모두 부처님을 찬탄하니, 이제 우리들은 삼계의 스승님께 머리 숙여 절합니다.

그래서 부처님은 삼계의 스승입니다. 삼계는 욕계·색계·무색계죠. 욕계欲界는 욕심으로 이루어진 세계, 색계色界는 욕심은 없지만 물질로 이루어진 세계, 무색계無色界는 욕심도 없고 물질도 없고 오직 정신으로만 이루어진 세계입니다.

색계는 천상세계, 범천의 세계입니다. 그런데 천상세계 중에서도 삼십삼천三十三天은 욕심이 있어요. 그래서 천신들도 두 가지 종류가 있죠. 욕심이 아직 남아 있는 천신과 욕심이 사라진 천신. 욕심이 아직 남아 있는 천신은 욕계의 천상에 있고, 욕심이 사라진 천신은 색계의 천상인 범천에 있습니다. 미륵보살은 도솔천에 계세요. 욕계·육천 중의 하나인데 욕계·육천 중에 도솔천도 있고, 삼십삼천 도리천도 있고, 사천왕천도 있고, 여섯 개의 천상이 있죠.

그런데 왜 미륵보살 같은 분이 욕계·육천에 있을까요? 왜 그럴까요? 중생제도에 대한 욕심도 역시 욕심인 거예요. 크게 보면 중생제도를 하겠다는 원을 세웠기 때문에, 그 원도 역시 한 마음 일으킨 겁니다. 그래서 욕계에 있는 거예요, 도솔천에. 저 색계에 있지 않아요.

대성이신 법왕은 중생들의 귀의처니, 청정한 마음으로 붓다 뵈면 모두가 다 기뻐하네. 저마다 세존께서 자기 앞에 있는 것으로 보니, 이것은 곧 신통력인 불공법이라네.

불공법이라는 것은 공유하지 않은 법, 부처님께서만 지니신 법이라는 소리예요. 부처님 이외의 다른 누구도 공유할 수 없는 그런 진리를 불공법이라 합니다.

붓다는 한 말씀으로 법을 설하시나, 중생은 무리에 따라서 각각으로 이해하며 모두 세존께서 같은 말을 하셨다고 생각하네. 이것은 곧 신통력인 불공법이라네.
붓다는 한 말씀으로 법을 설하시나, 중생은 각자 이해하는 바에 따라서 널리 받아 행하여 유익함을 얻으니 이것은 곧 신통력인 불공법이라네.
붓다는 한 말씀으로 법을 설하시나, 혹은 두려워하고, 혹은 환희하고, 혹은 싫어하고, 혹은 의심을 끊으니, 이것은 곧 신통력인 불공법이라네.
10력의 대정진께 머리 숙여 절합니다. 이미 무소외를 얻으심에 머리 숙여 절합니다. 불공법에 머무르심에 머리 숙여 절합니다. 일체의 대도사에게 머리 숙여 절합니다.

뭇 결박을 끊을 수 있으심에 머리 숙여 절합니다. 이미 피안에 이르심에 머리 숙여 절합니다. 모든 세간을 능히 제도하심에 머리 숙여 절합니다. 영원히 생사의 길에서 벗어나심에 머리 숙여 절합니다.

중생의 오고 가는 모습을 모두 알며 제법에 대해 잘 알아 해탈을 얻고 세간에 집착하지 않음이 마치 연꽃과 같으며 언제나 잘 공적한 행에 들어가네. 제법의 상에 통달하시어 걸림이 없으니, 마치 허공과 같이 의지하는 바 없음에 머리 숙여 절합니다.

여기까지 장자의 아들인 보적보살이 부처님께 바치는 찬가입니다. 우리가 법회할 때 법문하기 전에 찬불가를 부르는 것과 똑같아요. 처음에 참석 대중들에 대해 설명하고, 그다음에 부처님에 대한 찬불가를 부른 다음, 보적이 부처님께 법을 청해요. "정토의 수행에 대해서 설해주소서." 그러자 부처님께서 먼저 설하십니다. "중생계가 보살의 불국토다. 이 중생들이 사는 세계가 보살들에게는 불국토다"라고요. 그러니까 사람들이 "뭔 소리야? 지금 세상이 난리인데 여기가 어떻게 불국토냐?"고 하죠. 그런데 "보살에게 불국토다"라는 소리예요. 보살들이 보살도를 닦기에는 최적화된 곳이다, 잘 사는 사람도 있고 못 사는 사람도 있고, 어리석은 사람도 있고 지혜로운 사람도 있고, 나한테 잘해주는 사람도 있고 날 해코지하는 사람도 있고, 나를 기리는 사람도 있고 나를 깔아뭉개려는 사람도 있고, 이게 바로 보살도를 닦기에는 최고 좋은 곳이에요. 번뇌가 있어야 보살도를 닦을 수 있고, 또 베풀고자 해도 받을 중생이 있어야 베풀겠죠. 법을 전하고자 하면 법을 알아들을 만한 중생이 있고, 또 법을 원하는 중생이 있는 그곳이 바로 불국토입니다.

천상세계는 즐기느라 바빠서 법을 듣고자 하는 중생이 없어요. "오늘 내가 좋은 말 좀 해줄까?", "나 놀러 가야 해요", "너 해줄까?", "아니. 나 오늘 약속 있어." 하하. 그다음에 축생은 법을 설해도 못 알아들으니까 소용이 없어요. 그러니까 이 인간세계, 그중에서도 현재 지구, 제가 보기에는 대한민국이 최고인 거예요. 지구상에서 대한민국보다 더 보살도 닦기 좋은 나라 있으면 나와 보라 그래요. 정말이에요. 왜? 온갖 게 다 모여 있어요. 온갖 종교, 온갖 사람이 다 모여 있고, 갖가지 현상들도 많이 보이잖아요. 천상에서 지옥으로 떨어지는 사람도 보이고, 지옥에서 천상으로 올라가는 사람도 많고, 현재 대한민국 이 땅이 보살도를 닦기에는 최고의 불국토라 생각해야 합니다. '참 다행이다. 내가 이 시대, 이 땅에 태어나서 감사하다'라고 생각해야죠. '하필이면 내가 왜 이 땅에 왔을까? 내가 왜 인간세계에 와서, 왜 하필이면 대한민국에 태어나서……'라는 생각, 이게 불평불만입니다. 불평불만을 걷어치우고 충만함을 느껴야 해요. '내가 이 시대에, 이 땅에, 이 몸으로 온 것이 정말 다행이구나. 그렇지 않았으면 내가 어떻게 보살도를 닦을 수 있었을까.' 이런 희유심을 내야 됩니다. 그러니까『유마경』도 만난 거죠.

월호 스님의 유마경 강설

3. 중생계가 보살의 불국토이다

우리가 불국토에 대해 많이 이야기하는데 '우리 중생들이 사는 이 세상이 보살에게는 다름 아닌 불국토다'라는 제목이죠.

그때 장자의 아들 보적이 이러한 게송을 다 읊고, 붓다께 말씀드렸다.
"세존이시여! 여기 오백 장자의 아들은 모두 아뇩다라삼먁삼보리심을 이미 일으켰습니다. 이제 불국토의 청정에 대해 듣기를 원하오니, 단지 바라옵건대 세존이시여, 뭇 보살에게 정토의 수행에 대해 설해주소서."

'아뇩다라삼먁삼보리심'은 이 경전 전체를 관통하고 있는 내용이죠. 우리가 발보리심(보리심을 발해야 된다)을 말하는데, 보리심을 발한다는 것은 바로 아뇩다라삼먁삼보리심을 일으킨다는 것입니다.
아뇩다라삼먁삼보리심은 번역하면 무상정등정각無上正等正覺(무상, 위없이 정등, 바르고 평등한 정각, 바른 깨달음)입니다. 무상정등정각에 이르고자 하는 마음을 내었다면 발보리심이 굉장히 중요합니다.
우리가 인생을 살아가는 데 목표가 있어야 올바른 삶을 힘차게 살 수 있어요. 인생의 목표에 따라 그 사람의 인생이 바뀌죠. 여러분은 인생의 목표가 뭡니까? 부자가 되기를, 행복하기를, 건강하기를 바라는 등 염원은 저마다 다르겠지만 대승보살의 목표는 한 가지입니다. 바로 '아뇩다라삼먁삼보리심, 무상정등정각'이에요. 부처님 같은 깨달음, 위없이 바르고 평등한 바른 깨달음, 한마디로 최상의 깨달음이죠. '나도 최상의 깨달음을 얻어서 중생들을 제도 하리라.' 이게 바로 유일무이한 보살의 목표입니다. '나도 부처님 같은 경지에 이르러서 많은 중생을 발고여락(고통을 뽑아주고 즐거움을 안겨주리라)'하는 게 목표죠.

그래서 "오백 장자의 아들이 이미 이 발보리심을 일으켰으니까 이제부터는 정토의 수행에 대해 설해주소서" 하고 얘기를 한 겁니다. 여러분도 발보리심을 일으켰습니까? 아직 일으키지 않았다면 이것이 오늘 이 순간 여러분의 인생의 목표가 되어야 해요. '내 인생의 목표는 해탈이다. 나도 해탈! 너도 해탈! 모두 해탈!' 인생 목표가 딱 서면 즐거움에도 너무 탐착하지 않게 되고, 괴로움도 그다지 힘들게 안 느껴져요. 목표를 이루기 위한 하나의 과정이라고 생각하게 되니까 즐겁게 받아들일 수가 있죠.

지금 세대는 잘 모르겠지만 필자 학창시절에는 중고등학생들도 군사훈련을 받는 교련이라는 과목이 있었어요. 당시에 남북 대치 상황이 좀 심각했기 때문에 예비군을 비롯해서 학생들까지 군사 훈련을 시켰던 거죠. 군사훈련을 받으면 학생들이 기분이 좋겠어요? 교련복 갈아입고 총검술, 포복, 각개전투를 교관이 와서 시키니까 덥고 땀나고 귀찮고, '굳이 중고등학생한테 무슨 군사훈련을 시켜?', 학생들 입이 댓 발씩 나와서, 이걸 우리가 왜 해야 되는지 불평불만했어요. 근데 저는 불만이 없었어요. 왜 그랬을까요? 저는 중고등학교 때 사관학교를 가야겠다고 생각했어요. 그 목표가 있어서, 학교에서 군사훈련 받는 게 너무 즐거웠어요. 사관학교 가서

훈련받을 걸 미리 연습한다고 생각하니까, 땅을 기든 교관이 욕설을 해대든, '이게 다 내가 앞으로 받을 교육을 미리 연습하는 거야', 그런 마음가짐으로 공부를 하고 교련 시간에 임하니까 너무 즐거웠어요. 불평불만하는 애들이 이해가 안 갔죠. 그래서 사람이 어떤 목표 지향점을 갖고 있느냐에 따라서 똑같은 현실인데도 받아들이는 마음이 달라집니다. 전 사관학교를 가야겠다는 마음이 있었기 때문에 교련을 아주 즐거운 마음으로 기꺼이, '좀 더 세게 안 하나?', 심지어는 '이거 너무 느슨한 거 아니야?' 하는 마음까지 들었어요.

우리가 살아가면서도 '해탈'에 초점이 맞춰져 있으면 어떤 힘든 일이 닥쳐도 크게 낙담하거나 절망하지 않습니다. 오히려 보리심을 닦을 수 있는 좋은 기회라고 생각해요. 발보리심 한다는 것은 굉장히 중요한 겁니다. 필자가 다람살라의 달라이라마 존자님 법회나, 일본이나 가까운 나라에 와서 법문하실 때 여러 번 참석했는데 달라이라마 존자님이 항상 무슨 법문을 하건 빼놓지 않는 말이 있어요. "언제 어디서나 항상 발보리심이에요." 보리심을 발해야 한다는 거예요. 인생의 목표가 나의 행복, 건강, 소원 성취라고 하면 원하는 대로 될 수도 있고 안 될 수도 있죠. 항상 원하는 대로 되는 건 아니잖아요. 원하는 대로 안 되면 실망하게 되고 퇴굴심退屈心이 생깁니다. '아, 내가 이렇게 열심히 하는데 왜 안 되지, 내가 뭐 잘못하나?' 하는 퇴굴심이 생겨요. 그런데 해탈을 자기 인생 목표로 삼으면 퇴굴심이 안 생깁니다. 좋은 일이 생기면 '내가 더 공부를 많이 할 수 있으니까 잘됐다', 안 좋은 일이 생겨도 '이것을 해탈의 어떤 계기로 삼아야겠다' 하는 거예요. 그러면 사람의 마음 폭이 넓어져요. 그래서 여러분들도 지금 이 순간 '인생의 목표가 뭐냐? 너는 왜 사냐? 왜 태어났냐?' 그러면 '내 인생의 목표는 해탈입니다. 나도 해탈! 남도 해탈! 모두 해탈!', 인생의 목표가 이렇게 서면 자잘한 일은 나를 크게 힘들게 하지 못합니다. 오히려 마음의 경계가 커지고 또 시야가 커지는 거죠.

붓다께서 말씀하셨다.
"기특하다, 보적이여.

여러분들이 발보리심만 일으켜도 부처님이 벌써 기특하다 하십니다. 나하고 똑같이 되려고 하는 사람이 얼마나 이쁘겠어요. 가령, 아버지가 의사고 아들이 있는데 그중 한 아들이, "아버지 너무 존경스러워요, 저도 이다음에 아버지 같은 의사가 되어서 많은 사람들 병을 고쳐줘야겠어요. 아버지가 제 삶의 표준입니다"라고 하면 그 자식이 예쁠까요, 얄미울까요? 최고로 예쁘겠죠. 부처님도 마찬가지예요. 여러분도 벌써 발보리심해서 발고여락 해야겠다고 마음만 먹어도, 부처님이 벌써 아시고(부처님의 실지실견이죠), 모두 알고 모두 보세요. 마음만 먹어도 바로 가피 갑니다. "이거 해주세요, 저거 해주세요", 안 해도 돼요. 부처님이 알아서, 나랑 똑같이 그렇게 목표를 세워서 하겠다는데 얼마나 예쁘겠어요. "알았다. 내가 너 그렇게 할 수 있게 전폭적으로 지원해주지. 필요한 거 있으면 내가 미리 알아서 해줄게", 이렇게 됩니다. 이 보리심을 발한다

월호 스님의 유마경 강설

는 것만으로도 벌써 굉장히 진도가 나간 겁니다. 그래서 인생의 목표가 해탈, 나도 부처님 같은 깨달음 최상의 깨달음을 얻어서 발고여락, "중생들의 고통을 뽑아주고 즐거움을 안겨주겠습니다" 하면 벌써 부처님이 "아이고 내 새끼, 기특하구나", 이러십니다. 자, 기특하다, 보적이여.

뭇 보살들을 위하여 여래에게 정토의 수행을 물으니 살펴 듣고 살펴 들어 잘 생각하라. 마땅히 그대를 위해 설하리라."
이에 보적이 5백 장자의 아들과 함께 가르침을 받들어 경청하니, 붓다께서 말씀하셨다.
"보적이여! 중생계가 바로 보살의 불국토이니라. 왜 그런가? 보살은 교화할 중생에 따라서 불국토를 취하며, 조복받을 중생에 맞추어서 불국토를 취하며, 뭇 중생이 응당히 어떠한 국토로써 붓다의 지혜에 들어가야 할 것인가에 맞춰서 불국토를 취하며, 뭇 중생이 응당히 어떠한 국토로써 보살의 근본을 일으킬 수 있을까에 따라서 불국토를 취하니라.

"중생계가 바로 보살의 불국토이다." 쉽게 말하자면 지금 우리가 태어나 살고 있는 이 땅, 대한민국이, 이 시대가 불국토다, 라는 소리예요. 여러분이 발보리심을 내면 보살이 됩니다. 그러면 그 보살에게는 '바로 지금 여기 이 땅이 불국토다', 이렇게 되는 거예요.

왜 그런가? 보살이 청정한 국토를 취함은 모든 중생을 요익케 하기 위함 때문이니라. 비유컨대, 어떤 사람이 빈 땅에 궁전을 건립하고자 한다면 장애 없이 뜻대로 되겠지만, 만약 허공이라면 결코이룰 수 없는 것과 같으니라. 보살도 이와 같이 중생들을 성취시키기 위한 까닭에 불국토를 취하고자 하는 것이지, 공연히 그러는것이 아니니라.

다시 말해서 "보살이 불국토를 취하는 것은 중생을 유익하게 하기 위함 때문이다", 그런데 중생이 없으면 불국토가 됩니까? 불국토라고 하면 모든 것이 완벽해서 정말 즐겁기 짝이 없는 곳, 내 뜻을 거스르는 사람이 하나도 없는 곳을 불국토라고 생각하기 쉬워요. 그런데 실은 그게 아니라 중생이 있어야 불국토가 되는 거예요. 보살은 보살도를 닦아야 하죠. 보살도의 육바라밀(보시 바라밀, 지계 바라밀, 인욕 바라밀, 정진 바라밀, 선정 바라밀, 지혜 바라밀)이 있는데, 그첫 번째가 뭡니까? 보시 바라밀인데, 보시받을 중생이 없으면 보시를 할 수가 없어요. 내가 닦을 수가 없어요. 천상세계는 다 잘사니까 보시 바라밀을 닦을 수가 없어요. 모두 풍족하고 부유하니까내가 뭐 줄 필요가 없고, 줘도 받을 생각도 안 하고, '너나 가져라, 나도 많은데 뭘 주냐', 이렇게 되는 거예요. 그래서 오히려 이 세계가 보시바라밀布施波羅蜜 닦기에 좋아요. 잘사는 이, 못사는 이가왜 골고루 있겠어요.

그다음에 지계 바라밀은 계율을 지킨다는 것인데, 이것도 계율을 깰 만한 분위기가 있을 때 지키는 거지, 깨고 말고 할 분위기가아니면 지키고 말고 닦을 게 없는 거예요. 계율을 깰 만한 일이 많잖아요. 인터넷, 티브이 보면 유혹이 많죠? '이거 해라, 저거 해라, 이거 하면 뭐 즐겁다', 요새도 인터넷에서 이상한 프로그램들을 보게 해서 감방 가는 일도 있었잖아요. 사람을 현혹시키죠. 그런 여러 가지 장치가 많이 되어 있으니까 오히려 계율 지킬 것을 닦게 되는 거예요. 현혹하는 바가 없으면 계율을 지킬 일도 없고, 지킬 일이 없으면 닦을 일도 없는 겁니다.

또 인욕 바라밀. 인욕은 욕됨, 모욕을 참는 거죠. 나를 모욕하고 나를 경솔하게 보고 나를 하찮게 보는 사람이 있을 때 '아바타가 성질이 나려고 하는구나' 하고 대면관찰하면 됩니다. 전부 나를 존중하고 내 뜻에 수순하면 인욕 바라밀 닦을 일이 없죠. 못 닦습니다. 그래서 지금 이 세상이야말로 보살에게는 최상의 불국토라는 겁니다.

보적이여! 마땅히 알라. 곧은 마음이 바로 보살의 정토이니, 보살이 성불할 때 아첨하지 않는 중생이 그 국토에 태어나느니라. 깊은 마음이 바로 보살의 정토이니, 보살이 성불할 때, 공덕을 갖춘 중생이 그 국토에 태어나느니라.

신심이 깊다는 거예요. 신심이 깊은 중생은 공덕을 갖추게 됩니다. 신심이 얕은 중생은 조금 하다가 수틀리면 안 하죠. 또 엉뚱한 소리 하죠. 그러니까 공덕을 갖추기가 어려워요. 쉽게 말해서 공덕을 쌓기는 힘든데 무너트리기는 쉽죠. 탑이랑 똑같습니다. 탑은 쌓기는 어렵지만 무너트리는 건 한순간이에요. 그냥 밀어버리면 무너지는 거예요. 우리가 돌무더기 쌓을 때 쌓는 것은 오래 걸리지만 무너트리는 것은 잠깐이에요. 그래서 공덕을 갖추려면 신심이 깊어야 해요. 신심이 깊어야 마음에 들건 마음에 안 들건 꾸준히 공덕을 쌓게 됩니다.

보리심이 바로 보살의 정토이니, 보살이 성불할 때 대승중생이 그 국토에 태어나느니라.

아까 말한 발보리심이죠. 최상의 깨달음을 얻고자 하는 마음을 일으키는 것. 그런 마음을 일으킬 때, 바로 대승 중생이 태어난다는 겁니다.

보시가 바로 보살의 정토이니, 보살이 성불할 때 일체를 잘 버리는 중생이 불국토에 태어나느니라.

한마디로 '끼리끼리 모인다'라는 말이 있죠? 그 소립니다. 내가 보시 바라밀을 닦으려고 태어난 곳에 그 보시 바라밀을 닦는 사람들, 또 받을 사람들이 많다는 소리예요. 끼리끼리 모이는 겁니다. 그러니까 내가 왜 하필이면 이 시대에 이 시기에 여기에 태어났나, 이렇게 한탄하면 안 되는 거예요. 왜? 끼리끼리 모인다, 이걸 몰라서 하는 소리예요. 유유상종이니까 여기 온 거예요. 아님 내가 필요로 하니까 온 겁니다. 그걸 인정하고 수긍을 해야 해요.

지계가 바로 보살의 정토이니, 보살이 성불할 때 10선도[15]를 수행하여 서원을 세운 중생이 그 국토에 태어나느니라. 인욕이 바로 보살의 정토이니, 보살이 성불할 때 32상으로 장엄한 중생이 그 국토에 태어나느니라.

32상으로 장엄했다는 것은 상호가 아주 좋다는 거죠. 말리까 부인의 질문에도 나오죠. "나는 왜 못생겼을까? 어떤 사람은 왜 태어날 때부터 추하고 어떤 사람은 태어날 때부터 아름답습니까?" 물어봤을 때 부처님이 말씀하시죠. 과거세에 화를 잘 낸 사람은 추하게 태어나고, 화를 안 내고 빵긋빵긋 웃은 사람은 아름답게 태어난다는 소리예요. 그래서 인욕을 잘한 사람이 32상으로 그 상호를 장엄하게 돼요. 그래서 어떤 사람의 상호를 보면 '저 사람이 금생이든 과거생이든 성질 꽤나 냈구나. 아니면 저 사람은 참 인욕을 잘했구나' 하는 게 나타나는 거예요. 여러분도 오늘 집에 가서 거울 한번 보면서 내가 전생에 성질 꽤나 부렸구나, 내가 그래도 성질은 많이 안 낸 모양이다, 스스로 확인하면 됩니다. 그래서 뭐 지나간 건 할 수 없고 지금부터라도 똑같은 얼굴도 웃을 때가 예쁘죠? 저도 이렇게 웃고 있으면 스님이 아주 자비스러워 보이고 훨씬 인물도 좋아 보이고, 근데 인상 팍 쓰고 있으면 좋아 보입니까? 똑같은 얼굴이라도 부드럽고 온화하게 표정을 하고 있으면 점점 예뻐

---

15 열 가지 선한 행위. 살생 대신 방생, 투도 대신 보시, 사음 대신 정행, 망어 대신 진실한 말, 기어 대신 곧은 말, 양설 대신 화합하는 말, 악구 대신 부드러운 말, 탐내는 마음 대신 베푸는 마음, 화내는 마음 대신 너그러운 마음, 어리석은 마음 대신 지혜로운 마음을 갖는 것이다.

집니다. 그게 바로 사람이 사십대가 넘어가면 자기의 얼굴에 책임을 져야 된다 하죠? 삼십대까지는 태어났을 때 얼굴대로 산 거지만, 계속 연습함에 따라서 사십대부터는 얼굴이 상호가 바뀐다고 하는 거예요. 똑같은 상호라도 자기가 어떻게 연습을 하느냐에 따라 바뀝니다. 지금부터 연습하면 돼요. 저도 처음부터 이렇게 상호가 괜찮았던 건 아니에요. 이건 웃자고 하는 소립니다. 하하하. 같이 즐겁게 공부하는 게 좋습니다.

정진이 바로 보살의 정토이니, 보살이 성불할 때 일체의 공덕을 부지런히 닦은 중생이 불국토에 태어나느니라. 선정이 바로 보살의 정토이니, 보살이 성불할 때 마음을 잘 다스려 산란하지 않은 중생이 불국토에 태어나느니라. 지혜가 바로 보살의 정토이니 보살이 성불할 때 바르게 결정된 중생이 불국토에 태어나느니라.
사무량심[16]이 바로 보살의 정토이니, 보살이 성불할 때, 자·비·희·사를 성취한 중생이 불국토에 태어나느니라. 사섭법[17]이 바로 보살의 정토이니, 보살이 성불할 때 해탈로 포섭되는 중생이 불국토에 태어나느니라. 방편이 바로 보살의 정토이니, 보살이 성불할 때 일체의 법에 있어서 방편에 걸림 없는 중생이 불국토에 태어나느니라.

---

16 네 가지 한량없는 이타심, 자慈·비悲·희喜·사捨. '자'는 순종하는 중생을 어여삐 여겨 사랑하는 마음, '비'는 거역하는 중생도 가엾이 여겨 사랑하는 마음, '희'는 함께 기뻐하는 마음, '사'는 일체의 원망을 버리는 마음.
17 중생을 포섭하기 위한 네 가지 방법. 보시, 애어, 이행, 동사.

월호 스님의 유마경 강설

한마디로 자기 마음 연습한 대로 간다는 소립니다. 살면서 어떤 마음을 많이 연습하느냐에 따라 그 주파수에 맞는 곳으로 간다는 겁니다.

『사자의 서』라는 책이 있어요. '사자死者'는 죽은 이를 뜻해요. '죽은 이의 책'이라는 소리예요. 티베트 불교에서는 사십구재 같은 재를 지낼 때, 그 책을 주로 읽어줍니다. 거기 보면 요지는 하나예요. 자기가 살아생전에 연습했던 마음이 어떤 색깔이나 경계로 나타나는데, 그게 자기한테 좋아 보이는 거예요. 쉽게 말해서 구더기의 마음을 연습한 사람은 똥물이 좋아 보여서, 똥물이 나타나면 달려가요. 심판관이 서서 "너는 잘 살았으니까 이리 가. 너 못살았으니까 저리 가" 하는 게 아니고 자기가 좋아 보이는 곳으로, "저기 참 편해, 너무 좋아" 하고 막 달려가서 골인했는데, 딱 눈 떠 보니까 개의 배 속에 들어가 있고, 돼지 배 속에 들어가 있는 거예요.

자기가 마음 연습한 데가 편하고 익숙하기 때문에 익숙한 곳으로 갑니다. 악한 마음 연습한 사람은 악한 기운이 좋아 보여요. 자기가 그 에너지가 딱 있기 때문에 그 초점대로 갑니다. 그곳에 가면 악토에 태어나는 거예요. 선업을 많이 쌓은 중생은 선한 마음을 연습한 데가 좋아 보이는 거예요. 그럼 그리 가는 겁니다. 아까 말씀드린 대로 끼리끼리 모인다고, 그래서 우리가 평상시에 마음을 어떻게 쓰느냐, 또 어떻게 연습하느냐가 자기의 내세까지도 결정한다는 거죠. 금생은 물론 내세까지도 결정하는 겁니다. 그래서 선정을 많이 닦은 중생은 범천에 태어나고, 선업을 많이 닦은 중생은 도리천에 태어나고, 악행을 많이 한 중생은 지옥이나 아귀 또는 축생보를 받게 되고, 제 길로 가는 거예요. 그러니까 어떤 분들은 '내세는 없다'고 가르치는 분도 간혹 있던데 그거는 잘못 생각하는 겁니다. 자기가 연습한 대로, 과거 생에 연습한 대로 금생에 온 거고, 또 금생에 연습한 대로 내생에 가게 되는 겁니다.

37조도품[18]이 바로 보살의 정토이니, 보살이 성불할 때 사념처· 사정근· 사신족· 오근· 오력· 칠각지· 팔정도를 닦은 중생이 그 국토에 태어나느니라.

37조도품은 서른일곱 가지의 도 닦는 데 도움이 되는 것들을 말합니다. 사념처, 사정근, 사신족, 오근, 오력, 칠각지, 팔정도를 합치면 서른일곱 가지가 돼요. 자세한 내용은 각주를 참고하시기 바랍니다.

---

18 깨달음을 얻는 데 도움이 되는 37가지 수행 방법. 4념처, 4정근, 4신족, 5근, 5력, 7각지, 8정도를 말한다. 4념처는 몸과 느낌, 마음과 담마를 관찰하는 것, 4정근은 이미 일어난 악은 끊고, 아직 일어나지 않은 악은 행하지 않고, 아직 일어나지 않은 선은 일어나도록 하고, 이미 일어난 선은 증대하는 것이다. 4신족은 욕欲, 정진精進, 일심一心, 사유思惟이다. 욕신족은 발심하는 것, 정진신족은 이 발심에 따라 노력하는 것, 일심신족은 그 노력이 순일해지는 것, 사유신족은 마침내 대면 관찰할 수 있게 되는 것이다. 5근은 깨달음의 뿌리가 되는 다섯 가지, 신근信根, 정진근精進根, 염근念根, 정근定根, 혜근慧根을 말한다. 5력은 5근이 힘이 되어 나타나게 변화시키는 힘으로 신력, 정진력, 염력, 정력, 혜력이다. 7각지覺支는 깨달음에 이르게 하는 일곱 가지 요소로서, 택법擇法 각지, 정진精進 각지, 희喜 각지, 경안輕安 각지, 사捨각지, 정定각지, 염念각지를 말한다. 택법이란 진실한 법을 택하는 것, 정진은 이를 익히기 위해 노력하는 것, 희는 이를 실천하는 기쁨, 경안은 심신이 가볍고 편안해지는 것, 사는 집착을 버리는 것, 정은 선정에 드는 것, 염은 정념에 머무는 것이다. 8정도는 바른 생각, 바른말, 바른 행위, 바른 생계, 바른 정진, 바른 관찰, 바른 선정, 바른 견해를 말한다.

월호 스님의 유마경 강설

회향심[19]이 바로 보살의 정토이니, 보살이 성불할 때 일체의 공덕을 구족한 국토를 얻느니라. 팔난[20]으로부터 벗어나는 것을 설함이 바로 보살의 정토이니, 보살이 성불할 국토에 삼재와 팔난이 일어나지 않느니라.

'팔난'이란, 즉 불법을 만나기 어려운 여덟 가지 상황입니다. 지옥, 아귀, 축생, 변방지역, 장수천에 태어나는 것, 맹롱음아, 세지변총, 불전불후. '맹롱음아'는 몸에 소경이나 귀머거리나 벙어리 같은 장애가 심각해서 불법을 만나기 어려운 경우를 말합니다. '세지변총'은 세상에 대한 알음알이가 너무 많고 너무 잘나서 불법을 이야기해줘도 우습게 여기고 안 받아들이는 거예요. 그다음에 '불전불후', 부처님 이전이나 부처님 이후, 다시 말해서 부처님이나 부처님의 가르침 또는 부처님의 가르침을 제대로 전하는 법사가 없는 곳이죠. 이게 바로 불법을 만나기 어려운 여덟 가지 상황입니다. 여덟 가지 재난이라는 말입니다.

우리는 여기서 벗어났으니까 얼마나 다행입니까? 여러분은 과거 생에 팔난으로부터 벗어남을 벌써 배운 거예요. 왜냐하면 여기는 지옥도 아니죠. 아귀도 아니죠. 축생도 아니죠. 또 변방지역이 아니죠. 변방이 어디냐? 불교가 없는 곳이 변방이에요. 지금 이 지구상에 불교의 가르침이 설해지지 않는 곳이 얼마나 많습니까? 거기가 다 변방입니다. 불법이 없는 곳이 변방이고, 불법이 살아 있

---

19 회자향타廻自向他, 회진향속廻眞向俗을 말한다.
20 불법을 만나기 어려운 여덟 가지 상황. 지옥, 아귀, 축생, 변방지역, 장수천에 태어나는 것. 맹롱음아盲聾瘖瘂, 세지변총世智辨聰, 불전불후佛前佛後.

는 곳이 중앙입니다.

그다음에 장수천에 태어나는 것. 장수천에 태어나면 너무 오래 살기 때문에 삶과 죽음에 대해서 성찰을 안 하게 됩니다. 우리가 살아가다가 주변에서 병고로 인해서나 교통사고로 갑자기 죽는 사람을 볼 때 '아, 죽는 게 뭐지? 나도 언젠가 저렇게 되겠구나. 그럼 살아 있을 때 공부를 해야겠구나' 하는 마음이 일어나죠. 장수천은 너무 오래 살기 때문에 죽음에 대한 경험이 적고, 그러니까 삶과 죽음의 문제에 대해 성찰을 안 하게 되는 겁니다. 불법을 찾지 않게 되죠.

스스로 계행을 지키며 남의 허물을 비난하지 않는 것이 바로 보살의 정토이니, 보살이 성불할 때 그 국토에는 '금지한 계를 범한다'는 말조차 없느니라. 10선이 바로 보살의 정토이니, 보살이 성불할 때 수명은 도중에 요절하지 않고, 크게 부유하고 성스러이 행동하며, 말은 성의 있고 진실하고 언제나 온화하며, 권속들이 떠나지 않고, 다툼을 잘 융화시키며, 말에는 반드시 넉넉함이 있고, 질투하거나 화를 내지 않으며 바른 견해를 가진 중생이 그 국토에 태어나느니라.

이와 같이, 보적이여! 보살은 그 곧은 마음에 따라 바로 행동에 옮기느니라. 그 행동에 따라서 깊은 마음을 얻고, 그 깊은 마음에 따라서 마음을 조복 받느니라. 그 조복에 따라 설한 바와 같이 행하며, 설한 바와 같이 행함에 따라 회향할 수 있게 되느니라.

그 회향에 따라 방편이 있으며, 그 방편에 따라 중생을 성취하게 하느니라. 중생을 성취시킴에 따라 불국토가 청정하게 되며, 불국토의 청정에 따라 설법도 청정하게 되며, 설법의 청정에 따라 지혜가 청정하게 되느니라. 지혜의 청정에 따라 그 마음도 청정하게 되며, 그 마음의 청정에 따라 즉 일체의 공덕이 청정하게 되느니라. 그러므로 보적이여, 만약 보살로서 정토를 얻고자 한다면 마땅히 그 마음을 청정하게 해야 하나니, 그 마음이 청정함을 따라 불국토가 청정하게 되느니라."

정토를 얻고자 한다면 일단 자신의 마음을 청정하게 해서 마음이 정토가 되어야 한다는 소리입니다. 마음이 청정함을 따라 불국토가 청정하게 되는 건데, 내 마음은 오염되어 있으면서 주변만 청정하게 하려고 하다 보면 그게 어렵다는 거죠. 사람은 다 자기 마음의 수준만큼 보고 사는 겁니다. 필자가 과거에 한 연구소에 근무했던 적이 있어요. 동숭동에 있는 연구소로 매일 아침 일찍 출근했는데 대학로를 지나다 보면 간밤에 술을 과음하고 토해놓은 토사물들이 여기저기 있어요. 한밤중에 해놓은 거라 미리 치우지도 못하고 그대로 있는 토사물이 우리 눈에는 참 지저분해 보이죠. 저거 빨리 치워야 하지 않나 싶은데 그곳에 비둘기들이 있어요. 비둘기들은 토사물에 아침마다 모여들어서 만찬을 즐겨요. 그래서 이게 차원에 따라 다른 거예요. 마음의 차원, 몸의 차원. 차원에 따라 달리 보이는 겁니다. 사람이 보기에는 지저분한 토사물이지만 비둘기에게는 맛있는 아침 식사, 이렇게 되는 거예요. 구더기한테는 똥물이 극락이라고 했죠. 구더기가 똥물 속에 있는 것 보고, '아이고 불쌍해라, 이렇게 냄새나고 더러운 데서 어떻게 살아' 하고 싹 건 져서 맑은 물에 넣어주면 구더기가 고마워할까요? 반대입니다. 지옥이에요. 구더기에게는 맑은 물이 지옥이고, 더럽고 냄새나는 똥물이 극락인 거예요. 자기 마음의 차원에 따라서 달리 보인다는 거예요.

나한테 아무리 좋은 것도 남한테는 안 좋을 수 있고, 다른 사람에게 굉장히 좋은 것도 나에게는 안 좋을 수 있는 마음의 차원을 청정하게, 공하게……. 여기서 청정하게 한다는 것은 더럽고 깨끗함의 그 상대적인 깨끗함이 아닙니다. 청정한 게 뭐가 있겠어요. 청정해 보이는 아름다운 여인도 부처님은 뭐라 그랬어요? 저 똥포대 자루라 그랬죠, 하하. 배 속을 열어보면 똥이 가득하고 피와 고름이 가득하고 콧물, 코딱지, 귀지까지 다 보이는 거예요, 부처님한테는. 그래서 저 더러운 몸뚱이에 내가 발가락도 닿지 않겠는데, 내가 저 여자를 왜 받겠냐 하셨잖아요. 그게 왜 그래요? 차원에 따라 다른 거죠. 그래서 이 마음의 차원을 자꾸 업그레이드시키려고 노력해야 하는데 발보리심을 하면 그게 되는 거죠. '내가 최상의 깨달음을 얻을 때까지 꾸준히 정진한다', 이런 마음가짐으로 살면 점점 진전이 있지만 그냥 현재 마음의 차원을 만족시키고 충족시키는 쪽으로만 살면 진전이 없습니다. 계속 그 차원에서 머무르거나 오히려 하향하게 됩니다. 인생에 있어 가장 중요한 것은 내 마음의 차원을 만족시키려고 하는 것보다 업그레이드·상향·향상시키는 게 중요한 겁니다. 그게 바로 우리가 태어난 보람입니다. 우리는 향상사를 닦기 위해서 이 세상에 태어났어요. 그래서 내 마음

월호 스님의 유마경 강설

의 차원을 자꾸 향상시키려면 일단 먼저 보리심을 발휘해야 해요. 목표가 있어야 됩니다. '부처님 같은 깨달음을 얻어서 나도 중생들을 발고여락하리라. 그때까지 내가 꾸준히 내 마음의 차원을 향상시켜야 되겠다' 하면 모든 일이 다 내 마음의 차원을 올리는 계기가 됩니다. 근데 그게 아니고 만족만 시키려고 그쪽에만 초점을 맞춰 살게 되면 결국은 차원이 오히려 떨어지게 됩니다. 세상에 태어난 보람이 없게 되죠. "그러므로 보적이여, 만약 보살로서 정토를 얻고자 한다면 마땅히 그 마음을 청정하게 해야 하나니 그 마음이 청정함을 따라 불국토가 청정하게 되느니라" 하는 말이 정말 불국토·정토를 얻고자 한다면 자기 마음의 공함을 먼저 깨달아야 한다는 소리입니다. 색즉시공, "몸과 마음은 아바타와 같아서 공한 것이다"라는 것을 깨닫는다는 말입니다.

4. 그렇다면, 이 국토는 왜 청정하지 않은가?

이 중생계가 바로 보살의 불국토라고 이야기했어요. 마음이 청정하면 국토가 청정하게 된다고 이야기했죠. 그러면 '이 국토는 왜 청정하지 않고 더러운가', 사리불이 생각한 거예요. 석가모니 부처님이 이 국토를 장엄하셨는데, 그러면 석가모니 부처님 마음이 반드시 청정했을 텐데, 이게 왜 더러운가 궁금한 겁니다.

여기서 이 질문은, 청정하다는 것을 우리가 깨끗함과 더러움이라는 상대적인 청정함으로 생각하고 있기 때문에 나오는 겁니다. 청정하다는 것은 깨끗함과 더러움을 초월한 청정입니다. 다시 말해서 공한 거죠. 청정하다는 것은 공하다는 거죠. 깨끗하다는 것은 상대적인 거예요. 우리가 보기에 아무리 깨끗한 공기처럼 보여도 그 속에는 온갖 불순물이 들어 있을 수 있고, 아무리 청정한 물처럼 보여도 그 속에는 또 온갖 요소와 원소들이 다 들어 있습니다. 또 내가 보기에는 청정해 보여도 또 다른 사람이 보기에는 청정하지 않을 수도 있고, 그런 것들 때문에 이 국토는 왜 청정하지 않은가 하는 사리불의 질문에 대해 부처님께서 답변을 해주십니다.

그때 사리불이 붓다의 위신력을 받들어 이러한 생각을 하였다. '만약 보살의 마음이 청정한즉 불국토도 청정해진다면, 우리 세존께서 본래 보살이었을 때의 마음이 어찌 청정하지 않았으리오? 그런데 이 불국토는 왜 이처럼 청정하지 않은가?'
붓다께서 그 생각을 알고 사리불에게 말씀하셨다. "어떻게 생각하느냐? 해와 달이 깨끗하지 못하기 때문에 맹인이 보지 못하느냐?"
사리불이 대답했다. "아닙니다, 세존이시여. 이는 맹인의 허물일지언정 해와 달의 허물이 아닙니다."
"사리불이여, 중생의 과오로 여래의 국토가 엄정함을 보지 못함이요, 여래의 허물이 아니니라. 사리불이여, 나의 이 국토는 청정하지만, 그러나 네가 보지를 못하는구나."

이 국토는 청정한데 네가 못 보는 거라고 이야기하는 거죠. 그러니까 사리불이 또 답했죠.

월호 스님의 유마경 강설

사리불이 말했다.

"제가 보기에 이 국토는 구렁과 구덩이, 가시덤불과 모래 자갈, 흙과 돌, 그리고 여러 산의 더러운 것으로 가득 차 있습니다."

그러자 상투머리를 한 브라흐만 신이 말했다.

"그대의 마음에 높고 낮음이 있어 붓다의 지혜에 의지하지 않기 때문에, 이 국토가 청정하지 않게 보일 뿐입니다. 사리불이여, 보살은 일체중생에 있어서 모두 다 평등하며, 깊숙이 마음이 청정합니다. 붓다의 지혜에 의지한다면, 이 불국토가 청정함을 볼 수가 있습니다."

'아는 만큼 보인다'는 말을 많이 하죠. 신발이 떨어져서 하나 사야겠다 맘먹고 길을 가다 보면 뭐가 보입니까? 사람들 신발만 보여요. '저 신발 어떨까, 저 신발은?' 모자가 필요하다 싶을 때 밖에 나가면 사람들 모자만 보이지요. 그게 바로 자기 마음의 초점이 가는 대로 보인다는 거죠. 똑같은 바다라도, 물고기에게 바다는 자기들이 사는 집이에요. 사람에게는 구경하거나 물놀이를 할 수 있는 공간으로 보이죠. 천상의 신들은 바다를 반짝반짝 빛나는 옥쟁반처럼 봅니다. 그러니까 똑같은 바다라도 보는 존재에 따라서, 자기의 시야에 따라서 달리 보이는 거죠.

『금강경』에 다섯 가지 눈이 나오죠. 안목에 여러 가지가 있지만 크게 나누면 다섯 가지 안목이 있습니다. 첫째가 육안─육신의 눈, 누구나 지니고 있는 육신의 눈으로 볼 수 있는 것들이 있죠. 하지만 육신의 눈으로 안 보이는 것들이 훨씬 많아요. 백색 광선도 우리의 육안으로 보면 그냥 흰색으로 보이지만 스펙트럼을 통하면 무지갯빛으로 보입니다. 여기 지금 일곱 가지 무지개가 다 있는 거예요. 또 그것을 일정한 장치를 통해서 보면 또 백색으로 보여요. 우리가 못 볼 뿐이죠. 그리고 우리가 볼 수 있는 영역이 빨주노초파남보까지지, 빨주노초파남보를 벗어난 자외선이나 적외선은 전혀 못 봅니다. 육신의 눈은 사실 볼 수 있는 게 한정되어 있죠. 너무 많이 보여도 피곤합니다. 어느 영화에 어떤 우연한 계기로 인해서 귀신들을 볼 수 있는 눈을 갖게 되는 주인공이 있습니다. 그런데 막상 그 눈이 생기니까 좋을 것 같아요? 괴롭습니다. 여기저기서 눈에 띄고, 어떻게 처리도 안 되고, 또 말도 안 듣고, 사람들한테 아무리 경고해줘도 사람들이 받아들이지도 않고 오히려 신들린 사람이라고 팽 당하고 말이죠. 그다음에 천상의 세계를 볼 수 있는 눈이 천안이죠. 천안이 두 번째고, 셋째가 혜안입니다. 혜안은 지혜의 눈이라고 해서 '색즉시공'을 볼 줄 아는 눈입니다. '모든 존재는 다 아바타다, 정신적 존재건 물질적 존재건 실체가 없다, 현상만 있을 뿐이다'라고 보는 게 바로 혜안입니다. 그다음에 거기서 한 걸음 더 나아가면 법안이죠. 담마, 법의 눈, 법의 안목이 열리는 거예요. 그건 '공즉시색'입니다. 모든 존재는 아바타지만 그 아바타를 떠나서 또 다른 게 있는 것도 아니라는 거예요. 불성은 누구에게나 갖춰져 있지만 그럼 불성—부처님 성품이 이 몸과 마음을 떠나서 따로 있는 것도 아니다, 이걸 보는 게 바로 공즉시색의 눈입니다. 그게 '법안'이에요. 법을 볼 줄 아는 안목, 존재를 볼 줄 아는 안목이라는 소리입니다.

월호 스님의 유마경 강설

그다음에 거기서 한 걸음 더 나아가면 '불안'이죠. 부처님 안목이 마지막 경지인데 바로 '색즉시색'이라는 겁니다. "바로 지금 여기에서 이것뿐. 더 이상 구할 것도 없고 더 이상 얻을 것도 없다. 충만하여 얻을 것이 없으므로 보살은 반야바라밀에 의지해서 아뇩다라삼먁삼보리를 얻는다. 삼세의 모든 붓다도 반야바라밀을 의지해서 최상의 깨달음을 얻는다"라고 나오는 거죠.

사리불이 말했죠. "여기 너무 더럽습니다." 그러니 상투 머리를 한 브라흐만 신이 "그건 네가 안목이 그 정도밖에 되지 않아서 그래, 자기 안목대로 보이는 거야"라고 한 거예요.

5. 마음이 청정하면 국토가 청정하다

이에 붓다께서 발가락으로 땅을 누르시자 즉시 삼천대천세계가 수백 수천의 진기한 보석으로 장식되어, 마치 보장엄불의 한량없는 공덕 보배로 장엄된 국토처럼 되었다. 모든 대중은 미증유라 찬탄하며, 모두 스스로 보배의 연화에 앉아 있는 것을 보았다.

모두 보배로 된 연꽃 위에 앉아 있는 것을 보게 되었다는 소리입니다. 온 세계가 보배 국토로 장엄이 돼요. 『극락세계 유람기』란 책에 보면 그런 말이 나오죠? 한 스님이 극락정토에 가니까 모든 사람들이 연꽃 위에 앉아 있더래요. 사람 사람마다 크고 작은 연꽃 위에 앉아 있는데, 아직 자기 마음의 습기가 남은 것을 거기서 연습하고 있더랍니다. 평상시에 명상하기 좋아했던 사람은 거기서도 명상하고 있고, 평상시에 잔치 벌이기를 좋아했던 사람은 거기서도 친척들하고 잔치 벌이고 있고, 물놀이 좋아했던 사람은 물놀이하고 있고요. 물론 다 아바타지만 자기의 습성은 거기 가더라도 유지가 됩니다. 연꽃 위에서 그걸 하고 있는 거예요. 그러니까 그 한 연꽃이 자기의 하나의 세계입니다. 그게 바로 연화장세계이고요. 연꽃 하나가 자기의 하나의 세계가 되어서, 개개인마다 전부 다 그 연꽃 위에서 자기가 상상하는 게 바로 현실화되는 거예요. 그게 바로 극락정토예요. "연화에 앉아 있는 것을 보았다"는 연화장세계, 바로 극락정토를 말하는 거죠.

붓다께서 사리불에게 말씀하셨다.

"그대 또한 이 불국토의 장엄을 보았느냐?"

사리불이 답하였다.

"그러합니다, 세존이시여. 본래 본 적도 들은 적도 없었는데, 이제 불국토의 장엄과 청정함을 다 보았습니다."

붓다께서 사리불에게 말씀하셨다.

"나의 불국토는 언제나 이와 같이 청정하건만, 하근기의 사람들을 제도하기 위해서 이런 여러 가지 더럽고 지저분한 국토를 보일 뿐이니라. 비유컨대 마치 천신들이 함께 보배 그릇으로 식사를 하지만, 그들의 복덕에 따라서 음식의 때깔이 다른 것과 같으니라. 이와 같이 사리불이여, 만약 사람의 마음이 청정하면 문득 이 국토의 공덕 장엄을 볼 것이니라."

천신들이 함께 보배 그릇으로 식사를 하는데 자기 복덕에 따라서 음식의 때깔이 다르다고 합니다. 희한하죠. 똑같은 재료, 똑같은 음식인데 자기 복덕에 따라서 때깔이 다릅니다. 복덕이 많은 사람은 때깔이 훨씬 좋고 맛있는 거고, 복덕이 없는 사람은 때깔이 없고 맛도 없는 거예요. 그러니까 자기 복대로 수용한다고 하는 겁니다. 살아서나 죽어서나 복이 많으면, 뭐든 다 즐겁고 맛있고 건강하고 행복하게 되어 있어요. 복이 없는 사람은 천상에 가서도 맛없는 음식을 먹고, 자기 복이 적기 때문에 자기 복분福分만큼 수용해야 되고, 만약 복분에 넘쳐서 수용하려면 반드시 부작용이 생기는 겁니다. 그래서 오히려 밑으로 떨어집니다. 그러니까 '나를 왜 이렇게 대접하느냐' 불평불만할 게 아니라 복을 지어야 되는 거예요.

당시 붓다께서 이 국토의 엄정함을 보일 때에 보적이 데려온 오백 장자의 아들이 모두 무생법인을 얻었으며, 팔만 사천인은 모두 아뇩다라삼먁삼보리심을 발하였다.

먼저 아뇩다라삼먁삼보리심을 발하고, 수행을 해서 무생법인을 얻어야 되는 겁니다. 무생법인이라는 것은 '생겨남이 없는 법의 진리'라는 뜻입니다. 생겨남이 없다는 것은 뭐예요? 불생불멸이라는 겁니다. 생겨나면 반드시 멸하게 되어 있어요. 생과 멸은 따라다녀요. 그래서 멸하고 싶지 않으면 생하지를 말아야 돼요. 그게 바로 불생불멸의 경지예요, 바로 무생법인입니다.

붓다께서 신족을 거두시니 이 세계는 다시 전과 같이 돌아왔으며, 성문승을 구하는 3만 2천의 천신 내지 인간은 유위법이 모두 다 무상함을 알아 번뇌와 허물을 여의고 법안이 청정함을 얻었으며, 8천비구는 여러 교법을 받지 않고도 번뇌가 다하는 이치를 알게 되었다.

여러 가지 공부하지 않아도 돼요. 『유마경』에 색즉시공·공즉시색·색즉시색, 세 가지 경지가 다 들어 있습니다. 그래서 『유마경』을 '소小화엄경'이라고 한다고 했죠? 『화엄경』의 축소판으로, 세 가지 경지가 다 들어 있어요. 그래서 색즉시공의 경지에 머물러 있는 성문 연각들을 유마거사가 공즉시색으로 안내해주는 거예요. 공즉시색에 머물러 있는 보살들은 색즉시색으로 안내해주죠. 『유마경』 하나를 보면 혜안과 법안과 불안이 어떠한 차이가 있는지를 여실하게 알 수가 있습니다.

●제2장●

유마거사가 짐짓 병을 보이다
(二. 方便品)

제2장은 '유마거사가 짐짓 병을 보이다'입니다. '짐짓'이라는 것은 '일부러'라는 소리예요. 병을 보이지 않을 수도 있는데 일부러 병든 모습을 보여서 사람들로 하여금 문병을 오게 합니다. 그러고 는 법에 대해 서로 대화를 나누죠. 혜안, 법안, 불안의 안목에 대해 서로 의견을 나눠서 혜안에만 빠져 있는 사람, 법안에만 빠져 있는 사람들을 불안으로 인도하는 그런 계기를 만들어주는 거죠.

1. 유마장자의 등장

그때 비야리 대성 가운데에 장자가 있었으니 이름이 유마힐이었 다. 일찍이 무수한 붓다께 공양을 올려 깊이 선근을 심고 무생법 인을 얻었다. 변재가 걸림 없고 신통에 유희자재하며, 갖가지의 다 라니를 지녀 두려움이 없는 경지를 얻어 마구니의 해침을 항복받아, 심원한 불법의 문에 들어섰다.

　무생법인은 불생불멸이기 때문에 이것을 얻게 되면 두려움이 없어져요. 우리가 느끼는 두려움 중에 가장 근원적인 두려움이 죽음에 대한 두려움이에요. 그런데 불생불멸의 이치를 깨달으면 죽음에 대한 두려움을 초월하게 돼죠. 죽어도 내가 죽는 게 아닙니다. 월호란 이름의 아바타가 죽는 거지, 진짜 월호가 죽는 게 아니에요. 그러니까 그것을 여실하게 터득하면 두려움이 없어지죠. 누가 아무리 협박해도 '죽기밖에 더하겠냐?', 이렇게 되는 거예요. '내가 어떻게 되든 죽기밖에 더하겠냐? 죽는다고 내가 죽냐? 아바타가 죽지. 나는 아바타가 죽는 것을 관찰하면서 공부나 하련다. 좋은 공부거리다'라고 생각하게 되니까 두려움이 없게 되고, 그다음에 구하는 바가 없게 됩니다.

　반야바라밀을 잘 알아 방편에 통달하며 대원을 성취하고, 중생들의 마음의 취향을 분명히 알았으며, 또 능히 근기가 예리하고 둔함을 분별할 수 있었다. 오랜 세월 불도에 있어서 이미 마음은 순수하고 맑아 대승에 확신을 갖고 있었다.
　모든 일에 잘 생각할 줄 알고, 붓다의 위의에 머무르며, 마음은 큰 바다와 같았다. 모든 붓다께서 감탄하는 바며, 불제자들과 제석천, 범천과 세간의 군주들로부터 공경을 받았으나, 사람들을 제도하기 위해 좋은 방편으로 비야리에 거주하고 있었다.
　재산은 한량없어 수많은 빈민을 거두고, 계를 받들어 청정하여 금계를 어긴 이들을 다스렸다. 인욕으로써 행동을 조절하여 성난 이들을 달래고, 대정진으로써 나태한 사람들을 당겨주었다. 한 마음인 선정의 고요함으로 어지러운 생각을 가라앉히고, 확고한 지혜로써 무지한 사람들을 바로잡았다.

우리가 이 세상을 살면서 표본으로 삼을 만한, 이상적인 인간상입니다.

비록 백의를 입었지만 사문의 청정한 계율을 받들어 지녔다. 비록 속가에 머물지만 삼계에 애착하지 않고, 처자가 있지만 언제나 성스러운 행을 닦으며, 권속들이 있어도 언제나 멀리 여읨을 즐겼다. 비록 보배 장신구로 치장을 하였지만, 상호로써 신체를 장엄하였다. 비록 음식을 먹기는 하였지만 선정의 즐거움으로써 맛을 삼았다. 만약 도박장이나 유희장에 있을지라도 오직 사람을 제도하기 위해서며, 이교도를 받아들이지만 바른 믿음을 훼손치 않았다.

비록 외전에 밝지만 언제나 불법을 즐겼으며, 모든 사람들로부터 존경받았으니, 공양받는 이들 중 최고였다. 정법을 굳게 지녀 노소를 막론하고 교화하고, 일체의 생계의 다스림은 순조로우며, 비록 속된 이익을 얻었다 하더라도 이로써 즐거워하지 않았다.

저잣거리에 노닐면서 중생에게 도움이 되고, 나라를 다스리는 일에도 일체를 구호하였다. 강론처에 들어서면 대승으로써 이끌고, 학당에 들어가면 아이들을 일깨워 주었다. 유곽에 들어가서는 욕망의 화근을 보이고, 술집에 들어가서도 그 의지를 지킬 수 있었다.

백의를 입었다는 건 재가자라는 소리예요. 재가자로 있었지만 애착하지 않았다는 말이죠. 어디 안 가는 데가 있는 게 아니고 다 가는데, 심지어 유곽도 들어가고 술집도 가는데, 오히려 거기 가서도 가르침을 보여주었다는 거예요.

장자들과 함께 있을 때면 그들 중에서도 존경을 받아 수승한 법을 설하였으며, 거사들과 함께하면 거사들 속에서도 존경을 받아 그들의 집착을 끊어주었다. 왕족들과 함께 있을 때면 왕족들 가운데서도 존경을 받아 인욕으로써 가르쳤으며, 바라문과 함께하면 그들 중에서도 존경을 받아 그들의 아만을 제거하였다.
대신들과 함께하면 대신들 가운데서도 존경을 받아 정법으로써 가르쳤다. 왕자들과 함께하면 왕자들 속에서도 존경을 받아 충성과 효성으로써 보였다. 내관들과 함께하면 내관들 중에서도 존경을 받아 궁중의 여인들을 교화했으며, 서민들과 함께하면 서민들 속에서도 존경을 받아 복력을 일으키게 하였다.
범천과 함께하면 범천들 가운데서도 존경을 받아 수승한 지혜로써 가르쳤다. 제석천과 함께하면 제석천들 중에서도 존경을 받아 무상을 시현했으며, 수호신과 함께하면 그들 속에서도 존경을 받아 모든 중생을 수호했다. 장자 유마힐은 이와 같이 무한한 방편으로써 중생을 풍요롭고 이익되게 하였다.

월호 스님의 유마경 강설

인간은 물론이고 신들에게도 존경을 받아서 신들을 가르쳤다, 천인사天人師(천신과 인간의 스승이다)라는 거예요. 천인사 정도 되려면, 이분은 다름 아닌 부처님의 아바타예요. 부처님의 아바타가 아니면 이건 어려운 거죠. '부처님께서 만약에 재가자로 계신다면 이런 모습으로 오셨겠다, 인간은 물론이고 신들의 스승까지도 되는 존재였다'라고 하는 거죠.

2. 유마장자가 병을 핑계 삼아 법을 설하다

그가 이제 방편으로써 몸에 병이 들었음을 보였다. 그 병 때문에 국왕· 대신· 장자· 거사· 바라문과 여러 왕자 내지 권속 등 수많은 사람들이 모두 병문안을 왔다. 그렇게 내왕한 사람들에게 병을 핑계 삼아 널리 설법을 하였다.

요새 우리도 전염병 때문에 정말 고생들 많이 하죠? 경제적으로도 어렵고, 안 좋은 점이 많죠. 그런데 그럼에도 지금이 평상시에 못 했던 것들을 해보고, 자기 자신을 돌이켜 볼 수 있는 또 하나의 좋은 기회라고 생각할 수 있습니다. 인류가 무조건 앞으로만 향하고, 자연을 우습게 여기고 파괴했던 것들에 대해 한 번쯤 반성할 수 있는 좋은 기회죠. 필자는 사실 요새 다른 일이 없어서 오전에는 기도, 오후에는 번역 등 평상시에 못했던 것들을 많이 했습니다.『육조단경』,『마조어록』,『정법안장』, 또 우리 한국 선사들의 가르침들에 대해서요. 요새『마조어록』을 번역하고 있는데 진도가 엄청 빠르게 나가고 있어요. 이삼 년 걸릴 일인데 요즘 일이 없으니까 두세 달 만에 하고 있지 않나, 병을 핑계 삼아 열심히 공부하고 있는 겁니다.

"그대들이여. 이 육신은 무상한 것이며, 강하지도 않고, 힘도 없으며, 견고하지도 않습니다. 삽시간에 썩어질 존재로 믿을 것이 못 됩니다. 고통과 번민, 그리고 뭇 질병의 집합소입니다.

그렇죠. 육신은 정말 무상한 것. 강하지도 않고 힘도 없어요. 제가 알고 있던 한 스님이 있었는데 그 스님은 정말 건강하시고, 보이기도 건강해 보였어요. 지리산에 살 때 한번 목욕탕을 갔다가 그스님을 만났는데, 그때는 필자도 몸매가 좋은 편이었는데 저리 가라 싶더라고요. 그런데 그로부터 한 달도 안 되어서 그 스님이 입적하셨다는 소리를 들었어요. 깜짝 놀랐죠. 믿을 수 없었어요. '아니, 내가 한 달도 되기 전에 봤는데, 물론 몸매만 좋다고 건강한 건아니겠지만, 하여튼 정말 건강해 보이는 그런 몸을 가지고 있었는데 믿을 수 없다. 정말이냐?' 하고 재차 확인을 했더니 남미의 안데스산맥에 등산 갔다가 고산병으로 돌아가셨대요. 아무리 건강해도 알 수 없는 거예요. '육신은 믿을 것이 안 되는구나. 내 몸이라고생각하고 살았다가는 낭패구나', 다시 한번 깨달았죠.

그대들이여. 이와 같이 육신은 지혜가 밝은 사람이 믿을 바가 못됩니다. 이 몸은 마치 물안개 같아서 잡거나 만질 수 없고, 이 몸은 마치 물거품 같아서 오래 견디지 못합니다. 이 몸은 마치 불꽃과 같아서 갈애로부터 생겨나며, 이 몸은 파초 같아서 속이 견실하지 못합니다.

이 몸은 마치 아바타와 같아서 전도 망상에서 일어나고, 이 몸은 마치 꿈과 같아서 허망하게 나타난 것입니다. 이 몸은 마치 그림자 같아서 업연에 따라 나타나며, 이 몸은 마치 메아리 같아서 모든 인연에 예속된 것입니다. 이 몸은 마치 뜬구름 같아서 삽시간에 변하거나 사라지며, 이 몸은 마치 번개 같아서 생각마다 머물지 않습니다.

여기 나오잖아요, 아바타. '허깨비 환幻'이라고 그러죠. 옛날에는 '허깨비'라고 번역했는데 요새 말로 '아바타'라고 번역해서 "이 몸은 아바타"라는 거죠.

아바타는 뭡니까? 실체가 없는 겁니다. 그렇다고 아무것도 없느냐? 그건 아니에요. 현상은 있어요. 이 아바타를 잘 관리해줘야 합니다. 근데 아바타를 떠나서 실체가 따로 있는 것도 아닙니다. 따로 있다 해도 알 수가 없어요. 그러니까 이 아바타를 잘 관리해서 부처의 행을 하는 아바타로 만들어야 돼요. 그게 바로 '행불'이라고 하는 것입니다.

이 몸에는 주인이 없어 마치 흙과 같이 이루어져 있고, 이 몸에는 자아가 없어 마치 불과 같이 이루어져 있습니다. 이 몸에는 수명이 없어 마치 바람과 같이 이루어져 있고, 이 몸에는 사람(人相)이 없어 마치 물과 같이 이루어져 있습니다.

본래 땅이란 주인이 없는 거죠. 국가 간, 개인 간 경계를 긋고 살아가지만 생활의 필요성에 의해 경계를 나눈 것이지 애초에 주인은 없어요. 다만 편리에 의해 땅 주인이라는 권한을 인정해주지만, 그것도 어느 한계가 있다는 거죠. 원래 주인을 따지기 시작하면 주인이 없는 거죠. 이 몸도 그와 마찬가지라는 겁니다.

또 지금은 인간이지만 죽어서 축생이 될 수도 있고, 천상에 갈 수도 있고, 계속 물 흐르듯이 변한다는 겁니다.

이 몸은 실다운 것이 아니라 사대로 집을 삼고, 이 몸은 공한 것이어서 '나'와 '나의 것'에서도 떨어져 있습니다.

이 몸은 '사대', 즉 '지수화풍地水火風'으로 집을 짓는다는 거죠. 사람이 죽을 때 보면, 바람기風가 빠져서 못 움직이고, 그 다음에 식어서 화기火가 빠져나가고, 고름 같은 수기水가 빠져나가고, 땅에 가서 썩으니까 지기地가 빠지는 거예요. 없어질 때는 '풍화수지' 순으로 없어진다는 겁니다. 근데 이 몸이 '나'라고 애착하니까 죽어서도 무덤을 못 떠나는 게 그런 이유죠. 예전에 쓰나미 있었을 때 호텔이나 리조트가 많이 쓸려가서 복구를 했는데 나중에 복구한 곳을 관광업계 종사자들이 가서 문을 열어보니 거기서 맴도는 영가들을 봤다는 이야기가 있어요. 그런 일들이 비일비재하게 일어났어요. 죽고 난 다음에 영혼은 남아요. 그 후에 몸을 받는데, 몸

월호 스님의 유마경 강설

을 받지 못하고 떠도는 영혼을 '중음신'이라고 해요.

살아 있을 때 이 몸뚱이가 내 것이지, 죽으면 내 것이 아니라는 거예요. 그래서 살아 있을 때 '복 닦기, 도 닦기'하는 게 지혜롭게 삶을 마무리하는 것입니다.

이 몸은 앎이 없어 마치 초목이나 기왓장 같으며, 이 몸은 작용이 없어 바람의 힘으로 돌아갑니다.

이 몸뚱이는 사실 알지 못합니다. 아는 것은 관찰자가 아는 겁니다. 몸뚱이 자체로는 아무것도 모르고, 관찰자가 깃들어 있기 때문에 아는 것이죠. 그리고 이 몸뚱이는 자체 작용이 있는 게 아니라 지수화풍 중에 바람의 힘으로 돌아간다는 겁니다.

이 몸은 깨끗하지 않아 더러운 것으로 가득 차 있고, 이 몸은 헛되이 만들어진 것이라 비록 임시로 씻고, 닦으며, 입히고, 먹이더라도 반드시 마멸될 것입니다.

아무리 예쁜 미녀라도 배 속에는 똥이 들어 있고, 땀, 피, 고름, 진액들이 가득해 있습니다. 착각으로 보니까 예쁘다고 그러지 조금만 투시력이 있으면 다 보여요. 이 몸뚱이는 허망한 것이고, 아무리 잘해줘도 반드시 마멸된다는 거예요. 소모품이라는 거죠. 그러니까 너무 공들이지 말라는 겁니다. 적당히 하면 된다는 거죠. 삶에 불편이 없을 정도만 하면 된다는 거예요. 나이 육십이 넘으면 죽음을 걱정할 일이 아니라 환생을 걱정해야 돼요. 내가 어떤 모습으로 어떻게 다른 몸을 받아야 할지 말이죠. 누구나 무조건 죽어요. 그냥 죽을 뿐. 죽음보다 더 무서운 게 환생인데, '복이 많은 사람으로 태어났으면 좋겠다' 하면 지금 복을 많이 지으면 돼요. '지혜가 많은 사람으로 태어났으면 좋겠다' 하면 도를 닦으면 돼요. '복 많고 지혜 많은 사람'이 되고 싶으면 두 가지 다 하면 되겠죠?

이 육신은 재앙이 되니 101가지의 병으로 고뇌하며, 이 몸은 언덕 위의 우물 같아서 늙어 핍박받습니다. 이 몸은 확정이 없으니 반드시 죽음을 맞이하게 됩니다. 이 몸은 마치 독사와 같고, 원수 도적이나 텅 빈 마을 같아서 5음, 18계, 12입의 합성일 뿐입니다.

수많은 병으로 고통스럽게 한다는 겁니다. 또 언덕 위의 우물, 즉 비 오면 물이 잠깐 괴었다가 비 안 오면 쫙 빠져버리죠. 그렇게 말라버린다는 거죠. 그러니 이 몸을 너무 아끼고 사랑할 게 없다는 거예요.

5음은 색수상행식色受想行識, 18계界는 안이비설신의眼耳鼻舌身意·색성향미촉법色聲香味觸法·안식계眼識界·이식계耳識界·비식계鼻識界·설식계舌識界·신식계身識界·의식계意識界를 말합니다. 그다음에 제입諸入(12입)은 안이비설신의眼耳鼻舌身意·색성향미촉법色聲香味觸法입니다. 육신은 5음, 18계, 12처가 공동으로 합성된, 합쳐진 것이라는 겁니다.

안수등정安樹藤井의 우화를 살펴봅시다. 안수등정은 '언덕배기

나무의 등나무 우물'이라는 뜻입니다. 언덕배기에 나무가 하나 있는데 등나무가 늘어져 있어요. 큰 나무 가지에 등나무가 늘어져 있다는 거죠. 어떤 사람이 길을 가는데 광야에서 코끼리가 자기를 쫓아옵니다. 그래서 허겁지겁 도망가다가 우물이 보여서 그 안으로 들어갔는데, 우물 밑에 한 괴물이 있었어요. 그래서 우물 속에서 위에서 내려온 등나무에 매달려 있는데, 위를 쳐다보니 흰 쥐와 검은 쥐가 등나무를 갈아먹고 있는 거예요. '어떻게 하나?' 하고 있는데, 위에서 꿀이 떨어져요. 달콤한 꿀이 떨어져서 먹는 순간, 자신의 위험한 상황을 잊어버린 거예요. 이 이야기가 오늘을 살아가는 사람들하고 똑같다는 거예요. 자기 몸뚱이가 어떻게 될지 모르는데 오욕락에 탐착해서 잊어버리고 있습니다. 그렇다면 이 상황에서 어떻게 해야 할까요?

그대들이여, 이러한 육신은 가히 근심덩어리이니, 마땅히 붓다의 몸을 좋아해야 합니다. 왜냐하면, 붓다의 몸은 즉 법으로 이루어진 몸이니, 한량없는 공덕과 지혜로부터 생겨납니다.

이 육신은 근심, 우환덩어리고 염증낼 만도 하다는 겁니다. 그럼에도 불구하고 육신에 대한 애착을 꾸준히 갖고 있기 때문에 계속 윤회한다는 겁니다. 중고차 몇십 년 몰면 쇳덩이도 고장나는 것처럼, 이 몸뚱이도 오륙십 년 살면 대부분 질병에 걸리거나 노쇠해진다는 거죠. 그래서 육신을 애착하지 말고 부처님 몸을 즐겨야 한다는 겁니다.

부처님께서 외도들하고 신통력 겨루기를 하는 이야기가 있죠.

빈두로존자가 출타해서 오다가, 목련존자와 한 시장통을 지나게 됐어요. 시장 한복판에 높은 장대가 있고, 전단향 나무로 깎은 발우가 올려져 있습니다. 장대에 손을 대지 않고 발우를 가져가는 사람이 임자가 되는 거라고 경합을 붙였는데, 이것은 각 종교마다 자기들이 신통제일이라고 주장하니까 그 마을의 최고 부자가 제안한 거예요. '말로 나를 유혹하려고 하지 말고 몸소 보여달라'는 거였죠. 신통력으로 가져가는 사람이 발우의 임자라고 했습니다. 목련존자는 그런 하찮은 일에 신통을 쓰면 안 된다고 해서 하지 않고, 빈두로존자가 허공을 세 바퀴 날아서 발우를 꺼내어 사뿐히 땅으로 내려왔어요. 시장통 사람들이 박수를 치고, 빈두로존자의 신통력에 군중들이 몰려들어 따라옵니다. 이후 두 존자가 부처님 계신 곳으로 왔어요. 부처님께서 바깥이 시끄러우니까 그 연유를 묻죠. "사람들 앞에서 왜 신통력을 보였느냐?" 그러자 빈두로존자가 "불교의 뛰어남을 보여주고자 함이었습니다"라고 말하죠. 그러자 부처님께서 "아니다. 그러면 일시적으로 혹할 수 있지만 불교가 신통력을 배우는 종교로 오해할 수 있다"고 우려합니다. 앞으로 재가자들 앞에서 신통력 금지를 명했어요. 그런데 이교도들이 역으로 이용하자, 부처님께서 경합을 제안했어요. 부처님께서 몸소 나서서 "망고동산에서 만나서 나와 겨루자"고 합니다. 그러니 이교도들이 자신이 없으니까, 미리 망고를 다 없애버리고 망고동산을 없앴어요. 부처님께서 망고나무가 없으니까, 망고 하나를 드시고 "그 망고 씨앗을 심어라" 해서 씨앗을 심자마자 망고나무가 생성이 돼요. 또한 가부좌를 틀고 허공을 날아서 쌍신변의 기적을 보이십니다. 상대되는 것을 동시에 보여주는 게 쌍신변의 기적입니다.

그러고서 도리천에 가서 마야부인에게 법을 설해 마야부인이 수다원과를 증득하게 됩니다. 이후 부처님께서 내려오신다는 소식을 들은 수보리는, 진정한 부처님은 법신이기에 마중 갈 필요가 없다고 판단합니다. 동굴에서 정진을 계속하고 있고, 부처님은 내려오셔서 제일 처음 보석계단 앞에서 연화색 비구니를 만납니다. 그렇지만 부처님이 말씀하시길, "나를 제일 처음 영접한 사람은 수보리"라고 말합니다. '여래를 보는 자는 법을 보고 법을 보는 자가 여래를 본다'고 말합니다. 여래는 '법신'이라는 거죠.

> 계· 정· 혜· 해탈· 해탈지견으로부터 생겨나며, 자· 비· 희· 사로부터 생겨납니다. 보시· 지계· 인욕· 유화· 근행· 정진· 선정· 해탈· 삼매· 다문· 지혜의 모든 바라밀로부터 생겨납니다.

계를 닦으면 계의 향이 나고, 정을 닦으면 선정의 향이 나고, 지혜를 닦으면 지혜의 향, 해탈을 하면 해탈의 향, 또 해탈했음을 정확히 아는 견해(해탈지견)가 생겨납니다. 또 부처님 몸은 자비희사로부터 생겨난다고 하죠.

나아가 바라밀을 잘 닦는 것이 가장 중요합니다. 바라밀은 내게 없는 것을 찾아감이 아니라, 본래 갖추어져 있음을 확인하는 수행입니다. 영가 현각永嘉 玄覺 선사는 육조 혜능 스님의 제자로『유마경』을 읽고 깨달음을 얻었어요. 영가 현각 선사가 지은「증도가」라는 노래가 있어요. 「증도가」의 첫 대목은 "절학무위한도인絶學無爲閑道人은 부재망상불구진不除妄想不求眞이라. 무명실성즉불성無明實性卽佛性 환화공신즉법신幻化空身卽法身이라"입니다. "더 이상 배울 것이 없어 한가한 도인은 망상을 제하지도 아니하고 진리를 구하지도 않는다"는 말이에요. 관찰자가 진리인 거예요. 더 이상 구할 필요 없어요. 불성을 얻는 방법이 바로 '관정灌頂'을 하는 거예요. 본래 부처인데 못 믿으니까, 관정을 해서 믿도록 하는 것입니다. 관정에는 세 가지가 있습니다. 첫째, 불자 관정, 즉 본래 불자라는 것을 가르쳐주는 것, 둘째, 학법學法 관정, 발고여락拔苦與樂(자비로써 중생의 고통을 없애주고 즐거움을 안겨줌)을 배우는 것, 셋째, 전법傳法 관정(무위도인無爲道人), 법을 전해주는 것입니다.

"나는 한동안 부처님을 잊었지만 부처님은 한시도 나를 잊으신적이 없다. 나는 한때 부처님을 부정했지만 부처님은 한 번도 나를 부정하지 않으셨다. 나는 잠시 불자임을 망각했지만, 부처님은 잠깐도 나를 망각하지 않으셨다"라는 겁니다. 관정은 진정한 부처님의 아들, 딸로 새롭게 태어나게 하는 것입니다.

방편과 6신통[21], 3명[22]과 37도품에서 생겨나며, 지관과 10력, 4무소외와 18불공법으로부터 생겨납니다. 모든 선하지 못한 법을 끊고, 일체의 선법을 거둬들임으로부터 생겨납니다.

진실과 불방일로부터 생겨납니다. 이와 같이 한량없는 청정한 법

---

21 천안통, 천이통, 숙명통, 신족통, 타심통, 누진통.
22 숙명명, 천안명, 누진명. 육신통 중 세 가지.

월호 스님의 유마경 강설

으로부터 여래의 몸이 생겨납니다.

결국 법신은 법으로부터 생겼음을 설명하고 있습니다.

그대들이여, 붓다의 몸을 얻어 일체 중생의 병을 끊고자 하거든 마땅히 아뇩다라삼먁삼보리심을 일으켜야 합니다. 이와 같이 장자 유마힐은 여러 병문안 온 사람들을 위해 알맞게 설법하여 수없이 많은 사람들로 하여금 아뇩다라삼먁삼보리심을 일으키게 하였다.

'아뇩다라삼먁삼보리심'을 뜻으로 번역하면 '무상정등정각無上正等正覺', 바로 석가세존의 깨달음을 말합니다. 수많은 사람들이 깨달음을 얻었지만 부처라고 하지는 않죠? 아직 무상정등정각은 아니기 때문입니다. 사바세계의 부처는 석가모니부처님, 다음에 무상정등정각을 얻는 분이 미륵부처인 겁니다. 무상정등정각에 가려면 어떻게 해야 해요?

『금강경』은 수보리가 '무상정등정각에 가려면 어떻게 해야 하나요?' 물으면서 시작합니다. 그 답은 '첫째, 일체중생을 제도하리라 마음먹기. 둘째, 머무는 바 없이 베풀기를 하되, 준다거나 받는다는 생각이 없어질 때까지 하라'입니다. 꾸준히 연습을 해야 준다거나 받는다는 생각이 없어집니다.

목표 의식이 있어야 해요. 발심을 해야 해요. 우리도 석가모니부처님 같은 부처님이 되는 것이 목표입니다. 나도 부처님 같은 깨달음을 얻겠다, 이게 '발 아뇩다라삼먁삼보리심'입니다. 그냥 선정을 닦아서 무아법을 깨닫는 게 아니라 반드시 바라밀을 닦아야 합니다. 성문聲聞은 게송을 듣고 깨친 사람을 말하고, 연각緣覺은 홀로 깨친 사람, 그 위에 보살菩薩이 있고, 보살도를 닦아야 진정한 아뇩다라삼막보리를 얻을 수 있습니다.

● 제3장 ●

유마의 가르침을 받은 십대제자
(三. 弟子品)

유마장자는 거사지만, 십대제자와 사대보살을 능가하는 실력을 갖춘 거사였어요. 불교야말로 공부하는 종교인데, 공부는 안 하고 기도만 하는 사람들은 노른자는 안 먹고, 흰자, 아니 껍질만 먹고 있는 겁니다. 그건 잘못된 겁니다. 기도는 계란의 껍질, 복 닦기는 흰자, 도 닦기는 노른자라고 생각해야 합니다. 복을 닦으면 저절로 건강하고 오래 삽니다. 기도를 통해서 업장의 단단한 껍질을 벗기고, 복을 닦아서 흰자를 먹고, 도를 닦아서 계란의 노른자를 먹는 게 계란을 제대로 먹는 겁니다.

1. 사리불에게 문병을 권하시다

이때 장자 유마힐은 스스로 생각하였다.

'병들어 침상에 누워 있는데, 세존께서는 대자비로 어찌 가엾이

여기지 않으실까?'

'부처님께서 자비심으로 연민을 나에게 보여주시겠지?' 하는 겁니다.

붓다께서 그의 의중을 아시고 곧 사리불에게 말씀하셨다.
"그대가 유마힐에게 나아가 문병을 하거라."

사리불은 부처님 십대제자 중의 지혜 제일의 제자로, 법의 사령관이라고 불렸어요. '법에는 최고다'라는 거죠. 부처님이 편찮으실 때 대신 법문을 할 정도로 지혜로웠던 사리불이죠. 사리불은 원래 불교도가 아니고 이교도였는데, 어느 날 출타했다가 부처님의 제자인 앗사지 존자를 만나죠. 앗사지 존자가 사리불에게 읊어준 게송이 "모든 현상에는 원인이 있다네. 여래께서는 그 원인에 대해 설하신다네. 원인이 소멸한 결과에 대해서도, 여래께서는 또한 설하신다네"입니다. 말하자면, 인과설이죠.

부처님께서 태자로 있으면서 얼마든지 쾌락을 누리실 수 있었지만 쾌락은 노병사를 잊게 해줄 뿐 해결할 수 없다는 것을 깨닫고 출가를 해서 선정을 닦으셨는데, 또 하나의 문제가 숲속에 앉아 있을 때는 무아의 경지인데, 탁발하러 세상에 들어가면 노병사가 또 진행되는 거예요. 그래서 그걸 놓아버리고 고행에 돌입하죠. 하지만 고행을 통해서도 늙고 죽음의 문제를 해결할 수 없다는 것을 알게 됐어요. 결국 세 가지를 포기하셨죠. 쾌락, 선정, 고행을 포기하고 보리수 아래서 '병을 고치려면 병의 원인을 알아야겠구나'에 착안하여 원인을 먼저 분석하십니다.

'늙고 죽음-태어남-존재 열망-내 것 취함-애착함-상대 느낌-접촉함-여섯 기관-몸과 마음-나름 생각-의도 행위-밝지 못함(무명無明)', 열 두 고리, 12연기입니다. 그 첫째 원인이 무명임을 밝혀내신 거죠. 결국 무명만 깨달으면 해결된다는 겁니다. 무명이란 무아법에 밝지 못한 겁니다. 그래서 무아법에 밝아지면 거꾸로 거슬러 올라서 앞의 것들이 다 사라진다는 거죠. 그리고 마침내 해탈이 됩니다. 무아법에 밝아지려면 대면 관찰을 해야 합니다. "거울 보듯, 영화 보듯, 강 건너 불 구경하듯, 대면해서 관찰하되, 닉네임을 붙여 하세", 이렇게 하면 고통을 뽑아낼 수 있습니다.

사리불이 붓다께 말씀드렸다.

"세존이시여, 저는 그에게 나아가 문병함을 감당할 수 없습니다. 왜 그런가? 기억하건대 제가 일전에 숲속의 나무 아래에서 편안히 앉아 있을 때, 유마힐이 다가와서 저에게 말했습니다.

'사리불이여, 반드시 이렇게 앉아 있는 것이 연좌宴坐라고 할 수 없습니다. 연좌라는 것은 3계에 있어서 몸과 마음을 나타내지 않는, 이것이 연좌라고 할 수 있습니다.

멸진정[23]으로부터 일어나지 않고서도 뭇 위의를 나타내는, 이것을 연좌라고 합니다. 도인의 법(道法)을 버리지 않고서도 범부의 일을 나타내는, 이것이 연좌입니다. 마음이 안에도 머무르지 않고 또한

---

23 몸과 마음의 작용이 모두 소멸한 상태의 선정.

밖에도 있지 않는, 이것을 연좌라 합니다.

여러 가지 견해에도 동요하지 않고 37조도품을 수행하는, 이것이 연좌입니다. 번뇌를 끊지 않고서 열반에 들어가는, 이것을 연좌라 합니다. 만약 이와 같이 좌선할 수 있다면, 붓다께서 인가하는 바입니다.'

그때 저는, 세존이시여, 이러한 말을 듣고 묵묵히 머뭇거리며 한마디도 답변할 수가 없었습니다. 그러므로 저는 그에게 나아가 문병을 할 수 없습니다."

유마거사가 말하길, '편안히 앉아 좌선을 하는 것은 올바른 수행이 아니다. 번뇌를 끊지 않고서 열반에 들어가는 것이 진정한 연좌'라고 말했다는 겁니다. 번뇌는 끊어야 할 것이 아니라, 관찰해야 할 대상입니다.

2. 목련에게 문병을 권하시다

붓다께서 대 목건련에게 말씀하셨다.
"그대가 유마힐에게 나아가 문병을 하거라."

목건련은 부처님 십대 제자로 신통 제일의 제자입니다.
사리자와 목건련은 출가 전에 친구 사이였어요. 선지식을 만나면 같이 출가하자고 약속합니다. 사리자가 먼저 앗사지 존자를 만나 출가의 뜻을 세웠고, 목건련 존자를 데리고 같이 출가합니다.

월호 스님의 유마경 강설

두 사람을 본 부처님이 "앞으로 나의 상수제자가 될 사람들이 온다"고 얘기했어요. 출가자에게는 과거를 묻지 않는 것이 예의입니다. 출가는 새로운 탄생이고, 출가 전은 전생사입니다. 출가라는 것자체가 새롭게 태어나는 것이기 때문입니다. 두 사람이 출가하기 전에 부처님에게 이미 천 명이 넘는 제자가 있었는데, 이 두 사람이 상수제자가 되죠.

목련이 붓다께 말씀드렸다.
"세존이시여, 저는 그에게 나아가 문병함을 감당할 수 없습니다. 왜 그런가? 기억하건대, 제가 일전에 비야리 대성에 들어가서 마을 가운데에서 여러 거사들을 위해 법을 설하였는데, 그때 유마힐이 다가와서 저에게 말하였습니다.
'목련존자여, 백의를 걸친 거사들을 위해 법을 설하심에 마땅히 그대처럼 해서는 안 됩니다. 설법이란 마땅히 법답게 설해야 합니다. 법에는 중생이 없으니, 중생의 허물을 여읜 까닭입니다. 법에는 자아가 없으니, 자아의 허물을 여읜 까닭입니다.

목련존자가 유마거사에게 당한 것을 설명한 거죠. 백의거사는 흰옷을 즐겨 입는 대중, 재가자들을 말합니다. 출가자들은 누더기옷을 입죠.
유마거사가 그대와 같이 설하는 것은 당치 않다고 말했다고 합니다. 그렇다면 어떻게 설법해야 할까요? 설법이란, "설할 것도 보일 것도 없으며, 들을 것도 얻을 것도 없다, 아바타가 아바타에게 법을 설하기에", 이게 바로 유마거사가 하고자 하는 말의 핵심입니다. 여러분은 이미 완벽해요. 본래 부처이기 때문이에요. 그런데 구하는 순간 모자라게 되는 거예요. 마지막 두 줄은 설법의 대의를 간단하게 한 문장으로 정리해서 유마거사가 목련존자에게 설하는 장면입니다.

법에는 수명이 없으니, 생사를 여읜 까닭입니다. 법에는 사람이 없으니, 과거와 미래가 단절되었기 때문입니다. 법은 언제나 고요하니, 모든 상相을 멸한 까닭입니다. 법은 상에서 벗어났으니, 반연하는 바가 없는 까닭입니다.

법이란 무엇인지 알고 설법을 해야한다는 겁니다. 불교는 법의 종교라고 합니다. 원래 불교는 기도의 종교가 아니라 법의 종교입니다. 법이 진실이고 기도는 방편입니다. 기도라는 방편을 통해서 법에 관심을 갖고 불교를 만나게 하는 거죠.

법은 이름이 없으니, 언어가 끊어진 까닭입니다. 법은 설함이 없으니, 감각의 분별을 여읜 까닭입니다. 법은 형상이 없으니, 허공과 같은 까닭입니다. 법은 말장난이 없으니, 필경 공하기 때문입니다. 법은 대상이 없으니, 대상을 여읜 까닭입니다.
법은 분별이 없으니, 모든 알음알이를 여읜 까닭입니다.

'식識'은 어떻게 보면 무명이고 번뇌죠. 무명을 전환시켜서 지혜

월호 스님의 유마경 강설

를 얻는 거죠. '전식득지轉識得智'란 번뇌의 팔식을 전환해서 얻는 지혜를 말합니다. 무명 덕분에 지혜를 얻는 게 가능하죠. 번뇌는 전환시켜야 할 대상입니다. 우리가 가지고 있는 무명은 없애야 할 대상이 아니라, 학습 자료로 삼아서 전환시키는 것이 중요합니다.

번뇌에 오염된 전오식前五識을 성소작지成所作智로, 즉 '견견見見, 문문見見, 각각覺覺', 즉 '보이는 것을 보기만 하고 들리는 것을 듣기만 하고 느끼는 것을 느끼기만 한다'는 겁니다.

그리고 육식六識은 묘관찰지妙觀察智로 전환해요. 그게 바로 대면 관찰인 거죠. '지지知知는 아는 것을 알기만 하는 것', 묘관찰지입니다. 그리고 칠식七識(나라는 생각)은 평등성지平等性智로 전환합니다. '성품은 평등하다'는 생각, '몸도, 마음도, 너도, 나도 아바타다'라는 겁니다. 팔식八識은 대원경지大圓鏡智(크고 밝고 충만한 경지)로 전환합니다.

법은 비교함이 없으니, 상대가 없기 때문입니다. 법은 인因에 속하지 않으니, 연緣이 없기 때문입니다. 법은 법성과 같으니, 모든 존재에 들어 있기 때문입니다.

법은 상대가 없는 한통속이며, 해탈을 하려면 인연을 초월해야 한다는 겁니다. "웃자, 웃을 일이 생긴다." 웃을 일이 생겨서 웃는 것은 인과법, 웃을 일이 없는데도 웃는 건 해탈법입니다. 이게 인과를 해탈하는 법입니다. 먼저 웃어서 웃을 일이 생기게 만드는 것은 인과를 초월하는 것입니다.

또 모든 존재에 법의 성품이 들어가 있다는 겁니다. 우리가 모두 불성을 지니고 있다는 것은 법성, 공성을 지니고 있다는 것과 같은 말입니다.

법은 여여함을 따르니, 따를 바가 없는 까닭입니다. 법은 중도에 머무니, 가장자리에 동하지 않기 때문입니다. 법은 동요가 없으니, 육진에 의지하지 않기 때문입니다. 법은 오고감이 없으니, 언제나 머물지 않기 때문입니다.

여여하다는 것은 진리와 흡사하다는 뜻입니다. 따를 바가 있다는 것은 아직 여여하지 못한 것입니다. 구할 바가 있으면 여여하지 못한 거죠.

그다음 육진六塵은 색·성·향·미·촉·법을 말합니다. 또 '간다, 온다'하는 것은 어떤 기준점이 있어야 합니다. 그게 없으면 가고 옴도 없는 거죠.

법은 공에 순응하고, 무상無相에 따르며, 무작無作에 응합니다. 법은 좋고 나쁨을 여의고, 법에는 증가와 감소가 없으며, 생겨나고 없어짐도 없고 돌아갈 바도 없습니다.

법은 작위가 없음에 응한다, 즉 억지로 하지 않고, 좋고 나쁨, 아름답고 추함을 여읜다는 말이죠. 법은 증가와 손해가 없다는 말입니다. 돌아갈 바가 없다는 것은 여기저기 다 고향이라는 뜻, 즉 정해진 고향이 없다는 겁니다.

법은 안· 이· 비· 설· 신· 심을 초월해 있습니다. 법은 높고 낮음이 없으며, 법은 상주하여 움직임이 없습니다. 법은 일체의 관행觀行을 여의었습니다.

법은 눈, 귀, 코, 혀, 몸, 마음을 초월했고, 또한 법은 관행을 여의었다는 겁니다. 바로 관찰자 그 자체이기 때문입니다.

대목련이여, 법의 모양이 이와 같으니 어찌 설할 수 있겠습니까? 법을 설하는 이는 설할 것도 없고 보일 것도 없으며, 그 법을 듣는 이도 없고, 들을 것과 얻을 것도 없습니다.
비유컨대 마치 아바타가 아바타를 위하여 설법하는 것과 같습니다. 당연히 이와 같은 뜻을 확립하고 설법을 해야 합니다. 당연히 중생의 근기에 예리하고 둔함이 있음을 간파하여, 잘 헤아려 막히는 바가 없어야 합니다. 대비심으로써 대승을 찬탄하고, 부처님 은혜 갚기를 생각하여, 삼보가 끊어지지 않게 한 후에야 법을 설하여야 합니다.'

법이 설함도 가르침도 들음도 얻음도 없다는 것은 본래 완벽하다는 겁니다. 이 세상은 완벽하게 돌아가고 있어요. 우리가 오늘 밤에 갑자기 다 죽는다고 해도 내일 아침에 해가 뜹니다. 완벽하게 잘 돌아가니까 걱정안하셔도 됩니다. 하하하.

아바타가 아바타를 위하여 법을 설함과 마찬가지라는 겁니다. 설할 것도 없고, 들을 것도 없다는 소리예요. 꿈속에서 아무리 얘기해도 깨고 나면 그 자리라는 겁니다.

유마힐이 이러한 법을 설하였을 때, 8백 명의 거사들이 아뇩다라삼먁삼보리심을 일으켰습니다. 저에게는 이러한 변재가 없습니다. 그러므로 저는 그에게 나아가 문병을 할 수 없습니다."

'유마거사가 하는 얘기가 아주 대단한 얘기라서 저는 문병하러 못 가겠습니다'라는 말입니다.

3. 가섭에게 문병을 권하시다

붓다께서 대가섭에게 말씀하셨다.
"그대가 유마힐에게 나아가 문병을 하거라."
가섭존자가 붓다께 말씀드렸다.
"세존이시여, 저는 그에게 나아가 문병함을 감당할 수 없습니다. 왜 그런가? 기억하건대, 제가 전에 한 가난한 마을에서 걸식을 하고 있을 때, 유마힐이 저에게 다가와 말했습니다. '대가섭이여, 자비심이 있기는 하지만 두루 하지는 못해서 부호를 버리고 가난한 집만 찾아 걸식을 하는군요. 가섭이여, 평등법에 머물면서 응당 차제걸식[24]을 행하여야 합니다. 단지 먹기 위함이 아닌 연고로 응

---

24 한 집에서 걸식을 시작하면, 도중에 가난한 집과 부잣집을 가리지 않고 차례대로 일곱

당 걸식을 행하여야 합니다. 화합상[25]을 깨뜨리기 위해서 응당 췌식[26]을 해야 합니다. 단지 받기 위함이 아닌 연고로 응당 그 음식을 받아야 합니다.

유마장자가 병든 모습을 일부러 나타냈죠. 그래서 부처님께서 십대제자에게 차례로 문병을 권하는 장면입니다. 십대제자 중에서 맨 처음으로 지혜가 제일인 제자 사리불에게 문병을 권하죠. 그런데 사리불이 "번뇌를 끊지 않고 열반에 들어간다는 말이 무슨 말인지 답변할 수가 없어서 못 가겠습니다"라고 합니다.

다음으로 신통제일의 제자 목건련에게 문병을 권하자, 목건련도 "아바타가 아바타를 위해 설법하는 것처럼 해야 한다는 말을 듣고 망연자실해서 문병을 못 갑니다"라고 이야기하죠.

그래서 세 번째 마하가섭에게 문병을 권합니다. 마하카사파, 대가섭인데, 마하가섭은 넘버쓰리죠. 지금 나오는 이 순서는 부처님의 제자들 넘버원부터 넘버텐까지, 좌차 순서예요. 사리자, 목건련, 가섭, 수보리…… 이런 순서로 나옵니다.

대중 생활을 하게 되면 '좌차'라는 게 있어요. 사람이 세 명 이상이면 대중이라 하고, 대중이 되면 질서를 유지하기 위해 좌차, 즉 앉는 차례가 있어요. 부처님이 앉아 계시면 왼쪽에 사리자, 오른쪽 옆에 목건련, 또 그 사리자 옆에 가섭, 목건련 옆에 수보리, 이런 식으로 앉아요. 공양 할 때도 회의를 할 때도 순서가 있습니다. 천 명

집을 다니는 것.
25 4대와 5온이 '나'라고 하는 생각.
26 주먹밥을 뜯어먹으며 화합상이 허망함을 헤아림. 헤아릴 췌揣.

이상이나 되는 제자들이 있어도 사리자와 목건련의 좌차를 일 번, 이 번으로 앉혀 놓아서 다른 제자들이 항의했다고 해요. 왜냐하면, 출가 순서대로 좌차를 정해야 하는데 천 명 이상 되는 사형들을 제쳐놓고 사리자, 목건련 좌차가 넘버원, 넘버투이니까 다른 제자들이 "두 사람을 유난히 편애하시는 것 아닙니까?" 물었죠. 부처님께서 "그렇지 않다. 과거 생의 서원에 의해 이 두 사람을 이렇게 앉힌 것이다"라고 합니다. 예외 없는 법칙은 없다는 거죠. 과거 생에 어떤 서원을 세우느냐가 굉장히 중요하다는 것을 암시하고 있습니다.

그래서 여러분들도 서원을 잘 세워야 해요. 서원을 세우고 꾸준히 노력하면, 그 서원이 나중에 여러분의 것으로, 여러분의 현실로 나타납니다. 대승불교는 서원의 불교예요. 서원이란 '~하겠습니다', '내가 이다음에 부처님의 상수 제자가 되겠습니다' 하는 거예요. 소원은 뭐예요? '상수제자가 되게 해주세요'라는 게 소원이에요. '~해주세요'로 끝나는 건 소원이고, '~하겠습니다'로 끝나는 게 서원입니다. 그래서 우리 행불행자의 서원이라 하면 '부처님 감사합니다. 법륜을 굴리겠습니다. 행불하겠습니다'라는 게 바로 서원입니다. 서원의 끝인 '~하겠습니다'는 굉장히 능동적·적극적이고, 불교에서 말하는 자기 창조설에 입각한 겁니다. 내 인생의 주인공은 나이기 때문에 내가 목표를 세워서 꾸준히 노력하면 성취된다는 거예요. 목표를 세워서 꾸준히 노력하는 게 중요한 거지, 자꾸 외부의 신이나 부처님에게 자꾸 '~해주세요' 하면 구걸하는 마음을 연습하게 돼서 비굴해집니다. "구걸하는 마음을 연습하면 거지나 종이 되고, 베푸는 마음을 연습하면 부자·주인이 된다.

월호 스님의 유마경 강설

악인도 없고 선인도 없다. 악역이 있고 선역이 있을 뿐"이라는 거예요, 고정된 실체가 없기 때문에……. 그래서 악역이 있고 선역이 있는데 다만 악행을 하면 괴로움이 뒤따르고, 선행을 하면 즐거움이 뒤따른다 하는 게 바로 업이에요, 업.

실체는 없지만 현상은 있죠. 그 현상이 어떻게 작용하느냐에 따라 괴로움이 뒤따를 수도, 즐거움이 뒤따를 수도 있어요. 불교에서 "실체가 없다, 무아다"라고 이야기하니까, 그럼 과거도 없고 업도 없나 생각하지만, 그렇지 않아요. 현상이 있기 때문에 작용이 있고, 작용에 의해서 결과가 따라 오는 것, 인과가 생기는 겁니다. 현상마저 무시하는 건 아니에요. 하늘에 구름이 있잖아요? 비행기에서 내려다보면 구름이 밑에 쫙 깔려 있으니까 뛰어내리고 싶은 충동이 가끔 일어요. 뛰어내리면 구름이 딱 받아 줄 것 같아요. 그런데 구름이 날 받아 줄까요? 아니죠. 바로 뚫고 내려가 그냥 떨어져서 죽겠죠. 구름이라는 게 실체는 없지만 현상은 있어요. 수증기가 모인 거죠. 현상이 있기 때문에 이게 모여서 나중에 비를 뿌린단 말이에요. 그런데 적당한 지역에 적당할 때 뿌려주면 뭐가 돼요? 단비가 돼요. 근데 이미 비가 많이 왔는데, 또 막 쏟아지면 그건 단비가 아니라 폭우가 되죠. 그래서 많은 생명을 해치게 되고, 단비로 내리면 많은 생명을 살려줍니다.

여기서도 마찬가지예요. 가섭존자는 부호를 버리고 가난한 집만 찾아 걸식을 합니다. 그게 바로 평등법에서 어긋난다는 말이에요. 가섭존자는 가난한 집만 가서 탁발을 했고, 뒤에 나오는 수보리 존자는 잘사는 집만 가서 탁발했어요. 반대였어요. 그래서 부처님이 물어보셨죠. "카사파여, 그대는 왜 가난한 집만 탁발을 하느냐?" 그랬더니 "가난한 사람들은 과거에 복을 못 지어서 가난하니까 지금이라도 복을 짓게 하기 위해 가난한 집을 다닙니다". 거지한테도 얻어먹는 게 스님이라고 그랬죠? 쉽게 말하면 카사파는 거지들한테도 얻어먹고 다닌 거예요. 수보리에게 "왜 부잣집만 다니냐?" 물었더니, 수보리는 "가난한 이들은 자기 먹을 것도 없는데 나까지 민폐 끼쳐서 되겠느냐, 해서 좀 살만한 집만 찾아서 다닙니다"라고 한 거예요. 다 일리가 있죠. 부처님께서는 그 말을 듣고 "평등 차제걸식을 하라"고 말하죠. 차제걸식이란 '한 집에서 걸식을 시작하면 가난한 집 부잣집을 가리지 말고, 이쁜 놈 미운 놈을 가리지 말고, 무조건 일곱 집을 탁발 다녀라. 그게 바로 평등법'이란 거죠. 그것을 지금 유마장자가 대가섭 마하카사파에게 말합니다. "차제걸식을 하라."

그리고 화합상을 깨뜨리기 위해서 응당 췌식을 해야 합니다. 췌식이라는 것은 주먹밥을 뜯어 먹으면서 식사하는 것을 말해요. 허망함을 헤아린다 해서 '헤아릴 췌'자예요. 밥이 뭉쳐진 주먹밥을 먹으려면 뜯어 먹죠. 주먹밥이라는 것은 실체가 있는 것 같은데 뜯어 먹다 보면 나중에 보면 실체가 없죠. 이처럼 우리 몸도 실체가 없다는 거예요. 지수화풍의 주먹밥이에요. 지수화풍을 적당히 버무려 놓은 건데, 이게 실체가 있다고 자꾸 생각하니까 애착이 생기고, 애착이 생기니까 그로 인해 분노심과 어리석음이 생긴단 말이에요. 그래서 이 실체 없음을, 화합상을—단지 사대의 화합인데 그게 실체가 있다고 생각하는 게 화합상이에요—깨뜨리기 위해 응당 췌식을 해야 한다는 것입니다.

학창시절에 도시락 먹다 보면 밥알이 몇 개 남잖아요? 필자는 그 밥알을 마지막 하나까지 집어먹는 게 무척 기분이 좋았어요. 마지막 밥알 하나까지 다 먹고 나면 도시락이 공해지잖아요. 그럼 내 마음도 굉장히 공해지는 느낌을 받았던 것 같아요. 그때는 학창시절이어서 출가하기 전인데도 발우공양하듯이 마지막 한 알까지 깔끔하게 먹었던 기억이 납니다. 내가 왜 이렇게 마지막 밥알 하나까지 다 빈틈없이 먹었나 생각해 보니, 과거 생에 아마 탁발을 해서 먹던 버릇이지 않나 싶어요.

"단지 받기 위함이 아닌 연고로 응당 그 음식을 받아야 한다." 받기 위해서 받는 게 아니라 복덕을 주기 위해서 받는, 그래서 거지한테도 얻어먹는 게 스님이라는 거예요. 거지에게 복덕을 쌓게 하기 위해 얻어먹는다, 받아주는 거죠. 받아준다는 말이 있죠? 바로 그 말이에요. '아, 내가 받아줄게', 받으면서 준다, 그러잖아요. '내가 받아줄까?' 이게 받는 건데 주는 거다, 그런 의미예요.

공취상[27]으로 취락에 들어서야 합니다. 보이는 형상은 마치 맹인과 같이, 들리는 음성은 마치 메아리와 같이, 맡는 향기는 마치 바람과 같이 하고, 음식의 맛은 분별치 말아야 합니다. 모든 접촉을 받아들이기를 지혜의 증득과 같이 하고, 일체 만물이 아바타와 같아서 자성도 타성도 없으며, 본래부터 스스로 그러함이 아니어서 지금 곧 멸할 것도 없다고 알아야 합니다.

---

27 마을 또한 공허한 무더기일 뿐이라는 생각.

공취상이라는 것도 역시 마찬가지예요. "공한 무더기의 모습." "마을이라는 것도 또한 공한 무더기의 모습이다." 마을이라는 것도 원래 그 마을이 있었던 게 아니죠? 사람들이 하나둘 모여들다 보니까 마을이 생겼고, 또 때가 되면 없어집니다. 지금 서울이 번성해서 천만 명 이상이 사는 도시지만 언젠가 때가 되면 서울도 없어져요. 그게 바로 공취상이에요. '실재한다, 영구불변한다', 이런 생각을 갖지 말고 '이것도 언젠가는 없어질 것이다'라는 거죠. 이 마을도, 국가도, 지구도, 우주도 나중에 없어져요. 과학자들이 말했잖아요. 우주도 팽창해서 쭉 늘어나다가 어느 순간이 되면 다시 또 블랙홀로 빨려 들어가서 다 없어진다고요. 그 시간이 좀 길고 짧고의 차이지, 영원한 건 한 가지밖에 없어요, '영원한 건 하나도 없다는 법칙'. 그것만 영원하고 나머지 모든 존재는 변한다는 게 바로 제행무상諸行無常입니다. 모든 존재는 변해요.

가섭이여, 만약 여덟 가지의 삿된 법[28]을 버리지 않고서도 팔해탈[29]에 들어갈 수 있고, 잘못된 생각을 가지고도 정법에 들어갈 수 있으며, 한 끼의 식사로써 일체 중생에게 베풀 수 있다면, 모든 부처님과 성현들께 공양한 연후에 먹을 수 있습니다.

『유마경』 뒷부분에 그런 장면이 나와요. 유마거사가 다른 세계에 가서 공양을 가져와서 사람들한테 나눠줍니다. 성경에도 '오병

---

28 팔사 : 팔정도의 반대. 사견, 사사유, 사어, 사업, 사명, 사정진, 사념, 사정.
29 여덟 가지 선정의 힘으로 탐착심에서 벗어남. 여기서는 팔정도.

이어'五餅二魚'가 나오죠? 떡 다섯개, 물고기 두마리로 수많은 대중이 다 먹고도 남아요. 『유마경』의 내용과 흡사합니다. 아주 생생하게 이런 장면이 나오고, 또 쪼그만 방인데 수 없는 사람들이 다 들어찼는데도 좁지 않다는, 공간과 시간을 초월하는 그런 비유들이 나와요.

이와 같이 먹는 자는 번뇌가 있지도 않고, 번뇌를 여의지도 않습니다. 선정에 들려는 의도도 없고, 선정에서 나오려는 의도도 없습니다. 세간에 머무르지도 않고, 열반에 머무르지도 않습니다.
보시하는 자에게 큰 복도 작은 복도 없고, 이익이 되지도 않고 손해가 되지도 않습니다. 이것이 바로 불도에 들어가는 것이며 성문승을 의지하지 않는 것입니다. 가섭이여, 이와 같이 먹는 것이 헛되지 않게 사람들이 보시한 것을 먹는 것입니다.'

보시를 하면 공덕이 있다고 이야기하죠. 특히 삼보님께 공양을 올리거나 아라한과나 과위를 얻은 성현들께 공양을 올리면 큰 복덕이 있다고 일반적으로 이야기합니다. 하지만 이 경지에 들어서면 복도 없다는 거예요. "보시하는 자에게 큰 복도 작은 복도 없고 이익도 안 되고 손해도 안 된다." 왜? 우리 본체의 입장에서 보면 다 아바타가 아바타에게 하는 것이기 때문에 그렇다는 거예요.
근본의, 우리 성품의 입장에서 보면 부증불감不增不減입니다. 어떤 입장에서 보느냐에 따라 이렇게 된다는 거죠. 달마대사가 무제하고 대화한 데서 나오죠? 양 무제가 "수 없이 보시하고 절도 많이 짓고 경전도 엄청나게 만들었는데 복덕이 어떻게 됩니까?" 달마대사가 말하길, "없습니다". 그래서 양 무제가 "뭔 소리야? 지금까지 수많은 스님이 절에다 보시하고 절을 짓고 또 스님들을 양성하고 경전을 편찬하면 무량한 복이 있습니다, 해서 열심히 했는데 없다고? 공덕이 없다, 무공덕? 이 스님 좀 이상하다" 하고 보내버렸어요. 달마대사가 소림굴로 가서 면벽을 오랫동안 했다고 그래요. 서로 계합이 안 됐기 때문에 간 거죠. 근데 이게 왜 그랬느냐? 차원이 다른 이야기여서입니다. "보시하면 큰 복이 됩니다" 하는 것은 현상의 차원에서 이야기한 거고, "공덕이 없습니다" 한 것은 본질의 차원에서 더할 것도 뺄 것도 없는데 공덕이 있을 게 뭐가 있겠냐는 거죠. 차원이 다른 이야기를 하다 보니 서로 안 맞는 거예요. 현상의 차원에서는 공덕도 있고 또 복덕도 있지만, 본질의 차원에 가면 무공덕(공덕이라 할 것이 없다)이 되는 거예요.

그때에 저는 세존이시여, 이렇게 설하는 것을 듣고 미증유함을 얻어 곧 일체의 보살들에게 깊이 공경하는 마음을 일으키고, 다시 이러한 생각을 하였습니다. '이 명문 재가자의 변재와 지혜가 이와 같으니, 그 누가 이러한 말을 듣고서도 아뇩다라삼먁삼보리심을 일으키지 않겠는가? 나는 이제부터 다시는 사람들에게 성문과 벽지불의 수행을 권하지 않을 것이다.' 그러므로 저는 그에게 나아가 문병을 할 수 없습니다."

그래서 이 가섭존자도 역시 문병을 할 수가 없다고 합니다.

4. 수보리에게 문병을 권하시다

좌차대로 하나하나씩 이렇게 하는 겁니다.

붓다께서 수보리에게 말씀하셨다.
"그대가 유마힐에게 나아가 문병을 하거라."
수보리가 붓다께 말씀드렸다.
"세존이시여. 저는 그에게 나아가 문병함을 감당할 수 없습니다. 왜 그런가? 기억하건대 제가 과거에 그의 집에 들어가서 걸식을 할 때, 유마힐이 저의 발우를 받아 음식을 가득 담아주면서 말하였습니다. 수보리여, 음식에 평등한 이는 모든 법에 또한 평등할 것입니다. 모든 법에 평등한 이는 음식에 있어서 또한 평등할 것입니다. 이와 같이 걸식을 해야 음식을 취할 수 있습니다.

왜냐하면 부잣집만 다니니까 평등하지 못하다는 거예요. 가난한 사람은 가난한 사람대로 부자가 되기 위해 공덕을 지어야 하지만, 부자도 부자 나름대로 계속 넉넉한 살림을 유지하려면 공덕을 계속 지어야 하는 겁니다. 그런 면에서 부자건 가난한 이건, 차별없이 공덕을 지을 수 있게 찬스를 줘야 하는 거예요. 찬스를 줬는데도 공덕을 짓고 안 짓고는 본인 몫이지만, 기회 자체를 안 주는 건 아니라는 거죠.

수보리여, 음욕과 분노와 어리석음을 끊지도 않고 또 함께하지도 않으며, 몸을 무너뜨리지 않고서도 일상一相[30]에 따르고, 치심과 애욕을 소멸하지 않고서도 지혜와 해탈을 일으키며, 5역상[31]을 가지고서도 해탈을 증득하고, 또한 해탈도 속박도 하지 않고, 4제를 보거나 보지 않는 것도 아니며, 과보를 받거나 받지 않는 것도 아니며, 범부도 아니고 범부의 법으로부터 벗어나는 것도 아니며, 성인도 아니고 성인이 아닌 것도 아니며, 일체의 법을 성취하였으면서도 제법의 상으로부터 벗어난다면, 그러면 음식을 먹을 수 있습니다.

이래서 무슨, 먹을 수 있겠어요? 너무 힘들죠. 이것 다 맞추기가 참 멋진 말인데, 이거 쉽지 않겠다 싶어요.

수보리여. 붓다를 보지 않고 법도 듣지 않으며, 저 육사외도인 부란나 가섭, 말가리 구리자, 산자야 비라지자, 아기다시사 흠바라, 가라구타 가전연, 니건타 약제자 등이 그대의 스승이 되고, 그에게 출가하여 그 스승이 타락하는 곳에 그대도 또한 따라서 타락한다면, 곧 음식을 먹을 수 있습니다.

"심지어는 이런 육사외도六師外道를 스승으로 삼고 거기서 타락까지 한다면 음식을 먹을 수 있다." 이건 평등법을 이야기하는 거예요. 정법과 사법에 대한 차별심조차도 쉬어야 한다는 거예요. 일

---

30 일상은 실상이다. 제법의 실상은 무상이다.
31 오역죄. 아버지를 죽이는 것, 어머니를 죽이는 것, 아라한을 죽이는 것, 부처님 몸에 피가 나게 하는 것, 화합승을 깨뜨리는 것.

단 우리가 정법을 추구해야겠지만, 그 차원을 넘어서게 되면 정·사조차 초월한다는 얘기예요. "옳고 그름조차 초월한다. 옳고 그름이 둘이 아니다"라는 단계로 가야 한다는 거예요. 그게 바로 '마하'입니다. 마하라는 건 크다는 뜻인데, 크다는 건 둘이 아니라는 거죠. 둘이 아니어야 커요. 일단 둘로 나누기 시작하면 무조건 작아져요. 아무리 한쪽을 조그맣게 쪼개도 일단 쪼개지니까요. '둘이 아닌 단계로 가야 진짜 '큰마음'이다. 악인과 선인이 둘이 아니다. 악인은 악역을 충실히 이행할 뿐이고, 선인은 선역을 충실히 이행할 뿐'이라고 마음먹어야 악인에 대한 미움 같은 게 쉬는 겁니다. 그렇지 않고 '저놈 악인이니까, 나쁜 놈이니까 저런 짓을 하는구나' 하면 자애심이 일어나지 않죠. 실상무상實相無相에 입각한 자애심이 최상의 깨달음에 이르는 지름길입니다.

수보리여. 갖가지 사견에 들어가 피안에 도달하지 않고, 팔난에 머무르되 그 어려움을 없애려 하지 않으며, 번뇌와 마찬가지로 청정법에서도 벗어나며, 그대가 무쟁삼매를 증득하면 일체중생도 또한 이러한 선정을 얻으며,

무쟁삼매無諍三昧란 '언쟁이 없는 삼매'를 뜻합니다. '쟁諍'은 '언쟁, 말싸움, 싸울 쟁' 자예요. 원래 수보리는 출가하기 전에 성격이 까칠했어요. 남의 허물을 못 보고 계속 지적하고, 가족들한테도 막 키가 크면 크다고, 작으면 작다고, 웃으면 웃는다고, 울면 운다고, 가만히 있으면 왜 가만히 있냐고 시비 거는 성격이었어요. 그래서

가족들한테도 쫓겨나서 할 수 없이 산에 들어가 혼자 생활했는데 야외에서도 역시 시비를 걸었어요. 시비하는 마음으로 보면 다 시빗거리입니다. 새가 울면 시끄럽다고 시비, 키 큰 나무는 왜 키가 크냐고 시비, 작은 나무는 왜 이렇게 작냐고 시비……. 하도 시비 걸고 다니니까 산신령도 피곤해서 '안 되겠다', 부처님의 제자 부루나를 소개해줬어요. 수보리가 부루나 존자를 만나고, 그의 권유로 부처님 제자로 출가해서 마침내 공을 깨치죠.

수보리와 부처님과의 대화를 담은 경전이 『금강경』입니다. 공을 깨치는 거예요. 그래서 무쟁삼매를 얻게 되는 거예요. '다시는 언쟁, 시비, 남의 허물을 이야기하지 않겠다', 바로 무쟁삼매—무슨 일이 있어도 시비하지 않고, 남의 허물을 보지 않음—을 얻은 거예요. 공을 터득하고 나니까 사실 시빗거리가 없어지는 거죠. 억지로 안 보려고 그러는 게 아니고 시빗거리 자체가 쉬어버려요.

그대에게 시주하는 사람에게 복전이라 이르지도 않고, 그대에게 공양을 올리는 자가 삼악도에 떨어지며,

"그대에게 공양을 올리는 자가 삼악도에 떨어진다……." 여러분이 저한테 공양을 올렸는데, 제가 "이 공양·공덕으로 삼악도에 떨어지십시오. 하하하"라고 말한다면 공양 올릴까요? 이것은 바로 '삼악도에 가서 불법을 전하라'는 소리죠. 이렇게 생각하면 시비가 안 되죠. '스님이 저렇게 말하는 것을 보니까 나보고 삼악도 가서 전법을 하라는 소리인가 보다' 생각하면 시빗거리가 안 돼요. '감

사합니다', 이러죠. 그런데 '나보고 삼악도 가라고? 지금 뭔 소리야, 도대체?' 하면 시빗거리가 되죠. 평등, 공, 시빗거리가 완전히 끊긴 경지를 계속 이야기합니다.

뭇 악마들과 손을 함께하여 모든 수고로움을 짓는 동료로 삼으며,

악마들이 없으면 도 닦는 사람이 많이 줄어들어요. 악마, 마구니들이 있어야 사람들이 삶에 대한 고달픔을 느끼고, '사는 게 뭔가? 마음을 어떻게 닦아야 하나? 악마의 가르침에서 벗어나려면 어떻게 해야 하나?', 연구하게 되죠.

그대가 뭇 마구니 및 여러 가지 번뇌와 동등하여 다르다고 할 것이 없으며, 일체 중생에게 원망하는 마음이 있으며, 제불을 비방하고 법을 훼손하며,

지금 완전히 반대로 이야기하고 있죠? 일체 중생에게 원망하는 마음이 없어야 하는데 "원망하는 마음이 있으며……". 혹시 번역을 잘못했나 생각하면 안 됩니다. 원문대로 번역한 겁니다. "원망하는 마음이 있으며, 제불을 비방하고 부처님을 비방하고 법을 훼손함이라."

대중의 수효에 들어가지 않아 마침내 멸도를 얻지 않는다면, 그대

가 만약 이와 같다면, 곧 음식을 먹을 수 있습니다.'

이건 사부대중四部大衆, 이렇게 공양을 받는 대중, 다시 말해서 아라한의 수효 안에 들어가지 않는다는 거예요. 응공應供—아라한을 '응공'이라고 하죠—'응당 공양받을 만하다', 즉 '아라한의 수효에 들어가지 않아서 멸도를 얻지 않는다면'이란 것인데, 이것은 다 아라한처럼 다시 태어나지 않는 게 아니고 보살도를 닦는다는 거예요.

그때 저는, 세존이시여, 이러한 말을 듣고 망연자실하여 이것이 도대체 무슨 말인지 이해하지 못하였으며, 어떻게 답해야 할지 알지 못해서 얼른 발우를 내버려두고 그 집을 나서려고 했습니다.

발우고 뭐고 다 내동댕이치고 나오려고 했다는 거예요. 아라한이나 성문의 차원에서는 맞지 않는 말이니까, '이게 도대체 무슨 말이지?'라고 했어요. 성문의 차원에서는 반대잖아요. 어떤 생각에 대해 자기 나름대로 고정관념이 있다는 것은 잘못되었다는 거예요. 이 법의 차원에서는 옳은 생각도 없어야 한다는 거예요.

필자가 출가하기 전에 한동안 마음공부를 혼자 하면서 나중에 조금씩 마음이 열렸는데, 어느 정도 열리고 나니까 제가 지금까지 가정·학교·사회에서 배운 모든 것들, '이렇게 살아야 한다, 저렇게 해야 한다' 등 배운 것을 거꾸로 해도 다 맞다는 생각이 들었어요. 우리가 배운 모든 것들은 고정관념일 뿐이에요. 사회적으로 필

월호 스님의 유마경 강설

요해서 그렇게 만들어 주입된 겁니다. 그런 것은 시대나 국가에 따라서 완전히 바뀔 수도 있습니다.

지금은 우리가 친족 간의 결혼을 금지하고 있죠? 과학적으로도 안 좋아서 친족간의 결혼은 금하지만, 우리나라도 친족간의 결혼을 권장했던 때가 있었어요. 신라 시대의 골품제도가 있죠. 골품제도는 같은 품계끼리 결혼해야 그 품계를 유지하고, 다른 품계에 있는 사람과 결혼하면 품계가 떨어져 강등돼요. 같은 품계끼리, 왕족은 왕족끼리 결혼하라는 거예요. 그러려면 몇 명 안 되니까 삼촌하고, 이모하고 조카가 결혼해요. 삼촌·사촌·오촌·육촌끼리 결혼하는 거예요. 친인척이 아닌 사람하고 결혼하면 피가 탁해졌다고 계급이 강등되는 그런 시대가 있었어요. 지금도 티베트에 가면, 한 여자가 한 집안과 결혼하는 곳이 있다고 합니다. 그 집안의 형제가 다 남편이 돼요. 현재도 그런 곳이 있어요. 형제가 셋 있으면 부인이 하나니까, 아이가 누구의 애인지 잘 모르는 점도 있죠. 지금 우리가 보면 말도 안 되죠. 어떻게 윤리적으로 이럴 수 있나 이야기하겠지만, 그곳에는 그게 제도예요. 사실 인류의 역사에서 일부일처제가 시작된 것도 얼마 안 됐어요. 원시시대는 대부분 모계사회였어요. 엄마는 아는데 아빠가 누군지 모르는 게 모계사회죠. 같이 그냥 어울려 사니까. 인류 역사에서 가장 긴 시간이 모계사회였고, 일부일처제가 정립된 건 몇백 년 채 안 돼요. 제도라는 건 계속 변합니다. 그런 것부터 시작해서 모든 사회적 관습 같은 것들이 우리가 만든 거예요, 편의에 의해서. 그다음에 사회질서를 위해서 만들어 놓은 규칙일 뿐이지 진리는 아니라는 것입니다.

그러자 유마힐이 말하기를, '수보리여, 발우를 거둠에 두려워하지 마시오. 왜냐하면, 여래가 만드신 아바타가 만약 이런 일로 힐난하면 두렵겠습니까?' 제가 답하였습니다. '두렵지 않습니다.'

여기 보면 "여래가 만드신 아바타가 만약 이런 일로 힐난하면 두렵겠습니까?" 하고 유마힐이 말했죠. 근데 필자가 보기에는 유마힐 자체가 진짜 여래가 만드신 아바타예요. 본인 이야기를 하는 겁니다. "여래, 즉 부처님이 만든 아바타가 이런 일로 이야기하면 두렵겠습니까?" 하니, "두렵지 않다"고 그러죠.

그러자 유마힐이 말하였습니다.
'일체의 모든 존재가 마치 아바타와 같으니 그대가 응당 두려워할 바가 없습니다.

나도 아바타고 너도 아바타다, 이거예요.

왜냐하면 일체의 언설도 이러한 상에서 벗어나지 않으며, 지혜가 있는 자는 문자에 집착하지 않는 까닭으로 두려워할 바가 없습니다. 문자는 성품을 떠났으며, 문자 없음이 곧 해탈이요, 해탈의 모양은 모든 존재 그대로입니다.'

여기 밑줄 쫙 그어야 해요. "해탈의 모양은 모든 존재 그대로이다. 있는 그대로 해탈의 모습"이라는 거예요. 거기서 한 생각을 일

월호 스님의 유마경 강설

으키니까 속박이 됩니다. 『반야심경』에 보면, "이무소득고以無所得故(얻을 바가 없기 때문에), 심무가애心無罣礙(마음에 걸림이 없어진다), 무가애고無罣礙故, 무유공포無有恐怖(걸림이 없으므로 두려움이 없어진다)"라고 나옵니다.

두려움은 마음에 걸림이 있어서 생겨요. 얻을 바 있다고 생각하니까 걸리는 거예요. 있는 그대로 해탈의 모습이라고 생각하면 얻을 바가 없는데, 뭔가 얻을 바 있다 생각하면 그것으로 인해 두려움이 생깁니다. 두려움이 많은 사람일수록 걸리는 게 많은 겁니다. 걸리는 게 많은 사람은 뭐예요? 얻을 바가 많은 거예요. 이것도 해야 되고 저것도 해야 되고, 이것도 얻어야 되고 저것도 얻어야 된다고 생각하는 사람은 걸리는 게 많아요.

그래서 무소득의 심정으로 여러분들이 살아야 됩니다. 무소득은 뭐예요? 얻을 바 없어요. "있는 그대로 진리 그 자체다"라는 겁니다. "더 이상 얻을 바 없다. 지금 이것만으로도 감지덕지다"라고 생각해야 얻을 바 없죠. 그래도 좀 더 건강해지고, 부자가 되고, 공부 잘하고, 이런 식으로 생각하면 걸리기 시작하는 거예요. 속박이 시작돼요. 그러면 두려움이 생겨요. '그게 안 되면 어떡하지?', 이런 식으로. '맨몸으로 태어나서 맨몸으로 가는데 그래도 생사일대사生死一大事 공부하다 가면 감지덕지다' 하는 마음으로 살아야 합니다.

유마힐이 이 법을 설하였을 때, 2백 명의 천자들이 법안이 청정해짐을 얻었습니다. 그러므로 저는 그에게 나아가 문병할 수 없습니다."

5. 부루나에게 문병을 권하시다

부처님께서 십대제자에게 차례대로 유마힐 장자에게 문병을 가라고 권하고 있습니다. 앞서 사대제자들이 과거에 유마힐한테 당한 적이 있어서 문병 못 간다고 했어요. 다섯 번째로 권하는 부루나는 전법 제일의 제자죠?

부루나는 본래 남쪽 지방 사람이었는데 부처님 가르침을 듣고 "부처님, 제가 전법하러 가겠습니다" 했더니 부처님께서 "어디로 갈라고?" 물어서 "제 고향으로 가야죠" 하자, "거기 사람들은 굉장히 거칠고 험하고 불교를 믿지 않는데 괜찮겠느냐?", "그러니까 가서 해야죠", "사람들이 욕설하고 막 성질내면 어떻게 할래?", "욕설을 하고 성질을 내더라도 나를 패지 않으면 다행이라고 생각하겠습니다", "그러면 때리면 어떡할래?", "때리기만 때렸지, 주먹으로 때렸으니까 무기는 안 들고 때려서 다행이라고 생각하겠습니다", "그럼 칼로 찌르고 무기로 하면 어떡할래?", "때리고 찌르기는 하지만 죽이지는 않아서 다행이라고 생각하겠습니다", "그러면 만약에 죽이면 어떡할래?", "죽이면 고맙죠. 저야 빨리 천상으로 가서 다행이다, 불법을 전하다가 죽어서 참 다행이라고 생각하겠습니다". 그 말을 듣고 부처님께서 "네가 그렇다면 가거라. 가서 전법을 하거라" 하고 보냅니다. 그래서 전법 제일이 되죠.

붓다께서 부루나 미다라니자에게 말씀하셨다.
"그대가 유마힐에게 나아가 문병을 하거라"

부루나가 붓다께 말씀드렸다.

"세존이시여, 저는 그에게 나아가 문병함을 감당할 수 없습니다. 왜 그런가? 기억하건대 제가 과거 큰 숲속의 한 그루 나무 밑에서 새로이 배우기 시작한 여러 비구들을 위해 법을 설하고 있었습니다. 이때 유마힐이 다가와서 저에게 말했습니다. '부루나여, 우선 마땅히 선정에 들어서 이 사람들의 마음을 관찰한 연후에 법을 설하여야 합니다. 더러운 음식으로써 보배 그릇에 담는 일은 없어야 합니다. 당연히 이 비구들의 마음에 품고 있는 생각을 알아야 합니다. 유리로써 수정과 같을 수는 없습니다. 그대가 중생의 근원을 알 수 없다면, 분발심을 일으켜도 소승법으로서는 얻을 것이 없습니다. 그들 스스로 상처가 없는데, 그들을 상처 내지 마십시오. 큰길을 가고자 하는데, 작은 길을 보이지 마십시오. 큰 바다를 소 발자국 속에 넣을 수는 없으며, 햇빛으로써 저 반딧불과 같을 수는 없습니다.

'소승법으로 가르치지 말고 대승으로 가르쳐라. 성품의 입장을 가르쳐라' 하는 거예요. '상처가 없는데, 상처를 내지 마라. 오염이 안 됐는데, 오염됐다고 가정하고 오염으로부터 닦아라' 하는 소승법으로 가르치지 말라는 거죠. '본래 청정하다'라는 게 대승법이에요.

선가에 유명한 말이 나오죠. "저를 참회시켜주십시오", "그래? 그럼 네 죄를 내놔봐라", "네? 죄를 내놓으라고요?" 아무리 찾아도 죄의 실체가 없잖아요. "내놓을 수가 없습니다", "그대가 이미 참회

되었느니라". 또 "제 마음이 불안합니다. 마음을 편안하게 해주십시오", "그래? 불안한 마음을 내놓아 봐라", 아무리 찾아봐도 불안한 마음이 어디 실체가 없는 거니까 "없습니다", "네 마음이 편안해졌겠구나", 이렇게 되는 게 대승법으로 가르치는 거예요.

성품은 오염될 수가 없어요. 그래서 성품을 닦는 수행을 "불오염수不汚染修—오염되지 않은 수행"이라고 합니다. 우리는 일반적으로 '나는 중생이야. 내 마음이 이렇게 탁해지고 오염됐으니까 수행을 통해 정화시켜서 언젠가는 나도 부처님 같은 경지에 갈 수 있겠지'라고 하는데 이건 소승법이에요.

그게 아니고 "본래 부처다. 본래 오염되어 있지 않다—부증불감不增不減 불구부정不垢不淨". 『반야심경』에 나오죠? 늘지도 않고 줄지도 않아요. 성품은 공한 것이기 때문에 더럽지도 깨끗하지도 않다는 거예요. 그런데 그걸 스스로 오염되었다고 생각하니까 '그럼 닦아야지'. 근데 오염된 마음을 어떻게 닦아요? 마음이 실체가 있어야 닦지, 못 닦는다니까요. 무슨 비누 갖다 닦을 수도 없고 수세미로 문지르면 마음이 닦일까? 가슴에 피만 나오겠지. 마음이 어디 있을까? 마음 자체가 처소가 없어요. 근데 어떻게 그걸 닦냐고요.

『능엄경』에 보면 "인적위자認賊爲子—도적을 오인해서 자식으로 삼는다"라고 해요. 이게 내 마음이라고 생각하니까요. 사실은 내 마음을 훔쳐간 도적이에요. 여러분이 생각하는 내 마음, '내 마음이 괴로워, 내 마음이 즐거워'하는 내 마음이란 여러분 마음이 아닙니다. 도적놈한테 속아서 이걸 내 마음으로 알고 사는 거예요. 마치 뻐꾸기가 뱁새 둥지에 알을 낳으면, 뻐꾸기 알의 새끼가 먼저

월호 스님의 유마경 강설

태어나서 다른 뱁새 알 새끼들을 다 밀어내 버리는 것처럼.

다 죽이고 자기만 남아요. 그러니 어미 뱁새가 이 뻐꾸기가 사실은 자기 새끼들을 다 죽인 원수인데, 자기 새끼인 줄 알고 먹이를 열심히 물어다 줍니다. 또 뻐꾸기는 커서 먹이를 엄청 먹어요. 어미 뱁새가 먹이 주느라고 정신이 없어요. 자기 새끼를 죽인 원수인데 그것도 모르고 막 먹여 살리고……, 똑같다 이거예요, 사람들 마음이라는 게. 여러분들을 고생하게 만드는 원수인데 그게 내 마음이라고 생각하고, 그 마음을 충족시켜 주려고 노력하는 거예요. 소원 성취를 비는 건, 사실은 그 마음을 충족시키려고 노력을 하는데 그게 원수인 줄 알면, 만약에 뱁새가 그 뻐꾸기 새끼가 자기 새끼를 다 죽인 원수인 줄 알면 열심히 먹이를 갖다 날라 줄까요? 안 그러겠죠. 모르니까, 그러니까 '무지無知가 죄다'라고 이야기 합니다.

여러분이 생각하는 그 헐떡이는 마음, 불안한 마음 또는 시비하는 마음, 이게 내 마음인 줄 아는 거예요. 내 마음인 줄 알고 이거를 충족시키려고 노력을 하는데 그게 바로 도적놈입니다. 도적을 갖다가 내 마음인 줄 아는 것과 똑같아요. 뻐꾸기 새끼를 자기 진짜 새끼인 줄 아는 것과 똑같아요. 여러분이 생각하는 내 마음은 뭐다? 도적놈이다, 그러니까 거기에 속으면 안 돼요. 어리석은 도적놈을 충족해주려고 별짓 다 하는 거 아니에요? 도적은 빨리 보내야 해요. 그러려면 어떻게 해야 해요?

일단은 관찰해야 해요. 쳐다보고 있어야 해요. 도적놈이 집에 들어왔어요. 근데 주인이 뚫어지게 쳐다보고 있으면 도적놈이 마음

대로 훔쳐갈 수 있을까? 없는 거죠. 그럼 조금 지나서 가버립니다. '여기는 안 되겠다. 주인이 눈 시퍼렇게 뜨고 쳐다보고 있는데 어떻게 도적질하겠어. 씨씨티비로 찍고 있는데.' 관찰하는 게 씨씨티비로 찍고 있는 거랑 똑같아요. 다 찍고 있는데 어떻게 하겠어요? 그러니까 이렇게 보다가, '아이고, 여기는 내가 있을 곳이 아니구나' 하고 스스로 알아서 사라집니다.

근데 '뭐 훔치러 오셨어요? 아, 이거 해드리죠. 저거 해드리죠', 계속 이러고 있으니까 도적놈이 이제 주인이 된 거죠. 여러분들이 그 도적의 마음을 충족시켜 주려고 별짓 다 하는 거예요. 그게 현실입니다. "인적위자―도적을 오인해서 자식으로 삼는다"는 소리입니다. "스스로 상처가 없는데 상처 내지 마라. 큰길, 대승의 길을 가고자 하는데 작은 길을 보이지 마라. 큰 바다를 소 발자국 속에 넣을 수는 없다. 대승을 소승의 그릇에 집어 넣을 수는 없다"는 거예요. 오히려 소승이 대승의 그릇에 들어와야죠. "햇빛이 저 반딧불과 같을 수는 없다."

> 부루나여, 이 비구들은 오랫동안 대승의 마음을 일으켰지만 도중에 그 뜻을 잊어버렸을 뿐입니다.

잃어버린 게 아니라 잊어버린 거예요. 여러분도 본래 부처인데 그거를 잠시 잊어버렸어요. 잃어버린 건 아니에요. 그렇기 때문에 법문 잘 들으면 그걸 다시 상기하게 되어 있어요. 기억만 하면 되는 거예요. 그래서 이 법문이라는 게 그걸 기억하게 들어가는 문인 거예요. '법 법法'자에다 '문 문門'자를 써요. '법으로 들어가는 문 역할을 한다.' 이 경전이 바로 법문이죠.

어떻게 소승의 가르침으로써 그들을 가르치고 제도할 수 있겠습니까? 제가 보건대 소승은 지혜가 미천함이 마치 맹인과 같아서, 일체중생의 근기가 예리하고 둔함을 분별할 수 없습니다.'
그러고는 유마힐이 즉시 삼매에 들어 이 비구들로 하여금 스스로의 숙명을 알게 하니, 일찍이 5백 부처님 처소에서 뭇 공덕의 근본을 심어 아뇩다라삼먁삼보리에 회향했는지라. 즉시 툭 튀어 본래의 마음으로 돌아갈 수 있게 되었습니다.

"잠시 망각했던 것을 다시 상기했다. 이미 과거세에 『유마경』 같은 가르침을 듣고 '나도 아뇩다라삼먁삼보리를 얻어서 중생을 제도해야겠구나', 발심했었는데 잊어버렸어요."라는 거죠. 여러분이 전생을 기억하지 못하는 이유는 뭘까요? 엄마 배 속에 있을 때까지 전생을 기억한대요. 그런데 엄마 배에서 나오면서 산모도 고통스럽고 애도 고통스러운 그때, 기를 쓰고 밖으로 나오려고 하면서 잊어버린답니다. 과거 생의 일들을 대부분 잊어버렸는데, 법문을 듣고 다시 '아, 그래, 맞아. 전에 내가 발보리심을 했었지' 하고 대승의 마음으로 돌아왔다는 겁니다.

이에 모든 비구들은 머리를 조아리며 유마힐의 발에 예를 올렸습니다. 그러자 유마힐은 이로 인해 법을 설하여, 아뇩다라삼먁삼보리에서 다시는 물러남이 없게 하였습니다. 제가 생각하건대, 성문은 사람의 근기를 보지 못하여 응당 법을 설할 수 없습니다. 그러므로 저는 그에게 나아가 문병을 할 수 없습니다."

수다원부터 아라한까지 부처님의 게송을 듣고 깨달음을 얻은 사람들을 '성문'이라 해요. '소리 성聲'자, '들을 문聞'자. 소리로 듣고 깨쳤다는 말이죠. 성문은 아직 사람들의 근기를 파악 못 해요. 부처님 당시에 한 사람이 사리자의 제자로 출가를 했어요. 이 사람이 앉아서 참선 명상 수행을 하는데 집중이 안 돼요. 명상 방법에 숨 보기, 몸 보기 등 여러 가지 관법이 있는데 도저히 공부가 안 돼서 무슨 공부를 해야 할지 스승에게 물었어요. 그런데 스승이 몇 가지 가르쳐줘서 해봤는데도 안 되는 거예요. 그래서 부처님한테 데려갔어요. "부처님, 제 상좌인데 출가한 지 얼마 안 돼서 기본적인 수행법들을 가르쳐주고 명상을 하게 했는데 도저히 집중이 안 된답니다. 어떻게 해야 합니까?"

그러자 부처님께서 그 사람이 전생에 뭐였나 쫙 보니까, 이 사람은 과거 생부터 금세공사였어요. 금을 세공해서 반지, 목걸이, 왕관 등을 만드는 일을 오백 생이나 했어요. 이 사람은 그게 완전히 들어 있는 거죠. 그래서 "너는 호흡, 숨 보기 같은 거 하지 말고 지금부터 앉아서 금세공으로 연꽃을 만들어라" 했더니 이 사람이 앉아서 밥도 안 먹고 하는데 집중이 잘 돼요. 과거 오백 생 동안 해오던 일이기 때문에 얼마나 잘되겠어요. 금세공으로 불상을 만들고 연꽃을 만들고 연등을 만들고 앉아 있으니까 집중이 쫙 되죠. 그래서 금방 과위를 터득했다고 합니다.

　누군가를 제대로 지도하려면 사실은 그 사람의 과거 생까지도 어느 정도 읽어야 해요. 저 사람이 전생에 무엇을 많이 하고, 어떤 공부를 많이 했고, 직업이 뭐였다는 것 등을 파악해야 정확하게 해줄 수가 있죠. 그것까지는 쉽지 않아도 그 사람의 언행이나 행동거지나 금생의 직업이나 이런 거는 파악할 수 있죠.『청정도론』에 보면 명상법이 사십 가지가 있는데, 여섯 가지 성향의 사람들이 있어서 각 성향에 맞는 명상법이 체계적으로 쫙 분류되어 있어요. 또 그중에 축소하면 세 가지 성향의 사람이라고 했죠. 탐행자, 진행자, 치행자. 탐진치 삼독은 누구나 가지고 있는 거지만 그중에서도 특히 욕심이 많은 사람들은 부정관을 연습해야 욕심이 쉰다고 합니다. 뭔가 깨끗하고 좋아 보이니까 욕심이 생기는 거 아니에요? 욕심 많은 사람들이 수행하기 좋은 곳은 공동묘지, 지네가 버글버글하는 곳, 뱀이 출몰하는 곳, 동굴 같은 곳이 최고의 수행처예요. 그래야 욕심이 떨어져요. 욕심이 많은 사람들은 그런 지네, 뱀, 벌레들 막 출몰하는 데서 살아야 해요. 그게 수행이에요. 그런 거 보고 막 놀라고 호들갑 떨고 싫어하고 하는 게 극복돼야 해요. 금생에 극복 못 하면 계속 가요. 어렸을 때부터 특정한 것을 보면 무서워했던 이유가 뭘까? 전생에 그랬기 때문에 금생에도 어렸을 때부터 그런 거예요. 금생에 극복 못 하면 내세까지 계속 이어집니다. 그래서 금생에 극복해야 해요. 무서운 것이 딱 나타나면 '뭐 죽기야 하겠냐', 이런 마음을 가지면 물려도 크게 겁이 안 나는데, '아이고 지네가……', 막 이러면 안 돼요. 수행자가 그래서는 수행 못 하죠. 그래서 '그 본래의 마음으로 내가 돌아갔다'는 게 바로 마하반야바라밀이에요.

6. 가전연에게 문병을 권하시다

가전연은 이제 '마하 까짜야나, 대 가전연', 그래서 '까짜야나'라고 하는데 한문으로는 가전연입니다. 가전연은 해설 제일의 제자예요. 논의 제일이라 그러는데 일반적인 논의가 아니고 해설 제일입니다. 부처님께서 간단히 하신 말을 풀어서 설명해주는 데 최고였어요.

붓다께서 마하 가전연에게 말씀하셨다.
"그대가 유마힐에게 나아가 문병을 하거라."
가전연이 붓다께 말씀드렸다.
"세존이시여, 저는 그에게 나아가 문병함을 감당할 수 없습니다. 왜 그런가? 기억하건대, 과거 부처님께서 비구들을 위해 법의 요지를 간략하게 설하셨습니다. 후에 제가 그 뜻을 부연하기를, 무상無常의 이치이며, 고苦의 이치이며, 공空의 이치이며, 무아無我의 이치이며, 적멸寂滅의 이치라고 하였습니다.

그래서 '뜻을 부연한다', 부처님이 간단하게 설한 것을 부연 설명해주는 데 최고였다는 거예요. 그래서 무상, 고, 공, 무아, 적멸의 이치를 설명해줬습니다.

이때 유마힐이 다가와서 저에게 말했습니다.

'가전연이여, 생멸하는 마음의 움직임으로써 실상의 법을 설할 수는 없습니다. 가전연이여, 모든 존재는 필경 불생불멸하니 이것이 무상의 이치입니다. 오온이 공함을 통달하여 일어나는 바 없음이 고의 이치요, 모든 존재가 구경에 가서는 있는 바 없음이 공의 이치이며, 나와 나 없음이 둘이 아님이 무아의 이치입니다.

"나와 나 없음조차도 둘이 아니다. 유와 무가 둘이 아니다." 이게 무아의 이치라는 거죠. '내가 없다'라고 생각하니까 없다는 데 떨어져버려요. 그런데 불교의 무아설은, 정확히 말하면 '고정된 실체로써의 내가 없다'는 거예요.

무아無我할 때, '아我'는 '아트만ātman'이에요. 결국 아트만이 없다는 소리예요. 한문으로 번역할 때 이것을 무아라고 번역해버렸어요. 아트만을 그냥 '아'라고 번역했어요. 그런데 사실 아트만은, 그냥 '나'가 아니라 '고정된 실체로써의 나'예요. 아트만 같은 경우에는 무아라고 번역하면 안 되고 '무 아트만'이라고 번역해야 해요. 그냥 무아라고 하니까 '불교에서는 내가 없다? 내가 없어? 그럼 이 몸뚱이는 뭐고?'라고 반문할 수 있죠. 고정된 실체로써의 내가 없다는 거예요. 여러분, 지금 몸뚱이가 있어요, 없어요? 있어요. 변화하는 현상으로써의 나는 있다는 거예요. 나와 나 없음이 둘이 아니라는 게 바로 그거예요. 고정된 실체로써의 나는 없지만, 변화하는 현상으로써 일시적인 나는 항상 있는 거예요.

그래서 이 몸과 마음 현상을 가지고 내가 어떻게 쓰느냐에 따라서 내가 그 과보를 받습니다. 악행을 하면 괴로움이 뒤따르고 선행을 하면 즐거움이 뒤따른다는 게 바로 불교의 업설이에요. '내가 없다' 해버리면 업을 받을 사람은 누구고, 업을 짓는 이도, 받을 이도 없어야죠. 그게 아니고 무아라는 거는 고정된 내가 없기 때문에 어떠한 나도 만들 수 있는 거예요. 좀 더 적극적으로 대승으로 해석하면 그렇게 되는 거죠.

그래서 관세음보살은 삼십이응신三十二應身으로 나타나는 거예요. 천백억 화신으로 나타나는 거예요. 천백억 화신 석가모니불. 한 둘도 아니고 천백억 개나 되는 아바타 화신. 아바타로 나투시는 거예요. 그래서 석가모니불이 아바타라는 소리죠. 그다음에 원만보신 노사나불. 노사나불도 아바타예요. 보신불. 그런데 석가모니불은 우리 육신으로 볼 수 있는 현상으로 나타나신 거고, 보신은 육신으로는 안 보이지만 음성으로 나투세요. 그래서 『화엄경』은 보신이 법을 설합니다. 보신이 설하고, 보살들이 설하고, 그래서 원만보신 노사나불이 설해요. 보신은 보이지는 않는데 소리로 나타나요.

그래서 여러분들도 신행 생활 하다 보면 그런 경험을 할 수가 있어요. 저는 뭐 여러 번 했죠. 쌍계사에 가면 대웅전 앞에 마애불이 있어요. 마애불은 큰 바위에 새겨놓은 불상이에요. 동짓날이었는데 제가 공양간에서 팥죽을 들고 대웅전 법당에 올리려고 갔어요. 지나가는데 갑자기 소리가 들리는 거예요. 아무도 없는데 마애불 쪽에서 뭐라고 그랬는지 아세요? "나도 한 그릇 다오." 하하하하. 사람들이 동짓날에 팥죽을 법당이나 전각에는 다 올리는데, 그 마애불 앞에는 안 올린 거예요. 지금도 생생해요. 그래서 깜짝 놀라서 돌아봐도 아무도 없어요. 그쪽에서 소리만 난 거예요. 소리, 음성으로 나툰다는 거예요. 별거 아닌 것 같은데 재미있죠. "나도 한 그릇 다오, 팥죽", 하하하.

또 쌍계사 계곡에서 혼자서 포행하면서 화두를 들고 있는데 갑자기 한 마디가 쫙 허공에서 들려요. 『유마경』에도 그런 장면들이 자주 나와요. 허공에서 이러이러한 소리가 들렸다는 말들이 나오거든요. 그거는 원만보신 노사나불의 음성입니다. 원만보신 노사나불은 음성으로 중생을 제도하는 분이에요.

법신·보신·화신을 멀리서 찾을 필요 없어요. 여러분의 몸이 화신불이고, 마음이 보신불이고, 성품이 법신불이에요. 그래서 삼신불을 멀리서 찾다 보면 현실 생활과 괴리가 있더라고요. 그런 마음으로 가까이서 찾으라는 겁니다.

존재는 본래 나지 않으니 지금 곧 멸할 것 없음이 적멸의 이치입니다.'

본래 나지 않고 멸하지도 않고, 나지 않으니까 멸하지도 않죠. 불생불멸이죠. 생하면 반드시 멸하게 되어 있어요. 생만 하고 영생한다는 것은 중생들의 견해고 어리석은 말입니다. 영생은 없어요. 단어로만 있는 거예요. '토끼의 뿔, 거북이 털' 하고 똑같은 소리예요. 말로만 존재하지 실재할 수 없죠.

그래서 정말 죽기 싫으면 어떻게 해야 되느냐? 태어나지를 말아야 한다, 이 소리예요. 이미 태어났으면 생자필멸生者必滅입니다.

반드시 소멸하게 되어 있어요. '이 몸과 마음이 나'라고 생각하면 소멸하기 때문에 서운하고 두렵죠. 그러나 '이 몸과 마음은 내가 아니라 나의 아바타다'라고 생각하면 죽어도 내가 죽는 게 아니라 아바타가 죽는 거예요. 아바타는 얼마든지 재생산할 수가 있어요. 기왕에 지금보다 좀 나은 아바타를 만들려면, 지금 살면서 복 닦기, 도 닦기 잘하면, 이거 없어지면 이거보다 더 나은 아바타로 받아요. 훨씬 좋죠. 머리도 더 좋고 인물도 좋고 신언서판身言書判을 다 갖춘 사람으로요.

이러한 법을 설할 때, 그곳의 모든 비구들은 마음으로 해탈을 얻었습니다. 그러므로 저는 그에게 나아가 문병을 할 수 없습니다."

7. 아나율에게 문병을 권하시다

아나율은 천안 제일의 제자죠. 원명은 아누룻다인데 한문으로 번역을 해서 아나율입니다.

붓다께서 아나율에게 말씀하셨다.
"그대가 유마힐에게 나아가 문병을 하거라."
아나율이 붓다께 말씀드렸다.
"세존이시여, 저는 그에게 나아가 문병함을 감당할 수 없습니다. 왜 그런가? 기억하건대, 제가 과거 어떤 곳에서 경행을 하고 있었습니다. 그때 엄정이라 불리는 범천왕이 만 명의 범천들과 함께 청정한 광명을 발하며 제게 다가오더니 머리 조아리며 예를 올리고 저에게 물었습니다. '아나율이여, 그대의 천안은 어디까지 볼 수 있습니까?'

저는 즉시 답했습니다.

'그대여, 나는 이 석가모니불의 국토인 삼천대천세계를 손바닥 안의 암마륵과 열매를 보듯 합니다.'

마치 과일 열매 하나 보듯이 온 세상을 본다는 겁니다. 아나율은 왕족의 왕자였어요. 어렸을 때부터 고생을 안 하고 곱게만 커서, 출가해서 법문을 들을 때도, 수행할 때도 졸았어요. 새벽에 일찍 일어나는 것도 감당이 안 되고 고달팠거든요. 아나율이 어렸을 때, 다른 왕자들하고 딱지치기를 해서 지는 사람이 빵을 내기로 했는데, 연거푸 세 번을 졌어요. 왕자니까 하인을 시켜서 '엄마한테 가서 빵 가져오라'고 연거푸 세 번 했더니 집에 빵이 떨어졌어요. 그래서 엄마가, '애가 뭐 세 번이나 졌어. 이제 좀 '없다'는 걸 애가 배워야겠구나' 싶었죠. 너무 풍족하게 살다 보니까 '없다'라는 말을 몰라요.

그래서 엄마가 빈 접시에 뚜껑을 덮어주면서 하인한테 '자, 이거 가져가 보여주면서 빵이 없다고 좀 이야기해라' 해서 하인이 시킨 대로 가져가는데, 그 모습을 본 천신이 거기다가 천상의 빵을 집어넣어 줘요. 하인이 가서 뚜껑을 열면서 '빵이 없습니다' 하는데 웬 향기롭기 그지없는 빵에서 김이 모락모락 나고 있어요. 아나율은 그걸 빵이 없다는 말로 못 알아듣고, 빵이 있으니까 '없다 빵'이 있다는 말로 들었죠. 그래서 '없다 빵'이 된 거예요. '아니, 엄마는 나를 사랑하지 않나 봐. 여태 이렇게 맛있는 빵을 안 주고 지금까지 맛없는 빵만 주다가 오늘에서야 겨우 '없다 빵'을 주는구나.' 이렇게 알 정도로 유복하게 잘 크다가 출가했으니 얼마나 고달프겠어요.

아나율이 하도 조니까 부처님이 "저 남쪽 바다에 가면 조개가 있는데 그 조개가 한번 잠에 들면 삼천 년을 잔대. 너는 그 조개 같구나"라고 말하셨어요. 그때부터 아나율이 분발심을 일으켜서 잠을 안 자요. 꼬챙이를 끼워 놓고 강제로 눈이 안 감기게 하다가 결국 시력을 잃었는데, 그 대신 열심히 정진했기 때문에 천안통天眼通이 열렸어요. 육신의 눈은 멀었지만, 천상 신들의 세계를 볼 수 있는 눈을 얻어서 천안제일의 제자가 됩니다. 우리의 육안으로 볼 수 없는 신들의 세계를 본다는거죠. 그러니까 거기에 대해서 유마힐이 물었죠. "그대의 천안은 어디까지 볼 수 있습니까? 그대가 천안통을 얻었다고 하는데 그러면 천안으로 뭐를 어떻게 봅니까?" 물으니까 아나율이 "나는 이 석가모니불의 국토인 삼천대천세계를 손바닥 안의 과일 열매 보듯 합니다. 꿰뚫어 봅니다"라고 한거죠.

그때 유마힐이 다가와서 저에게 말했습니다.
'아나율이여, 천안으로 보는 바가 지어진 형상이 있는 것입니까? 지어진 형상이 없는 것입니까? 만약 형상이 있는 것이라면, 즉 외도의 다섯 가지 신통과 같고, 만약 형상이 없는 것이라면, 즉 이것은 무위이니 볼 것이 있다고 할 수 없습니다.'

천안으로 신들의 세계를 보는데, 신들의 세계라는 게 정말 있는 걸까요? 형상이 있는 거라면 우리도 볼 수 있어야죠. 근데 형상이 없는 거라면 뭘 본단 소리인가요? 척 꿰뚫어 근본적인 질문을 한 거죠.

그런데 여러분, 신들의 세계가 정말 있을까요? 신이 있을까요? 지옥이 있을까요? 이에 대한 답변이 사실 애매해요. '무아' 입장에서 보면 지옥도, 천당도 없고, 고정된 실체는 없어요. 이 대목이 불교를 이해할 때 가장 헷갈리는 대목인데, 어떤 스님은 지옥도 있고 천당도 있다 그러고, 어떤 스님은 지옥도 없고 천당도 없다 그래요. 어떤 사람은 내세도 있고 전생도 있다 그러고, 어떤 스님은 또 내세가 없다고 그래요. 도대체 이게 뭐가 맞는 말이야? 입장에 따라 다른 거예요. 어느 차원에서 이야기하느냐에 따라 똑같은 불교인데도 무아의 입장에서는 무상無常, 고苦, 무아無我, 부정不淨을 이야기하고, 대아의 입장에서는 상락아정常樂我淨을 이야기해요. 완전히 반대된 이야기잖아요? 그러니까 어떤 차원에서 이야기하고 있는지를 정확히 알고 문답을 해야 하는 거예요.

고정된 실체의 입장에서 보면, 지옥도 없고 천당도 없어요. 여러분도 없고, 있는 게 하나도 없죠. 그러나 변화하는 현상으로 보면, 지옥도 있고 천당도 있어요, 나도 있고 너도 있죠. 그래서 고정된 실체 입장에서 보면 '나도 없고 너도 없고, 지옥도 없고 천당도 없다'. 그러나 변화하는 현상으로 보면 '나도 있고 너도 있고, 지옥도 있고 천당도 있다'라고 봐야 해요. 그리고 그 현상이 작용을 하면 과보를 받아요. '악인은 없다. 악역이 있을 뿐. 선인도 없다. 선역이 있을 뿐', '악행에는 괴로움이 뒤따르고 선행에는 즐거움이 뒤따른다'. 이게 본질·현상·작용, 이렇게 세 차원이 있는 거예요. 이 세 차원을 알아야 비로소 꿰뚫어 아는 겁니다.

본질의 입장에서 보면, 실체는 없다는 거예요. 그러나 변화하는 현상은 있어요. 그래서 이 현상이 작용을 일으키면, 과보가 있는 거예요.

본질·현상·작용, 이 세 차원, 본질의 입장에서 보면 '무아'예요. 그러나 현상의 입장에서 보면 '대아'예요. 작용의 입장에서 보면 '시아'예요. 이 세 단계를 알아야 비로소 '법안', 즉 법을 볼 줄 아는 눈이 열리는 겁니다. 그렇지 않고 한 군데에 있으면 한 군데에 묶여요. 여기서 그걸 물어본 거예요.

세존이시여, 그때 저는 묵묵히 있었을 뿐입니다. 저 범천들이 그 말을 듣고 미증유를 얻어서, 즉각 예를 올리며 물었습니다. '이 세상에 누가 진정한 천안을 가진 자입니까?'
유마힐이 답했습니다.
'불세존이야말로 진정한 천안을 얻으신 분입니다. 항상 삼매에 계시면서 모든 불국토를 다 보지만, 두 모습으로 보지 않습니다.'

'법성원융무이상法性圓融無二相'. 나눠서 보지 않는다'란 거예요. '불이', '아니 불不'자, '두 이二'자. '둘이 아니다'란 거예요. 우리는 나와 남을 나눠서 보지만, 대아의 입장에서 보면 나와 남이 둘이 아닙니다. 여러분과 제가 둘이 아니에요. 항상 나눠놓지 않기 때문

월호 스님의 유마경 강설

에 커지는 거예요. 마하반야바라밀의 '마하'가 '크다'는 뜻인데, 진짜 커지려면 둘로 나누면 작아지니까 안 되죠. 일단 나누면 무조건 작아지겠죠. 2대8로 나누든, 5대5로 나누든, 나누면 작아지는 거예요. 나누기 전이 큰 거죠. 그래서 "두 모습으로 보지 않습니다"라고 답한것입니다.

이에 엄정 범왕 및 그 권속 오백 범천이 모두 아뇩다라삼먁삼보리심을 일으켜 유마힐의 발에 예를 마치고 홀연히 사라졌습니다. 그러므로 저는 그에게 나아가 문병을 할 수 없습니다."

이 '아뇩다라삼먁삼보리심'이 '무상정등정각'이라고 그랬죠. '부처님 같은 깨달음'. 근데 십대제자들은 전부 깨달음을 얻었어요. 아라한의 깨달음을 얻은 사람들인데, 거기에 머물러 있기 때문에 유마거사가 계속 지적하는 거예요. '아라한의 깨달음에 머물러 있으면 안 되고, 아뇩다라삼먁삼보리심을 일으켜야 된다. 아라한에서 머무르지 말고 부처님 같은 깨달음을 얻어서 만 중생들을 제도해야 된다'고 지금 십대제자들에게 이야기하는 거죠. 그래서 끝이 항상 "아뇩다라삼먁삼보리심을 일으켰다"는 말로 끝나죠. 이게 바로 공통점인 거예요. 이미 무아는 얻었어요. 스스로 고통에서 벗어났어요. 하지만 거기에 머무르면 안 되고 다른 사람들의 고통을 뽑아주는 발고여락을 해야 한다는 말을 계속하는 겁니다.

8. 우바리에게 문병을 권하시다

붓다께서 우바리에게 말씀하셨다.

"그대가 유마힐에게 나아가 문병을 하거라."

우바리가 붓다께 말씀드렸다.

"세존이시여, 저는 그에게 나아가 문병함을 감당할 수 없습니다. 왜 그런가? 기억하건대, 과거 두 비구가 있었는데 계율을 범한 행동으로 부끄러워 감히 부처님께 여쭙지를 못하고 제게 와서 물었습니다.

'우바리여, 우리들은 계율을 범하여 진실로 부끄럽습니다. 감히 붓다께 아뢰지를 못하니, 바라건대 저희들의 뉘우침과 의혹을 풀어 이 허물을 멸하게 하소서.' 저는 즉시 그들을 위해 여법하게 해설하고 있었습니다.

그때 유마힐이 다가와서 저에게 말했습니다.

'우바리여, 이 두 비구의 죄를 거듭 키우는 일이 없도록 하십시오. 마땅히 바로 제거하여 그들의 마음이 어지럽지 않게 하십시오. 왜냐하면, 그들의 죄의 성품은 안에 있는 것도 아니요, 밖에 있는 것도 아니며, 중간에 있는 것도 아닙니다. 붓다께서 설한 바와 같이, 마음이 더러운 까닭으로 중생도 더러우며, 마음이 깨끗한 까닭으로 중생도 깨끗한 것입니다. 마음 또한 안에 있는 것도 아니요, 밖에 있는 것도 아니며, 중간에 있는 것도 아닙니다. 그 마음이 그러한 것과 같이 죄의 허물 또한 그러합니다. 일체의 모든 사물도 또한 그러하여 여여함에서 벗어나지 않습니다. 만약 우바리여, 심상

心相으로써 해탈을 얻었을 때 허물이 있습니까, 없습니까?'

"마음은 안에 있는 것도 아니고 밖에 있는 것도 아니고 중간에 있는 것도 아니다⋯⋯." 그럼 마음은 어디 있을까요? 우리가 행불 명상할 때 행선, 주선, 좌선, 와선을 하죠? 걸어가면서 하는 행선行禪을 할 때, 마음을 발바닥에 두라 그래요. 마음은 자기가 집중하는 곳에 있어요. 그래서 어떤 안 좋은 일이 생기면, 마음이 머리에 있다고 생각하는 사람은 머리가 아파지고, 마음이 심장에 있다고 생각하는 사람은 심장이 막 벌렁벌렁해요. 마음이 배 속, 단전에 있다고 생각하는 사람은 안 좋은 일이 생기면 화장실부터 가죠. 사람마다 다 달라요. 마음은 고정된 실체가 없고 변화하는 현상만 있기 때문에 자기가 어디다 모으느냐에 따라 마음이 거기로 가요. 행선할 때는 마음을 발바닥에다가 두고 걸으니까 머리가 시원해져요. 왜? 평상시에 사람들은 마음이 머리나 몸속에 있다고 생각하니까 이 마음에 따라 머리가 아픕니다. 골치 아픈 일이 생겨요. 발바닥에 내리면 마음이 발바닥에 있으니까 머리는 괜찮죠.

그리고 주선住禪, 장궤합장하고 주거니 받거니 주선할 때는 마음을 어디에 두라 그래요? 귓속, 이근耳根. 마음이 귀에 있다 생각하고 듣는 데 집중해요.

그다음에 좌선坐禪, 앉아서 할 때는 아랫배에 집중해요. 아랫배가 일어날 때 '마하', 들어갈 때 '반야', 일어날 때 '바라밀' 해도 되고 아니면 '마하반야바라밀' 해도 돼요. 아랫배에다 마음을 내리는 거예요. 이것을 '화두는 배로 든다'라고 말해요. 화두를 머리로 드는 사람은 열심히 하면 머리가 뽀개질 듯 아파집니다. 또한 가슴에 마음이 있다고 생각하는 사람은 가슴이 막 터질 듯이 답답해져요.

그다음에 와선臥禪은 코밑에다 두고, 들이쉴 때 '마하반야', 내쉴 때 '바라밀', 들이쉴 때 '마하반야', 내쉴 때 '바라밀' 하면, 코밑은 허공이잖아요? 마음이 허공에 가 있으니까 골치 아플 일도 없고 배 아플 일도 없어요. 허공이 뭐 아프겠어요? 코밑이 어떻게 보면 몸의 안과 밖의 중간지점, 숨으로 우리가 외부와 내부가 소통하잖아요. 그래서 이 마음이라는 것은 고정된 실체가 없고 변화하는 현상뿐이기 때문에 여러분이 얼마든지 연습하면 조절할 수가 있어요. 마음을 컨트롤할 수 있는 자가 바로 마음의 주인이 되는 거고, 마음에 맨날 끌려다니는 자는 그 마음의 노예가 되는 거예요. 우리가 진정한 주인으로서 주인공의 삶을 살고자 하면, 스스로 마음을 컨트롤할 수가 있어야 해요. 성질 확 난다 싶으면 얼른 아랫배에다 내리면서 '마하반야바라밀', 누가 성질나게 하면 얼른 코밑에다 갖다 두면서 '마하반야바라밀', 코밑은 허공인데 성질을 허공이 내겠어요? 그러니까 그냥 피식 사라지는 거죠. 이런 식으로 다룰 수 있는 사람이 주인공이 되는 거예요. 다룬다는 것은 지켜본다는 뜻이에요. 내가 지켜봐야 다룰 수가 있죠. 이게 어디 있는지 내가 알아야 다루지, 보이지도 않는데 다루겠어요? '바라보고 바라봐. 아바타로 바라봐.' 그 몸과 마음을 아바타로 바라보는 연습을 자꾸 해야 주인 노릇을 할 수가 있습니다. 그래서 마음과 마찬가지로 죄의 성품도 역시 안팎 중간에 있는 것이 아니라고 말씀드렸죠.

두 비구가 산속에 있는 동굴에서 수행을 열심히 하고 있었어요.

하루는 한 비구는 동굴에 있고, 다른 비구는 외출했는데 그 밖으로 나간 비구의 여동생이 공양물을 가지고 왔어요. 소나기를 만난 여동생이 옷이 다 젖어서 추워서 떨고 있으니까, 동굴에 남아 있던 비구가 불을 피워서 옷을 말리라고 한 거예요. 젊은 남녀 둘이 동굴 속에서, 한쪽에 장작불이 타고 있고 여인이 옷을 벗어서 말리고 있다 보니까 썸씽이 벌어졌죠. 밖에 나갔던 비구가 와 보니, 자기 도반하고 자기 여동생 분위기가 심상치 않아, '낯선 분위기인데?' 해서 여동생을 추궁했어요. 그러니까 여동생이 겁이 나서 뒷걸음질 치다가 절벽에서 떨어져서 죽었어요. 이 두 비구는, 한 사람은 일부러는 아니지만 겁박해서 동생이 떨어져 죽었으니까 살생의 죄를 저질렀고, 다른 한 비구는 음행을 저질렀다 해서 두 비구가 '우리는 이제 끝났다. 수행해봐야 소용없지 않느냐' 하고 낙담해서 우바리를 찾아갔어요.

우바리는 계율을 지니는 데 있어서 첫째, 지율 제일의 아라한이었어요. 본래 왕궁 왕자들의 머리카락을 깎아주는 이발사였죠. 왕자들이 출가한다고 나가니까 쫓아 나갔다가, 왕자들이 출가하기 직전에 자기들이 가지고 있던 목걸이, 보배, 팔찌 등 장신구들을 다 벗어서 우바리한테 "이거 너나 가져라. 우린 출가할 사람이니까 이런 거 이제 필요 없다"고 주니까, 우바리가 "아니, 지금 출가하신다고요? 이런 건 나도 필요 없고, 그럼 나도 같이하면 안 됩니까?" 하고 같이 출가를 했어요. 나중에 계율을 지키는 데에 있어서 최고라고 인정을 받았죠.

이 우바리한테 두 비구가 가서 물어본 겁니다. 그러자 우바리가

"그대들이 저지른 죄는 너무 중죄라서, 마치 곡식의 씨앗을 끓는 물에 넣어서 삶은 것과 똑같다"고 해요. 곡식의 씨앗을 끓는 물에 삶았다가 빼서 심으면 거기서 아무것도 안 나죠. "너희들은 가망이 없어"라고 이야기한 거예요. 그때 유마힐이 지나가다가 그 말을 듣고 이야기합니다. "두 비구의 죄를 거듭 키우는 일이 없도록 하십시오. 죄무자성종심기 심약멸시죄역망 죄망심멸양구공 시즉명위진참회 백겁적집죄 일념돈탕진 여화분고초 멸진무유여罪無自性從心起 心若滅是罪亦忘 罪忘心滅兩俱空 是卽名爲眞懺悔 百劫積集罪 一念頓蕩盡 如火焚枯草 滅盡無有餘." 『천수경』에 이 게송이 나오죠. 유마장자가 가르쳐준 게송입니다. "그대들도 참회하고 다시 발심해서 공부하면 깨달음을 얻을 수 있습니다" 하고 낙담해 있는 두 비구에게 유마장자가 희망을 줍니다. 여러분도 지금까지 어떤 죄를 지었다 하더라도 지금 참회를 하고 발보리심을 일으켜서 수행을 하면 누구나 성불할 수 있습니다.

제가 '없습니다'라고 답하자, 유마힐이 말했습니다.
'일체중생의 마음의 바탕에 더러움이 없는 것도 또한 이와 같습니다. 우바리여, 망상이 바로 더러움이요, 망상 없음이 청정한 겁니다. 뒤바뀜이 바로 더러움이요, 뒤바뀜 없음이 청정한 것입니다. 자아를 취함이 바로 더러움이요, 자아를 취하지 않음이 청정한 것입니다.

'불오염수'를 이야기하죠. '우리 마음 바탕은 더러움이 없다', '본래 오염되어 있지 않다'는 것은 선의 가르침하고 상통해요. 그래서 선사들이 『유마경』을 굉장히 좋아하는 이유가 되죠. 『유마경』에는 초기불교, 대승불교, 선불교가 다 들어 있어요. '선'에서도 불오염수를 이야기하거든요. 우리가 수행이라 하면 '내 마음이 요새 너무 더러워지고 탁해졌어. 이 마음을 잘 닦아내면 깨끗해질 거야'라고 생각하고 마음공부를 하는 사람이 많은데, 선의 입장에서는 그게 아니라 '불오염수—불성상청정佛性常淸淨, 본래무일물本來無一物인데 어디 오염되겠냐, 불성은 항상 청정한 것, 상락아정常樂我淨이다'라는 거예요. 상락아정이므로 '불성이라는 건 오염되려야 오염될 수가 없는 거다. 너 허공을 어떻게 닦을래?' 하고 차원이 다른 이야기를 하는 거예요.

우바리여, 일체의 법이 생멸하여 머무르지 않는 것이 마치 아바타와 같고 번개와 같습니다. 모든 존재는 서로 기다리지 않으며, 한 순간도 머무르지 않습니다. 모든 존재는 다 허망하게 보이는 것입니다. 마치 꿈과 같고 불꽃과 같으며, 물속의 달과 같고 거울 속의 형상과 같아서, 망상으로써 생겨납니다. 이와 같이 아는 사람을 계율을 받든다고 하며, 이와 같이 아는 사람을 잘 이해한다고 하는 것입니다.'

이에 두 비구가 말했습니다.

'뛰어난 지혜입니다. 이것은 우바리가 미칠 수 없는 바입니다. 계율을 지님에 있어서 제일인 그도 설할 수 없는 것입니다.'

저는 즉시 답했습니다.

'여래를 제외하고 성문 및 보살로서 그 즐거이 설하는 변재를 제압할 수 없으니, 그의 지혜가 밝고 통달함은 이와 같습니다.'

그때에 두 비구의 의혹과 뉘우침이 곧 사라지고, 아뇩다라삼먁삼보리심을 발하여 '일체중생이 모두 이와 같은 변재를 얻어지이다'라고 원을 세웠습니다. 그러므로 저는 그에게 나아가 문병을 할 수 없습니다."

여기에도 "아뇩다라삼먁삼보리심"을 발하였다고 나오죠? 그래서 서원을 세웠다는 게 핵심입니다. 결국에는 '무아에 머무르지 말고 아뇩다라삼먁삼보리심, 무상정등정각에 대한 발보리심, 깨달음에 대한 발심을 내어서 원을 세워라', 이것을 계속 아라한들에게 강조한 거예요.

9. 라훌라에게 문병을 권하시다

붓다께서 라훌라에게 말씀하셨다.
"그대가 유마힐에게 나아가 문병을 하거라."
라훌라가 붓다께 말씀드렸다.
"세존이시여, 저는 그에게 나아가 문병함을 감당할 수가 없습니다. 왜 그런가? 기억하건대, 과거 비야리의 여러 장자의 아들들이 저에게 다가와 머리 조아려 예를 하고는 저에게 물었습니다. '라훌라여, 그대는 붓다의 아들입니다. 전륜왕의 자리를 버리고 도를 위해 출가하였습니다. 출가하면 무슨 이득이 있습니까?'

라훌라는 부처님의 아들이죠. 부처님은 출가하기 전에 부인이 있었고, 아들을 낳았어요. 라훌라도 나중에 출가합니다. 말하자면 동자승이 되었어요. 어려서부터 왕자로서 살고 궁중에서 호사스러운 생활을 하다가 출가하고 나서 아무것도 못하니까 너무 심심한 거예요. 그래서 장난을 많이 쳤다고 해요. 어린 애가 장난치는 건 당연하죠? 근데 무슨 장난을 잘 쳤냐면 거짓말 섞인 장난 있잖아요. 목련존자한테 가서 "목련존자님, 부처님이 부르세요", "무슨 일인데?", "모르겠어요. 가 보세요". 목련존자가 부처님께 가서 "부르셨습니까?", "아니 부른 적 없는데", 이런 장난도 막 쳤다는 거예요.

　부처님이 하루는 라훌라를 불러서 발을 씻기라 그러죠. 라훌라가 대야에다 물을 떠와서 부처님 발을 씻겨요. 발을 다 씻고 났는데 부처님이 대야를 발길로 차버려요. 부처님이 자식 교육을 위해서 이런 험한 행동도 하셨어요. 대야를 발길로 빵 차버리니까 안에 있던 물이 다 쏟아지고 대야가 막 데굴데굴 굴러서 찌그러지잖아요. 그래 놓고 라훌라한테 물어봐요. "내가 차서 저 대야가 걱정됐냐?" "아니요. 원래 발 씻는 대야고 쭈글쭈글하고 더러운 물 담는 대야인데 그까짓 거 조금 더 찌그러져 봐야 걱정이 되겠어요?" 그때 부처님이 말씀하셨습니다. "너, 이 대야 같은 놈이야. 그렇게 사람들한테 장난치고 거짓말하고 다니면 이 대야같이 하찮은 존재가 되어서 사람들이 거들떠보지도 않고 소홀히 여긴다. 어디 가서 다치거나 말거나."

　그 말을 듣고 경각심을 일으켰죠. 그 뒤부터 라훌라가 은밀하게 수행을 꾸준히 하고 좋은 일을 많이 했다, 그래서 밀행 제일의 제

자가 되었다고 해요. 부처님이 그런 비유를 많이 썼어요. 아나율한
테는 뭐라 그랬어요? '조개 같은 놈이야', 이게 자극을 주는 거예요.
경각심을 일으키게 만듭니다. 교육의 한 방법이죠. 가끔 부처님도
그렇게 욕설까지는 아니지만 경각심을 주는 그런 가르침을 펼쳤
어요.

그래서 라훌라에게 문병을 권하니까, 라훌라가 말하길 "문병을
감당할 수 없습니다". 왜 그러냐? 과거에 유마거사가 나한테 와서
출가공덕의 이득에 대해서 설한 바가 있습니다.

저는 여법하게 출가 공덕의 이득을 설하였는데, 그때 유마힐이 저
에게 다가와서 말했습니다.
'라훌라여, 마땅히 출가 공덕의 이득을 설하지 말아야 합니다. 왜
냐하면 이득도 없고, 공덕도 없는 이것을 출가라 합니다.

"출가해봐야 이득도 없고 공덕도 없다", 이게 무슨 소립니까?

유위법에서는 이득이나 공덕이 있다고 설할 수 있습니다. 하지만
출가라는 것은 무위법이니, 무위법에서는 이득도 공덕도 없습니다.
라훌라여, 출가라는 것은 피차가 없고 중간도 없습니다.

유위법과 무위법에 차이가 있어요. 애착 있는 모든 존재를 유위
법이라 그래요. 무위법은 애착이 없는 거예요. 무위라는 게 '없을
무'자에 '행위 위'자거든요. 할 바가 없다는 거예요. 이것은 무소득

월호 스님의 유마경 강설

의 소득입니다.

『반야심경』에 보면 '무소득의 소득' 나오죠. "이무소득고—얻을 바가 없는 연고로, 심무가애—마음에 걸림이 없어지는" 거예요.

일 년에 한 번씩 소득세 신고하잖아요? 그럴 때 여러분은 뭘 신고해야 해요? '저는 올해 무소득을 얻었습니다.' 하하. 무소득을 얻은 게 최고의 소득이라는 거예요. 얻을 바 없다는 거를 알았다는 거죠. 사람이 무엇을 얻을 바 있다고 생각하면 마음이 헐떡이기 시작합니다. '저걸 얻으려면 어떻게 해야 하나, 이렇게 해야 하나, 저렇게 해야 하나?' 생각하죠. 예를 들어, 어떤 사람한테 무슨 부탁을 해서 얻어야 하면 눈치를 보게 돼요. '저 사람한테 어떻게 부탁을 해야 할까? 언제, 뭐라고 이야기해야 할까? 저 사람 취미가 뭘까? 뭘 좋아할까?' 고민이 시작되고 온갖 소설이 써지는 거예요. 그런데 얻을 바 없으면 눈치를 볼 일이 없죠. 무소득.

유위는 할 게 있는 거예요. 행위를 해야 하는 거예요. 이건 바로 몸과 마음의 입장을 이야기하는 겁니다. 몸과 마음은 해야 하죠, 뭘? 예를 들어서 일을 해야 먹고 살고, 내지는 사람의 몸으로 태어났으니까 각자의 역할 대로, 회사원은 회사원대로, 주부는 주부대로 할 바가 있잖아요. 그건 몸과 마음의 차원입니다.

그렇다면 무위는 뭐냐? 성품의 차원인 거예요. 성품의 차원에서는 '더 이상 더할 것도 없고 뺄 것도 없다. 할 것도 없고 안 할 것도 없다'라는 차원—이게 바로 '상락아정'의 차원이죠. 그러니까 항상하고 즐겁고 불성인 내가 있고, 청정한데 더 이상 할 게 뭐야, 얻을 게 없어요. 그래서 차원이 달라지는 거예요. 몸과 마음의 차원에서는 유위법이고, 성품의 차원에서 무위법이다, 그래서 이 차원을 잘 이해해야 해요.

이 세상에 태어난 것은 여러분의 차원을 높이려고 태어난 거예요. 맨날 똑같은 차원에서 살다 죽으면 보람이 없어요. 차원이 높아지는 게 다른 게 아니에요. 수다원과須陀洹果만 얻어도 일반 중생의 차원에서 확 높아져요. 아나따삔디까 장자의 아들이 수다원을 얻었잖아요. 부처님이 이런 게송을 하셨어요. "제국의 황제가 되는 것보다 천상에 신으로 태어나는 것보다 우주의 지배자가 되는 것보다 수다원과를 얻는것이 훨씬 값지다." 왜냐하면 차원이 다르기 때문이죠. 수다원과만 얻어도 이미 일곱 생 안에 해탈할 수 있어요. 수다원과를 못 얻으면 언제 해탈할 수 있을지 기약이 없어요.

여러분이 보살도를 닦아도 아라한과를 거친 보살과 아라한과를 거치지 못한 보살은 질적으로 달라요. 쉽게 말해서 아라한과를 거친 보살은 무위법을 하는 거고, 아라한과를 아직 못 거친 보살은 유위법인 거예요. 유위보살과 무위보살이 겉보기에는 비슷하지만, 실상 속은 엄청 차이 나는 거예요. 아라한과를 얻고 그다음에 다시 발보리심을 해서 보살도를 닦으면, 무위법에 입각한 응무소주이생기심이 되고, 아직 그렇지는 못했지만 그래도 보살도를 닦을 수 있어요. 그거는 유위법에 입각한 보살이에요. 응유소주이생기심—머무는 바 있이 그 마음을 내는 겁니다. 머무는 바 없이 내는 거하고 본질적인 차이가 있어요.

62견[32]을 떠나서 열반에 머무르니, 지혜로운 이들이 받는 바요, 성스러운 이들이 갈 바입니다. 뭇 마구니를 항복시키고, 5도 중생을 제도하며, 5안[33]을 청정하게 하고, 5력[34]을 증득하게 하며, 5근[35]을 세우는 것입니다.

남을 괴롭히지 않고, 뭇 잡다한 악행에서 벗어나며, 외도를 물리치고, 헛된 명성을 초월하며, 진흙탕으로부터 벗어나 걸리고 집착함이 없으며, 나의 것도 없고, 받을 바도 없으며, 요란함도 없습니다.

안으로 기쁨을 머금고 타인의 의도를 지켜주고, 선정을 따르며 뭇 과오로부터 벗어나는 것입니다. 만약 이와 같이 할 수 있다면, 이것이 진정한 출가입니다.'

이에 유마힐이 모든 장자의 아들들에게 말했습니다.

'그대들이 정법 가운데에 기꺼이 다 함께 출가하는 것이 좋겠습니다. 왜냐하면 붓다가 계신 세상은 만나기 어렵기 때문입니다.'

여러 장자의 아들들이 답했습니다.

'거사님이시여, 우리가 붓다의 말씀을 듣기로는, 부모가 허락하지 않으면 출가할 수 없다고 하셨습니다.'

유마힐이 말했습니다.

'그렇군요. 그대들이 문득 아뇩다라삼먁삼보리심을 일으키면, 그것이 곧 출가이며 구족함입니다.'

---

32 외도들의 단견과 상견 62가지.

33 육안, 천안, 혜안, 법안, 불안.

34 오근이 힘이 되어 나타나게 하는 힘. 신력, 정진력, 염력, 정력, 혜력.

35 깨달음의 뿌리가 되는 다섯 가지. 신근, 정진근, 염근, 정근, 혜근.

그때 서른두 명의 장자의 아들들은 모두 아뇩다라삼먁삼보리심을 일으켰습니다. 그러므로 저는 그에게 나아가 문병을 할 수 없습니다."

여기도 역시 "아뇩다라삼먁삼보리심을 일으키는 것이 출가이고 구족함이다"라고 합니다. 구족이라는 것은 '모든 것을 충족했다. 모두 만족했다'는 소리입니다. '모두 구俱'자예요. '모두 충족했다. 진정한 출가는 발보리심이다'라는 거예요.

전에 제가 출가에 관해 촬영을 했는데 그 출가 프로그램이 동영상 조회 수로 수십만 명이 봤어요. 출가에 관심 있는 사람들이 많습니다. 본인은 출가자가 아니면서도 왠지 출가하면 뭔가 공부가 잘될 것 같고 뭔가 한 번쯤 해야할 것 같다는 생각을 하는 것입니다. 특히 불자들은 출가에 대한 뭔가 아련한 동경 같은 게 있어 보여요. 나는 어떻게 해서 출가하게 됐냐고 묻기에, 어렸을 때부터 나는 부처님의 제자라고 생각을 했다고 했죠. 필자의 어머님이 집에서 산파를 불러다 나를 낳고 간병도 받고 누워 있는데 3일째 되던 날, 부처님이 오셨다는 거예요. 부처님하고 시자하고 두 분이 오셔서 집을 둘러보시더래요. 시자가 나를 가리키면서, "부처님, 여기 부처님 제자가 태어났습니다" 하고 얘기를 해서 부처님께서 말씀은 안 하시는데 고개만 끄덕끄덕하시고 빙그레 웃으시면서 돌아보시고 가셨다, 이 말을 여러 번 들었습니다.

그래서인지 필자는 어렸을 때부터 '난 부처님 제자, 내 목표는 부처님의 진정한 제자가 되는 것'이라고 인생의 목표를 설정했어요.

월호 스님의 유마경 강설

그래서 그런가 아주 꼬맹이 때도 무서운 꿈꾸면 '엄마!' 하고 깨지 않고 '부처님!' 부르면서 깼어요. 희한해요. 어쨌든 인생의 목표대로 지금 살아가고 있어서 다행인데, 그래서 저는 '진정한 출가란 무상을 뼈저리게 느끼는 것이다'라고 이야기했어요. '인생무상'.

무상을 뼈저리게 느끼고, 그다음에 발보리심, 즉 부처님 같은 깨달음을 얻어서 많은 중생들을 제도하리라고 마음먹는 것.

따라 해볼까요? "내 인생의 목적은 해탈이다. 나도 해탈! 남도 해탈! 모두 해탈!" 이게 발보리심이에요. 아뇩다라삼먁삼보리심을 발한다는 게 바로 이런 겁니다. 여러분들도 『유마경』을 읽으면서 발보리심을 해야 됩니다. '내가 어떻게 그걸 하겠어', 이런 마음 먹지 말고 금생에 안 되면 내생에, 내생에 안 되면 내내 생에, 장기적으로 가야 합니다. 인생은 단막극이 아니에요. 엄청난 시리즈입니다. 금생에 다 하려고 하면 마음이 급해지잖아요. 수십 생, 수백 생, 수천 생이 계속되는 거예요. 이미 수많은 생을 살아왔고, 앞으로도 수없이 계속되는 겁니다.

10. 아난에게 문병을 권하시다

붓다께서 아난에게 말씀하셨다.

"그대가 유마힐에게 나아가 문병을 하거라."

아난이 붓다께 말씀드렸다.

"세존이시여, 저는 그에게 나아가 문병함을 감당할 수 없습니다. 왜 그런가? 기억하건대, 과거에 세존께서 몸에 조그마한 병이 드셨기에 마땅히 우유를 쓰고자 했습니다. 저는 발우를 들고 대 바라문의 집에 찾아가 문 앞에 섰는데, 그때 유마힐이 다가와 저에게 말했습니다.

'아난이여, 어찌하여 아침 일찍 발우를 들고 여기에 계십니까?' 제가 답했습니다. '거사님, 세존께서 몸에 작은 병이 있어 우유를 쓰고자 여기에 이렇게 다다른 것입니다.'

유마힐이 말했습니다.

'그만두십시오. 그만두십시오. 아난이여, 그런 말 하지 마십시오. 여래의 몸은 금강의 몸입니다. 모든 악을 이미 끊었고, 뭇 선을 두루 갖추었습니다. 마땅히 무슨 병이 있고 무슨 번뇌가 있겠습니까?

조용히 가십시오. 아난이여, 여래를 비방하지 마십시오. 다른 사람이 이런 거친 말을 듣지 못하게 하십시오. 위덕이 큰 여러 천신과 타방 정토에서 온 뭇 보살들이 이런 말을 듣는 일이 없도록 하십시오.

아난이여, 전륜성왕은 조그마한 복덕으로도 오히려 무병하였습니다. 하물며 여래는 한량없는 복덕을 쌓았으며, 널리 수승하신 분입니다. 가십시오, 아난이여. 우리들로 하여금 이런 수치심이 들게 하지 마십시오. 외도나 바라문이 이런 말을 들으면 당연히 이렇게 생각을 하겠지요. '어떻게 스승이라 부르겠는가? 자신의 질병도 구하지 못하면서 그러고도 모든 질병을 구할 수 있겠는가?'

그대여, 은밀히 빨리 가서 사람들이 듣지 않게 하십시오. 마땅히 아십시오. 아난이여, 모든 여래의 몸은 즉 이 법신이지, 욕망을 생

월호 스님의 유마경 강설

각하는 몸이 아닙니다. 붓다는 세존으로서 삼계를 초월하신 분입니다. 불신은 무루이며, 모든 번뇌를 이미 다 소진하였습니다. 불신은 무위로서 어떠한 숫자에도 떨어지지 않습니다. 이와 같은 몸에 무슨 병이 있을 수 있겠습니까?'

초기경전에 보면 부처님께서도 배탈이 나셨다거나 설사, 이질에 걸리고 피곤해서 쉬셨다는 기록들이 나옵니다. 나중에는 입적하셨죠. 이 문단에서는 "세존께서 몸에 작은 병이 있어 우유를 쓰고자 여기에 이렇게 다다른 것입니다" 하고 아난이 이야기합니다. 그런데 유마장자가 "그딴 소리 하지 마라. 부처님이 어떻게 병이 드냐? 하다못해 전륜성왕도 조그마한 공덕으로도 무병인데 부처님이 어떻게 병이 드냐?"라고 해요.

여기서 아난이 무엇을 잘못 답한 거예요? 부처님께서 병이 들기는 들었잖아요. 아난은 "세존의 아바타가 병이 들었습니다"라고 이야기해야 했어요. 세존이, 붓다가 병이 든 게 아니라 붓다의 아바타가 병들었다고 말이죠. 아바타는 몸과 마음으로 나투었기 때문에 병이 들 수도 있고, 괴로워할 수도 있어요. 세존이 아니고 세존의 아바타, 붓다가 아니고 붓다의 아바타인 거예요.

여래의 몸은 법신이지 욕망을 생각하는 몸이 아닙니다. 여래의 몸은 법신이니까 법신은 병이 들 수가 없죠. 왜냐하면 '존재'가 아니라 '행'이니까요. 여러분들, 요새 5만 원짜리 지폐가 있잖아요? 은행에서 나온 빳빳한 5만 원하고 쭈글쭈글하고 더럽고 뭐가 묻은 돈 5만 원짜리하고 슈퍼마켓에 가면 얼마씩 처줘요? 똑같이 5

만 원입니다. 5만 원이라는 가치는 변화가 없어요. 아주 중요한 개념입니다. 법신은 말하자면 순수 에너지 같은 것으로, 중생 제도를 위해서 작용을 시작한단 말이에요. 그게 보신이에요. 보신은 파동 에너지 같은 거고, 그게 또 뭉치면 화신불, 화신이 돼요. 음성은 파동이죠. 이게 뭉치면 형상이 돼요. 뭉친 에너지가 되는 거예요. 본래는 순수 에너지인 거예요.

그래서 병이 드는 것은 여래가 아니고 여래의 아바타입니다. 우리가 '천백억화신 석가모니불'이라고 부르죠? "청정법신 비로자나불, 원만보신 노사나불, 천백억화신 석가모니불." 맨날 하면서도 막상 '석가모니불은 아바타다', 그러면 '뭔 소리지?' 해요. '천백억화신'이라 할 때 '화신'이 바로 아바타예요. 천백억이나 되는 어마어마한 숫자로 나투신 아바타인 석가모니불이라는 소리입니다. 그다음에 '원만 보신', '보신'도 역시 아바타예요. 『화엄경』에 보면 노사나불이 법을 설해요. 노사나불은 형태는 안 보이고 음성으로만 들려요. 허공에서 법을 설하는 소리가 들려요. 그게 바로 보신입니다. 음성으로 나툰 부처님이 보신이고, 형상으로 나툰 부처님이 화신인 거예요.

그래서 석가모니불은 화신이다, 아바타예요. 노사나불도 아바타예요. 진정한 여래는 법신, 청정 법신 비로자나불입니다. 사실 비로자나불은 일정한 형상이 없어요. 일정한 형상이 없으니까 온갖 형상으로 나툴 수 있는 거예요. 기가 막힌 말입니다. 고정된 법이 없건만 온갖 법으로 설하신다는 거예요.

이때 저는, 세존이시여, 정말 부끄러운 마음으로 '부처님 곁에서 잘못 알아들었던 것은 없었을까' 생각했는데, 그 즉시 공중에서 소리가 들렸습니다.

이게 바로 보신이에요. 형상은 안 보이는데 공중에서 소리가 들렸어요. 이런 경우가 『유마경』에 몇 번 나옵니다. 보신불이 이야기한 거예요.

'아난이여, 거사의 말과 같도다. 다만 붓다가 오탁악세에 출현하여 현재 이 법을 행함은 중생을 제도하여 해탈케 하려는 것이니, 가거라. 아난이여, 우유를 받더라도 부끄러워 말아라.'

부처님께서 중생을 제도해서 해탈케 하려고 오탁악세에 출현해서 아바타를 나투셨다는 거예요. 왜냐하면 법신은 정해진 형상이 없고 일정한 음성이 없기 때문에 중생 제도가 안 돼요. 중생들이 법을 못 알아들어요. 음성으로, 또 형상으로 나투어야 제도가 됩니다. 일종의 눈높이 학습이죠. 법을 듣고 법을 설할 수도 있으니까 "아난이 우유를 받더라도 부끄러워 말라"고 하죠. 우유를 받아도 "여래께서 병이 들어서 제가 우유를 받습니다"라는 게 아니에요. "여래의 아바타가 병이 들어서 제가 이 우유를 받습니다" 하면 유마거사가 더 할 말이 없는 거예요. 여래가 병이 들어서라고 하니까, 바로 "여래가 무슨 병이 들어? 여래는 법신이야. 너 아직도 아바타하고 법신을 구분을 못 하고 있어?"라는 소리예요. 우유를 받더라도 부끄러워 말고 받아서 갖다 드리라는 말이죠. 아바타이기 때문에 우유가 필요한 거예요.

세존이시여, 유마힐의 지혜와 변재는 이와 같았습니다. 그러므로 저는 그에게 나아가 문병을 할 수 없습니다"
이와 같이 5백의 대제자들이 붓다께 각각 근본 연유를 말하고, 유마힐이 말한 바를 일컬어 설명하며, 모두 그에게 나아가 문병함을 감당할 수 없다고 하였다.

여기까지, 십대제자에게 문병을 권한 이야기는 끝이 납니다.

유마의 가르침을 받은 네 보살

(四. 菩薩品)

1. 미륵보살에게 문병을 권하시다

붓다께서 미륵보살에게 말씀하셨다.

"그대가 유마힐에게 나아가 문병을 하거라."

미륵보살이 붓다께 말씀드렸다.

"세존이시여, 저는 그에게 나아가 문병함을 감당할 수 없습니다. 왜 그런가? 기억하건대, 제가 과거 도솔천왕과 그 권속들을 위해 불퇴전 경지의 수행에 대하여 설하였습니다. 그때 유마힐이 다가와서 제게 말했습니다.

'미륵이여, 세존께서 그대에게 수기를 주시기를 한 생에 아뇩다라삼먁삼보리를 얻을 것이라 하셨는데, 어떠한 생으로써 수기를 받은 것입니까? 과거입니까? 미래입니까? 아니면 현재입니까? 만약 과거의 생이라면, 과거의 생은 이미 사라졌습니다. 만약 미래의 생

이라면, 미래의 생은 아직 다다르지 않았습니다. 만약 현재의 생이
라면, 현재의 생은 머무름이 없습니다. 붓다께서 설하신 바, '비구
여, 너희들은 즉금에 태어나고, 또 늙고, 또 멸하느니라' 하심과 같
습니다.

만약 생함이 없음으로써 수기를 받는다면, 무생無生은 곧 부처님
의 지위이니, 이미 부처님의 지위에 있다면 또한 수기할 것도 없
고, 아뇩다라삼먁삼보리를 얻을 일도 없습니다.

미륵이여, 어떤 것이 한 생의 수기를 받는다는 것입니까?

진여의 생生을 좇아 수기를 받는 것입니까? 아니면 진여의 멸滅을
좇아 수기를 받는 것입니까? 만약 진여의 생으로써 수기를 받는
다고 한다면 진여의 생이란 없고, 만약 진여의 멸로써 수기를 받
는다고 한다면 진여에는 멸이 있을 수 없습니다. 일체중생이 다 진
여요, 일체법이 다 진여이며, 뭇 성현도 또한 진여고, 미륵에 이르기
까지 또한 진여입니다. 만약 미륵이 수기를 받는다면, 일체중생도 또
한 마땅히 수기를 받아야 합니다.

왜 그런가? 진여는 둘이 아니며, 다르지도 않기 때문입니다.

부처님께서 십대제자에 이어서 사대보살에게 문병을 권하십
니다. 십대제자들은 전부 "저는 감당할 수가 없습니다. 과거에 유
마장자에게 된통 당한 적이 있어서 겁나서 못가겠습니다"라고 했
죠. 그래서 사대보살에게 말하는데, 그들도 마찬가지예요. 사대보
살 중에 첫 번째가 미륵보살이죠? 미륵보살도 "저도 감당할 수가
없습니다. 유마거사에게 당한 적이 있습니다"라고 해요. 십대제자

는 성문 제자들인데, 성문 제자들은 무아법은 통달했지만 아직 대아에 못 가서 "무아법에 머무르면 안 됩니다. 대아로 나아가야 합니다"라고 유마장자가 계속 지적했어요. 그다음에 사대보살은 대아법은 어느 정도 익혔지만, 시아가 아직 부족해서 이걸 가지고 또 유마장자가 계속 사대보살들에게 이야기합니다.

사실 본체로 보면 무아죠. 불교의 핵심은 무아입니다. '고정된 실체로서의 나는 없다. 매일매일 나는 변한다.' 여러분도 변해요. 변하고 싶지 않아도 변해요. 왜냐하면 늙어가잖아요. 마음도 조석으로 변해요. 그게 정상입니다. 불교는 변화를 인정하고 사랑하고, 또 어차피 변할 바에는 긍정적으로 변하자는 거예요. 우리가 살고 있는 우주 자체가 지금 빅뱅으로 변하고 있어요. 그 안에 살고 있는 온갖 존재가 변하지 않을 도리는 없는 거죠. '고정된 실체는 없다', 무아에만 초점을 맞추게 되면 거기에 또 묶여요. 그래서 '고정된 실체로써의 나는 없기 때문에 어떠한 나도 만들 수 있다'라고, 대아가 되는 거예요. '본체는 무아지만 긍정적 변화를 통해서 어떠한 나도 만들 수 있다', 이게 '상'이에요, 모양 상相 자. 그래서 '온 우주가 내 집이요, 모든 생명이 내 가족이다', 이게 대아예요.

지금 미륵보살도 한 생 있다가 부처가 된다고 하는데, 그럼 그 한 생이라는 게 얼마나 걸리는 거냐? 5억 6천만 년이냐? 앞으로 '내가 한 생 있으면 부처 되니까 열심히 해야지', 이런 마음으로 하지 말라는 거예요. "성불하세요"라고 인사하지 말라는 거예요. 중생들 입장에서 성불하려면 얼마나 오랜 세월을 고행, 난행, 보살행을 해야 어느 때 되어서야 성불할 수 있을까? 사람이 비장함과 또 미래에 대한 걱정과 두려움이 앞서요. 그러니까 뭐라고 인사를 해야 하나요? "행불하세요" 하고 인사해야 해요. 이게 바로 시아是我예요. 시아는 '행行'이에요. 작용입니다. '지금 여기에서 나의 행위가 나다.' 그러니까 바로 지금 여기서 즐거운 마음으로 해야합니다. '언젠가는 내가 부처가 될 거야. 언젠가 좋은 결과가 있을 거야' 하는 마음으로 하지 말라는 거예요. '그냥 바로 지금 여기서 즐겁게, 짜증은 내어서 무엇하나' 하는 마음으로 살라는 거예요. 보살행도 그렇게 해야 정말 꾸준히 즐겁게 할 수 있지, '너무 힘들고 괴로운 거지만 꾸준히 하다 보면 언젠가는 내가 부처에 이를 거야', 이딴 생각하지 말라는 게 시아입니다.

유마거사가 무아에 너무 초점을 맞춘 사람은 대아로 일깨워주고, 또 대아에 너무 초점을 맞춘 보살들에게는 시아로 일깨워주는 거예요. 시아로 사는 게 잘 사는 것, "바로 지금 여기에서 밥 먹을 땐 밥 먹을 뿐, 잠잘 땐 잠잘 뿐, 아플 땐 아플 뿐, 죽을 땐 죽을 뿐, 태어날 땐 태어날 뿐", 이게 시아예요.

미륵보살(마이트레야Maitreya)은 일생보처보살로, 한 생만 지나면 붓다가 된다고 해서 지금 도솔천에서 법문하고 계시는데, 때가 되면, 중생들이 그만한 법문을 들을 만한 복분이 생기면 내려옵니다. 중생들이 이 세상에 정말 참다운 지도자, 구원자, 구세주 같은 분이 정말 필요하다고 느낄 때 내려오신다는 거죠. 필요하지도 않은데 내려오면 딴짓하거든요. 아무리 이야기해도 '너는 그 소리 해라. 내 관심사는 거기 없다' 하죠. 그래서 사람들이 관심 가질 만한 분위기가 되고 여건이 무르익으면 내려오셔서 용화수 밑에서

월호 스님의 유마경 강설

단 세 번 설법해서 모든 중생을 제도하신다고 해요. 삼회 설법으로 다 제도하신다고 해서 미륵보살이 오는 세계를 '용화세계'라고 해요. 부처님은 보리수 밑에서 깨달았지만 미륵보살은 용화수 밑에서 깨달음을 얻는다 하죠. 한 생 있다가 부처가 된다고 부처님께서 수기를 했는데 미륵보살한테 그 한 생이라는 게 언제입니까? 그거 기다리지 말라는 소리예요. 바로 지금 여기가 한 생이고, 바로 지금 여기서 보살도를 즐거운 마음으로 닦는 게 중요하지 않느냐는 겁니다. "성불하세요" 하고 인사하지 말고 "행불하세요" 하고 인사해라, 부처의 행을 수행하는 거죠. 언제까지나, 처음부터 끝까지 행불입니다.

만약 미륵보살이 아뇩다라삼먁삼보리를 증득한다면 일체중생도 또한 마땅히 다 증득해야 할 것입니다. 왜냐하면, 일체중생이 곧 보리의 모습이기 때문입니다.

'보리菩提'는 '보디Bodhi'라는 범어를 한자음으로 번역한 거예요. 보디는 '각覺, 깨달음' 또는 '깨달음으로 인한 지혜'라는 뜻도 있어서 미륵보살이 만약에 깨달음을 증득한다면, 일체중생도 증득해야 된다는 거죠. 왜? 대아니까요. 대아의 입장에서는 내가 깨달음을 얻는 순간에 일체중생이 다 깨달음을 얻어야 해요. 그게 바로 '자타일시성불도自他一時成佛道'입니다.

만약 미륵이 멸도를 얻는다면, 일체중생도 또한 마땅히 멸도를 얻어야 합니다. 왜 그런가? 제불은 알고 있습니다. 일체중생이 필경에는 적멸이니, 즉 열반의 모습이며 두 번 다시 멸하지 않는다는 것을. 그러므로 미륵이여, 그러한 법으로써 여러 천자들을 유혹하는 일은 없도록 하십시오. 실로 아뇩다라삼먁삼보리심을 일으키는 이도 없고, 또 물러서는 이도 없습니다.

왜냐하면 일체중생이 다 아바타이기 때문이에요. '아뇩다라삼먁삼보리심을 일으키네, 어쩌네' 한다는 거 자체가 아바타가 하는 거고, 본래 모습은 '진여眞如'예요. 진여라는 것은 '여여한 진리, 있는 그대로 진리, 있는 그대로가 진실'이라는 소리예요. '여러분의 지금 이 모습이 진리다'라는 거예요. 지금 이 모습을 떠나서 진리를 찾을 수도 없고, 찾을 필요도 없다는 겁니다.

미륵이여, 마땅히 여기 모든 천자들로 하여금 보리를 분별하는 견해를 버리게 하십시오. 왜 그런가? 보리는 몸으로써 얻을 수 있는 것이 아니요, 마음으로써 얻을 수 있는 것도 아닙니다.

"몸으로써 얻는 것도 아니고 마음으로써 얻는 것도 아니다", 보리는 얻는 게 아니에요. 무소득이에요. 얻을 바 없는 겁니다. 무소득이고 무소실이에요. 몸으로 얻고 마음으로 얻는 게 아니라, 몸가짐으로 행하고 마음가짐으로 행하는 거예요. 용用으로 나타나요. 보리는 체體와 상相으로 나타나는 게 아니고 용으로 나타나는 거예요. 그래서 몸가짐과 마음가짐이 성품입니다. 초기불교 입장에서는 '불교는 무아인데 무슨 불성이니 성품이니 하는 말은 안 맞는다. 몸과 마음 이외에 또 다른 뭐가 있는 것처럼 이야기하는데 그거는 안 맞는 거 아니냐?' 이야기합니다. 근데 그 성품은 무슨 몸과 마음 같은 그런 존재가 아니에요. 공성입니다. 공한 성품은 공한 거예요. 선한 것도 아니고 악한 것도 아니고, 존재도 아니고 존재가 아닌 것도 아니에요. 그거를 공한 거라 그래요. 그래서 '성품은 공하다'라고 이야기를 해요. 불교에서는 '우리 인간의 성품은 선한 것도 아니고 악한 것도 아니고 공한 것이다. 존재도 아니고 존재가 아닌 것도 아니고 공한 것이다', 그래서 대승불교에 오면 공 사상이 가장 핵심 키워드로 등장합니다. 여러분들의 몸과 마음은 변화하는 현상으로써 있지만, 여러분이 몸과 마음으로 하는 행동, 몸가짐, 마음가짐 등은 순간적으로 지나가잖아요. 그렇지만 그게 여러분을 규정해준다는 거죠. 필자가 여기서 법문을 설하면 법사가 되는 거예요. 나의 정체성은 몸과 마음이 아니고, 몸가짐과 마음가짐이라는 이야기를 지금 하고 있는 거죠.

> 적멸이 보리니 모든 형상을 멸한 까닭입니다. 보지 않음이 보리니 모든 연을 여읜 까닭이며, 행하지 않음이 보리니 기억이 없기 때문입니다. 끊음이 보리니 모든 견해를 버리기 때문이며, 여읨이 보리니 모든 망상을 여의기 때문입니다.

다시 말해서, 보리 아닌 것이 없어요. 깨달음 아닌 것이 없어요. 모두 깨달음의 바다에서 나왔기 때문에. 바다에서 파도가 일어나잖아요. 파도도 결국은 바다에서 일어난 거예요. 다만 움직임이 있을 뿐이지 움직임이 없어지면 그대로 바다예요. 그거와 똑같아요. 번뇌도 그렇고 모든 존재도 그렇고, 다 이 깨달음의 바다에서 생겨난 것이기 때문에 빙산이 녹으면 바다로 돌아가는 거나 똑같아요. 빙산으로 있을 때는 바다하고 분리되어서 다른 것처럼 보이지만, 결국에는 빙산도 바다에서 나온 거예요. 녹으면 바다로 가요. 바다에서 생겼다가 바다로 가는 거예요. 그래서 보리 아닌 게 없습니다. 바닷속에 있건 바다 곁에 있건, 다 바다와 둘이 아니죠.

장애가 보리니 모든 소원을 막기 때문이며,

"장애가 보리다." 아주 획기적인 말이죠? 장애, 걸림돌이 보리입니다. 왜냐하면 모든 소원을 막기 때문이죠. 소원을 막는다는 건 뭐예요? 소원이 없어지는 거예요. 제가 한창 많이 기도할 때 소원을 이렇게 빌었어요. "부처님, 저는 소원이 없는 게 소원입니다." 소원이 없는 게 소원이 돼야 해요. 소원이 없다는 건 바라는 게 없다는 거예요. 바라는 게 없는 사람이 제일 편안한 사람인 거죠. 바라는 게 있으면 일단 걸리게 돼요. 그래서 이무소득고以無所得故─얻을 바가 없어야, 심무가애心無罣礙─마음에 걸림이 없어져요.

얻을 바가 있으면 마음에 걸림이 생겨요. 그래서 '지금 이대로 진리다. 지금 이대로 진실이다'라고 마음을 먹으면 얻을 바가 없어지고 걸림이 없어지는 거예요. 우리가 원하는 게 있으면 거기에 걸리게 돼요. 그래서 "장애가 보리다"라는 말입니다.

월호 스님의 유마경 강설

들어가지 않음이 보리니 탐착이 없기 때문입니다. 수순이 보리니 진여에 수순하기 때문이며, 머무름이 보리니 법성에 머무르기 때문입니다. 다다름이 보리니 실제에 다다르기 때문이며, 둘 아님이 보리니 분별을 떠나기 때문입니다.

나중에 '유마거사의 침묵'이란 대목이 나오는데, 결국 『유마경』의 핵심 사상은 '불이법문不二法門'입니다. '둘이 아니다.' 너와 내가 둘이 아니고, 번뇌와 보리가 둘이 아니고, 부처와 중생이 둘이 아니라는 거죠. 이 '둘이 아니다'라는 말과 '하나다'라는 말은 또 달라요. '몸과 마음은 둘이 아니다'라고 이야기하는 건 맞아요. 근데 '몸과 마음은 하나다'는 또 안 맞아요. '몸과 마음이 하나다' 그러면, 몸이 죽으면 마음도 죽어야 하잖아요. 안 죽어요, 여러분. 안 죽어서 걱정입니다. 몸이 죽을 때 마음도 죽어야 하는데, 몸은 죽었는데 마음은 안 죽어요. 그러니까 귀신이 되고 영혼이 되고, 다시 태어나는, 윤회하는 거예요. 몸과 마음이 하나가 아닙니다. 그러면 완전히 별개냐? 또 그건 아닙니다. 몸이 아파지면 마음도 우울해지죠? 몸이 건강하면 마음도 좋아지죠? 즐거운 일이 생기면 몸도 컨디션이 좋아지죠? 왜 그럴까요? 둘이 아니기 때문이죠. '불이不二, 둘이 아니다'라는 거예요. 이 말이 진리입니다. 여러분과 나도 둘이 아니고, 부처와 중생도 둘이 아니고, 번뇌와 보리도 둘이 아니고, 몸과 마음도 둘이 아닙니다. 이렇게 '둘이 아니다'라는 말로 전체의 의미를 『유마경』에서는 회통하고 있어요.

평등이 보리니 허공과 같기 때문이며, 무위가 보리니 생주이멸이 없기 때문입니다. 알음알이가 보리니 중생의 심행을 알기 때문이며,

사실 보리, 즉 깨달음을 얻으려면 알음알이를 떠나야 한다고 말을 많이 하는데 유마거사는 거꾸로 이야기해요. 알음알이가 깨달음이라는 거예요. 그러니까 여러분이 가지고 있던 그 알음알이는 한 번은 놔야 해요. 알음알이를 놔야 깨달음에 다가서는데, 깨닫고 나서는 또 알음알이를 가져야 하는 거예요. 왜냐하면 중생의 심행을 알아야 보살도를 닦을 수 있기 때문이죠. 중생의 마음 가는 바를, 마음 씀씀이를 알아야 또 내가 보살도를 닦을 수 있기 때문에, 알음알이가 나중에는 필요한 거예요.

모이지 않음이 보리니 육근이 모이지 않기 때문입니다.

'안·이·비·설·신·의'가 육근이죠? 안이비설신의가 각각 있으면 되는데, 그거를 모아서 '이게 나다' 하는 생각이 생기지 않게 해야 된다는 거죠. 눈, 귀, 코, 혀, 몸이 모이니까 이게 합성이 되어서 견고해지는 거예요, 나라는 의식. 그러니까 여러분, 어디 몸이 아플 때 '내가 아프다'라고 하면 안 돼요. 그냥 '눈이 아프다' 해야 돼요. 눈만 아픈 거지, 내가 다 아픈 게 아니죠. 귀가 아프면 뭐라 그래요? 귀가 아프다 그래요. 내 귀가 아픈 게 아니고 그냥 "아바타 귀가 아프다……". 합성이 되면 분리가 잘 안 됩니다. 나라는 고정관

념이 강하게 생겨요. 그러니 사대를 분리하고 육근을 분리하고 분석하는 거죠. 그래서 '육근이 있을 뿐이지 내가 있는 게 아니다. 사대가 있을 뿐이지 내가 있는 게 아니다'라는 거예요.

합하지 않는 것이 보리니 번뇌의 습관을 여읜 까닭입니다. 12처가 없음이 보리니 형색이 없는 까닭이며, 가명이 보리니 이름이 공한 까닭입니다.

가명은 아바타죠.

아바타가 보리니 취사가 없는 까닭입니다.

취하고 버릴 것이 없다는 거예요.

어지럽지 않음이 보리니 항상 스스로 고요한 까닭입니다. 적적함이 보리니 본성이 청정한 까닭입니다. 취함 없음이 보리니 얽매임으로부터 벗어난 까닭입니다. 다름없음이 보리니 제법은 평등한 까닭입니다. 비교 없음이 보리니 비유할 것이 없는 까닭입니다. 미묘함이 보리니 제법은 알기 어려운 까닭입니다.'
세존이시여, 유마힐이 이 법을 설할 때, 2백 명의 천자들이 무생법인을 증득하였습니다. 그러므로 저는 그에게 나아가 문병을 할 수 없습니다."

우리가 가지고 있는 어떤 고정관념을, 또 보살도를 닦는 사람들이 빠질 수 있는 함정을 이렇게 다 타파해준 거예요.

2. 광엄동자에게 문병을 권하시다

붓다께서 광엄동자[36]에게 말씀하셨다.

"그대가 유마힐에게 나아가 문병을 하거라."

광엄동자가 붓다께 말씀드렸다.

"세존이시여, 저는 그에게 나아가 문병함을 감당할 수 없습니다. 왜 그런가? 기억하건대, 제가 일전에 비야리 대성을 나간 적이 있습니다. 그때 유마힐이 성으로 들어오는 참이었습니다. 저는 즉시 인사를 드리고 '거사님, 어디서 오시는 길입니까?' 물으니, '저는 도량에서 왔습니다'라고 답했습니다.

제가 묻기를 '도량이란 어떤 곳입니까?' 하니, 답하였습니다.

'곧은 마음이 도량이니, 허망한 거짓이 없기 때문입니다. 실행에 옮기는 것이 도량이니, 사물을 변별할 수 있기 때문입니다. 깊은 마음이 도량이니, 공덕을 쌓을 수 있기 때문입니다. 보리심이 도량이니 착오가 없기 때문입니다.

보시가 도량이니 보답을 바라지 않기 때문입니다. 지계가 도량이니 서원의 구족함을 얻기 때문입니다. 인욕이 도량이니 모든 중생들에게 있어서 마음에 걸림이 없기 때문입니다. 정진이 도량이니

---

36 여기에서의 동자란 문수동자와 마찬가지다. 어린아이처럼 천진하고 순수한 마음가짐으로 보살도를 닦는 것을 의미한다.

게으르지 않기 때문입니다. 선정이 도량이니 마음이 조화롭기 때문입니다. 지혜가 도량이니 일체 만물을 나타난 그대로 보기 때문입니다.

도량 아닌 게 없어요. 곧은 마음이 도량이고, 전부 도량이에요.

자慈가 도량이니 중생에게 평등하기 때문입니다. 비悲가 도량이니 피곤함을 견디기 때문입니다. 희喜가 도량이니 법을 기뻐하기 때문입니다. 사捨가 도량이니 애증을 끊기 때문입니다. 신통이 도량이니 육신통을 이루기 때문입니다. 해탈이 도량이니 등지고 버릴 수 있기 때문입니다. 방편이 도량이니 중생을 교화하기 때문입니다. 사섭법이 도량이니 중생을 섭수하기 때문입니다. 다문이 도량이니 듣는 것과 같이 행하기 때문입니다. 마음을 항복시킴이 도량이니 제법을 바로 관하기 때문입니다. 37품이 도량이니 유위법을 버리기 때문입니다. 4제가 도량이니 세간을 속이지 않기 때문입니다. 12연기가 도량이니 무명에서 노·사까지 모두 다함이 없기 때문입니다. 모든 번뇌가 도량이니 여실히 알기 때문입니다.

"모든 번뇌조차 도량이다……." 원래 깨달음을 이루는 계기가 되는 발심 수행의 장소를 도량이라 하죠. 해인사에 가면 팔만대장경이 모셔진 장경각 입구에 주련 글씨로 '원각도량하처圓覺道場何處'라고 쓰여 있어요. 맞은편 주련에는 '현금생사즉시現今生死卽是'라고 쓰여 있죠. 원각도량이 어느 곳이냐? '원각', 즉 '원만한 깨달음의 도량이 어느 곳인가' 하는 질문이에요. 그럼 어디가 도량이냐? '현금생사가 곧 이것이네(현금생사즉시)', 그러니까 생사가 도량이라는 거예요. 여러분이 도를 닦으려고 태어났다는 거예요.

여러분이 이 세상에 태어난 인생의 목적과 의미는 한 가지밖에 없어요. 뭐예요? 도 닦으려고 온 건데, 그걸 잊어버리고 어떻게 하면 잘 먹고 잘 살까 하는 쪽으로 초점이 맞춰지다 보니까, 부처님께서 할 수 없이 그러면 '복을 닦으면 잘 먹고 잘 산다' 하고 가르쳐주신 거예요. 중생들이 원하는 구미에 일단 맞춰줘야 하잖아요. 그래서 복 닦기를 먼저 가르쳐주시고, 그다음에 사실은 내가 복 닦기를 가르쳐줬지만 정말 너희들이 이 세상에 태어난 이유는 복을 지어서 잘 먹고 잘 살려고 온 게 아니고 도 닦으려고 왔다, '생사가 도량이다'라는 소리예요. 도 닦는 장소를 도량이라고 하는 거예요. 태어나고 죽는 게 도 닦기 하러 온 건데 이걸 까맣게 잊어버렸어요. 진짜 인생의 의미를 다른 데서 찾으면 허망합니다. 다 소용없어요. 결국은 '내가 도 닦기 하러 왔구나' 하는 걸 알고, 그럼 도를 어떻게 닦아야 할지를 배워야 해요. 도 닦기의 비결은 간단합니다. 경전 공부와 참선 공부, 두 가지예요. 경전 공부는 『붓다의 노래』, 『담마의 노래』, 『승가의 노래』만 제대로 보면 돼요. 참선 공부는 두 가지만 하면 된다 그랬죠? 아바타 명상하고 바라밀 명상만 하면 돼요. 이 다섯 가지를 만나서 익히고 가면 보람 있는 거고, 그렇지 않으면 또 한 생을 헛되이 보내는 거예요.

중생이 도량이니 무아를 알기 때문입니다. 일체법이 도량이니 제

월호 스님의 유마경 강설

법이 공함을 알기 때문입니다. 항마가 도량이니 기울어져 동요하지 않기 때문입니다. 삼계가 도량이니 나아갈 바가 없기 때문입니다. 사자후가 도량이니 두려운 바가 없기 때문입니다. 10력과 4무외와 18불공법이 도량이니 모든 허물이 없기 때문입니다.

삼명이 도량이니 남아 있는 장애가 없기 때문입니다. 일념에 일체법을 아는 것이 도량이니 일체의 모든 지혜를 성취하였기 때문입니다.'

이와 같이 선남자여, 보살이 만약 모든 바라밀에 상응해서 중생을 교화한다면, 일체의 동작과 발을 떼고 내려놓는 것이 모두 도량으로부터 와서 불법에 머무는 것이라고 마땅히 알아야 합니다. 이 법을 설할 때, 5백 명의 천신들 모두가 아뇩다라삼먁삼보리심을 일으켰습니다. 그러므로 저는 그에게 나아가 문병을 할 수 없습니다."

10력, 4무외, 18불공 등은 도 닦기에 관한 내용이에요. 분석적인 얘기죠. 5백 명의 천신들, 즉 신들도 역시 부처님의 제자인데, 신들도 복을 닦기 때문에 신이 된 거예요. 그런데 도 닦기는 아직 안되었어요. 그래서 신들도 역시, 복도 뭐 꾸준히 닦아야 하지만 도를 닦아야 해요. 그래서 이런 법문을 듣고 아뇩다라삼먁삼보리심을 일으키는 겁니다. 우리가 '화엄경 약찬게' 기도하잖아요. 약찬게 외우면 신들도 좋아해요. 우리가 평상시 법회할 때 신중단에서 『반야심경』쳐주죠? 반야심경 듣고 아뇩다라삼먁삼보리심을 일으켜 도 닦으라는 소리예요. 여러분이 『약찬게』기도를 하고 또 법문을 듣고 하는 것들이 결코 헛된 게 아닙니다. 또 『구생경』 기도하고 법문 듣고 『법화경』 읽는, 이게 굉장히 중요한 거예요. 복 닦기, 도 닦기의 문이 되는 거예요. 그래서 법문法門이라고 하는 거예요. '대 문 문'자를 씁니다. 법문을 안 들으면 여러분이 닦을 수가 없어요. 그렇게 하고자 마음조차도 안 내요. 그걸 해야 하는 건지조차 몰라 요. 어떻게 해서든 돈 많이 벌어서 건강하게 행복하게 살고 자손들 번창하고 이게 인생의 목표처럼 되어버리는데, 그건 인생의 방편 이지 목표가 아닙니다. 인생의 목적은 단 하나, '해탈'입니다.

3. 지세보살에게 문병을 권하시다

앞서 미륵보살과 광엄동자에게 문병을 권했지만 모두 감당할 수 없다고 그랬죠. 그래서 이번에는 세 번째로 지세보살에게 문병 을 권했습니다.

붓다께서 지세보살에게 말씀하셨다.
"그대가 유마힐에게 나아가 문병을 하거라."
지세보살이 붓다께 말씀드렸다.
"세존이시여, 저는 그에게 나아가 문병함을 감당할 수 없습니다. 왜 그런가? 기억하건대, 제가 일전에 조용한 방에 머물고 있을 때, 마왕 파순이 1만 2천의 천녀들을 대동하여 모양을 제석천왕처럼 하고서, 악기를 연주하고 노래를 부르며 제가 있는 곳으로 다가와, 그의 권속들과 함께 저의 발에 머리 조아려 예를 올리고, 합장 공경한 후 한쪽에 서 있었습니다. 제가 '이분은 제석천왕이리라' 생각하고 그에게 말했습니다. '잘 오셨습니다, 교시가여. 비록 복이 있다고는 하나 마땅히 스스로 자만해서는 안 됩니다. 마땅히 오욕의 무상함을 관함으로써 선의 근본을 구하고, 몸과 목숨과 재물에 있어서 견고한 법을 닦아야 합니다.'

그러자 저에게 말했습니다. '올바른 수행자이시여, 여기 1만 2천의 천녀들을 받으셔서 청소라도 시키시기 바랍니다.' 제가 말했습니다. '교시가여, 이런 여법하지 않은 것으로써 우리 사문 석 자를 어지럽히지 마시오. 이분들은 저에게 합당하지 않습니다.' 그 말이 끝나기도 전에, 유마힐이 다가와서 제게 말했습니다. '이는 제석천왕이 아니라 마왕이며, 그대를 가두려고 왔을 뿐입니다.'

제석천왕은 본래 인간의 몸으로 있을 때 공덕과 복을 많이 지었어요. 노인을 공경하고, 아이들과 병든 이를 보살피고, 사람들을 위해 다리를 놓아준다든가, 쉴 곳을 마련해준다든가, 또 먹을 것을 마련해준다든가 하는 공익사업을 도반 32명과 같이했습니다. 이들이 공덕을 많이 쌓은 덕에 죽어서 33명이 똑같이 천상 세계에 태어난 거예요. 삼십삼천三十三天이라고 해요. 도리천의 별명이죠. 33명의 사람들이 거기 가서 태어났기 때문이에요.

원래 도리천에는 아수라들이 살고 있었어요. 근데 제석천왕이랑 도반들이 가서 다 쫓아내고 그곳을 점령했어요. 지금도 도리천에 제석천왕은 있어요. 그래서 "복이 많이 있어서 천상에 태어났는데 그러나 자만해서는 안 됩니다" 하고 제석천왕에게 맞는 법을 설해준 거죠. 그러자 제석천왕이 "아유, 고맙습니다. 제가 여기 1만 2천의 아리따운 천녀들을 데려왔으니까 받아주소서"라고 한 거예요. 그러니까 지세보살은 "보살도를 닦는데 여인이 웬말이냐? 이런 여법하지 않은 것으로써", 여인은 보살도를 닦는데 법답지 않다고 생각하고 있는 거죠. 그거를 깨준 거예요. "여인이 법답지 않다? 여인들을 가까이해서는 안 된다 생각하면, 그럼 여인들을 어떻게 교화할 건데?" 하게 된 거예요. 그러지 말고 "여인들을 주면 받아서 이 여인들의 오욕락을 즐기고자 하는 마음을 법락을 즐기고자 하는 마음으로 전환시켜 줘". 그래서 발보리심을 일으키게 해야지, 여인이라 그래서 가까이 안 하고, 뭐라 그래서 가까이 안 하고, 이러다 보면 대아가 안 되는 거죠. "대아의 보살도는 대아의 도를 닦는 건데, 대아의 도를 닦는 사람이 그러면 되겠어?" 하는 거죠. 예를 들어서 성문 같으면 또 말이 달라지겠지만, 그래서 이제 유마힐이 나타난 거예요. 이는 제석천왕이 아니라 마왕이 변장해서 이렇게 온 거고, "그대를 속박하려고 왔을 뿐입니다"라고 하죠.

그러고는 즉시 마왕에게 말했습니다.
'여기 모든 여인들을 나에게 주면 내가 응당 받겠노라.'
마왕이 놀라고 두려워 '유마힐이 장차 나를 괴롭히지 않을까?' 생각하고 형체를 감추어 사라지려 하였으나 감추지를 못하고, 또 그의 신통력이 다하여 돌아갈 수도 없었습니다.

유마힐의 신통력에 기가 눌렸어요. 유마힐은 부처님의 아바타예요. 만약 부처님이 재가자의 모습으로 나타나면 이런 분이다 싶은 표상입니다. 그러니까 마왕이고 뭐고, 기가 다 눌리는 거죠.

그러자, 공중에서 소리가 들렸습니다.
'파순이여, 여인들을 그에게 주면 돌아갈 수 있느니라.'

마왕의 이름이 파순입니다. 여기도 보면 "공중에서 소리가 들렸습니다"라고 나오죠. 이게 바로 보신불이에요. 음성으로 나투시는 부처님은 보신불, 형상으로 나투는 부처님은 화신불입니다. 보신이나 화신이나 다 아바타죠. 그리고 본래의 몸을 법신이라 그래요. "청정법신 비로자나불, 원만보신 노사나불, 천백억화신 석가모니불"이라고 이야기합니다. 그래서 여러분이 공부를 잘하면 공중에서 가끔 신호가 와요. 그거를 또 잘 분간해서 들어야 합니다.

마왕이 두려워 우러러보고 주었습니다. 그러자 유마힐이 천녀들에게 말했습니다. '마왕이 당신들을 나에게 주었으니, 이제 당신들은 모두 마땅히 아뇩다라삼먁삼보리심을 일으키십시오.' 그러고선 응하는 바에 따라서 법을 설하고 도를 향한 마음을 일으키게 하고 다시 말했습니다.

도심道心을 일으키게 하는 게 최고입니다. 지난 시간에 제가 여러분들 왜 태어났다고 그랬죠? '도 닦으러 왔다', 이게 도심을 일으키게 하는 거예요. 자꾸 이렇게 도심을, 분발심을 일으키게 해야

'아, 도 닦으러 왔나?', 이렇게라도 생각하죠. 그래야 앞으로 그것이 연이 되어서 또 도 닦는 쪽으로 점점 발달을 합니다.

'여러분들은 도를 향한 마음을 일으켰습니다. 법락을 즐길지언정 마땅히 다시는 오욕락을 즐기지 말아야 합니다.'

굉장히 중요한 문장입니다. 법락法樂을 즐기라는 거예요. 그러니까 '오욕락五欲樂을 끊으라'고 이야기할 수도 있지만, 그것과 '법락을 즐겨라'는 차원이 달라요. 사람이 오욕락을 끊기는 힘듭니다. 그러나 법락을 즐기는 쪽으로 초점을 바꾸는 건 또 좀 쉬워요. 그래서 '탐욕심을 내지 마라' 하면 이게 사실 맞는 말이지만, 살다 보면 탐욕심이 수시로 일어나잖아요. 그래서 보살도를 닦으려면 '큰 욕심을 내라'고 이야기하는 거예요. 기왕에 욕심을 낼 바에는 한번 큰 욕심, 대아로 살자는 거죠. 큰 욕심이 뭐예요? 도를 깨닫고자 하는 욕심, 복을 짓고자 하는 욕심, 불사를 이루고자 하는 욕심, 중생을 제도하고자 하는 욕심, 이런 게 큰 욕심이죠. 큰 욕심 중에 네 가지 큰 욕심이 있어요. 사홍서원四弘誓願이라고 해요. '홍'자가 '클 홍'자입니다. 네 가지 큰 서원이라는 거예요. 좋게 말하면 서원이고, 나쁘게 말하면 욕심이에요. 모든 중생을 제도하고자 하는 욕심, 모든 법문을 다 배우고자 하는 욕심, 이게 얼마나 큰 욕심입니까? 이렇게 "큰 욕심을 일으키라"고 이야기합니다.

그다음에 화를 내지 않기도 어려워요. 화는 보통 남한테 내는 건데 "자기 자신에게 화를 내라", 이렇게 전환해야 합니다. "이제 남한테 화내지 말고 너한테 화내라. 남한테 화를 내는 너한테 화를 내라"는 거예요. 스스로에게, 자신의 허물을 보고 자신에게 화를 내면 그게 분발심이 돼요.

그다음에 어리석음, 이것도 역시 크게 어리석어야 돼요. 크게 어리석다는 것은 꾸준히 도 닦는 것을 옆에서 뭐라 그러거나 말거나, 좋다거나 말거나, '나는 마이웨이를 간다' 하는 것. 이 마이웨이가 중요한 거예요. 꾸준함, 마이웨이. 옆에서 어쩌고저쩌고해도 본인이 옳다고 생각하는 것을 쭉 밀어붙이는 거죠, 탐진치를 전환해서. 탐진치를 없애기는 어려워요. 탐욕, 성냄, 어리석음은 에너지입니다. 여러분이 과거 생에 많이 연습한 에너지예요. 탐욕이 많은 사람은 과거에 탐욕심을 많이 연습했기 때문에 지금도 많아요. 화를 잘 내는 사람은 과거 생에 화를 많이 내 버릇해서 지금도 그런 거죠. 이 에너지를 없애기는 쉽지 않습니다. 다만 에너지의 방향을 전환시키는 게 그나마 쉬워요. 그래서 여러분이 초점을 잘 맞춰야 해요. 오욕락에 초점을 맞추지 말고 법락에다, 법희선열法喜禪悅 경전을 공부하는 즐거움에다 맞추란 말이죠.

참선, 명상할 때 어떠한 즐거움이 느껴지죠? 저도 며칠 전에 이천 도량에 있는데 공기도 좋고 날이 좋아서 예불 끝나고 명경대에 가서 계속 포행하다가 또 좌선하다가, 포행과 좌선을 번갈아 하다가 와선한다고 딱 누웠더니 하늘에 반달이 보였어요. 법희선열이 절로 느껴지더군요. 도량의 청정한 기운과 자연환경, 잣나무 숲이 나 혼자 즐기기에는 정말 아까워서 다음에 신도들과 명경대에서 같이 행선하고 좌선해야겠다 생각하니까 더욱 즐거워집니다. 그런 식으로 법락을 즐겨야 한다는 거예요, 기꺼이 언제나 부처님을 믿고.

그러자 천녀가 '무엇을 법락이라 합니까?' 물으니 답했습니다. '기
꺼이 언제나 부처님을 믿고, 기꺼이 법을 들으려 하고, 기꺼이 대
중께 공양하고, 기꺼이 오욕으로부터 떠나는 것입니다. 기꺼이 오
음을 원수와 같이 보고, 사대는 독사와 같이, 그리고 육근은 빈
무더기와 같이 보는 것입니다.

기꺼이 도 닦는 의지를 수호하고, 중생을 이롭게 하며, 그리고 스
승을 공경하고 봉양하는 것입니다. 기꺼이 널리 베풀고, 계율을 굳
게 지키며, 인욕하고 화합하는 것입니다. 기꺼이 부지런히 선근을
쌓고, 선정에 들어 어지럽지 않으며, 허물을 여의고 지혜를 밝히
는 것입니다. 기꺼이 보리심을 넓히며, 뭇 마군을 항복받고, 모든
번뇌를 끊는 것입니다. 기꺼이 불국토를 깨끗이 하며, 상호를 성취
하고, 뭇 공덕을 닦는 것입니다.

기꺼이 도량을 장엄하며, 심원한 법을 듣고도 두려워하지 않고,
삼해탈문³⁷을 즐거워하되, 때가 아니면 즐거워하지 않습니다. 기꺼
이 도반을 가까이하고, 도반이 아닌 사람들과도 마음에 성냄과 걸
림이 없습니다. 기꺼이 악지식을 보호하고자 하며, 선지식과 가까
이합니다. 기꺼이 마음의 청정을 즐거워하며, 한량없는 단계의 법
을 닦습니다. 이것을 보살의 법락이라 합니다.'

"보살행을 즐거운 마음으로 기꺼이……." 계속 나오는 '기꺼이'

---

37 공空의 삼매, 무상無相의 삼매, 무원無願의 삼매가 각각 해탈로 향하는 문이라는 뜻.

월호 스님의 유마경 강설

란, 즐거운 마음으로 하라는 거예요. '억지로라도 하다 보면 언젠가 즐거운 날이 오겠지' 하는 마음가짐이 아니라, 바로 지금 여기서 이걸 하고 있는 자체를 즐거움이라고 생각해야 돼요.

삼해탈문三解脫門은 공의 삼매, 무상의 삼매, 무원의 삼매가 각각 해탈로 향하는 문이라는 뜻이에요. 아까 말한 대로 본체는 공空하니까 그게 바로 공의 삼매입니다. 그다음에 모양은 무상無相, 즉 고정된 형상이 없는 게 바로 무상 삼매죠. 그다음에 작용은 뭐예요? 무원無願. 소원하는 바가 없어요. 그게 바로 작용입니다. 그것들이 점점 익어가는 게 삼매고, 그게 해탈로 나아가는 문이다—체상용에서 다 해탈하는 거예요.

또 "기꺼이 악지식을 보호하고자 하며, 선지식과 가까이하며……", 선지식과 가까이한다는 건 알겠는데 악지식을 보호한다는 건 무슨 뜻이냐? 악지식은 선지식의 상대되는 말이죠. 그래서 선지식은 내게 올바른 본을 보여주는 분이고, 악지식은 오시범을 보여주는 사람이에요. 오시범은 잘못된 본, 저러면 안 된다는 거를 나한테 가르쳐준다는 거예요. 올바르게 행동하지 않는 사람을 보면 '아유 저 놈, 꼴 보기 싫다'라고 생각하면 안 되고, '저 양반이 나한테 오시범을 보여주느라 그러는구나' 하는 겁니다. '저 오시범은 내가 본받지 말아야 될 거다' 하고 생각하면 그게 악지식이 되는 거예요. 선지식은 당연히 가까워야 하지만, 악지식도 없애야 할 대상이 아니고 보호해야 할 대상으로 보는 거예요. 그 마음가짐이 '대아'로 가는 길입니다. '내 마음에 드는 사람은 다 남아. 내 마음에 안 들면 다 나가버려.' 이건 '소아'로 가는 거예요. 분별하고 잘라

버리면 그건 소아로 가는 거고, '선지식을 가까이하되 악지식도 보호한다, 저 사람이 저런 오시범을 자주 보여주니까 내가 경각심이 일어나는구나, 나는 저러면 안 되겠구나' 하는 걸 가르쳐준다는 거예요.

그러자 파순이 여러 천녀에게 말했습니다.
'나는 너희들 모두와 함께 천궁으로 돌아가고자 한다.'
이에 모든 천녀들이 말했습니다. '이미 저희들을 이 거사님께 드리지 않았습니까? 법락이 있어 저희들도 심히 즐거웠습니다. 다시는 오욕락을 즐기지 않을 것입니다.'
마왕이 말했습니다.
'거사여, 이 여인들을 놓아주시오. 일체의 소유를 타인에게 베푸는 이가 보살입니다.'
유마힐이 말했습니다.
'나는 이미 놓았으니, 그대는 곧 데리고 가서 일체중생으로 하여금 법에 대한 서원을 구족하게 하시오.'
그러자 천녀들이 유마힐에게 물었습니다.
'우리는 마궁에서 어떻게 머물러야 합니까?'
유마힐이 말했습니다.
'여러 자매들이여, 법문이 있는데, 무진등이라고 합니다. 여러분들은 마땅히 배우셔야 합니다. 무진등이란 비유컨대, 하나의 등불이 백 천의 등불을 밝힐 수 있는 것과 같습니다. 어두운 이가 다 밝아지되, 밝음은 마침내 다하지 않습니다.

월호 스님의 유마경 강설

이 『유마경』 강의 내용은 불교방송 티브이와 유튜브를 통해서 많은 사람들이 보고 있어요. 그래서인지 여기저기서 법문 요청이 많이 옵니다. 요새는 코로나19 때문에 많이 줄어들었지만, 전에는 한 달에 두세 번, 봄가을에는 일주일에 한 번씩 멀리서도 왔어요. 그런 법문 요청들이 뭐예요? 제가 여러분하고 대면하고 강의를 했지만, 그걸 다른 사람들이 보고 듣고, 또 점점 확산이 되는 거예요. 여러분들이 법문을 듣고 뭔가 남는 게 있으면 주변 사람들에게 전해주잖아요. 결국 그게 "다함이 없는 등불처럼 계속 번져나간다"는 소리입니다. 여러분이 들은 이야기를 다른 사람에게 전해주는 게 큰 공덕이 돼요. 여러분이 좋은 말을 전해주면, 또 그 사람이 가만히 있겠어요? 일파만파로 쫙 퍼져나가서 여러분이 생각하는 것보다 훨씬 큰 공덕이 될 수 있지요. 근데 허물도 마찬가지입니다. 안 좋은 이야기를 자꾸 전해주면 그 사람이 또 다른 사람한테 전하죠. 악업도 일파만파로 퍼져나가요. 그러니까 조심해야 돼요. 나는 한 사람한테만 이야기했는데 그 한 사람이 이 말을 또 이야기하고, 또 나중에 백 명, 천 명이 이야기하는 거예요. 굉장히 중요한 겁니다. 그래서 이 법락, 법을 즐기는 법문을 자꾸 전해줘야 해요. 그게 바로 법보시입니다.

이와 같이 여러 자매여, 한 보살이 백 천의 중생을 열어 인도하여 아뇩다라삼먁삼보리심을 일으키게 합니다. 그 도심은 또한 멸진하지 않으니, 설한 바의 법에 따라 스스로 일체의 선법을 증장시킵니다. 이것을 무진등이라고 하는 것입니다.

무진등無盡燈, '다함이 없는 등불'이라는 소리예요.

여러분들은 비록 마궁에서 살더라도 이 무진등으로써 무수한 천자, 천녀들로 하여금 아뇩다라삼먁삼보리심을 일으키게 하면, 부처님 은혜에 보답하는 것이요, 또한 일체중생을 크게 풍요롭고 이익 되게 하는 것입니다.'

우리가 부처님 은혜에 보답하는 방법은 하나밖에 없어요. 무진등 법문을 자꾸 전해서 발보리심하게 만드는 것. 그게 부처님 은혜에 보답하는 거고, 또 일체중생을 풍요롭고 이익되게, 요익하게 하는 것입니다. 그걸 해야 돼요. "법보시야말로 최상의 보시다. 모든 보시 가운데 법보시가 으뜸"이라고 이야기하는 겁니다.

그때 천녀들이 머리를 조아려 유마힐의 발에 예를 올리고, 마왕을 따라 천궁으로 돌아가니 홀연히 사라졌습니다. 세존이시여, 유마힐은 이와 같이 자유자재한 신통력과 지혜와 변재를 가졌습니다. 그러므로 저는 그에게 나아가 문병을 할 수 없습니다."

대단하죠. 마왕한테 천녀들을 받아가지고 금방 교화를 시켜서 너희 마궁으로 돌아가서 가서 법보시를 해주고 법락을 전해주라고 하니 너무나 멋있는 거죠.

4. 선덕보살에게 문병을 권하시다

붓다께서 장자의 아들 선덕[38]에게 말씀하셨다.

"그대가 유마힐에게 나아가 문병을 하거라."

선덕이 붓다께 말씀드렸다.

"세존이시여, 저는 그에게 나아가 문병함을 감당할 수 없습니다. 왜 그런가? 기억하건대, 제가 일전에 스스로 아버지의 집에서 큰 보시 모임을 열었습니다. 일체의 사문과 바라문, 그리고 모든 외도와 가난한 자, 천민, 독거인, 걸인 등에게 공양을 올리기를 만 7일 동안 하였습니다. 그때, 유마힐이 모임 가운데 와서 말했습니다. '장자의 아들이여, 큰 보시의 모임은 마땅히 당신이 베푼 바와 같아서는 안 됩니다. 마땅히 법을 베푸는 모임이어야지, 어찌 재물을 베푸는 연회를 하는 것입니까?'

선덕보살은 바로 깔라예요. 깔라가 아버지 집에서 보시 모임을 열었어요. 아버지는 바로 아나따삔디까(급고독 장자)로, 거의 매일 보시를 했어요. 부처님과 제자들한테 공양청供養請을 하는 사람이 있으면 그 사람한테 양보하고, 청하는 사람이 없는 날은 모조리 자기가 한다는 식으로 자주 했다고 해요. 부처님께서 공양을 하시고 나면 항상 법문을 해주시는데, 부처님이 법문을 할 때 자기 아들 깔라(선덕)가 자꾸 딴 데 가서 딴짓을 하거든요. 급고독 장자는 아들이 하나, 딸이 셋 있었는데 하나뿐인 아들이 부처님 법문은

---

38 수닷타 장자의 아들 깔라를 말한다.

안 듣고 자꾸 딴짓하니까 "깔라야. 부처님 계시는 절에 가서 법문을 듣고 오면 내가 용돈을 올려줄게. 법문 듣고 오너라" 하고 보냈어요. 깔라가 절에는 갔다 오는데 법문은 안 듣고 그냥 딴짓하다가 와요. 그래서 "부처님이 읊으신 게송을 하나라도 배워서 내 앞에서 읊으면, 용돈을 많이 올려줄게"라고 했더니 깔라가 '오늘은 게송을 좀 외워야겠다' 마음먹고 부처님한테 게송을 받는데, 부처님이 외우기 어려운 게송을 가르쳐줘요. 또 염력을 불어넣어 못 외우게 해요. 깔라가 계속 외우려다가 외우진 못했는데, 게송의 의미를 터득하여 수다원과를 얻어요. 집에 왔더니 아버지가 "너 게송 외우고 왔냐?", "네. 외웠습니다", "그럼 용돈 줄게" 하니까 "이제 필요 없습니다"라고 해서 아버지 아나삔디까 장자가 부처님한테 "우리 아들이 달라졌어요. 전에는 그렇게 돈을 욕심내더니 이제는 필요 없대요. 어떻게 된 거죠?"라고 물으니 그때 부처님이 게송을 외우시죠.

"제국의 황제가 되는 것보다, 천상에 신으로 태어나는 것보다, 우주의 지배자가 되는 것보다, 수다원과를 얻는 것이 훨씬 더 값지다."

제국의 황제가 되건, 천상에 신으로 태어나건, 우주의 지배자가 되건, 다 윤회에서 벗어나지 못합니다. 잠시 올라갔다가 또 떨어져요. 이렇게 계속 돌고 도는데 수다원과를 얻으면 적어도 일곱 생 안에 벗어나게 돼요, 기약이 있으니까. 그게 더 값지다는 거예요. 그래서 수다원과를 얻은 자가 바로 깔라, 즉 여기에서 말한 선덕보살입니다.

제가 묻기를, '거사님이시여, 무엇을 법보시의 연회라고 합니까?' 하니, 답했습니다. '법보시의 연회란, 앞과 뒤가 없이 일시에 일체의 중생을 공양하는 것을 법보시의 연회라고 합니다.' 다시 '무엇을 말하는 것입니까?' 물으니, 그가 답했습니다. '보리로써 자애심을 일으키고, 중생을 구함으로써 대비심을 일으키며, 정법을 지킴으로써 기쁜 마음을 일으키고, 지혜를 섭수함으로써 버리는 마음을 행하는 것입니다. 아끼고 탐하는 마음을 끌어당김으로써 보시바라밀을 일으키고, 계율을 범하는 것을 바꾸어 지계바라밀을 일으키는 것입니다. 무아법으로써 인욕바라밀을 일으키고, 몸과 마음의 상을 여읨으로써 정진바라밀을 일으키는 것입니다. 보리의 상으로써 선정바라밀을 일으키고, 일체지로써 반야바라밀을 일으키는 것입니다.

아끼고 탐하는 마음을 끌어당겨서 전환하여 보시바라밀을 일으킨다는 소리예요. 무아법으로써 인욕바라밀—인욕바라밀이라는 것은 욕됨을 참는다—이라 그랬죠. 누가 나를 꾸짖고 원망하고 욕하는 걸 참는 게 인욕바라밀이에요. 누가 나를 욕하고 뒤에서 흉봤다고 성질이 나는 것은 인욕바라밀을 못 닦은 거예요. 성질이 난다는 건 내가 있기 때문이죠. 내가 없으면 성질이 날 리가 없죠. 성질을 많이 내는 만큼 아상我相이 강한 사람입니다. 뚫린 입으로 말하는데 어떻게 하겠어요? 각자 자기 스스로 하는 이야기를 따라 다니면서 막을 수도 없고, '나는 내가 할 바를 충실히 이행한다' 하면서 그런 것들을 참고 삼아 조심할 건 조심하고 받아들일 건 받아들이고 무시할 건 무시하면서 살아가면 내 인생의 주인공이 내가 되는 거예요. 누가 뭐라고 한다고 발끈해서 같이 욕설하거나 엉뚱한 짓 하는 것은 내 인생의 주인공이 내가 아니라 상대방이 되는 거예요.

이 인욕바라밀이 우리가 보살도를 닦을 때는 굉장히 중요합니다. 억울함을 참는 게 또 인욕바라밀이에요. '나는 억울한 말 들으면 절대 못 참아' 하는 건 아상이에요. 내가 있기 때문에 못 참는 거예요. 부처님은 얼마나 억울한 일을 겪었습니까? 나무 밑에서 수행하다가, 궁녀들이 이런저런 거 물어봐서 대답해주고 있는데 왕이 와서는 "궁녀들 데리고 왜 희롱하고 있어?"라고 물어요. "희롱하는 게 아니고 지금 법을 물어서 이야기하고 있습니다", "네가 누군데?", "저는 수행자입니다", "그래? 그럼 수행자라면 참을성이 강하겠네" 하고 팔과 다리를 딱 끊죠. 그래도 화를 안 냈다고 해요. 응당 화를 내고 한탄했을 것인데 부처님은 그러지 않았습니다. 그건 바로 무아에 통달했기 때문이죠. 팔을 끊고 다리를 끊고 억울한 이야기를 하는 것은 네 몫이고, 그랬을 때 화를 내고 안 내고는 내 몫이라는 거예요. 사람의 삶은 몫에 충실한 것이 지혜로운 삶이라고 할 수 있어요. 어쩌고저쩌고 떠들어대는 것은 네 몫이고, 그걸 듣고 반응하는 것은 내 몫입니다. 그러니까 그런 것을, 특히 사회생활 할 때는 더 잘 생각해야 합니다.

중생을 교화하여 공에서 일으키고, 유위법을 버리지 않고 무상을 일으키며, 감각기관이 활동하는 것을 보이지만 작위 없음을 일으키는 것입니다. 정법을 호지하여 방편력을 일으키고, 중생을 제도

월호 스님의 유마경 강설

함으로써 사섭법을 일으키는 것입니다. 모두를 공경함으로써 아만을 제거하는 법을 일으키고, 육신과 수명, 재산에 대해 삼견[39]三堅의 법을 일으키는 것입니다.

삼견은 몸과 목숨과 재물을 정법의 유포에 바치는 것이죠. '견'이라는 것은 불후不朽, '썩지 않는다. 변하지 않는다'는 뜻이에요. '몸, 목숨, 재물을 정법을 유포하는 데 바치겠다'라는 게 견고하다는 거예요.

여러분, 육신을 왜 받았어요? 전법하려고, 도 닦기 위해서요. 여러분, 왜 아직도 살고 있는 줄 아세요? 전법하려고 살고 있는 거예요. 여러분, 재산을 왜 가지고 있는 줄 아세요? 전법하려고 가지고 있는 거예요. 근데 전법 안 하고 딴짓하면 지금 오시범을 보이는 거예요. '저래서는 안 된다' 하고 오시범 보이는 사람이 너무 많아요. 굳이 여러분까지 오시범 안 보여도 이미 오시범은 충만해 있어요. 그래서 여러분은 악지식이 되지 말고 선지식이 돼야 해요.

6념[40] 가운데에서 생각하는 법을 일으키고, 육화경[41]에 대해 질박하고 올곧은 마음을 일으키는 것입니다.

올바로 선법을 행하여 깨끗한 직업을 일으키고, 마음이 청정하여

---

39 몸과 목숨과 재물을 정법의 유포에 바치는 것. 견이란 불후의 뜻.
40 염불, 염법, 염승, 염지계, 염보시, 염생천.
41 신화경은 몸으로써 화합하고 공경함. 구화경은 입으로써 화합하고 공경함. 의화경은 뜻으로써 화합하고 공경함. 계화경은 계율로써 화합하고 공경함. 견화경은 견해로써 화합하고 공경함. 이화경은 이익으로써 화합하고 공경함.

환희심으로 성현을 가까이 모시는 것입니다. 악인을 미워하지 않고 조복하는 마음을 일으키며, 출가의 법으로써 깊은 마음을 일으키는 것입니다. 말하는 대로 행동함으로써 많이 들으려 하고, 언쟁하지 않음으로써 고요함을 일으키는 것입니다.

언쟁하면 마음이 자꾸 고요함에서 벗어나고 산란해져요. 자기 생각을 옳다고 생각하니까 언쟁하게 돼요. 자기 생각을 거꾸로 해도 다 옳다고 생각해야 돼요. 자기 생각이 항상 옳지는 않죠. 제가 한참 수행할 때 그걸 깨달았어요. '내가 옳다고 생각하는 것을 거꾸로 말해도 다 옳구나', '내가 지금까지 학교와 사회, 가정에서 배운 것을 거꾸로 말해도 옳다고 할 사람이 있구나'라는 거죠. 우리가 갖고 있는 생각은 다 고정관념일 뿐이에요. 선입견입니다. 그것을 터득해야 서로 시비가 있어도 '그래, 내가 잘못 했을 수도 있지. 내 생각이 틀릴 수도 있지' 하고 인정하게 돼요. 그렇지 않고 계속 내 생각이 맞다고 하다 보면 언쟁이 점점 깊어지죠. 실제로 사람이 자기가 보고 듣고 한 게 한계가 있어요. 자기가 보고 듣고 한 거는 자기의 시각에서는 옳죠. 내가 그렇다고 생각하지만 얼마든지 안 그럴 수가 있어요. 그런 것들을 인정하는 것이 마음이 쉬는 겁니다.

붓다의 지혜로 나아가 연좌를 일으키고, 중생의 속박을 풀어서 수행의 경지를 일으키는 것입니다. 상호를 구비하고, 불국토를 청정히 함으로써 복덕의 업을 일으키는 것입니다. 일체 중생의 생각을 알고 알맞게 법을 설하여 지智의 업을 일으키는 것입니다. 일체 법은 취할 것도 버릴 것도 없다는 것을 알아 한 모양의 문에 들어 혜慧의 업을 일으키는 것입니다. 일체의 번뇌, 일체의 장애, 일체의 선하지 않은 법을 끊고 모든 선업을 일으키는 것입니다. 일체의 지혜와 일체의 선법을 증득함으로써, 일체의 불도를 이루는 데 도움이 되는 법을 일으키는 것입니다. 이와 같이 선남자여, 이러한 것을 법보시의 연회라 합니다. 만약 보살이 이러한 법보시의 모임에 머문다면, 큰 시주가 되며 또 일체 세간의 복전이 됩니다.'

모임 중의 최고의 모임은 보시 모임인데 그것도 단순히 재보시, 밥보시보다 정말 좋은 것이 법보시라는 말이에요. 법보시의 연회, 법보시의 모임. 올해는 우리가 코로나19 때문에 부처님오신날에 못 했지만, 전에는 항상 게송을 발표했는데, 그게 최고의 연회이자 모임인 겁니다. 불보살님도 기뻐하시고 신중님도 환희심을 내는 거예요. 여러분, 거기에 참가하는 분들은 물론이고, 게송 발표가 최고예요. 여건이 되면 그걸 해야 돼요. 다른 무엇을 하는 것보다 더 환희로운 모임이 게송 발표예요.

세존이시여, 유마힐이 이러한 법을 설할 때 바라문들 중에서 2백 명이 모두 아뇩다라삼먁삼보리심을 일으켰습니다. 저는 그때 마음의 청정을 얻고 미증유하다고 감탄하여, 유마힐의 발에 머리 조아려 예를 올리고, 즉시 백 천의 가치 있는 영락을 풀어 그것을 올렸습니다만, 받지 않았습니다.
그래서 제가 말하기를, '거사님이여, 원컨대 반드시 받아주셔서, 하고 싶은 대로 하시기 바랍니다' 하니, 유마힐은 영락을 받아 둘로 나누어, 한 부분은 모인 사람들 중 가장 가난한 걸인에게 주고, 다른 한 부분은 난승여래께 올렸습니다.

모인 모든 사람들이 다 광명국토의 난승여래를 뵈었습니다. 또 구슬영락이 그 부처님의 위에 있으면서 변하여 네 기둥으로 된 보대가 되어 사면을 장엄하였는데, 서로 장애가 되거나 가려지지 않았습니다.

그때에 유마힐이 신통 변화를 다 보이고는 말했습니다. '만약 시주가 평등심으로써 한 사람의 가장 가난한 걸인에게 보시하면 마치 여래복전의 모습과 같으며, 분별하는 바 없이 대비심을 평등하게 하여 보답을 바라지 않으면, 이것을 이름하여 법보시를 구족함이라고 합니다.'

걸인에게 보시할 때 '이 사람 가난하고 불쌍하니까 내가 도와줘야지' 하는 마음으로 하는 게 아니고, '걸인의 모습으로 나타난 부처님께 내가 공양을 올린다'라는 마음으로 하라는 소리예요. 그러면 진짜 부처님한테 하는 것과 똑같은 복이 된다는 소리죠. 아주 가난하고 못살고 불쌍한 사람을 보면, 불쌍한 모습으로 나타난 부처님께 공양 올린다는 마음으로 하면 여러분이 직접 부처님께 공양 올리는 것과 똑같은 복이 돼요. 여래 복전福田의 모습과 같다는 소리입니다. 사실은 다 부처님이에요. 여자의 모습으로 나타난 부처님, 남자의 모습으로 나타난 부처님, 거지로 나타난 부처님, 재벌로 나타난 부처님, 스님의 모습으로 나타난 부처님, 재가자의 모습으로 나타난 부처님……

　이런 마음가짐으로 살면 부처님 아닌 사람이 없죠. 그러니까 나한테 욕을 해도, '아, 저게 왜 나한테 욕해?'라고 하지 않고 '부처님이 나한테 뭔가 가르칠 게 있나 보다'라고 생각이 드는 거예요. '부처님이 나한테 웬 욕을 하실까? 아, 내가 뭔가 좀 배울 게 있나 보다.' 받아들이는 마음가짐이 달라지죠. 그다음에 베풀 때도 못살아서 베푸는 게 아니라 '저런 모습의 부처님께 내가 공양 올린다. 베푸는 마음도 달라진다'라는 것을 바로 '법보시를 구족한다'라고 합니다.

　성안에서 최고로 가난한 한 사람의 걸인까지 이러한 신통력을 보고 그 설하는 바를 들었으며, 모두 아뇩다라삼먁삼보리심을 일으켰습니다. 그러므로 저는 그에게 나아가 문병을 할 수 없습니다."
이와 같이 모든 보살들이 붓다께 각각 근본 연유를 말하고, 유마힐이 말한 바를 일컬어 설명하며 모두 그에게 나아가 문병함을 감당할 수 없다고 하였다.

　십대제자와 사대보살까지 다 마쳤어요. 마지막으로 부처님이 지혜제일인 문수보살한테 "그럼 네가 가라"고 이야기합니다. 그래서 문수보살이 병문안 가는 장면이 다음 장에 개봉박두입니다. 기대하시라.

*
*
*

유마의 텅 빈 방

『유마경』은 3막으로 나눌수 있습니다. 1막은 '암라팔리 동산과 유마방', 부처님께서 제자들에게 문병을 권하는 장면입니다. 2막은 마침내 문수보살이 '유마의 텅 빈 방'으로 병문안을 가서, 문수보살과 대중들이 유마거사와 서로 이야기 나누는 대목이죠. 3막은 문수보살이 '다시 암라팔리 동산'으로 돌아와서 부처님에게 여러 가지 질문을 하고 답변받는 이야기입니다.

앞서 1막에서 부처님이 십대제자와 사대보살에게 "유마장자가 짐짓 병든 모습을 보이고 있으니 문병을 가거라" 권장했을 때 모두 "저는 감당할 수 없습니다. 과거에 유마장자한테 된통 당한 트라우마가 있습니다" 하며 양보했고, 마지막으로 부처님께서 지혜제일의 문수보살에게 병문안을 권하여 마침내 문수보살이 가게 됩니다.

월호 스님의 유마경 강설

●제1장●

문수보살이 병문안을 가다
(五. 文殊師利問疾品)

1. 병의 원인을 묻다

이때 붓다께서 문수사리에게 말씀하셨다.

"그대가 유마힐에게 나아가 문병을 하거라."

문수사리가 부처님께 말씀드렸다.

"세존이시여, 그 거사는 상대하기 어렵습니다. 실상에 깊이 통달하여 법의 요지를 잘 설하고, 변재는 막힘이 없고 지혜는 걸림이 없습니다. 일체 보살의 방식을 다 알며, 뭇 부처님의 비밀스런 경지에 들어가지 않은 곳이 없습니다. 뭇 마군들을 항복받고 신통에 유희하며, 지혜와 방편은 이미 다 건너감을 얻었습니다. 그렇기는 하지만, 마땅히 부처님의 성스러운 뜻을 받들어 그에게 가서 문병을 하겠습니다."

"유마거사는 정말 상대하기 어려운 보살이며 장자로서, 거의 부처님의 아바타라고 할 수 있을 정도이지만, 다른 이들이 모두 사양하니 저라도 가보겠습니다" 하고 마침내 문수보살이 수긍을 합니다.

이에 대중 가운데 모든 보살과 대 제자, 제석천, 범천, 사천왕 등이 모두 생각하였다. '이제 두 큰 보살인 문수사리와 유마힐이 함께 대담을 하면 반드시 미묘한 법을 설할 것이다.'

즉시 8천의 보살들과 5백의 성문들, 백 천의 천인들이 모두 따라가기를 원했다. 이리하여 문수사리는 여러 보살들과 대 제자들 및 모든 천신들에게 받들어 둘러싸여 비야리 대성에 들어갔다.

그때 장자 유마힐이 생각하였다.

'이제야 문수사리와 대중들이 다 함께 오는구나.'

즉각 신통력으로 그의 방 안을 비워, 있는 물건과 시자들을 물리치고 오직 침대 하나만 두고 누워 있었다. 문수사리는 이미 그의 집에 들어서서 방 안이 비어 있어, 있는 물건이 하나도 없고 오직 침상 하나에 홀로 누워 있는 것을 보았다.

문수사리가 온다는 것을 미리 알고 유마장자가 자기 방을 다 비워 놨어요. 텅 빈 공空의 도리를 설하기 위해서 비워 놨죠. 방 안에 뭐가 많을수록 살림살이가 복잡합니다. 여러분도 자기 방을 한번 둘러보세요. 내 방에 물건이 얼마나 있나 보면, 많으면 많을수록 '내 마음의 살림살이가 복잡하구나', 적으면 적을수록 '내가 단순 명쾌하게 살고 있구나'를 알 수가 있어요. 물론 살다 보면 이것도

월호 스님의 유마경 강설

필요하고 저것도 필요하죠. 그래서 준비해 두거나, 아니면 또 고장 나거나 없어질 경우를 대비해서 하나 더 갖추어 놓다 보면 물건이 점점 많아지죠? '이 중에서 꼭 필요한 게 뭘까?' 하고 정리하다 보면 나중에 그런 생각이 들어요. 꼭 필요한 게 뭐 같아요? 필요하다고 보면 전부 필요한 거고, '내가 죽을 때 가지고 갈 수 있는 게 뭘까?', 죽을 때 가지고 갈 게 뭐 있어, '나는 필요해서 쟁여 놨는데 정말 필요한 건가?'를 한번 생각해볼 필요가 있습니다. 있으면 좋고 없어도 되는 것들이 대부분일 겁니다.

이때 유마힐이 말하였다.
"잘 오셨습니다. 문수사리여. 오지 않는 상相으로 오셨고, 보지 않는 상相으로 보셨습니다."

첫마디부터 심상치 않죠. 오기는 왔는데 "오지 않는 모습으로 오셨고 보지 않는 모습으로 보셨다", '오되 옴이 없고 보되 봄이 없다'라고 표현할 수 있어요. 그리고 '오면 올 뿐이고 보면 볼 뿐이다'라고 표현할 수도 있어요. 그런 여러 가지 의미를 함축해서 문수사리에게 일단 먼저 한 방 날린 거예요. 문수사리도 만만치 않죠. 지혜 제일의 보살이 그저 당하고 있을 사람은 아닙니다.

문수사리가 말하였다.
"그렇습니다, 거사여. 만약 이미 왔다고 하면 또다시 올 수 없고, 만약 이미 갔다고 하면 또다시 갈 수 없습니다. 왜 그런가? 왔다는 것은 좇아온 바 없음이며 갔다는 것은 다다를 바 없음이며, 볼 수 있다는 것은 또다시 볼 수 없다는 것이기 때문입니다.

이렇게 '나도 한 방이 있어', 요샛말로 하면 서로 간을 본 거예요.

잠시 이 일은 접어두고
거사여, 이 질병은 참을 만한지 아닌지, 치료하여 차도가 있는지 더해졌는지, 세존께서 은근히 물으심이 간곡하십니다. 거사여, 이 질병은 무엇으로 인해 일어난 것입니까? 병이 든 지 오래되었습니까? 마땅히 어찌해야 나을 수 있는 것입니까?"

세 가지 질문을 했어요. 이 질병은 무엇 때문에 일어났는지 병의 원인에 대해 묻고, 그다음에 병이 든 지는 오래되었습니까, 차도가 좀 있느냐고 물어요. 또 마땅히 어찌해야 나을 수 있는 것입니까, 그럼 병의 치료법은 무엇입니까, 하고 물어봅니다.

유마힐이 말하였다.
"어리석음으로 애착이 생겨 나의 병이 생긴 것입니다. 일체중생이 병든 까닭에 나도 병들었습니다. 만약 일체중생의 병이 사라지면 즉 나의 병도 없어질 것입니다. 왜냐하면, 보살은 중생을 위해 생사에 들기 때문입니다. 생사가 있으니 병이 있는 것입니다. 만약 중생이 병으로부터 벗어난다면, 보살도 다시 병이 없어질 것입니다.

"어리석음으로 애착이 생겨 나의 병이 생겼다." 병의 근본 원인은, 내가 있기 때문이에요. '이 몸이, 마음이 나다'라고 생각하기 때문에 내게 병이 생긴 거예요. 그리고 보살은 중생이 병든 까닭에 병이 든 거죠. 어리석음으로 애착이 생겨 병이 든 건 중생들이고, 보살은 중생이 병들어서 함께 병이 들었다는 거죠.

왜 그럴까요? 가령, 뻘 밭에 놀고 있는 애들 데리고 나오려면 나도 뻘 밭에 들어가야 돼요. 밖에서 아무리 불러도 절대 안 나와요. 뻘 밭에 들어가면 나도 뻘이 묻게 되죠. 뻘을 안 묻히고 어떻게 해 보려고 밖에서 암만 불러도 소용이 없어요. 애들은 쳐다보지도 않아요, 자기들끼리 놀고 딴짓하느라고. 어쩔 수 없이 들어가서 끌고 나와야 돼요. 그러려면 나도 뻘 밭에 들어가야 되죠.

그래서 '중생이 병든 까닭에 나도 병들었다', 따라서 중생이 뻘 밭에서 다 나오면, 즉 윤회의 고통의 바다에서 나오면 내 병도 자연히 없어지는 거죠. 보살은 중생을 위해서 생사에 들기 때문이죠. 그래서 중생은 '업생'을 하지만 보살은 '원생'을 하는 거예요. 일부러 자원해서 태어나는 것이 바로 원생이에요. '생사가 있으니 병이 있다. 태어나니까 노병사가 따라가는 거지, 태어남이 없으면 노병사는 저절로 사라진다' 그래서 "중생이 병에서 벗어나면 보살도 병이 없어질 것입니다"라고, 일단 가장 중요한 이야기를 먼저 주거니 받거니 한 겁니다.

팔만대장경의 핵심이 생로병사에서 벗어나는 거예요. 부처님의 출가 동기가 '생로병사에서 벗어나는 방법이 없을까? 사람들은 전부 늙고 병들고 죽어가는데 마치 자기는 늙지도 않고 병들지도 않고 죽지도 않을 것처럼 살고 있구나. 희한한 사람들이다. 어떻게 눈앞에 빤히 보이는 것을 무시하고 살 수가 있지?' 하고 '노병사에서 벗어날 수 있는 방법'을 찾으러 출가를 하신 겁니다. 그래서 부처님께서 찾아낸 방법이 바로 '무아법'입니다. 늙고 병들고 죽는 것은 내가 있기 때문입니다. 그럼 늙고 병들고 죽지 않으려면 누가 없어져야 돼요? 내가 없어지면 되는 겁니다. 아주 간단해요. 내가 없어지면 나의 노병사는 자연히 없어지는 거예요. 그래서 무아법을 처음에 발견하셨죠. 고정된 실체로써 나는 없습니다. 여러분이 지금 몸과 마음이 있지만 이게 계속 고정된 실체로써 있는 게 아니죠. 꾸준히 변하잖아요. 처음에 발견한 법은 '무아가 되면 되겠구나, 내가 없어지면 나의 병듦과 나의 죽음이 자연히 없어지니까. 그럼 무아가 되려면 어떻게 해야 돼지?' 몸과 마음은 아바타라는 거예요.

비유컨대, 장자에게 오직 한 아들이 있는데, 그 아들이 병이 들면 부모 또한 병이 들고, 만약 아들의 병이 나으면 부모 또한 낫는 것과 같습니다.
보살도 이와 같이 모든 중생에게 대해서 사랑하길 마치 아들처럼 합니다. 중생의 병이 즉 보살의 병이니, 중생의 병이 나으면 보살 또한 낫게 됩니다. 다시 말해서 이 병이 무엇으로 인하여 생겼느냐 하면, 보살의 병은 대비大悲로부터 일어나는 것입니다."

보살의 병은 대비大悲로부터 일어났다고 하는데, 이 '비悲'자는

월호 스님의 유마경 강설

'가엾이 여긴다'는 뜻이죠. 중생을 가엾이 여기는 마음에서 병이 일어났다는 소리입니다. 중생의 병은 업으로 일어나죠. 보통 병은 몸가짐이나 마음가짐을 잘못 써서 오기도 하고, 또 과거 생의 업장으로 인해서 오기도 해요. 병에도 종류가 다양하죠. 몸가짐을 잘못 써서 오는 병은 몸가짐을 고쳐야 합니다. 예를 들어, 자세가 구부정해서 맨날 소화가 안 되고 허리가 아픈 사람은 자세부터 반듯하게 해야 돼요. 마음가짐을 잘못 써서 오는 병은 마음가짐을 고쳐야 합니다. 기도한다고 낫는 게 아니에요. 몸가짐이나 마음가짐을 잘못 써서 오는 병은 기도하면 부처님이 "네 몸가짐부터 고쳐라. 아니면 마음가짐부터 고쳐라" 이야기해요. 그걸 못 알아듣고 줄곧 "병이 낫게 해주세요" 하면 부처님도 갑갑하시죠. 다만 과거 생의 업에 의해서 생기는 병은 기도하면 좀 효과가 있는 경우도 있고, 또 없는 경우도 있어요. 제일 중요한 건 자기 자신의 몸가짐과 마음가짐을 바로잡는 겁니다. 과거의 업으로 인해 오는 병도 역시 과거의 몸가짐, 마음가짐이 바로 업인 거예요. 과거 생에 내가 몸가짐과 마음가짐을 잘못 써서 업이 생기는 겁니다. 그래서 제일 중요한 것은 몸가짐과 마음가짐을 바로잡는 것, 즉 선용善用하는 것입니다.

2. 중생이 아프므로 나도 아프다

문수사리가 유마거사에게 물었다.
"거사여, 이 방 안은 왜 비었고, 시자도 없습니까?"
유마힐이 답하였다. "모든 불국토 또한 다 비어 있습니다."

다시 물었다. "무엇으로 비었다고 합니까?"

다시 답하였다. "공空으로써 비었다고 합니다."

공을 보여주기 위해서 일부러 방을 다 비워 놨다고 하죠. 시자도 치워 놓고요.

다시 물었다. "공은 무엇으로써 공이라고 합니까?"

답하였다. "무분별로써 공한 까닭에 공이라고 합니다."

또 물었다. "공은 분별할 수 있습니까?"

"분별도 또한 공입니다."

"공은 마땅히 어떻게 구해야 합니까?"

"마땅히 62견[42]에서 구해야 합니다."

"62견은 어떻게 구해야 합니까?"

"제불의 해탈에서 구합니다."

62견은 외도들의 62가지 잘못된 견해거든요. 공을 왜 거기서 구해야 되는가? 이게 무슨 소리냐면, '텅 비었기에 무엇으로든 채울 수 있다'는 소리입니다. 공이라는 건 텅 비었단 소리지만, 텅 빈 자체에 의미가 있는 게 아니라 텅 비었기 때문에 무엇으로든 채울 수 있다는 거죠. 지금 유마거사의 방이 텅 비었잖아요. 나중에 그 조그마한 방에 수많은 대중들이 다 들어가요. 텅 비었기 때문에 수많

---

42 62가지 잘못된 견해. 자기 및 세계에 관해 불교의 정도에서 벗어난 삿된 견해의 총칭. 근본은 부처님 재세 시에 주장한 이교도의 사상을 모은 것. 단견과 상견 및 과거·현재·미래의 5온에 대한 각각의 이견.

은 사람들이 들어갈 수가 있어요. 몇천 명, 몇만 명, 몇십만 명도 들어갑니다. 사방 한 장밖에 안 되는데, 거기서 '방장方丈'이라는 말이 나왔어요. 보기에는 굉장히 작아 보이는데 수많은 대중이 다 들어가요. 텅 비었기 때문에요. 공이라고 하면 사람들이 주로 '비었다, 아무것도 없다'라고 생각하는데 그건 반쪽짜리 해석입니다. 공의 진정한 의미는 '텅 비었기 때문에 무엇으로든 채울 수 있다'입니다. 어떤 것이든 다 들어간다는 소리예요. 무아이기 때문에 대아가 될 수 있는 것과 마찬가지 이치입니다.

다시 물었다.
"제불의 해탈은 마땅히 어떻게 구해야 합니까?"
답하였다.
"당연히 일체중생의 심행心行에서 구해야 합니다.

심행이라는 건 마음가짐이라는 소리죠.

또한 보살이 질문하신 바, 왜 시자가 없느냐 하면 일체의 마군 및 모든 외도들이 다 저의 시자입니다. 왜 그런가? 뭇 마군들은 생사를 즐기고, 보살은 생사를 버리지 않습니다. 외도들은 모든 견해를 즐기며, 보살은 견해에 있어서 동요하지 않기 때문입니다."

마군이나 외도들을, 없애야 할 대상이 아니고 더불어 살아가야 할 존재들이라고 보는 거예요. 시각이 바뀌는 거죠. 그자들이 있어야 나도 생사 보살도를 닦을 수 있어요. 알고 보면 원수가 은인이고 번뇌가 깨달음의 종자가 되죠. 뒤에 가면 '번뇌가 없으면 깨달음도 없다', '번뇌의 깊은 바다에 들어가지 않으면 깨달음의 보배를 어찌 캐낼 수 있으랴' 하는 말들이 나옵니다. 그래서 번뇌가 사라지기를 기도하지 말고, 번뇌를 잘 활용해야 됩니다. 대면 관찰로 활용을 해야 됩니다. 그래야 성장을 합니다. 일시적으로 원수인 것처럼 보이지만, 그 사람 덕분에 내가 스스로를 돌이켜 보게 되고, 자기가 또 발전하게 되고, 이렇게 되면 결국은 그 원수가 뭐예요? 은인인 거예요. 원수와 은인이 둘이 아니에요. 그래서 더불어 살아요. 원수건 마군이건 외도들이건 더불어 살아가야 할 사람들이라는, 그런 이야기를 하고 있는 겁니다. 그렇게 마음만 전환해도 한결 편안해져요. 이 세상에서 내 생각과 동조하는 사람만 남고, 내 생각과 다른 사람들은 다 없어지면 좋겠다고 생각하면 '저걸 어떻게 없애지?' 하고 번뇌가 시작돼요. 그렇기 때문에 시각의 전환이 필요합니다.

문수사리가 말했다. "거사의 병은 어떠한 모양입니까?"
유마힐이 말했다. "저의 병은 형체가 없어 볼 수 없습니다."
다시 물었다.
"이 병은 몸과 합한 것입니까? 마음과 합한 것입니까?"
답하였다. "몸과 합한 것이 아니니 몸과 서로 떨어진 까닭이요, 또한 마음과 합한 것도 아니니 마음은 마치 아바타와 같기 때문입니다."

월호 스님의 유마경 강설

병이 '몸의 병이냐, 마음의 병이냐?'라는, 참 애매한 대목입니다. 물론 바이러스가 몸에 감염돼서 병이 생긴다고 하지만, 그러나 진짜 그 병의 본질로 따져 보면 '바이러스가 몸에 감염됐다고 왜 병이 생기지?', 계속 추궁하다 보면 이런 질문이 나오는 거예요.

다시 물었다. "지대·수대·화대·풍대의 사대 중에서 어떤 요소의 병입니까?"
답하였다.
"이 병은 지대가 아니나 또한 땅의 요소를 여의지도 않았으며, 물과 불과 바람의 요소 또한 이와 같습니다. 그러나 중생의 병은 사대로부터 일어나 그로써 병이 있으며, 이런 까닭에 나도 병이 들었습니다."

사대라는 건 흙, 물, 불, 바람, 즉 지수화풍地水火風이죠. 인간의 몸도 이 사대가 합성되어 만들어졌습니다. 지수화풍 순서대로 만들어졌어요. 처음에는 흙의 요소가 있었는데 거기다가 물을 부어서 반죽하잖아요. 그다음에 화(온기, 생기)를 집어넣죠. 그다음에 풍, 움직일 수 있게 한단 말이에요. 그렇게 지수화풍 순서대로 생성이 되고, 죽을 때는 반대로 죽어요. 풍이 먼저 없어져요. 다시 말해서 사람이 죽는다 그러면 일단 꼼짝 못 하게 돼요. 풍의 기운이 사라져서 그래요. 그다음에 화기가 빠져나가요. 몸의 온기가 없어져요. 점점 식어갑니다. 그다음에 물이 빠져나가서 쪼글쪼글해지죠. 흙의 요소만 남아요. 그다음에 오래되면 그것도 역시 다 썩어서 없어집니다. 불교에서는 병이 404가지가 있다 그래요. 지의 요소로 인해서 생기는 병이 101가지, 수의 요소, 화의 요소, 풍의 요소에서 생기는 병이 각각 101가지, 그래서 '101 곱하기 4' 해서 404개의 병. 우리 삼보통청三寶通請할 때 축원하잖아요, '사백사병 영리소멸'이라고 나오잖아요. '몸에 생기는 모든 병이 영구히 소멸되어지이다'라는 뜻이에요. 근데 뭐 404병만 있겠어요? 따지면 더 많을 수도 있는데, 일단 그렇게 정리한 겁니다.

3. 병의 근본은 무소득無所得으로 끊는다

그때에 문수사리가 유마힐에게 물었다.

"보살은 응당 어떻게 병든 보살을 위로해야 합니까?"

유마힐이 말했다.

"몸이 무상하다고 설하되, 몸을 싫어하여 떠나라고는 하지 마십시오. 육신에 고통이 있다고 설하되, 열반을 즐기라고 설하지는 마십시오. 몸이 무아임을 설하되, 중생을 교화하고 제도하라고 설해야 합니다.

육신의 공적을 설하되, 필경 적멸을 설하지는 마십시오. 앞서 지은 죄 참회할 것을 설하되, 과거로 빠져들게는 설하지 마십시오. 자기의 병으로써 남들의 병을 가엾이 여기고, 마땅히 숙세의 무수한 겁의 고통을 알게 하십시오.

보통 사람들이 병에 걸리면 '아이고, 하필이면 나한테 왜 이런 병이 걸렸지?' 하고 한탄하기 쉬워요. 그렇게 생각하지 말고, '요런 병만 걸려도 이렇게 괴로운데 이거보다 더한 중병에 걸린 사람들은 얼마나 괴로울까' 하고 마음의 초점을 전환해야 돼요. 바로 대아 연습이죠. 대비심, 관세음보살님의 마음가짐이 바로 그런 마음이거든요. 그러니까 관세음보살님의 가피를 받았다고 할 수도 있고, 아니면 대아로 전환이 되니까 소아의 고통이 사라지거나 경감하게 됩니다. 여러분들도 자기에게 어떤 고통이 있다고 너무 그 고통에 빠져 있지 말고, '이런 나도 이렇게 고통스러운데 다른 사람들은 얼마나 더 힘들까'라고 생각하면 희한하게 자기 고통이 줄어들어요. 한 걸음 더 나아가서 '그런 사람들의 고통을 줄여주는 삶을 살아야겠다' 하면 훨씬 더요. 그게 왜 그래요? 초점이 남의 고통으로 가니까 내 고통이 덜 느껴지는 거예요. 이게 희한해요. 왜냐하면 사람은 한 순간에는 한 군데밖에 마음의 초점을 못 맞춰요. 어떻게 보면 한계인데, 어떻게 보면 아주 좋은 거예요. 그걸 잘 활용해야 돼요. 우리가 한번에 신문도 보고, 티브이도 보고, 라디오도 듣고 하는 것 같아도 순간순간으로 따지면 하나밖에 못합니다. 연속해서 이어지니까 꼭 다하고 있는 것같이 느낄 뿐이지, 사실 한순간에는 하나밖에 우리가 초점을 못 맞춘다는 거죠.

마땅히 일체중생의 요익을 생각하여 닦은바 복덕을 기억하며, 청정한 생활을 생각하여 근심 걱정을 하지 않게 하십시오. 항상 정진을 일으켜, 마땅히 의왕이 되어 중생의 병을 치료하도록 하십시오. 보살은 응당 이와 같이 병든 보살을 위로하고 그로 하여금 기뻐하게 해야 합니다."

중생들은 병에 걸리면 근심 걱정이 앞서죠. '내가 무슨 잘못을 해서 병에 걸렸을까?' 하고 점점 마음이 어두워져요. 그럼 몸도 더 안 좋아져요. 그러니까 그러지 말고, '과거의 닦은 바 복덕을 기억하라'. 여러분들이 지금까지 살면서 나쁜 짓도 가끔 했겠지만, 또 좋은 일 한 것도 많으니까 그것을 생각하라는 거예요. 그래야 몸과 마음이 밝아지고, 그 마음이 밝아져야 몸도 건강해진다는 겁니다. 사람이 아플수록 안 좋은 생각을 자꾸 더 하게 되어 있어요. 그러지 말고 아프더라도, '그래도 내가 과거에 이런 공덕을 지었었지. 그래서 나로 인해서 많은 사람들이 여러 가지 좋은 일이 있었지' 하고 공덕을 닦은 바, 복덕을 기억하며 청정한 생활 쪽으로 초점을 맞춰서 병에서 벗어나야 빨리 회복된다는 소리입니다. 긍정적인 마인드, 아프더라도 좋은 생각을 많이 하라는 거죠. 좋은 생각, 공덕 짓는 것, 복덕 짓는 것을 생각하면 그쪽으로 점점 밝아집니다. 그리고 정진을 일으켜서 이 병으로 인해서 자기 자신을 돌이켜 보는 기회가 됩니다.

문수사리가 말했다.
"거사여, 병이 있는 보살은 어떻게 그 마음을 조복 받습니까?"
유마힐이 답했다.
"병든 보살은 응당히 이와 같이 생각해야 합니다.
'지금 나의 이 병은 다 전생의 망상과 전도, 모든 번뇌로 인해 생겨난 것이다. 실다운 것이 아니니 누가 병을 받을 것인가?

왜 그런가? 4대가 합해진 까닭으로 가명으로 몸이라고 하지만, 4대에는 주인이 없으며 육신 또한 '내'가 없다. 또 이 병이 일어남도 다 '나'에 대해 집착한 까닭이니, 그러므로 '나에 대해서 응당 집착을 일으켜서는 안 된다.'

이미 이 병의 근본을 알았다면, 아상 및 중생상을 제거하고……

'아상我相'이란 '고정된 실체로써의 내가 있다는 생각'입니다. 거기서 아만심이 나오죠. 또 '살아 있는 내가 있다는 생각'이 중생상衆生相입니다. 본래 우리는 삶과 죽음을 초월한 불생불멸의 존재인데, 자꾸 삶에 집착하다 보니까 죽음이 점점 두려워지고 공포로 다가옵니다.

'생로병사에서 벗어나기', 이게 부처님의 출가 동기였죠. 부처님이 출가하시기 전에 성문 밖을 나갔죠. 동문, 남문, 서문, 북문 밖으로 나가는 것을 사문유관四門遊觀이라고 해요. 부처님이 성 동문 밖을 나가서 한 노인네를 봤어요. 궁 안에 있을 때는 태자로 있어서 유복하게 생활했고, 주변에 있는 사람들이 다 젊은 사람들, 궁녀, 시녀 등 아리따운 존재들에 둘러싸여 살다가, 웬 쭈글쭈글하고 허리가 다 꼬부라져 있는 노인네를 보고서는 깜짝 놀랐죠. "저 사람 왜 저러냐?" 물으니 "늙어서 그렇습니다", "어? 그럼 나도 늙으면 저렇게 되냐?", "그렇습니다". 깜짝 놀랐어요. '아니, 나도 늙는다고? 여태껏 젊고 건강한 사람만 보다가 구부정하게 다니는 사람 보니까 너무 가여운데, 나도 저렇게 된다고?' 경악한 거예요. 그다음에 남문으로 나갔다가 똥오줌 싸고 피눈물을 흘리고, 누워서 신음하는 병자들을 보게 됐어요. 맨날 건강한 사람들만 보고 살다가 깜짝 놀랐죠. "저 사람들은 왜 누워 있어?" 묻자 "병이 들어 그렇습니다". "병이 든다고? 그럼 이다음에 나도 병들 수 있는 거냐?", "인간은 누구나 늙고 병듭니다", "아니, 나도 저렇게 된다고, 나중에?", 또 깜짝 놀란 거예요. 그다음에 서문을 나갔어요. 장례식을 하는 거예요. 시체, 장작 모아 놓고 그 위에 화장하는 것 다 보여요. 그래서 죽은 사람을 보고 놀라서 "저 사람들, 왜 울고불고 난리냐? 저 불 태우는 거 뭐냐?", "시신입니다. 사람이 죽으면 저렇게 됩니다", "죽어? 그럼 나도 죽냐?", "죽습니다. 인간은 누구나 태어나면 늙고 병들고 죽음을 피할 수가 없습니다". 거기서 이제 깜짝 놀란 거죠. '그럼 사람들은 어째서 맨정신으로 웃으면서 살지? 조금 있으면 늙고 병들어 죽는다는 것을 모르는 것처럼, 마치 본인들은 늙고 병들고 죽지 않는 것처럼 생각하고 어떻게 저렇게 살지?' 하고요.

 '그러면 무슨 방법이 있지? 여기서 벗어날 수 있는 방법이 없나?' 하고 찾다가 북문으로 나갔죠. 그러고 나서 수행자를 발견합니다. 수행자가 남루한 옷을 걸치고 홀쭉한데 뭔가 일반인하고 다른 초월적인 느낌이 나요. "저 사람은 뭐냐?", "수행자입니다", "수행이 뭔데?", "늙고 병들고 죽음에서 벗어나기 위해서 수행을 하는 겁니다", 그러자 '이거다!' 한 거예요. '아, 이거다! 난 이 길을 가야겠구나' 하고 호시탐탐 기회를 노리다가 출가했어요. 부처님 출가 동기 자체가 늙고 병들고 죽음을 해결하는 방법을 찾아서 출가하신 거예요. 처음에는 노병사를 해결하러 갔는데, 그러다 보니 제일 중요한 게 늙고 병들고 죽는 이유를 알아야 하잖아요. 늙고 병들고 죽는 근본 이유는 태어났기 때문인 거예요. '아, 태어났기 때문에 늙고 병들고 죽는구나. 늙고 병들고 죽지 않으려면 태어나지 말아야 하는 거구나'를 알게 됩니다. 선가에서는 이것을 '생사 일대사'라 그래요. '태어나고 죽는, 하나의 큰일'이라는 거예요. '생사 일대사를 해결하기 위해서 출가했다'라고 정리한 거죠. 마침내 부처님께서 그 방법을 찾아냈습니다. 인류에게 선언한 거예요. 여러분들이 앞으로 무슨 경을 배우든, 명상을 하든 참선을 하든 간에 불교의 핵심은 생로병사를 해결하는 데 있어요.

생로병사를 해결하는 방식이 크게 나누면 세 가지입니다. 무아법으로 해결하는 방법, 대아법으로 해결하는 방법, 시아법으로 해결하는 방법이에요. 나중에 보면 사실은 무아가 대아고, 대아가 시아고, 서로 연결되어 있어요.

『유마경』이 좋은 게 세 가지 법을 모두 설하고 있어요. 십대제자들과 설할 때는 "너무 무아에 떨어지지 마. 대아가 있잖아"라고 이야기해요. 또 지금 대아에 너무 빠져 있는 사대보살과 이야기할 때는, "너무 대아, 대아, 하지 마. 시아가 있잖아" 하는 거예요. 지평을 넓혀주는 거예요.

마땅히 법상을 일으켜 이렇게 생각해야 합니다.
'단지 여러 요소가 합하여 이루어진 것이 이 몸이다. 일어난 것은 단지 요소가 일어난 것이요, 소멸하는 것도 단지 요소가 소멸하는 것이다.'

내가 일어나고 내가 소멸하는 게 아니라는 거예요. 그러니까 사대의 화합이 일어나고 사대의 화합이 소멸했다고 생각하라는 거예요. 다시 말해서 아바타예요.

또 이 요소는 각각 서로 알지 못하며, 일어날 때 '내가 일어난다'고 하지 않으며, 소멸할 때도 '내가 소멸한다'고 하지 않습니다.

내가 일어나고 내가 소멸하는 게 아니고, 사대가 일어나고 사대가 소멸했다는 거예요. '안이비설신의가 일어나고 안이비설신의가 소멸했다', '내가 죽는다'라고 하지 말고 '안이비설신의가 죽는다'라는 소리예요. '내가 태어난 게 아니고 안이비설신의가 태어났다'라는 소리입니다.

저 병든 보살은 법상을 멸하기 위해 마땅히 이러한 생각을 하여야 합니다. '이 법상이란 것 또한 전도 망상이며, 전도 망상은 곧 큰 우환이다. 나는 응당 이로부터 벗어나야 한다.' 무엇을 벗어난다고 하는가? '나'와 '나의 것'으로부터 벗어나는 것입니다. 무엇이 '나'와 '나의 것'에서 벗어나는 것입니까? '이분법'을 여의는 것입니다.

이 법, 담마라는 것도 영원한 게 아닙니다. 지수화풍도 변화하는 거예요. 처음에는 아상에서 벗어나기 위해서 법상을 일으켰지만, 그다음에 그 법상도 소멸시켜야 되는 거예요. 담마라는 것도 결국

월호 스님의 유마경 강설

은 내가 아니다, 그러면 '눈'이 나고, '귀'가 나고, '코'가 나고, '혀'가 나고, '몸'이 나가 아니라는 소리예요. '실체가 있는 것이 아니다', 그러니까 그 '나라는 생각, 내 것이라는 생각, 내 눈이라는 생각'을 하면 안 된다는 거예요. 하하. '아바타 눈이다'라고 생각해야 된다는 거예요.

무엇이 '이분법'을 여의는 것입니까? 안과 밖을 생각하지 않고, 평등하게 행함을 말합니다. 무엇이 평등입니까? '나'도 평등하고 열반도 평등한 것입니다. 왜냐하면 '나'와 열반, 이 둘은 다 공하기 때문입니다.

'공으로써 다 평등하다'는 거예요. 모든 존재는 다 평등합니다. 모두 다 공한 것이기 때문에 공으로써 모든 존재가 평등해지는 거죠.

무엇으로 공이라 합니까? 단지 이름일 뿐이기 때문에 공한 것입니다. 이와 같이 이분법에는 결정적인 성품이 없는 것입니다. 이러한 평등을 얻으면, 다른 병이 있지 않습니다.

이름일 뿐이다…… "인연소생법 아설즉시공 역위시가명 역시 중도의因緣所生法 我說卽是空 亦爲是假名 亦是中道義." 그 유명한 용수보살의 중론의 핵심이죠. "인과 연으로 생겨난 모든 존재는 내가 설하노니, 곧 이것은 공한 것이다. 또한 이것은 가명, 이름일 뿐이고 이것이야말로 중도의 이치다"라는 뜻입니다.

단지 공空의 병이 있을 뿐이지만, 공의 병도 또한 공한 것입니다. 이것이 병든 보살이 받는 바 없이 모든 감수 작용을 받는 것입니다. 아직 불법을 갖추지 못했다면 또한 감수 작용을 멸하여 깨달음을 취하지 못할 것입니다.

"받는 바 없이 모든 감수 작용을 받는다", 이게 바로 유명한 『바히야경』에 나오는 이야기죠. "견문각지見聞覺知—보이는 것을 보기만 하고, 들리는 것을 듣기만 하고, 느끼는 것을 느끼기만 하고, 아는 것을 알기만 하라. 그럴 때 거기에 그대는 없다. 이것이 고통의 소멸이다." 지금 말씀드린 게 『바히야경』의 거의 전체 내용이에요. 어떻게 보면 가장 짧은 경이죠. 이게 바로 받는 바 없이 모든 감수 작용을 받는다는 거예요. 내가 알고 내가 느끼는 게 아니고, 그냥 느끼기만 하라, 태어날 때 태어날 뿐, 늙을 때 늙어갈 뿐, 병들 때 병들 뿐, 죽을 때 죽을 뿐.

설사 육신에 고가 있다 하더라도 악취 중생을 생각하고 대비심을 일으켜야 합니다.

설사 내가 살면서 육체적인 고통이 따른다 하더라도 원망하거나 한탄하지 말고, 악취 중생을 생각하라는 거예요. 삼악도(지옥·아귀·축생)에 떨어진 중생이 바로 악취 중생이에요. '삼악취三惡趣, 삼악도三惡道'라고 하죠. 내가 지옥에 떨어진 사람보다는 행복하겠죠. 아귀보다는 행복하죠. 축생보다는 행복하죠. 만약 발등에 화상

월호 스님의 유마경 강설

을 입어서 아프다고 하더라도 이보다 더한 중병을 앓고 있는 사람도 많잖아요. 중환자실 가면 숨이 깔딱깔딱한 사람도 있고 고통에 소리 지르거나 모르핀 주사 달라고 그러는 사람, '그런 사람들에 비하면 내 아픔은 아픈 게 아니구나'라고 상대적으로 생각하는 거예요. 오히려 대비심을 일으켜야 합니다. '세상에 이보다 더한 고통을 겪는 사람이 얼마나 많을까? 내가 그런 사람들을 도와야겠구나'라는 게 바로 대비심을 일으키는 거예요. 자기가 고통에 있으면서도 그보다 더한 고통을 겪는 존재를 생각하고 마음에 비심悲心을 일으키는 게 바로 대비심大悲心입니다.

내가 이미 조복하였다면 또한 일체중생도 마땅히 조복시켜야 합니다. 단 그 병을 제거해야지, 법을 제거하면 안 됩니다. 병의 근본을 끊기 위해 그들을 가르쳐 인도합니다.
무엇이 병의 근본일까요? 반연絆緣이 있음을 말합니다. 반연이 있음으로부터 병의 근본을 삼습니다. 무엇이 반연하는 바일까요? 이를 일컬어 삼계라고 합니다. 어떻게 반연을 끊을까요? 무소득無所得으로써 끊습니다. 만약 얻을 바가 없다면, 즉 반연이 없습니다. 무엇을 무소득이라 할까요? 이분법을 여읜 것입니다. 무엇이 이분법일까요? 내견內見과 외견外見[43]을 말합니다. 이것이 무소득입니다.

---

[43] 내견은 '나'요, 외견은 '남'이다. 안과 밖, 나와 남을 둘로 나누어 생각하는 것이다. 하지만 본래 내 것과 남의 것이 없으므로 얻을 바가 없다고 하는 것이다.

내견은 '나'고 외견은 '남'이에요. 나와 남이 있으니까 반연이 있는 거죠. 반연이라는 건 뭐냐면, 나무를 타고 올라가는 덩쿨 있죠? 반연의 '반' 자가 이 '덩쿨 반絆'자예요. '덩쿨처럼 얽히고설킨 연'이라는 뜻이죠. 나와 남을 갈라놓고 시작하니까 자꾸 반연이 생기는 거예요, 덩쿨처럼. 그래서 이분법을 여의어야 합니다. 나와 남이 둘이 아니라고 생각해야 돼요. 다른 사람을 보면, '이건 남자의 모습으로 나타난 나, 여자의 모습으로 나타난 나, 젊은 모습으로 나타난 나, 늙은 모습으로 나타난 나'로 보는 게 바로 나와 남, 내견과 외견을 여의는 겁니다. 무소득이라는 말은 『반야심경』에서도 나오죠. "이무소득고 심무가애 무가애고 무유공포以無所得故 心無罣碍 無罣碍故 無有恐怖." 즉 "얻을 바가 없으므로 마음에 걸림이 없어지고, 걸림이 없으므로 두려움이 없어지고, 두려움이 없으므로 모든 전도몽상顚倒夢想을 떠나게 된다". 얻을 바가 없다고 생각하고 살아야 인생을 용기 있게 살 수가 있어요. "얻을 바도 없고 잃을 것도 없다. 밑져야 본전이다. 배짱으로 살아가자." 하하. 이게 무소득, 얻을 바 없다는 거예요. 얻을 바가 있으면 그때부터는 전전긍긍하게 됩니다. 얻을 바 없다고 생각하면, 헐떡이는 마음이 쉬어요.

문수사리여, 이것이 병든 보살이 그 마음을 조복받고, 늙고 병들고 죽는 고통을 끊음이 되는 것입니다. 이것을 보살의 깨달음이라고 합니다.
만약 이와 같지 않다면, 그가 닦고 다스린 바는 지혜와 이익이 없게 됩니다. 비유컨대, 원수를 무찌르고서야 즉 용감하다고 할 수

월호 스님의 유마경 강설

있는 것과 같습니다. 이와 같이 겸해서 노·병·사를 제거하는 이를 보살이라고 합니다.

용감해지는 거죠. 무소득이 되니까 '죽기밖에 더하겠어?' 하고요.

4. 방편이 없는 지혜는 속박이며, 방편이 있는 지혜가 해탈이다

병든 보살은 응당 다시 이러한 생각을 해야 합니다.
'나의 이와 같은 병은 진짜도 아니요, 있는 것도 아니다. 중생의 병 또한 진짜도 아니요, 있는 것도 아니다.' 이렇게 관하였을 때, 뭇 중생에 대해서 만약 애착하는 소견으로 대비심을 일으킨다면, 곧 응당 벗어나야 합니다.

대비심을 일으키는 건 중요하지만, 애착하는 마음으로 해서는 안 된다는 거죠. "응무소주 이생기심應無所住 而生其心." 응당 머무는 바 없이 그 마음을 내야죠. 애착한다는 것은 머문다는 것, 머무는 마음으로 대비심을 일으키면 안 된다는 겁니다.

왜 그런가? 보살은 객진번뇌를 끊어 제하고 나서 대비심을 일으켜야 하기 때문입니다. 애착하는 소견으로 가엾이 여기면, 곧 생사에 대해서 피곤해하고 싫어하는 마음이 있게 됩니다. 만약 이것을 여읠 수 있다면 피곤해하거나 싫어하는 일은 없을 것입니다. 태어나는 곳마다 애착하는 소견으로 덮이는 바가 없게 됩니다.

애착하는 소견으로 가엾이 여기면 그 사람이 잘 따라주면 괜찮은데, 따라주는 사람도 있고, 안 따라주는 사람도 있고, 좋아하는 사람도 있고, 싫어하는 사람도 있겠죠? 그런 사람들 보면 싫증이 난다는 거죠. '지금 내가 괜히 이러고 있는 건가? 뭐하러 법륜 굴린다고, 이게 다 피곤한 짓이구나. 잘 받지도 않는데 그냥 돌아가자' 하는 생각이 든다는 거예요. 그렇기 때문에 애착하지 말고, 즉 법륜을 굴리는 건 내 몫이고, 받아들이고 말고 좋아하고 싫어하는 건 그들 몫이라는 거예요. 거기까지 애착해서 '왜 저러나?' 하다 보면 결국 피곤해하고 싫어하는 마음이 생기게 됩니다. 태어나는 곳에 속박이 없다면, 만약 이것을 여읠 수 있다면 피곤해하거나 싫어하는 일은 없을 것입니다. 태어나는 곳마다 애착하는 소견으로 덮이는 바가 없게 됩니다.

태어나는 곳에 속박이 없다면, 중생을 위하여 법을 설하여 속박을 풀어줄 수 있을 것입니다. 마치 붓다께서 '스스로 결박되어 있으면서 타인의 결박을 풀어줄 수는 없다. 만약 스스로 속박이 없다면, 타인의 속박을 풀어줄 수 있을 것이다'라고 설한 바와 같습니다.
그러므로 보살은 마땅히 속박을 일으켜서는 안 됩니다. 무엇이 속박이며 무엇이 해탈입니까? 고요한 맛에 탐착하는 것이 보살의 속박입니다.

"고요한 맛에 탐착한다……". 앞서 십대제자들 중 사리자가 숲

속에 들어가 나무 밑에서 혼자서 연좌하고 있을 때 유마힐이 말했죠. "그게 연좌가 아니야. 저잣거리에 나와 있으면서도 마음이 편안한 게 연좌지"라는 소리예요. 고요한 맛에 탐착하는 것은 성문들이 하는 짓인 거죠. 보살에게는 속박이 된다는 거예요. 보살은 저잣거리에 나가고, 이 도시에 뛰어들고, 대중들 속에 뛰어들어서 같이 느끼고 호흡하고 전법해야지, 나 혼자 저 깊은 산 속에 가서 '아, 좋다' 이러고 있으면 보살에게는 속박이라는 거예요.

방편으로써 태어나는 것이 보살의 해탈입니다.

보통 태어나는 것은 업장이 있어서 태어나는 건데 보살은 태어나는 게 해탈이라는 거예요. 완전히 입장이 바뀌는 거죠. 보살도를 닦으려면 태어나야 되니까, 그래서 태어나는 것이 보살의 해탈이다, 원래는 죽는 게 해탈이거든요. 죽어야 우리가 몸뚱이에서 벗어나거든요. 부처님의 불기는 부처님께서 태어난 해를 기준으로 잡은 게 아니고 부처님께서 입적하신 해를 기준으로 잡아요. 올해가 2565년이죠. 부처님이 돌아가신 지 2565년 된 거예요. 보통 성인들의 기원을 잡을 때 태어난 해로 잡는데, 왜 부처님은 돌아가신 해로 잡았을까요? 돌아가신 게 해탈이기 때문에, 이 아바타가 없어지고 본래 자리로, 법신불로 돌아갔기 때문에, 그게 진짜 해탈인 거예요. 몸이 있으면 몸에 매이게 됩니다. 늙고 병들고 죽게 되어 있어요. 그래서 이게 굉장히 입장이 바뀌는 거예요. 입장을 전환시켜주는 게 대승불교예요.

또한 방편이 없는 지혜는 속박이며, 방편이 있는 지혜가 해탈입니다. 지혜가 없는 방편은 속박이며, 지혜가 있는 방편이 해탈입니다.

지혜와 방편을 함께 구족해야 된다는 소리예요. 지혜만 있고 방편이 없으면, 아무리 좋은 것도 사람들에게 안 받아들여져요. 또 방편은 있는데 지혜가 없으면 안 먹혀요. 마치 소프트웨어와 하드웨어 같은 거예요. 지혜는 소프트웨어고, 방편은 하드웨어예요. 제가 이렇게 아는 것도, 이런 자리가 없으면 펼 수가 없겠죠. 이 장소가 하드웨어, 제가 이렇게 알고 있는 것은 소프트웨어, 두 가지 다 필요하다는 거죠.

무엇을 방편이 없는 지혜는 속박이라고 할까요? 이를테면, 보살이 애착하는 소견으로써 불국토를 장엄하고 중생을 성취시키며, 공·무상·무작無作의 법에 대해서 스스로 조복 받는, 이것을 방편이 없는 지혜는 속박이라고 하는 것입니다.

애착하는 소견으로써 이런 걸 하면, 그것은 방편이 없는 지혜다, 이거예요.

무엇을 방편이 있는 지혜는 해탈이라고 할까요? 이를테면, 애착하는 소견 없이 불국토를 장엄하고 중생을 성취시키며, 공·무상·무작의 법에 대해서 스스로 조복 받아 피곤해하거나 싫어하지 않는 것, 이것을 방편이 있는 지혜는 해탈이라고 합니다.

애착의 유무에 따라 이게 달라지는 거예요. 애착 없이 해야 된다는 거예요. 하더라도 애착심으로 해서는 안 되고 무소주無所住, 머무는 바 없이 해야 됩니다.

무엇을 지혜가 없는 방편은 속박이라고 할까요? 이를테면, 보살이 탐욕· 진에· 사견 등의 여러 가지 번뇌에 머물면서 뭇 덕의 근본을 심는다고 하는 것, 이것을 지혜가 없는 방편은 속박이라고 합니다.

공덕을 많이 짓기는 짓는데 번뇌를 아직 못 떠났으면, 그것은 바로 지혜가 없는 방편입니다.

무엇을 지혜가 있는 방편은 해탈이라고 할까요? 이를테면, 모든 탐착· 진에· 사견 등의 여러 번뇌를 여의고 뭇 덕의 근본을 심어 아뇩다라삼먁삼보리로 회향하는 것, 이것을 지혜가 있는 방편은 해탈이라고 합니다.

이제 번뇌를 여의고 공덕을 심는 거예요. 그게 바로 지혜와 방편이 갖추어진 것입니다.

문수사리여, 병이 있는 보살은 마땅히 이와 같이 모든 존재를 관찰해야 합니다. 또다시 몸은 무상하고, 고통이며, 공하고, 내가 아니라고 관찰하면, 이것을 지혜라 합니다. 비록 몸에 병이 있고 언제나 생사에 있더라도, 일체를 요익하게 함을 싫어하거나 게을리

하지 않습니다. 이것을 방편이라 합니다.

보살도 일부러 생로병사에 뛰어들었기 때문에, 뻘 밭에 들어 왔기 때문에 뻘이 안 묻을 수가 없겠죠. 보살에게도 번뇌가 있는 거예요. 노병사가 있는 거예요. 번뇌가 없고 노병사가 없으면 중생들을 구제할 수가 없어요. 그리고 중생들과 같은 그런 생각을 할 수가 없어요. 자기가 아파 본 사람이 남의 아픔을 이해할 수 있는 것과 똑같아요. 태어나서 한 번도 병원에 간 적 없는 사람들은 병원에 자주 가는 사람들을 잘 이해하기가 어려워요. '쟤는 왜 병원에 다니지? 평상시에 몸 관리를 어떻게 했길래?'라고 생각하는 거예요. 자기가 가본 적이 없으니까 '평상시에 운동 좀 열심히 하고 먹는 것도 조절 잘하고 하지', 생각하는 거예요. 그래서 방편과 지혜를 같이 갖춰야 된다는 말입니다.

5. 어디에도 머무르지 않는 것이 보살행

문수사리여, 병이 있는 보살은 응당히 이와 같이 마음을 조복 받아 그 가운데 머무르지 말고, 또다시 조복 받지 않은 마음에도 머무르지 않아야 합니다.
왜냐하면, 만약 조복 받지 않은 마음에 머무르면 이것은 어리석은 사람의 법이며, 만약 조복 받은 마음에 머무르면, 이것은 성문의 법입니다.

조복 받지 않은 마음에 머무르는 것은 중생들이 하는 것이고, 조복 받은 마음이라도 거기에 머무르면 그것은 성문 소승의 법이라는 거예요.

이러한 까닭으로 보살은 마땅히 조복 받거나 조복 받지 않은 마음에 머무르면 안 됩니다. 이 두 법으로부터 벗어난 것을 보살행이라 합니다.

일체 모든 것에 머물러서는 안 되는 거예요. 나쁜 것에도 머무르면 안 되지만 좋은 것에도 머무르면 안 된다는 소리예요.

생사에 있으면서 오염된 행위를 하지 않고, 열반에 머무르며 영원히 멸도하지 않으면, 이것이 보살행입니다. 범부의 행도 아니요 성현의 행도 아닌, 이것이 보살행입니다. 더러운 행위도 아니고 깨끗한 행위도 아닌, 이것이 보살행입니다.

쉽게 말하면, 양다리 걸치기예요. 보살은 양다리 걸치기를 잘해야 합니다. 하하하. 한쪽 발만 걸치면 보살행이 아니죠. 적당히 양다리 걸치고 있다가 그때그때 잘 활용해야 되는데, 쉽지 않죠. 여러분, 절에 가면 '보살님'이라고 부르는데, 이 말은 듣기 쉬운 게 아니에요. '보살님'이라는 말 들으려면, 중생하고 부처님 사이에서 양다리를 잘 걸치고, 소통 역할을 해야 돼요.

비록 과거에 악마의 행을 하였지만 현재 마군을 항복받으면 이것이 보살행입니다.

과거에 악마의 행을 했더라도 현재 마군을 항복받으면 이것이 보살행이다……. 멋있는 말 아니에요? "과거에 나쁜 짓을 했더라도 현재 나쁜 짓을 멈추면 이것이 보살행이다. 지금까지 저지른 죄는 묻지 않겠다. 지금부터 잘해라" 하는 소리예요.

일체 지혜를 구하지만, 때 아닌 때 구함이 없는 이것이 보살행입니다. 비록 제법은 불생不生이라 관하지만, 그러나 깨달음의 지위에 들지 않는 이것이 보살행입니다. 비록 십이연기를 관찰한다고 하지만 그러나 뭇 사견에 들어가는 이것이 보살행입니다.

'십이연기'가 정견이죠. 올바른 견해인데, 다른 사견에도 역시 들어간다는 거예요. 꼭 '십이연기'만 주장하는 게 아니고 별별 생각을 하는 사람이 많기 때문에 그 사람들을 조복 받으려면 일단 그 사람들의 생각을 들어주고 읽어야 돼요.

비록 일체중생을 끌어안지만, 애착하지 않는 이것이 보살행입니다.

일체중생을 끌어안아요. '온 우주가 내 집이요, 모든 생명이 내 가족이다'라는 마음가짐으로 사는 게 일체중생을 끌어안는 거지만, 그렇다고 해서 애착하지도 않는다고 해요.

월호 스님의 유마경 강설

비록 멀리 떠남을 즐긴다고 하나, 그러나 심신의 멸진에 의지하지 않는 이것이 보살행입니다.

심신의 멸진滅盡이라는 것은 '소멸해서 다한다'라는 거예요. 몸과 마음이 완전히 사라진 경지를 심신의 멸진이라고 해요. 몸과 마음이 있어야 보살행을 하죠. 몸과 마음이 없으면 보살행을 할 수가 없어요. 그래서 심신의 멸진에 의지하지 않는다는 거예요. 몸과 마음을 일부러 받는다는 거예요, 원생願生으로.

비록 삼계에서 행한다고 하지만, 법성을 무너뜨리지 않는 이것이 보살행입니다.

삼계에서 사람과 더불어 보살행을 닦지만, 그러다 보면 몸과 마음이 오염될 수도 있어요. 몸도 상할 수 있고, 마음도 퇴굴심이 날 수도 있죠. 그렇지만 '법성, 본래의 성품, 불성, 공성, 자성'—이게 다 같은 말입니다—을 무너트리지 않는다는 겁니다.

비록 공을 행한다고 하지만, 여러 덕행의 근본을 심는 이것이 보살행입니다.

사실 공을 행하는 입장에서 보면 모든 것이 다 공이기 때문에 얻을 것도 없고 잃을 것도 없어요. 줄 것도 없고 받을 것도 없어요. 이게 공입니다. 그렇다고 그냥 가만히 있느냐, 그게 아니고 공을 행한다고 하지만 덕행의 근본을 심는다, 그럼에도 불구하고 주고 받고 얻고 잃고 하는 거예요. 그래야 보살행이라는 것입니다.

비록 무상無相을 행하지만, 중생을 제도하는 이것이 보살행입니다.

그렇죠. 상이 없어요. 아상, 인상, 중생상, 수자상, 이런 상이 없지만 그럼에도 불구하고 중생을 또 제도하는 겁니다. 본래 모습으로 보면 다 부처지만, 지금 현상으로써는 중생으로 나타났기 때문에 그들을 또 제도하는 거예요. 아바타가 아바타를 제도하는 거죠.

비록 무작無作을 행하지만, 몸 받음을 나타내는 이것이 보살행입니다.
비록 일으킴이 없는 행을 하지만, 일체선행을 일으키는 이것이 보살행입니다.

체와 용으로 보아야 합니다. 본체의 입장에서 보면 할 것도 없고 얻을 것도 없지만, 쓰임의 입장에서 보면 할 것도 있고 얻을 것도 있다는 거예요. 체·상·용으로 이야기했죠? 본체의 입장에서 보면 무아예요. 고정된 실체인 나는 없어요. 그러나 상, 모습으로 나타나 있는 몸과 마음을 어떻게 쓰느냐가 중요해요. 저 구름은 실체는 없지만 수증기가 모여 있어요. 현상이 있어요. 그래서 폭우가 되어 내리면 많은 생명이 소멸하고, 단비가 되어 뿌려주면 많은 생명이 소생하죠. 그게 용이에요. 쓰임. '중생을 죽일 것이냐, 살릴 것이냐'

하는 게 용이에요. 죽이는 데 기여해야 되겠어요, 살리는 데 기여해야 되겠어요? 살리는 데 기여해야 돼요. 방생해야죠. 불교의 첫째 계율이 뭐예요? '살생하지 말고 방생하라'가 나오는 거예요. 이 몸은 본래 실체가 없고 현상만 있을 뿐이지만, 어떻게 쓰느냐가 중요하다, 체·상·용을 알아야 헷갈리지 않아요. 경전을 배우면서 이것을 알고 있으면 무슨 경전을 읽어도 헷갈리지 않습니다. 이걸 모르면 무슨 경전을 읽어도 헷갈립니다. 체·상·용을, 뼈대를 딱 잡아놔야 돼요. 그중에 제일 중요한 건 용이라는 거예요, 쓰임. 여러분이 이 몸뚱이와 마음을 가지고 어떻게 쓰느냐, 잘 써야 된다는 거죠. "선인도 없고, 악인도 없지만, 악행을 하면 괴로움이 뒤따르고 선행을 하면 즐거움이 뒤따른다."

비록 6바라밀을 행하지만, 두루 중생심과 중생의 마음 가운데 일어나는 온갖 현상을 아는 이것이 보살행입니다. 비록 6신통을 행하지만, 번뇌를 다하지 않는 이것이 보살행입니다.

"육신통六神通을 행할 정도의 경지에 이르렀어도 번뇌를 다하지 않는다……." 보살에게 번뇌가 있다는 소리예요. 보살에게 번뇌가 있어야 중생의 마음을 이해하고 중생제도를 할 수 있어요. 프랑스 루이 16세의 왕비 마리 앙투아네트가 그랬다잖아요. 시민들이 데모하면서 "빵이 아니면 죽음을 달라"고 하니까, 왕비가 "빵이 없으면 쿠키 먹으면 되지, 왜 빵이 아니면 죽음을 달라 그러지? 꼭 빵을 먹어야 되나?"라고 했답니다. 생활 수준이 완전히 다르니까, 경험의 차원이 달라서 이해를 못 하는 거예요. 그 사람들은 먹을 게 없어서 빵 한 조각이라도 먹어야 돼서 "빵이 아니면 죽음을 달라" 했는데, 왕비 입장에서는 그 말이 이해가 안 돼죠. "아니, 빵이 없으면 쿠키도 있고 여러 가지 먹을 게 많은데 왜 꼭 빵을 먹어야 되나?" 서로 공감이 전혀 안 되는 거예요. 그래서 보살에게는 번뇌가 있는 겁니다. "번뇌를 다하지 않는 이것이 보살행"이라는 거죠.

비록 4무량심을 행하지만, 범천의 세계에 태어남을 탐착하지 않는 이것이 보살행입니다. 비록 선정과 해탈과 삼매를 닦지만, 선정에 따라서 태어나지 않는 이것이 보살행입니다.

선정을 많이 닦으면, 죽어서 범천梵天에 태어나요. 여러분이 살아 있을 때 복덕을 많이 닦으면 천상 세계 중에서도 욕계欲界의 천상에 태어나고, 선정을 많이 닦으면 색계色界의 천상에 태어납니다. 천상 세계가 하나만 있는 게 아닙니다. 하나만 있으면 얼마나 골치 아프겠어요. 이런 놈, 저런 놈 다 모이는 천상 세계가 아니라, 거기도 끼리끼리 모이는 거예요. 유유상종이라고, 복덕을 닦고 복덕을 즐기는 사람들은 욕계의 천상에 태어나서 큰 복덕을 누리고 살아요. 하지만 복덕을 누리는 데 관심이 없고 선정과 해탈을 닦는데 관심 있는 사람은 색계의 천상에 태어나요. 그곳을 범천이라 그래요. '성스러울 범梵'자를 써서 천상 중에서도 성스러운 천상이라는 거예요. 그 천상 세계에는 여자도 없고 술도 없어요. 그저 선정을 즐겨요. 다른 거예요. 욕계의 천상에는 여자도 있고 술도 있고 음악도 있고 온갖 부귀영화를 누릴 수 있는 장치가 다 되어 있어요. 차원에 따라 달라지는 거예요. 그래서 이 소리를 하는 겁니다. 선정에 따라서 태어나면 범천에 태어나는데, 범천에 태어나면 보살행을 할 수가 없어요. 전부 선정을 닦고 있는 곳에서 무슨 보살행을 해요. 그러니까 내 마음의 차원은 범천에 태어날 차원이지만, 그럼에도 불구하고 일부러 인간 세계에 태어난다는 소리예요, 보살행을 하기 위해서.

비록 사념처를 닦지만, 영원히 신·수·심·법을 여의지 않는 이것이 보살행입니다.

사념처가 바로 신·수·심·법을 관찰하는 거죠. "몸에 대해 몸을 보고, 느낌에 대해 느낌 보고, 마음에 대해 마음 보고, 법에 대해 법을 보세. 거울 보듯, 영화 보듯, 강 건너 불구경하듯 대면해서 관찰하되 닉네임을 붙여 하세." 이게 바로 사념처예요. '신수심법身受心法' 하면 어렵잖아요. 이것을 최대한 쉽게 풀어놓았어요. "아바타가 걸어간다, 아바타가 머무른다, 아바타가 앉아 있다, 아바타가 누워 있다, 아바타가 탐이 난다, 아바타가 화가 난다, 아바타가 잘난 척한다, 아바타가 태어났다, 아바타가 늙어간다, 아바타가 병들었다, 아바타가 죽어간다." 이게 바로 사념처예요. 신수심법을 관찰하되, 또한 여의지 않는 이것이 보살행입니다.

비록 4정근[44]을 닦지만, 심신의 정진을 버리지 않는 이것이 보살행입니다. 비록 4여의족[45]을 닦지만, 자재신통을 얻는 이것이 보살행입니다.

비록 5근[46]을 행하지만, 그러나 중생의 근기가 예리하고 둔함을 분별하는 이것이 보살행입니다. 비록 5력[47]을 행하지만, 붓다의 10력[48]을 즐거이 구하는 이것이 보살행입니다. 비록 7각분[49]을 행하지만, 붓다의 지혜를 분별하는 이것이 보살행입니다. 비록 8정도[50]를 행하지만, 즐거이 한량없는 불도를 행하는 이것이 보살행입니다.

비록 지止와 관觀의 조도법을 닦지만, 필경에는 적멸에 떨어지지 않는 이것이 보살행입니다. 비록 제법의 불생불멸을 닦지만, 32상 80종호로써 그 몸을 장엄하는 이것이 보살행입니다. 비록 성문과 벽지불의 위의를 나타내지만, 붓다의 법을 버리지 않는 이것이 보살행입니다.

---

44 이미 일어난 악은 끊고, 아직 일어나지 않은 악은 행하지 않고, 아직 일어나지 않은 선은 일어나도록 하고, 이미 일어난 선은 증대시키는 것이다.

45 욕欲여의족, 정진精進여의족, 심心여의족, 사유思惟여의족. 4신족이라고도 한다. 4신족은 욕欲, 정진精進, 일심一心, 사유思惟이다. 욕신족은 발심하는 것, 정진신족은 이 발심에 따라 노력하는 것, 일심신족은 그 노력이 순일해지는 것, 사유신족은 마침내 대면 관찰할 수 있게 되는 것이다.

46 깨달음의 뿌리가 되는 다섯 가지. 신근信根, 정진근精進根, 염근念根, 정근定根, 혜근慧根을 말한다.

47 5근이 힘이 되어 나타나게 변화시키는 힘으로 신력, 정진력, 염력, 정력, 혜력이다.

48 여래가 지닌 열 가지 힘.

49 7각지覺支 : 깨달음에 이르게 하는 일곱 가지 요소로서, 택법擇法각지, 정진精進각지, 희희喜각지, 경안輕安각지, 사捨각지, 정定각지, 염念각지를 말한다. 택법이란 진실한 법을 택하는 것, 정진은 이를 익히기 위해 노력하는 것, 희는 이를 실천하는 기쁨, 경안은 심신이 가볍고 편안해지는 것, 사는 집착을 버리는 것, 정은 선정에 드는 것, 염은 정념에 머무르는 것이다.

50 바른 생각, 바른 말, 바른 행위, 바른 생계, 바른 정진, 바른 관찰, 바른 선정, 바른 견해.

비록 제법의 궁극적인 청정한 모양에 따르지만, 응하는 바에 따라 그 몸을 나타내는 이것이 보살행입니다.

관세음보살 같은 경우 삼십이응신이 있다고 하죠. 얼마든지 응하는 바에 따라 보살의 몸으로 제도할 자에게는 보살의 몸으로 나타나서 제도하고, 동남동녀의 몸으로 나타나서 제도할 자에게는 동남동녀의 몸으로 나타나 제도하고, 이렇게 32가지 응신, '응해서 나타내는 모습'이 있다고 해요. 왜냐하면 '이것이 나다'라는 생각이 없으니까 어떠한 모습으로도 나툴 수 있는 겁니다. '이것이 나다'라고 생각하면 다른 모습으로 나툴 수 없어요. 그게 바로 무아법의 장점인 거예요. 무아이기 때문에 대아가 가능하죠. '이것이 나다'라는 고정된 실체로써의 내가 없기 때문에 어떠한 모습으로도 나타날 수 있어요. 그게 대아죠. 그중에서 지금 나타난 모습이 시아예요.

비록 제법의 궁극적인 청정한 모양에 따르지만, 응하는 바에 따라 그 몸을 나타내는 이것이 보살행입니다. 비록 모든 불국토가 영원히 적정하여 허공과 같다고 관하지만, 갖가지 청정한 불국토를 나타내는 이것이 보살행입니다. 비록 불도를 얻어 법륜을 굴리고 열반에 들지만, 보살의 도를 버리지 않는 이것이 보살행입니다."
이 말을 설했을 때, 문수사리와 함께 온 대중들 가운데 8천의 천자가 모두 아뇩다라삼먁삼보리심을 일으켰다.

법을 설하고 마무리하는 부분에 꼭 이런 내용이 있어요. "아뇩다라삼먁삼보리심을 일으켰다." 이게 중요한 거예요. 발보리심. 보리심을 일으켰어요. 나도 부처님처럼, 부처님 같은 경지를 얻어 여래가 되어서 많은 중생들에게 고통을 뽑아주고 즐거움을 안겨줘야겠다고 서원을 세우는 게 바로 아뇩다라삼먁삼보리심을 일으킨 게 돼요. 이게 발보리심입니다. 여러분도 전법을 하거나 공부를 할 때 '나도 부처님처럼 깨달음을 얻어서 많은 중생을 제도하리라' 하고 서원을 세우는 게 아뇩다라삼먁삼보리심을 일으키는 겁니다.

● 제2장 ●

사리불의 의문과 대가섭의 찬탄
(六. 不思議品)

　사리불이 부처님의 명을 받들어 유마힐 장자에게 문병을 하러 가서 유마힐과 서로 문답을 한 번 주고 받았고, 이제 본격적인 문답이 시작됩니다.

1. 법을 구하는 이는 구하는 바가 없어야 한다

그때에 사리불이 그 방에 앉을 자리가 없는 것을 보고 이러한 생각을 하였다.

'이곳의 모든 보살들, 대 제자들이 어디에 앉아야 할까?'

장자 유마힐이 그 뜻을 알고 사리불에게 말하였다.

"어떠하십니까? 그대는 법을 위해 왔습니까, 앉을 자리를 찾아왔습니까?"

사리불이 말하였다.

"저는 법을 위해 왔지, 자리를 구함이 아닙니다."

유마힐이 말하였다.

"사리불이여, 법을 구한다는 것은 신명을 탐하지 않아야 하는데, 하물며 자리이겠습니까? 법을 구하는 이는 색·수·상·행·식에 구함이 있어서는 안 되고, 18계와 12입에서 구함이 있어서도 안 되며, 욕계와 색계·무색계의 구함이 있어서도 안 됩니다.

사리불이 와서 보니, 침대 하나 딸랑 있는 쪼그만 방에 유마장자가 누워 있어요. 그곳에 온 수많은 제자들과 보살들이 어디에 앉아야 할지 속으로 궁금해하죠. 유마힐이 의중을 눈치채고 "당신은 법을 구하러 왔습니까, 앉을 자리를 찾아왔습니까?" 하고 한 방 먹여요. 사리불이 "법을 위해 온 거지, 앉을 자리를 찾아서 온 건 아닙니다"라고 말하니까 "법을 구한다는 것은 신명을 탐하지 않아야 하는데 하물며 자리겠습니까?"라고 해요. 신명이라는 건 몸의 목숨이죠. "목숨조차 초개같이 여겨야 하는데 하물며 자리이겠습니까?" 하고 옳은 말을 한 거죠.

필자가 초등학교 다닐 때 교과서에 설산동자 이야기가 실렸어요.

설산동자가 히말라야의 눈 덮인 산에서 죽어라 수행했지만 법이 안 나타나요. 어떻게 하나 고민하고 있는데, 어디서 게송이 들렸죠. "제행무상 시생멸법諸行無常 是生滅法―모든 존재는 무상하니 이것은 생하고 멸하는 법이라", 두 구절의 게송만 들었는데 눈이 번쩍 뜨이고 마음 한쪽이 뚫립니다. 보통 게송은 사구게로 되어 있거든요. 나머지 두 구절을 마저 들어야 완전히 해소될 것 같은데, 앞의 두 구절만 들렸어요. '도대체 어디서 이 소리가 났을까?' 둘러보니 나찰이 서 있었죠, 나찰귀. 나찰은 사람의 생피와 살을 먹는 일종의 귀신 같은 존재입니다. 그래서 "방금 전에 읊은 게 송이 당신이 읊은 게 맞습니까?" 하고 물어봤더니 "몰라. 배고파서 헛소리한 것 같아"라고 해요. "그럼 당신이 읊은 게 맞긴 맞군요. 죄송하지만 뒤의 두 구절도 마저 읊어줄 수 없겠습니까?" 완성된 사구게를 듣고자 했던 거죠. 그러자 나찰이 "당신은 자기 급한 것만 알았지, 남의 사정은 헤아릴 줄 모르는군. 자신이 원하는 법만 구하려고 했지, 상대방 이웃이 뭘 구하는지는 안중에 없구먼"이라고 하는 거예요. "아, 그렇다면 당신은 뭘 구합니까?", "배고파 죽겠어. 살아 있는 사람의 피와 살을 먹어야 허기가 충족될 거야", "그렇습니까? 그러면 제 몸을 드릴 테니, 일단 게송을 가르쳐주시면 그다음에 제가 이 몸을 보시하겠습니다" 하고 약속하죠. 그랬더니 나찰이 뒤의 두 구절을 읊어줬어요.

"제행무상 시생멸법 생멸멸이 적멸위락諸行無常 是生滅法 生滅滅已 寂滅爲樂"에서 "생멸멸이—생하고 멸하는 것이 다해 마쳐 사라지면, 적멸위락—적멸이 즐거움이 된다." 고요하게 모든 것이 쉰 상태가 적멸이에요. 완전 연소된 상태, 태어나기 이전의 상태가 바로 적멸이죠.

불교에서 최상의 경지는 평정 상태입니다. 행복하다는 것도 최상의 경지가 아니에요. "우리 아이가 이번에 공부 잘해서 반에서 1등 해서 행복해" 하는 사람은 나중에 애가 3등 하면 불행해집니다. 희열이나 행복도 최고의 경지가 아니고, 행복마저 넘어선 경지가 바로 평정 상태, 평정심이에요. 이 평정 상태, 해인삼매 대원경지는 이미 여러분에게 갖춰져 있어요. 일부러 찾을 필요 없죠. 여러분이 '욱'하지 않으면 그게 평정 상태인 거예요. 하하하. 그래서 마조도일 스님이 "평상심이 도"라고 한 거예요. 그런데 갑자기 무슨 이야기를 듣거나 무슨 생각을 하고서 탐욕, 성냄, 어리석음이 일어나서 이 평상심이 순간적으로 깨질 뿐이에요. 그럼 깨진 평상심을 그냥 다시 평상심으로 돌려놓기만 하면 되거든요. 그게 도 닦는 겁니다. 없는 것을 도를 닦아서 만드는 게 아니라는 거예요.

사리불이여, 법을 구하는 이는 붓다에 집착하여 구해도 안 되고, 법에 집착하여 구해도 안 되며, 승가에 집착하여 구해도 안 됩니다. 법을 구하는 이는 고苦를 보고, 집集을 끊으며, 멸진滅盡의 증득과 도道를 닦아 구함이 없어야 합니다.

고집멸도조차 사라져야 된다는 거예요. 『반야심경』에 보면 "무고집멸도 무안이비설신의無苦集滅道 無眼耳鼻舌身意" 나오잖아요. 이 차원에 가면 고집멸도조차, 사성제조차 사라진 차원이에요. 고집멸도는 아바타 차원에서 하는 거예요. 본분사에 가면 이것도 필요 없다는 거예요. 본래 실체가 없기 때문에, 충만하여 얻을 것이 없으므로 사성제도 필요 없다는 거예요.

왜냐하면, 법에는 희론이 없기 때문입니다. 만약 제가 마땅히 고를 보고, 집을 끊으며, 멸을 증득하고, 도를 수행한다고 말하면, 이것은 곧 희론이며 법을 구하는 것이 아닙니다.

'무고집멸도 무색성향미촉법 무안계 무의식계無苦集滅道 無色聲
香味觸法 無眼界 無意識界, 내지는 무지혜無智慧', '지혜조차 없다'라
고 『반야심경』에 나오죠. 본질의 차원에 대해 이야기하는 거예요.
아바타의 차원에서는 고집멸도도 필요하고 지혜도 필요하고 법도
얻을 것도 있고 다 있죠. 아바타의 차원에서는 있다지만 본질의 차
원에 가면 충만하여 얻을 바가 없으므로 이것도 필요 없다는 것입
니다.

사리불이여, 법은 적멸이라고 합니다.
만약 생멸을 닦는다면, 이는 생멸을 구하는 것이지 법을 구하는
것이 아닙니다. 법은 무염無染이라 합니다. 만약 법에서 열반에 이
르기까지 물들었다면, 그것은 오염된 집착이지 법을 구하는 것이
아닙니다.

무염無染, '오염됨이 없다'는 소리예요. 우리가 '난 마음이 너무
탁해졌어. 이 탁해진 마음을 좀 정화시켜야 돼'라고 하는 것은 법
의 차원이 아니라 아바타의 차원, 현상의 차원에서 하는 말일 뿐입
니다. 그래서 '법은 오염됨도 없다', 육조 혜능 대사의 게송 "불성상
청정 하처유진애佛性常清淨 何處有塵埃"라는 거예요. "불성은 항상
청정한데 어디에 때가 끼겠느냐", 그래서 선을 불오염수不汚染修라
그래요. 불오염의 입장에서 닦는 수행, 불오염수는 닦아 나가는 게

아니고 지켜 나가는 수행이에요. 이게 다른 거예요. 더러운 것을 닦아 나가는 수행이 '오염수'고, 더럽지 않은 이것을 그대로 지켜 나가는 수행이 바로 '불오염수'입니다. '불성상청정'.

법은 닦을 것이 없습니다. 만약 법을 닦는다고 하면, 이것은 닦는 다고 하는 것이지 법을 구하는 것이 아닙니다. 법에는 취하고 버림 이 없습니다. 만약 법에 취하고 버림이 있다면, 이것은 취하고 버 림이며 법을 구하는 것이 아닙니다.

참선은 본래 '무수무증無修無證'입니다. '닦을 것도 없고 깨달을 것도 없다'는 것입니다. 지금 이대로 완벽하고 충만하다는 거예 요. 우주는 완벽하게, 인과의 법칙은 완벽하게 돌아가고 있습니다. 여러분들이 인과의 법칙을 정말 믿는다면, '내가 좋은 일을 했는 데 사람들이 왜 안 알아주지?' 하고 안달할 필요도, '내가 나쁜 짓 을 했는데 어떻게 하면 피해갈 수 있을까?' 하고 전전긍긍할 필요 도 없어요. 콩 심은 데 콩 나고 팥 심은 데 팥 난다, 그래서 굳이 까 치발을 들고 살 필요가 없다는 거죠. 현대인들이 자꾸 남하고 비교 를 하니까 까치발을 들고 살아요. 조금이라도 커 보이려고 까치발 들고 걸어다니면 피곤합니다. 있는 그대로 발을 툭 내려놓고, 있는 그대로 보여주고 살면 편안한데 서로 까치발을 들고 사니까, 조금 더 커 보이고, 잘나 보이고, 있어 보이려고 하니까 서로 피곤한 거 예요. 그래서 '까치발을 내려놓고, 있는 그대로 사는 것이 인과법 에 순응해서 사는 것이다' 하는 겁니다.

법은 처소가 없습니다. 만약 처소에 집착한다면, 이것은 장소에 집착함이요, 법을 구하는 것이 아닙니다. 법을 무상無相이라 합니다. 만약 형상의 인식을 따른다면, 이는 형상을 구하는 것이지 법을 구하는 것이 아닙니다.

"법은 정해진 처소가 없다." 마음이라는 것도 일종의 법인데 정해진 처소가 없다고 그랬죠? 여러분들 마음이 어디 있어요? 두는 곳에 있어요. 그래서 '내 마음은 머리에 있다' 하고 머리에 집중하면 마음이 머리에 가게 되고, 다리에 집중하면 다리에 가게 되는 거예요. 마음은 내가 집중하는 곳으로 가게 되어 있습니다. 그러니까 마음을 밖으로 자꾸 내보내지 말고, 자기의 몸을 관찰하고 또 마음을 관찰하면 명상이 되고, 자기의 본래 성품을 관찰하면 참선이 되는 거예요. 그게 중요한 거예요. 그럼 몸 관찰하기는 어떻게 하는지, 마음 관찰은 어떻게 하는지 방법을 알고, 성품은 어떻게 관찰하는지 그 방법을 알아야 돼요. 그래서 우리가 행불 명상반이나 참선 실습반을 만들어서 실습에 동참해서 방법을 익히고 나면 혼자서도 할 수 있어요. 그렇지만 혼자 하는 것보다 같이 하는 게, 집에서 하는 것보다 절에서 하는 게 더 잘돼요. 시너지 효과가 있기 때문이에요. 또 불규칙적으로 하는 것보다 규칙적으로 하는 게 잘돼요.

여러분들 집에서 혼자 책 봐도 되지만 이렇게 모여서 강의 듣고 하면 수행할 분위기도 나고 훨씬 이해가 빠르고 진도가 잘 나가는 거예요. 혼자서 하면 물론 쭉쭉 진도는 빠르지만 그건 수박 겉 핥기 식인 거예요. 수박의 진짜 맛을 봐야죠.

법은 머무를 수 없습니다. 만약 법에 머문다면, 이것은 법에 머무는 것이지 법을 구하는 것이 아닙니다.

무주무착無住無着, 머무른다는 것은 거기에 애착하는 거예요. "나는 내가 창조합니다. 지금 이 모습도 나의 작품일 뿐, 부처의 행, 그것은 머무르지 않는 삶이며, 바로 지금 여기에서 더불어 생동하는 삶입니다." 이게 바로 필자가 지은 행불 게송이에요. 이것을 실천하는 다섯 가지 수행 단계, 하나, 그릇 비우기─참회를 통한 자기 정화, 둘, 그릇 채우기─발원을 통한 자기 전환, 셋, 그릇 키우기─기도에 의한 자기 확장, 넷, 그릇 부수기─참선에 의한 자기 확인, 다섯, 그릇 만들기─행불에 의한 자기 창조.

법은 머무를 수 없습니다. 만약 법에 머문다면, 이것은 법에 머무는 것이지 법을 구하는 것이 아닙니다.
법은 보고, 듣고, 느껴서 알 수 있는 것이 아닙니다. 만약 보고 듣고 느껴서 안다면, 이것은 견· 문· 각· 지이며 법을 구하는 것이 아닙니다.
법을 무위無爲라 합니다. 만약 유위有爲를 행한다면, 이는 유위를 구하는 것이지 법을 구하는 것이 아닙니다. 그러므로 사리불이여, 법을 구하는 이는 일체 법에 있어서 응당 구하는 바가 없어야 합니다."

우리가 법 속에서 살고 있기 때문에 법에서 만들어져서 법에서 살다가 법으로 가는 거예요. 그렇기 때문에 구하는 바가 없어야 된다, '무소구행無所求行'입니다. 보리달마菩提達磨가 인도에서 중국으로 와서 가르침을 폈는데 나중에 보리달마의 가르침을 제자가 『이입사행론二入四行論』으로 엮었어요. 그다지 길지 않으면서 참선 명상하는 사람들의 마음가짐을 정확하게 짚은 책이에요. '이입二入'이란 '두 가지로 들어간다' 해서 '하나는 이치로, 하나는 실천으로' 들어가는 거예요. 이치로 들어가는 '이입'과 행으로 들어가는 '행입', 이치로 들어가는 것은 바로 '무소구', '일체의 중생이 다 불성을 이미 갖추고 있다, 우리는 본래 완벽하다'는 걸 믿고 들어가는 게 이치로 들어가는 거예요. 불완전함을 채우려고 하지 말고 완전함을 살리면 된다는 거예요. 불완전함을 채우는 게 쉬울까요, 완전함을 살리는 게 쉬울까요? 완전함을 살리는 게 쉽죠. 지켜가는 게 쉽지, 없는 것을 만드는 것은 무에서 유를 창조해야 되는 거라 어려워요. 이미 갖추고 있는 것을 확인하고 써 나가는 거예요.

그러면 행은 어떻게 들어가야 되냐? 첫째가 '보원행報怨行', 내가 지금껏 당하고 있는 어려움이나 고통은 다 내가 과거 생에 또는 금생의 과거에 저지른 일에 대한 대가를 받는 거니까 감수한다, 달게 받아들인다는 거예요. 그다음에 두 번째는 연 따라 '수연행隨緣行' 해서 '억지로 뭘 하려고 하지 말고 연 따라 허널리 살아야 된다, 내 지금 주변에 있는 연을 소중하게 여기고, 가까운 연부터 소중하게 여기고 살아야지 엉뚱한 데서 답을 찾으려 그러지 마라', 그다음에 세 번째는 '무소구행無所求行'이에요. '구하는 바가 없어야 된다.' 구하는 바가 있으면 마음이 헐떡이게 돼요. 구하는 바 없이 그냥 연따라 허널리 살아야 된다. 그다음에 '칭법행稱法行', 법답게 살아야 된다는 거예요. 법답게, 법에 칭합하게, 법에 맞게, 이 '칭稱'자는 '맞을 칭'자, '칭합한다'는 뜻이에요. 이 '법'은 뭐예요? 법은 공한 거죠. 허공은 모든 것을 받아들이되 아무것도 붙잡지 않는다, 흰 구름이든 먹구름이든 다만 바라볼 뿐, 이것이 바로 칭법행인 거예요. 좋은 일이 생겼다고 너무 좋아하지도 말고, 안 좋은 일이 생겼다고 너무 슬퍼하지도 않아요. 다만 바라볼 뿐. 이게 바로 칭법행이죠.

이런 말을 설할 때, 5백의 천자들이 제법 가운데서 법안法眼이 청정해짐을 얻었다.

2. 높고 광대한 수미상의 사자좌

이때 장자 유마힐이 문수사리에게 물었다.
"그대는 한량없는 천만 억 아승지의 나라에서 노니셨습니다. 어떤 불국토에 최상의 미묘한 공덕을 성취한 사자좌가 있습니까?"
문수사리가 말하였다.
"거사여, 동쪽으로 36항하사의 나라를 지나면 수미상이라는 세계가 있습니다. 그곳의 부처님은 수미등왕이라고 하며 지금 현재 계십니다. 그 부처님의 신장은 8만 4천 유순이며, 그 사자좌의 높이는 8만 4천 유순으로 장엄이 제일입니다."

사자좌의 높이가 8만4천 유순이라고 답합니다. 유순由旬이란 고대 인도의 이수里數 단위로, 소가 수레를 달고 하루 종일 걸어갈 수 있는 거리입니다. 보통 12킬로미터 정도, 우리나라로 따지면 30리 정도 돼요. 1유순이 30리예요. 그럼 8만 4천 유순이면 어떻게 되죠? 30리 곱하기 8만 4천, 즉 어마어마한 거리죠.

이에 장자 유마힐이 신통력을 보였다. 즉시 그 부처님은 높고 넓으며 훌륭히 장식한 3만 2천의 사자좌를 유마힐의 방으로 보냈다. 모든 보살들, 대 제자들, 제석천, 범천, 사천왕 등이 예전에 보지 못했던 것이다. 그 방 안은 넓고 넓어 3만 2천의 사자좌를 모두 포용하되 아무런 걸림이 없었다. 비야리 성 및 염부제의 사천하까지도 또한 좁아지지 않았으며, 모두 다 전과 다름없이 보였다.

방장이라는 말이 여기서 나왔어요. 큰 절에 가면 방장실方丈室이라고 있죠. 이때 '방'은 '사방 방方'자예요. 사방이 1장이라는 거예요. 1장丈은 10척尺입니다. 1척은 한 치의 열 배로 약 30.3센티미터 돼요. 10척은 3미터쯤 되는 거죠. 그러면 한 평이 약 3.3제곱미터니까 유마의 방이 한 평도 안 되는 거죠. 사람 하나 겨우 누울 수 있는 공간인데, 거기에 3만 2천의 사자좌가 다 찼는데도 좁지 않았다고 해요. 넓어요. 그게 뒤에 나오는 '불가사의 해탈', 차원이라는 거예요. 일반 차원에서는 상상도 하기 어려운 거죠.

문수사리보살이 자리를 걱정하니까 유마힐이 자리를 마련하는 겁니다. 그래서 "이 온 우주에서 가장 좋은 자리가 어디 있습니까?" 했더니 "수미상이라는 세계의 수미등왕이라는 부처님이 계신데, 거기에 있는 사자좌가 8만 4천 유순의 높이로 장엄이 제일이다" 하니까 그 사자좌를 모셔 온 겁니다. 그것도 한 개가 아니라 "3만 2천 개의 사자좌를 유마힐의 방으로 보냈다". 수미등왕 부처님이 보내신 거죠. 그러니까 이 유마장자는 부처님하고도 아주 잘 통하는 사이예요. 생각만 하면 생각대로 그냥 쫙 보내주죠. 그런데 침대 하나 딸랑 있던 좁은 방에 3만 2천 개나 되는 광대한 사자좌가 들어갔는데도 전혀 걸림이 없었다고 합니다. 걸림이 없는 게 바로 해탈입니다.

이때 유마힐이 문수사리에게 말했다.

"사자좌로 가서 모든 보살들, 스님들과 함께 자리에 앉으십시오. 마땅히 스스로 몸을 세워 마치 저 자리의 모습과 같이 하십시오."

그들 중 신통을 얻은 보살들은 즉시 스스로의 형상을 바꾸어 4만 2천 유순이 되어 사자좌에 앉았다. 새로 발심한 보살들과 대제자 등은 모두 자리에 오를 수 없었다.

그때에 유마힐이 사리불에게 말하였다.

"사리불이여, 사자좌로 가소서."

사리불이 말하였다.

"거사여, 이 좌석은 높고 커서 나는 오를 수가 없습니다."

유마힐이 말하였다.

"사리불이여, 수미등왕 여래께 예를 올리면 앉을 수 있습니다."

이에, 새로 발심한 보살들과 대 제자들이 수미등왕 여래께 예를

월호 스님의 유마경 강설

올리니, 문득 사자좌에 앉을 수 있게 되었다.

"사리불은 지혜 제일의 제자고 신통력도 대단했는데 그럼에도 불구하고 이 좌석은 앉을 수가 없었다", 그래서 어떻게 앉았어요? 수미등왕 여래께 예를 올리니까, 이 새로 발심한 보살과 대제자 아라한들이 앉을 수 있게 됐다는 겁니다. 지금 『유마경』에서 말하는 이런 경지는, 아라한의 경지를 초월하고 새로 발심한 보살의 경지를 초월한 경지를 설한 것이라는 뜻이 담겨 있어요. 수미등왕 여래께 예를 믿음으로써 올리고, 또 수미등왕 부처님의 신통 가피를 받아야 이를 수 있는 경지임을 보여주고 있죠. 자리에 앉아서 법문을 들어야 하는데 자리에 앉는 것조차도 불가능한 거예요. 믿고 따르지 않으면, 신통 가피를 받지 않으면 자리에 앉는 것조차 불가능한 그런 불가사의 해탈, 경지에 대해 지금 이야기하고자 하는 겁니다.

사리불이 말하였다.
"거사여, 미증유합니다. 이와 같이 조그만 방에 이런 높고 큰 좌석을 수용하고도, 비야리 성에 어떤 장애도 생기지 않고, 또 염부제의 마을·성읍 및 사천하의 모든 천신과 용왕 및 귀신의 궁전 또한 좁아지지 않았습니다."

'참 신기한 일입니다'라는 소리예요. 그 의자, '사자좌'의 높이가 8만 4천 유순이라고 했죠? 1유순이 12킬로미터인데, 거기에 곱하기 8만 4천 하면 하나만 해도 어마어마한 크기죠? 근데 그게 3만 2천

개나 왔는데도 전혀 걸림이 없다는 거예요. 걸림이 없는 경지를 이야기합니다. 걸리기 시작하면 우리가 송곳에도 걸리지만, 진짜 마음에 걸림이 없으면 어떤 것에도 걸리지 않는, 그런 불가사의 해탈 경지를 지금 보여주고 있는 거죠. 먼저 보여주고 나서 설합니다.

3. 수미산이 겨자 속에 들어감을 보는 것이 불가사의 해탈

유마힐이 말하였다.

"사리불이여, 제불보살에게 해탈이 있으니, 이름하여 불가사의라 합니다. 만약 보살이 이 해탈에 머무르면, 높고 광대한 수미산이 겨자 속에 들어가더라도 증감하는 바가 없되, 수미산왕의 본래 모습은 예전과 같으며, 사천왕과 도리천 등은 자기가 들어 있는 것을 깨닫거나 알지도 못합니다.

오직 마땅히 해탈한 자만, 즉 수미산이 겨자 속에 들어감을 봅니다. 이것을 불가사의 해탈법문에 머무는 것이라고 합니다.

불가사의 해탈을 해야 수미산이 겨자 속에 들어감을 본다는 겁니다. 가장 높고 큰 산을 수미산이라고 해요. 히말라야에 가면 실제로 있어요. 수미산으로 성지 순례를 많이 갑니다. 굉장히 고산지대라, 오고 가는 도중에 고산병으로 고생하거나 심지어 죽는 사람들도 있다고 해요. 그래도 많이들 가는데, 하여튼 여기서 수미산이란 가장 크고 높은 산을 말합니다. 그런 큰 산이 어떻게 요만한 겨자 씨에 들어가느냐? 바로 해탈을 해야, '불가사의 해탈'을 얻어야

가능하다는 소리예요.

옛날에 이만권이라는 별명을 가진 거사가 있었는데, 책을 하도 많이 읽어서 이만 권을 읽었다고 그래요. 굉장히 자부심이 강했는데 경전의 이런 말을 보고 "여보시오. 어떻게 겨자씨에 수미산이 들어갑니까?" 하고 스님한테 따졌어요. 그러니까 스님이 "너, 책 이만 권 읽었다며?", "그렇소", "그 이만 권이 어떻게 네 머릿속에 들어가 있냐?" 하니까 아무 말 못 한 거예요. "앗 그런가?" 하고요.

이건 옛날 비유담이고, 요새 비유담으로 이야기하자면 USB 있잖아요? USB 속에 별것 다 집어넣죠. 요만한 USB 하나에 히말라야산도, 온 세계 지도도 다 들어가 있어요. 하하하. 그런 걸 보면 이게 엉뚱한 이야기가 아닌 거예요. 여러분, 컴퓨터 안에 별것 다 있죠? 휴대폰 속에 전화번호 수천 개 들어가 있죠? 또 전화번호뿐만 아니라 여러 가지 정보들이 다 들어가 있잖아요.

또 사대해의 물이 한 터럭의 구멍에 들어가더라도 물고기, 자라, 거북, 악어 등 물에 딸린 것들은 번거롭지 않고, 그 대해의 본래 모습은 예전과 같습니다. 모든 용, 귀신, 아수라 등도 자기가 들어가 있는 바를 깨닫거나 알지도 못하며, 이러한 중생 또한 번거로움이 없습니다.

또 사리불이여, 불가사의 해탈에 머무는 보살은 삼천대천세계를 버리고 취함이 마치 도예가의 물레와 같습니다. 오른손으로 잡아서 항하사의 세계를 지나 그 밖으로 던져도, 그 속에 있는 중생들은 자기가 가는 바를 깨닫지도 알지도 못합니다.

또다시 본래의 곳으로 돌려놓아도 도무지 사람들로 하여금 왕래의 생각이 들지 않게 합니다. 그러고도 이 세계의 본래의 모습은 예전과 같습니다.

또 사리불이여, 혹 어떤 중생이 세상에 오래 머물기를 원하며, 그렇게 제도할 자에게는, 보살은 즉시 7일을 연장하여 1겁으로 만들어 그 중생으로 하여금 그것을 1겁이라고 여기게 합니다. 혹 어떤 중생이 오래 머물기를 원하지 않으며 그렇게 제도할 자에게는, 보살은 즉시 1겁을 단축하여 7일로 만들어 그 중생으로 하여금 그것을 7일이라 여기게 합니다.

우주는 빅뱅 과학자들이 밝혀낸 바에 의하면 본래 하나의 조그마한 점이었어요. 그걸 특이점特異點이라 그래요. 그 조그마한 점이 어느 날 열을 받아서 폭발을 일으키면서 팽창했죠. 우리 지구도 역시 그중에 아주 미세한 하나인 거예요. 그래서 계속 팽창하다가 어느 순간 또 블랙홀로 쫘악 빨려 들어가요. 근데 팽창을 하건, 블랙홀로 빨려 들어가건 그대로 있다는 거예요. 신기한 일이죠. 그것을 알려면 '불가사의 해탈'을 얻어야 된다는 거예요. 중생의 차원에서는 도저히 이해가 안 가는 일이에요. 팽창해도 그대로 있다는 것이요. 블랙홀로 빨려 들어가면 굉장히 작아지는 거 아니에요? 이런 특이점이란 조그마한 점으로 다 빨려들어 가는 건데 나중에는 근데 어떻게 그대로 있죠? 완전히 시공을 초월하는 거죠.

또 사리불이여, 불가사의 해탈에 머무르는 보살은 일체의 불국토를 장식하는 일을 한 나라에 모아 중생에게 보입니다. 또 보살은 한 불국토의 중생을 오른손에 올려두고, 날아서 시방에 이르게 하여 일체를 두루 보게 하나, 그러나 본래 처소에서 움직이지 않습니다.

『서유기』에 보면 손오공이 근두운觔斗雲을 타고 수십 리를 날아가서 다섯 개 서 있는 기둥 중에 한 기둥에다가 오줌을 싸고 거기다가 '제천대성이 왔다갔다' 하고 써 놨어요. 그리고 근두운을 타고 좌악 날아서 왔는데, 와서 보니까 부처님 손바닥 안입니다. 부처님 손바닥에다가 오줌을 싸고, 거기다가 제천대성 왔다 갔다고 쓴 건데 기둥 다섯 개 보이는 게 부처님 손가락인 거죠. 바로 이런 식인 거예요. 이게 바로 불가사의 해탈입니다.

또 사리불이여, 시방의 중생들이 제불에 공양하기 위해 갖춘 것들을, 보살은 하나의 털구멍에 모두 다 보이게 합니다.
또 시방의 국토에 있는 해와 달과 별들을 하나의 털구멍에서 두루 그것들을 보이게 합니다.
또 사리불이여, 시방세계의 모든 바람을 보살은 다 입 속으로 흡입하여도 몸에는 아무런 손상이 없고, 외부의 모든 수목 또한 부러지지 않습니다. 또 시방세계의 겁이 다하여 탈 때, 일체의 불을 뱃속에 넣어도 불은 예전 그대로이나 상해를 입지 않습니다.
또 하방으로 갠지스강의 모래알만큼 많은 모든 붓다의 세계를 지나 한 불국토를 취하여 상방으로 집어 들어 갠지스강의 모래알만큼 많은 무한한 세계를 지나더라도, 마치 침봉으로 대추나무 이파리 하나를 들어 올리는 것과 같이 아무런 번거로움이 없습니다.

또 사리불이여, 불가사의 해탈에 머무는 보살은 신통으로 붓다의 몸을 나타낼 수 있습니다. 혹은 벽지불의 몸으로, 혹은 성문의 몸으로, 혹은 제석천왕의 몸으로, 혹은 범왕의 몸으로, 혹은 세상 군주의 몸으로, 혹은 전륜성왕의 몸으로 나타낼 수 있습니다.

몸으로 나타내는 게 바로 화신불이라 그랬죠? '천백억 화신 석가모니불 또는 관세음보살이 삼십이 응신을 나타낸다', 그런 게 다 화신이에요.

또 시방세계의 뭇 소리, 상중하의 음성 모두를 변화시켜, 그것들을 붓다의 음성으로 만들어 무상·고·공·무아의 음성으로 연출합니다. 뿐만 아니라, 시방의 제불이 설한 바 갖가지의 법이 다 그 속에 있으며, 널리 들을 수 있게 합니다.

소리로 나투는 부처님을 보신불이라 했죠. 보신은 음성으로 나투세요. '기도를 하는데 허공에서 어떤 소리가 들렸다', 하는 게 '보신'입니다. 모습으로 나투는 건 '화신'이고, '청정법신 비로자나불'은 정해진 모습이나 정해진 음성이 없어요. 그러니까 어떤 음성이나 어떤 모습으로도 나타날 수 있는 겁니다. 정해진 게 있으면 그대로 나타나야 하나, 정해진 게 없기 때문에, 즉 '체'가 '무아'기 때문에 '대아'가 될 수 있는 거예요. 여러분들이 특히 정진이나 기도를 하면 보신불이 가피를 주는 경우들이 있습니다. 그것을 잘 알아 듣고 실행하면, 기도 가피가 제대로 오는 거죠.

필자가 행불선원에서 삼칠일 기도를 하는데, 문득 이런 소리가 들렸습니다 "범종불사를 하면 첫째, 업장에서 해탈하고 둘째, 도모하는 바가 순탄해지며 셋째, 명성을 떨치게 되리라." 한편으로는 '이 코로나 시국에 웬 불사?'하는 생각도 들었지만, 보신불의 메시지를 믿고 시작하여 단기간에 원만성취하였습니다.

사리불이여, 내가 지금 보살의 불가사의 해탈의 힘을 간략하게 설명하였는데, 만약 널리 설명하려면 겁이 다한다 하더라도 끝나지 않을 것입니다."

4. 대가섭의 찬탄

이때 대가섭이 보살의 불가사의 해탈법문을 듣고, 미증유하다고 감탄하여 사리불에게 말하였다.

"비유컨대 마치 어떤 사람이 맹인 앞에서 뭇 색상을 보여도 그는 보지 못함과 같이, 일체성문이 이 불가사의 해탈 법문을 들어도 이해할 수 없는 것이 이와 같습니다. 지혜로운 이가 이를 들으면, 누가 아뇩다라삼먁삼보리심을 일으키지 않겠습니까?

우리들은 어찌하여 오랫동안 그 근본이 끊어져, 이 대승에 있어서는 이미 썩은 종자와 같습니다. 일체 성문들이 이 불가사의 해탈 법문을 듣고서, 모두 호응하여 우는 소리가 삼천대천세계에 떨칠니다.

일체의 보살은 응당히 크게 기뻐하며 이 법을 받들어 모십니다. 만약 어떤 보살이 불가사의 해탈의 법문을 믿는 자가 있다면, 일체의 마구니가 어찌할 수 없을 것입니다.”

대가섭이 이러한 말을 할 때, 3만 2천의 천자들이 모두 아뇩다라 삼먁삼보리심을 일으켰다.

앞서 말한 불가사의 해탈법문을 듣고 대가섭이 찬탄을 한 거죠. 사리불에게 불가사의 해탈법문은, 앞서 말한 것처럼 수미산이 겨자씨에 들어간다는 거잖아요. 쉽게 말해서 “히말라야산이 조그마한 겨자씨 속에 들어갈 수 있다. 이걸 보는 것이 불가사의 해탈이다”라고 하니까 ‘글쎄, 비슷하긴 할 것 같은데 어떻게 수미산이 겨자씨에 들어갈 수가 있을까?’ 한 거예요.

왜냐하면 실체가 없기 때문이에요. 실체가 있으면 들어갈 수가 없죠. ‘온 우주가 실체가 없다’는 적극적인 표현입니다. 고정된 실체가 없기 때문에 어떠한 모습으로도 나타날 수 있습니다. 예를 들어 꿈속에서 내가 아무리 다녀도 걸리적거리지 않는 것과 똑같습니다. 고정된 실체가 없기 때문에 어떠한 나로도 나타날 수 있다는 거예요. 그래서 이 성문들은 이제 ‘고정된 내가 없다’는 무아법에는 통달했지만, 아직 대아를 놓치고 있는 거예요. 그래서 성문들이 이러한 법문을 듣고서 ‘아, 무아에 머물러서는 안 되겠구나. 대아로 나아가야 되는 거구나’ 해야죠.

우리 본체는 무아지만, 이 현상은 대아고, 우주에 널려 있는 게 다 현상입니다. 그리고 그 현상을 가지고 내가 어떻게 쓰느냐, '쓰임은 시(시)다, 그래서 이것이 나다'가 되는 거예요. 그런 이야기를 여기서 하는 겁니다. 성문들은 이제 아라한들이니까 아라한들은 무아에 또 머물러 있기 때문에 그걸 대아로 만들어주는 게 바로 이 불가사의 해탈법문인 거예요.

5. 보살을 핍박하는 이는 불가사의 해탈보살

이때 유마힐이 대가섭에게 말하였다.

"그대여, 시방의 무량한 아승기阿僧祇 세계 가운데 마왕이 되는 이는 다분히 이 불가사의 해탈에 머무르는 보살입니다. 방편력으로 중생을 교화하려고 마왕이 되어 나타난 것입니다.

또 가섭이여, 시방의 무량한 보살에게, 혹 어떤 사람이 손·발·귀·코·머리·눈·골수·뇌·피·고기·가죽·뼈·마을·도시·처자·노비·코끼리·말·수레·금·은·유리·자거·마노·산호·호박·진주·옥·의복·음식을 구걸하는 이는 다분히 불가사의 해탈에 머무는 보살입니다. 방편력으로 와서 이를 시험하고, 그로 하여금 견고하게 하려는 것입니다.

나에게 와서 뭔가 구걸을 하거나 보시하기를 권하는 사람은 '불가사의 해탈보살'이라는 거예요. 내 마음을 시험해서 신심을 견고하게 하고자 하는 거예요. 미륵보살은 본래 석가모니 부처님보다 먼저 발심을 해서 수행을 시작했어요. 보살행의 첫째인 보시바라밀을 닦고 있는데, 어떤 사람이 자기에게 눈을 뽑아 달라고 해요. "나한테 눈을 보시해라." 그래서 '아니, 보시할 게 따로 있지, 눈을 뽑아 달라 그래?' 여러분 같으면 눈 뽑아 주겠어요? 차라리 돈이나 예금 통장을 달라고 하면 아깝긴 해도 줄 수 있지만, 눈을 뽑아 주면 내 눈이 없어지는 건데요? 조금 망설이다가, 그럼에도 불구하고 '내가 지금 보시바라밀을 닦고 있는데 무엇이든 달라고 하는 것은 다 줘야겠다' 하고 눈을 뽑아줬어요. 그런데 귀중한 눈을 줬으면 그걸 받아서 상대방이 잘 써야 되는 것 아니에요? 눈을 수술해서 집어넣든가, 잘 써야 되는데, 이걸 받자마자 진흙탕에다 집어던지더니 침을 뱉고 발로 뭉개는 거예요. 그래서 순간적으로 '내 귀한 눈을 뽑아 줬는데, 그거를 땅바닥에 던지고 침을 뱉어?' 성질이 갑자기 팍 났어요. 그래서 미륵보살이 본래 석가모니 부처님보다 먼저 발심했는데 성불이 늦어졌어요. 그래서 미륵보살은 지금도 닦고 있어요, 하하하.

그러니까 주고 안 주고는 내 몫이지만, 받은 걸 가지고 어떻게 하느냐는 상대방의 몫인 거예요. 상대방이 잘 써주면 좋죠. 그러나 못 써줬다고 해서, 좀 안타까운 마음이 들 수도 있겠지만, 성질을 내면 안 돼요. 성질내면 자기가 준 것조차 완전히 삭제되는 거예요. '불같이 화를 낸다' 그러잖아요? 화는 불에 해당돼요. 불기운. 그러니까 복덕을 지어놓고 거기다 불을 확 싸지른 거죠. 짚더미만한 큰 복덕을 지었어도, 거기 불 한 번 싸지르면 확 다 타버리는 거예요. 그래서 '미륵보살이 성불이 늦어졌다' 하는 말이 나옵니다.

월호 스님의 유마경 강설

왜냐하면, 불가사의 해탈에 머무르는 보살은 위엄과 덕망의 힘이 있기 때문에, 핍박을 나타내어 뭇 중생에게 이와 같이 어려운 일을 보이는 것입니다. 범부는 하열하여 세력이 없어서 이와 같이 보살을 핍박할 수 없습니다.

비유컨대, 용과 코끼리를 차거나 밟는 일은 당나귀가 할 수 있는 일이 아닙니다. 이것을 이름하여 불가사의 해탈에 머무는 보살의 지혜방편의 문이라 합니다."

여러분이 공부를 하고 복 닦기, 도 닦기를 하는데 자신을 핍박하는 사람들이 있잖아요? 나를 욕하거나, 뒤에서라도 안 좋은 소리를 하거나, 또는 적극적으로 내게 안 좋게 하는 사람이 있으면, 그 사람을 '불가사의 해탈보살'이라고 생각하라는 거예요. 여기서 용과 코끼리는 보살도를 닦는 사람을 말해요. 우리가 하안거, 동안거할 때 용상방龍象榜을 짜잖아요. 용상방이 바로 '용 용'자, '코끼리 상'자예요. 용이나 코끼리처럼 뛰어난 뜻을 품고 수행에 임하는 사람을 '용상'에 비유했어요. 그래서 '이 용과 코끼리를 차거나 밟는 일은 당나귀가 할 수 있는 일이 아니다. 내가 도심을 갖고 수행하고 복 닦기, 도 닦기를 하는데 나를 핍박하는 사람은, 대보살이구나'라고, 생각하라는 거예요. '불가사의 해탈보살'은 고정된 내가 없기에 어떠한 나도 만들 수 있어요. 부처도 될 수 있고 마왕도 될 수 있습니다. 사실은 불가사의한 해탈보살이 우리의 수행을 시험하고, 또 우리의 수행을 늘려주기 위해서 이렇게 한다고 생각하는 것이 옳다는 거예요.

●제3장●

문수와 유마, 사리불과 천녀의 대화
(七. 觀衆生品)

제칠, 관중생품觀衆生品은 '중생을 관찰하는 품'입니다. 그럼 중생을 어떻게 봐야 하느냐? 그 이야기가 여기에 나옵니다.

1. 중생을 아바타로 보라

이때 문수사리가 유마힐에게 물었다.
"보살이여, 중생을 어떻게 보아야 합니까?"
유마힐이 말했다.
"비유컨대 아바타가 아바타를 보듯이, 보살은 중생을 보기를 이와 같이 해야 합니다. 마치 지혜 있는 사람이 물속의 달을 보듯이, 마치 거울 속의 얼굴을 보듯이, 뜨거울 때의 불꽃과 같이, 부르는 소리의 메아리같이, 허공중의 구름같이, 물거품같이, 수면 위의 물방울같이, 파초의 단단함과 같이, 번개의 오래 머무름과 같이, 제

5대와 같이, 제6온과 같이, 제7식과 같이, 13입과 같이, 19계와 같이, 보살은 중생 보기를 이와 같이 하여야 합니다.[51]

"아바타가 아바타를 보듯이" 하라는 거예요. '나도 아바타, 너도 아바타, 우리 모두 아바타야', 이렇게 봐야 된다는 의미예요. "지혜 있는 사람이 물속의 달을 보듯이", 물속에 있는 달은 진짜 달이 아니죠. 물에 비친 달은 실체가 없는 거예요. 또 "거울 속의 얼굴을 보듯이", 거울 속에 있는 얼굴은 진짜 얼굴이 아니죠. 또 "뜨거울 때의 불꽃과 같이", 뜨거울 때의 불꽃은 한때입니다. 화라라락 타고 나면 사라져요. 또 "부르는 소리의 메아리같이", 메아리도 역시 마찬가지죠. 실체가 있는 게 아니에요. 외칠 때만 나타났다가 또 시간이 지나면 없어집니다. "허공중의 구름같이" 구름도 실체 없고, "물거품같이" 이렇게 보라는 거예요. "수면 위의 물방울같이" 여기까지 다 실체가 없는 거고, "파초의 단단함과 같이" 파초는 속 알맹이가 없어요. 껍데기를 벗겨내다 보면 나중에 양파처럼 이게 중심이 없어요. 그래서 단단할 수가 없죠. 그래서 파초의 단단함이라는 것은 말만 있지 실재하지 않는 것을 이야기해요. 그 뒤에 다 마찬가지입니다. "번개의 오래 머무름과 같이", 번개가 오래 머무르지 않죠. '꽝꽝' 하고 지나가버리잖아요. 순식간에 지나가는데 오래 머무를 수가 없죠. 또 "제5대, 6온, 7식, 13입, 19계", 이것들은 다 말로만 있지 실재하지 않는다는 거예요. 바로 전부 아바타라는 거죠.

---

51 파초는 단단하지 않고 무르며, 번개는 오래 머무르지 않는다. 또한 4대·5온·6식·12입·18계는 있어도 5대·6온·7식·13입·19계는 없다. 결국 이름만 있을 뿐 실체가 없음을 의미한다.

마치 무색계의 색色과 같이, 볶은 곡식의 싹과 같이,

곡식을 볶아서 심으면 싹이 나옵니까? 안 나오잖아요. 말로만 있지, 실재할 수 없다는 걸 계속 강조하는 거예요.

수다원의 신견身見[52]과 같이, 아나함이 태에 들어가는 것[53]과 같이, 아라한에게 3독이 있는 것[54]과 같이,

수다원은 '이 육신이 나'라는 생각이 떨어진 게 수다원이에요. '이 몸뚱이가 나다, 내 몸이다', 이 생각이 떨어진 게 수다원이에요. 그러니까 신견이 있을 수가 없죠. 신견이라는 건 '몸 신身'자, '견해 견見'자, '이 몸뚱이가 나다'라는 생각이 신견이에요. 그러니까 여러분들이 '이 몸뚱이가 나다'라고 생각하면 아직 수다원과를 못 얻었다는 결정적 증거입니다.

그다음 "아나함이 태에 들어가는 것과 같이"에서 아나함은 불환과예요. 불환, 다시 태에 들어가지 않는 경지입니다. 그러니까 아나함이 태에 들어갈 수가 없죠. 또 "아라한에게 삼독이 있는 것과 같이"에서 아라한은 삼독이 완전히 소멸한 상태를 아라한이라 그래요. 그러니까 아라한에게 삼독이 있을 수가 없죠. 다 말로만 가능

---

52 수다원은, 이 육신이 '나'란 생각(신견)이 사라진 경지이다. 그러므로 수다원에게는 신견이 없다.

53 아나함은 이 세상에 다시 태어나지 않는 경지이다. 그러므로 아나함이 태에 들어갈 일은 없다.

54 아라한은 삼독이 사라진 경지이다. 그러므로 아라한에게 삼독은 없다.

월호 스님의 유마경 강설

하지 실재하지 않는 것이죠.

무생법인을 증득한 보살의 탐욕·성냄·계를 어김[55]과 같이, 붓다의 번뇌의 습기[56]와 같이, 맹인이 사물을 보는 것과 같이, 멸진정에 든 자의 들고 나는 숨결[57]과 같이,

멸진정에 들어가면 숨이 끊어져요. 숨조차 안 쉬는 게 멸진정이에요. 모든 것이 소멸한 선정이 바로 멸진정입니다. 그러니까 멸진정에 든 자의 들고 나는 숨결이란 있을 수 없는 거죠.

공중을 날아가는 새의 흔적과 같이, 석녀의 아이와 같이, 허깨비가 일으키는 번뇌와 같이, 이미 깨어나 꿈속에서 본 것과 같이, 멸도한 자가 몸을 받는 것과 같이, 연기 없는 불과 같이, 보살은 중생 보기를 이와 같이 하여야 합니다."

이 중생이 실체가 없다고 봐야 된다는 거예요. 순간적으로 그냥 이름이 있을 뿐이지, 결코 실체가 없다는 겁니다.

---

55 무생법인을 증득한 보살은 더 이상 탐욕, 성냄, 계를 어김이 없다.
56 붓다에게 번뇌란 없다. 그러므로 번뇌의 습관적 기운이 있을 수 없다.
57 멸진정에 들면 들고 나는 숨이 멎는다.

2. 이러한 법을 설함이 진실한 자애다

문수사리가 말하였다.

"만약 보살이 이렇게 관한다면, 어떻게 자애를 행해야 합니까?"

유마힐이 말하였다.

"보살이 이미 그렇게 관하였다면, '나는 마땅히 중생을 위하여 이와 같은 법을 설할 것이다'라고 생각하여야 합니다. 이것이 곧 진실한 자애입니다.

'자비희사 사무량심' 중에 맨 첫 번째 '자애慈愛'를 물어본 거예요. "어떻게 자심, 자애심을 실천해야 합니까?" 결국은 중생에게 뭔가를 베풀어줘야 되는데 그럼 뭐를 베풀어 줘야 되냐, 이러한 법을 베풀어 주는 게 최고의 자애다, 이거예요. 다시 말해 법보시가 으뜸이라는 거예요. "모든 보시 가운데 법보시가 으뜸이요, 모든 맛 가운데 법의 맛이 으뜸이네. 모든 기쁨 가운데 법의 기쁨 으뜸이요, 애착을 제거함이 모든 것의 으뜸이네." 보시 중에서도 법보시가 으뜸이다, 이것이 바로 진실한 자애다······.

적멸의 자애를 행함은 일어나는 바가 없기 때문입니다.

애착하지 않는 자애를 행함은 번뇌가 없기 때문입니다.

평등의 자애를 행함은 삼세에 평등한 까닭입니다.

언쟁이 없는 자애를 행함은 분별을 일으키는 바가 없기 때문입니다. 둘이 아닌 자애를 행함은 안과 밖이 합하지 않기 때문입니다.

무너지지 않는 자애를 행함은 필경에는 다하기 때문입니다.

견고한 자애를 행함은 마음에 무너짐이 없기 때문입니다.

청정한 자애를 행함은 모든 법성이 청정한 까닭입니다.

끝이 없는 자애를 행함은 마치 허공과 같기 때문입니다.

아라한의 자애를 행함은 결박의 도적을 쳐부수기 때문입니다.

보살의 자애를 행함은 중생을 편안히 하기 때문입니다.

여래의 자애를 행함은 여여한 상을 얻기 때문입니다.

붓다의 자애를 행함은 중생을 깨우치기 때문입니다.

여기서 "아라한의 자애는 결박의 도적을 쳐부순다"라 함은, 아라한이 번뇌의 결박, 번뇌의 도적을 쳐부수는 데 있어 최고의 성자라는 거죠. 왜? 무아법에 통달했기 때문이죠. 나의 번뇌는 내가 있기 때문인데, 내가 없어지면 나의 번뇌가 완전히 없어지는 거죠. 또 "보살의 자애를 행함은 중생을 편안히 한다", 보살은 발고여락해서 이고득락하는 것을 목표로 삼거든요. 그래서 남의 고통을 덜어주고, 즐거움을 안겨주기 위해서 중생을 어떻게 하면 좀 편안히 해줄 수 있을까, 하는 게 바로 보살입니다. 또 "여래의 자애를 행하면 여여한 상을 얻는다", 여래라는 말은 여여하다는 뜻과 상통하거든요. '이와 같다, 여여하다'라는 거예요. 여여하다는 것은, 눈앞에 보이는 모든 것이 이대로 진리라는 거예요. 무언가 다른 데서 진리를 찾으면 벌써 어긋난다는 겁니다. "붓다의 자애를 행함은 중생을 깨우치기 때문입니다"는 부처님이, 이 붓다라는 말 자체가 '깨우친 이'라는 뜻이거든요. 그래서 중생을 깨우친다…….

자연의 자애를 행함은 원인 없이 얻기 때문입니다.
깨침의 자애를 행함은 한 맛과 같기 때문입니다.

"자연의 자애를 행함은 원인 없이 얻는다." 그렇죠. 여러분 중에 허공에 투자해서 돈 내고 숨쉬는 사람 없죠? 공기 값 내고 숨쉬는 건 아니죠. 우리가 이 자연을 원인 없이 얻었는데 마치 돈을 지불하고 얻은 것처럼 함부로 막 써대니까 코로나19 같은 것도 겪는 거예요. 자연과 인간의 경계가 너무 허물어져서 박쥐라든가, 뭐 이런 동물들이 살 수 있는 영역을 인간이 너무 많이 침범한 것이, 해로운 것들이 오게 되는 근본 원인이라고 많은 학자들이 밝히고 있어요. 그래서 원인 없이 얻은 것은 우리가 소중하게 필요한 만큼만 쓰고 잘 돌려놔야 합니다.

동등함이 없는 자애를 행함은 모든 애착을 끊기 때문입니다.
대비의 자애를 행함은 대승으로써 인도하기 때문입니다.
싫증 내지 않는 자애를 행함은 공, 무아를 관하기 때문입니다.

싫증 낸다는 것 자체가 '나'가 있기 때문이죠. 내가 있으니까 싫증을 내지, 내가 없으면 싫증을 내겠어요? 그러니까 공이나 무아를 관찰하면 싫증이 사라지는 거예요. '아, 싫증 내는 것도 내가 있기 때문에 싫증이 나는 거구나' 하고 생각해야 돼요.

법보시의 자애를 행함은 아낌이 없는 까닭입니다.

월호 스님의 유마경 강설

지계의 자애를 행함은 파계한 사람을 교화하기 때문입니다.

인욕의 자애를 행함은 남과 나를 보호하기 때문입니다.

정진의 자애를 행함은 중생을 짊어지기 때문입니다.

선정의 자애를 행함은 맛을 수용하지 않기 때문입니다.

지혜의 자애를 행함은 때를 알지 못함이 없기 때문입니다.

여기 '보시, 지계, 인욕, 정진, 선정, 지혜', 육바라밀 다 나오죠. '때를 안다'는 게 굉장히 지혜로운 거예요. 때와 장소와 사람을 '시처인時處人'이라 그러죠? 때와 장소와 사람을 잘 알아서 뭘하든 해나가는 게 지혜로운 거예요. 그래서 우리가 어떤 중요한 일을 할 때 항상 지금이 이 일을 하기에 적합한지, 이 장소가 이것을 하기에 적합한 곳인지, 또 나나 내 주변에 있는 사람들이 지금 이걸 하기에 적합한 사람들인지 생각해서 하는 거예요.

범종은 쇳물을 펄펄 끓였다가 그것을 일시에 식혀서 만들잖아요. 그래서 종소리를 들으면 사람들이 마음에 열뇌熱惱, 즉 뜨거운 번뇌들이 쉬어요. 필자가 아는 스님 한 분이 재가자로 있을 때, 친구 따라 어느 절에 놀러가서 그 절에서 자는데, 새벽 범종을 치는 '땡' 하는 종소리를 듣고 잠이 탁 깼대요. 그런데 종소리 날 때마다 온몸에서, 콧구멍, 귓구멍에서 시커먼 기운이 쫙 빠져나가는 게 보이더래요. 종소리를 듣고는 시커먼 기운들이 막 빠져나간 거예요. 그래서 그 길로 출가를 했어요. 놀러 왔다가 종소리 듣고 마음의 어떤 변화를 체험하고 그 길로 그냥 출가해버렸어요. 그 스님처럼 이제 때, 그리고 적당한 장소, 사람이 계합해야 합니다. 지금 복을

지을 시기이고, 또 많은 사람들이 종소리를 듣고 번뇌가 쉬어지고,
그게 바로 큰 공덕을 짓는 거죠.

방편의 자애를 행함은 일체를 나타내 보이기 때문입니다.
감춤이 없는 자애를 행함은 곧은 마음이 청정하기 때문입니다.
심오한 마음의 자애를 행함은 잡다한 행이 없기 때문입니다.
거짓이 없는 자애를 행함은 허황됨이 없기 때문입니다.
안락의 자애를 행함은 붓다의 안락을 얻게 하기 때문입니다.
보살의 자애는 이와 같이 하여야 합니다."

"참선은 안락의 법문이다"라는 말이 있죠. 보리달마의 가르침을
'대승안심지법大乘安心之法'이라 그랬어요. '안심', 즉 마음을 편안
하게 한다, 그래서 이 참선의 법문을 들으면 마음이 편안해진다는
것입니다. "제가 마음이 불안합니다. 제 마음을 편안하게 해주십시
오", "그래? 그 불안한 마음을 내놓아 보아라. 내가 편안하게 해주
리라", "아무리 찾아도 마음이 없습니다." 무심無心. 그러니까 그게
안심이죠. 안심 중의 최고의 안심은? 무심입니다. 하하하. 무심보
다 더 편안한 안심이 어디 있겠어요? 마음이 아예 없는데 그것보
다 더 편안한 게 어디 있어요? 일단 있으면 불편해지게 돼 있어요.
마음이 있으니까 서로 충돌하거든요. 욕심이 생기고 화도 나고 어
리석은 마음도 생기는 게 마음이 있기 때문이에요. 즐거운 마음만
있으면 좋겠지만, 그럴 수 없는 거예요. 마음이 일단 있게 되면 즐
거운 마음과 즐겁지 않은 마음이 공존하게 됩니다. 음지가 있으면

월호 스님의 유마경 강설

양지가 있고, 양지가 있으면 음지가 있는 것과 똑같아요. 올라가는 파도가 있으면 내려가는 파도가 있는 거예요. 올라가는 파도만 있고 내려가는 파도는 없는 그런 것은 말로만 존재하지 실재하지 않습니다. 그러니까 진정한 안심은 무심이에요. 무심을 터득하는 것이 진정한 안심이다, 그러니까 무심을 터득한 다음에 '보살의 자애는 이와 같이 해야 됩니다' 해서 대심을 또 연습하는 거죠. 보살을 다른 말로 '대심범부大心凡夫'라고 그래요. 보살은 아직 붓다의 경지에는 안 갔죠. 붓다에 가지 않았으니까 범부인데, 범부지만 마음이 큰 범부다, 그래서 대심범부라 그러죠. 보살은 아직 부처는 아니지만 마음이 커요. 그래서 여러분이 진정한 보살이 되려면 마음을 크게 써야 돼요. 자꾸 커져서 태평양도 담을 수 있고 이 우주도 담을 수 있는 그런 마음을 연습해야 돼요. 우리가 바닷가에 가면 기분이 좋아지고 마음이 좀 커지죠. 바다가 크니까 나도 좀 커지는 느낌이 들어요. 큰 걸 보고 있으니까 커지는 느낌이 드는 거죠.

3. 번뇌를 제거하려면 바른 관찰을 해야 된다

문수사리가 다시 물었다.
"무엇을 비悲라고 하는 것입니까?"

앞서 '자'에 대해서 이야기했고 그다음에 '비, 희, 사' 이렇게 나옵니다.

유마힐이 답하였다.

"보살이 지은 바 공덕을 일체에게 주어 중생이 이를 함께하는 것
입니다."

비悲는 '가엾어 할 비'자죠. '자'자나 '비'자나 다 '사랑할 자', '사
랑할 비'인데 차원이 조금 달라요. '자慈'는 불교를 믿고 부처님 말
씀을 잘 따라 하는 사람들을 어여뻐서 사랑하는 거고, '비'는 불교
를 안 믿고 오히려 비방하는 사람들을 가엾어서 사랑하는 거예요.
그러니 자비야말로 진정한 사랑이죠. 세상에 '자'를 이야기하는 종
교는 많이 있지만 '비'심까지 이야기하는 종교는 거의 없습니다. 대
부분의 종교는 "우리 종교를 믿으면 잘 돼. 좋은 일 있을 거야. 안
믿으면 못 돼. 안 좋은 일 있을 거야"라고 이야기합니다. 근데 불교
는 달라요. 어떻게 보면 불교의 위대함이죠. 평화 공존이 가능한 거
예요. 서로 윈윈win-win, 상생相生이 가능하다고 해요. 당장은 손해
보는 것 같지만, 길게 보면 이게 오히려 더 오래 간다는 거예요. "보
살이 지은 바 공덕을 일체에게 주어서 중생이 이를 함께한다." 일체
에게 준다는 건 뭐예요? 이쁜 놈만 주는 게 아니라 미운 놈 떡 하나
더 준다는 거예요. 이쁜 사람, 미운 사람 가리지 않고, 불교를 믿는
사람, 안 믿는 사람 가리지 않고 이 공덕을 지어서, 일체에게 나눠
주어서 중생이 이를 함께하는 것이 바로 진정한 비심이라고 해요.

"무엇을 희喜라고 하는 것입니까?"
"요익한 바 있어 환희할지언정 후회하지 않는 것입니다."

'희횲'는 기뻐한다는 거예요. '기뻐할 희'자죠. 중생들과 함께 공덕을 짓고 남이 공덕을 짓는 것을 함께 기뻐하는 거예요. 경전에 보면 부처님도 그런 말씀 하셨죠? 예를 들면, 공덕을 지으면 좋은데 내가 공덕을 지을 만한 돈이나 자산이 없어요. 그럼 어떻게 하죠? 남이 공덕 짓는 것을 함께 기뻐해요. 그럼 그 사람과 똑같은 공덕이 된다고 그랬어요. 돈 안드는 최고의 방법이에요. 하하하. 공짜로 공덕을 지을 수 있는 좋은 방법은, 바로 남이 짓는 공덕을 더불어 기뻐하면 그것도 똑같은 공덕이 된다는 겁니다. 그럼 왜 이런 말씀을 했겠어요? 사람들이 근본적으로 남이 공덕 짓는 것을 더불어 기뻐하지 않아요. 시기하고 질투하는 마음이 일어납니다. '쟤는 돈이 많으니까 저런 거 했지. 나도 이다음에 돈만 생겨봐라, 나도 하지', 이게 바로 시기 질투하는 마음이에요. 대부분 '쟤는 뭐 어쩌니까 했지'라는 마음이 일어나지, '정말 좋은 공덕을 지었구나. 축하한다'고 더불어서 함께 기뻐하기도 쉽지 않다는 거예요.

"무엇을 사捨라고 하는 것입니까?"
"지은 바 복과 도움에 바라는 바가 없는 것입니다."

'바라는 바를 버린다', 그래서 '버릴 사捨'자를 썼어요. 공덕을 지어 놓고 '뭔가 바라는 마음을 버린다'는 뜻이에요. 내가 공덕을 지었는데, '공덕을 지었으니까 그에 따른 복덕이 오겠지, 잘되겠지' 하고 바라는 바가 없는 것, 머무는 바 없이 베푸는 거예요. 바라는 바가 있게 되면 공덕이 안 되고, 거래가 됩니다. 손익계산을 따져요. '자, 내가 얼마 투자했으니까 이것보다 더한 게 이자 붙어서 와야지', 투자할 때는 이자를 받아야 되잖아요? 그러니까 '내가 이만한 공덕을 지었으니까 이보다 더한 좋은 일이 내게, 또는 우리 가족에게 생겨야 되는 거 아니야?'라고 생각하는 것입니다.

보살의 네 가지 한량없는 마음, 사무량심四無量心을 바로 자비희사慈悲喜捨라고 하는 거예요. '자慈'는 내 말을 잘 듣는 사람을 어여뻐서 사랑하는 것, '비悲'는 나를 안 따르는 사람을 가엾어서 사랑하고 베풀어 주는 것, '희喜'는 공덕 짓는 것을 함께 기뻐하는 것, '사捨'는 공덕을 지어 놓고 바라는 마음을 버리는 것입니다. 이게 바로 보살이 한량없이 연습해야 되는 마음이다, 그래서 '사무량심'이라고 해요.

문수사리가 다시 물었다.

"생사에 두려움이 있는 보살은 마땅히 무엇을 의지처로 삼아야 합니까?"

유마힐이 말했다.

"보살은 생사의 두려움 속에서 당연히 여래의 공덕의 힘에 의지해야 합니다."

문수사리가 다시 물었다.

"보살이 여래의 공덕의 힘에 의지하려면 마땅히 어디에 머물러야 합니까?"

유마힐이 말했다.

"보살이 여래의 공덕의 힘에 의지하고자 하는 자는 마땅히 일체

월호 스님의 유마경 강설

중생을 건네서 해탈케 하는 곳에 머물러야 합니다.'

우리에게 여러 가지 두려움이 있지만 가장 근본적인 두려움은 생사에 대한 두려움이죠. 그래서 참선, 이 마음공부를 '생사일대사生死一大事'를 해결한다고 하는 거 아니에요? "태어나고 죽는 하나의 중대한 일을 해결한다." 생사가 있기 때문에 윤회를 하는 겁니다.

어제가 있었어요, 없었어요? 오늘이 있어요, 없어요? 내일이 있을 것 같아요, 없을 것 같아요? 있죠. 어제가 있었고, 오늘이 있고, 내일도 있어요. 만약 어제가 있고, 오늘이 있고, 내일이 있으리라는 걸 믿는다면, 전생前生이 있고, 금생今生이 있고, 내생來生이 있다는 것도 믿어야 되는 거예요. 그렇다면 겪지도 않았는데 내생이 있다는 걸 어떻게 믿냐고요? 그럼 여러분, 내일이 있다는 걸 어떻게 믿어요? 아직 내일 안 겪었잖아요. 근데 내일이 있어요, 없어요? 있다니까요. 하하하. "내생은 아직 가지도 않았는데 어떻게 내생이 있다는 걸 믿냐?" 하는 사람은 "아직 가 보지도 않았는데 내일이 있다는 걸 어떻게 믿냐?" 하는 사람이나 똑같은 거예요. 그래서 삼생(과거·현재·미래), 즉 삼세를 믿어야 삼세인과三世因果를 믿게 돼요. 그렇지 않으면 인과법이 안 믿어져요. 한 생만 놓고 보면 인과법이 믿어질 수가 없죠. 가령 저놈은 누가 봐도 나쁜 놈인데 잘먹고 잘살아요. 또 이놈은 착하고 베풀기 좋아하고 법 없이도 살 사람인데 맨날 골골거리고 별로 잘 살지도 못해요. 왜 그래요? 과거생, 금생, 내생, 즉 삼세인과를 믿어야 인과가 믿어집니다. 전생에 지은 것을 금생에 받고, 금생에 지은 것을 내생에 받는 겁니다. 이

인과에는 오차가 없어요. 하지만 시차가 있어요. 짓자마자 바로 받는 것도 있지만 대부분은 짓고 나서 시간이 지나야 발현돼요. 마치 씨앗을 심어 놓고 시간이 지나야 거기서 싹이 트고 열매 맺는 것과 똑같아요. 씨앗을 심자마자 열매 안 나온다고 하는 사람이나, 공덕 지어 놓자마자 좋은 일 안 생긴다고 하는 사람이나 똑같은 거예요. 지금 지은 공덕을 오늘 받을 수도 있지만, 금생에 받을 수도 있고, 내생에 받을 수도 있어요. 지금 지은 악업을 금생에 요행히 피해갈 수 있다고 해도, 금생에 피해 가면 내생에 또 받게 되어 있어요. 그래서 그런 삼세인과를 몇 퍼센트 믿느냐가 그 사람의 신심인 거예요. 믿는 마음이 철저하다는 것은 인과를 백 퍼센트 믿는 게 철저한 거죠. 그런데 사람들 대부분은 인과를 백 퍼센트 잘 안 믿습니다. 공덕 짓는 것은 백 퍼센트 오리라고 믿어요. 악행한 것은 한 이십 퍼센트만 받고 나머지는 그냥 지나갔으면 하는 이런 심보가 있어요. 그래서 인과를 백 퍼센트 잘 안 믿어요. 한 오십 프로 아전인수격으로 자기한테 좋은 것은 반드시 인과, 자기한테 안 좋은 거는 안 믿고, 좋은 건 믿는 경향이 있기 때문에 신심의 정도가 다르다고 하는 거죠. 그래서 "생사의 두려움이 있는 보살은 여래의 공덕의 힘에 의지해야 된다"고 합니다.

불생불멸은 어렵지 않습니다. 여러분들 몸과 마음을 관찰하는 관찰자, 이게 불생불멸이에요. 관찰자는 생하지도 않고 멸하지도 않아요. 관찰자는 태어나기 전에도 있었고 죽은 후에도 여전히 남아요. 관찰자의 입장에 서는 연습을 많이 하는 게 대면 관찰입니다. 근데 대면 관찰이 정말 수행력이 있으면 자기 혼자서 되지만 그게 또 어렵잖아요? 거기까지 가려면 여래의 공덕의 힘에 의지하면 되는데 "나무관세음보살 나무석가모니불", 또는 "나무아미타불", 이게 바로 여래의 공덕의 힘에 의지하는 겁니다. 왜냐하면 부처님은 그런 공덕을 지어 놓고 우리 중생들의 두려움을 제거해주리라고 서원을 세웠기 때문에, 이름만 불러도 의지가 되는 거예요. 그래서 여래의 공덕의 힘에 의지하려면 또 어디에 머물러야 합니까? 그러면 "일체의 중생을 건네서 해탈케 하는 곳에 마음을 머물러야 한다", 이게 『금강경』에도 나오는 말이죠. "일체중생을 제도하리라." 원을 세워야 된다는 거예요. 여래의 공덕에 의지하는데 왜 일체 중생을 제도해요? 이게 바로 여래의 마음과 내 마음의 주파수를 맞추는 거예요. "일체의 중생을 건너서 해탈케 하리라" 하는 것은 부처님 마음이에요. 여래의 서원인데, 나도 부처님 같은 마음을 일으키면 부처님하고 주파수가 맞는 것, 채널링이 되는 거예요. 그러니까 공덕의 힘을 내가 입을 수가 있는 겁니다.

문수사리가 다시 물었다.
"중생을 제도하려면 무엇을 제거해야 합니까?"
"중생을 제도하려면 그 번뇌를 제거해야 합니다."
"번뇌를 제거하려면 마땅히 어찌하여야 합니까?"
"마땅히 바른 관찰을 행하여야 합니다."
"무엇이 바른 관찰을 행하는 것입니까?"
"당연히 불생불멸을 행하는 것입니다."

여기 아주 중요한 이야기들이죠. 『유마경』에는 핵심을 찌르는 내용들이 나와서 볼수록 감탄이 나와요. "중생을 제도하리라고 원을 세웠는데, 그러면 어떻게 해야 합니까?", "중생을 제도하려면 번뇌를 제거해야 한다. 자기의 번뇌를 제거하고, 중생의 번뇌를 제거해야 된다"는 소리예요. 그럼 번뇌는 어떻게 제거합니까? '바른 관찰'을 행하여야 합니다. 바른 관찰이란 '대면 관찰'입니다. "거울 보듯, 영화 보듯, 강 건너 불구경하듯 대면해서 관찰하되 닉네임을 붙여 하세." 번뇌 중에 제일 큰 번뇌인 탐진치, 즉 탐욕심 일어날 때 '아바타가 탐욕심이 일어나는구나'. 성냄이 일어날 때 '아바타가 성을 내고 있구나'. 어리석은 마음이 들 때 '아바타가 어리석은 마음을 일으키는구나' 하는 거예요. 어리석은 마음은 자만심, 그리고 남과 나를 비교해서 시기 질투하는 마음입니다. 원래 나도 없고 남도 없는데 비교할 게 뭐 있어요? 모두 자기 몫을 충실하게 살면 되는 거예요. 대면 관찰을 하다 보면 관찰자 입장에 서게 되죠. 몸과 마음은 아바타이고, 이 몸과 마음을 관찰하는 관찰자의 입장에 서게 돼요. 관찰자는 바로 불생불멸이에요. 그래서 "무엇이 바른 관찰을 행하는 것입니까?"라고 물으면 "당연히 불생불멸을 행하는 것입니다. 관찰자의 입장에 서서 사는 겁니다"라는 소리예요.

"어떠한 법이 불생이며, 어떠한 법이 불멸입니까?"
"선법이 아닌 것이 불생이요, 선법이 불멸입니다."
"선과 불선은 무엇을 근본으로 합니까?"
"몸으로 근본을 삼습니다."

월호 스님의 유마경 강설

문수사리가 또 물었다.

"몸은 무엇으로 근본을 삼습니까?"

"욕탐으로 근본을 삼습니다."

"욕탐은 무엇으로 근본을 삼습니까?"

"허망분별로 근본을 삼습니다."

"허망분별은 무엇으로 근본을 삼습니까?"

"전도망상으로 근본을 삼습니다."

"전도망상은 무엇으로 근본을 삼습니까?"

"머무는 바 없는 것으로 근본을 삼습니다."

"머무는 바 없는 것은 무엇으로 근본을 삼습니까?"

"머무는 바 없음은 즉 근본이 없다는 것입니다. 문수사리여, 머무는 바 없는 근본으로부터 일체의 법을 세우는 것입니다."

마치 『금강경』의 해설서 같아요. 『금강경』에 보면 "응무소주 이생기심應無所住 而生其心"이라는 말이 나오죠. "머무는 바 없는 근본으로부터 일체법을 세운다"라는 겁니다. 지금 최고의 지혜를 가진 문수사리보살과 유마장자가 문답하고 있죠. "원래 실체가 없기 때문에 머무는 바가 없다." 마음은 어디 있느냐? 마음은 머무는 바가 없는 겁니다. 원래 '무주無住'인 거죠. 근데 애착이 생기면서 머무르게 돼요. 원래 '무주 무착無住 無着'인데 애착·유착이 되어 '유주有住'가 됩니다.

마음은 머무는 바 없다는 것을 연습하려고 우리는 행주좌와를 하죠. 행선할 때는 마음을 발바닥에 갖다 놓고, 주선할 때는 마음을 귀뿌리에, 좌선할 때는 마음을 아랫배에, 와선할 때는 마음을 코밑에 갖다 놓고 하는 이유가 "마음이라는 게 본래 머무는 바가 없고, 내가 집중하는 데 머무르는 거구나", 즉 '무주'를 터득하기 위해서입니다. 즉 '머무는 바 없음'이죠. 원래 무주인데, 우리가 어떤 '착着'이 생기면서 머무르게 돼요. 그 '착'도 나와 내 가족을 위한 거면 '착'이고, 중생을 위한 거면 '원願'이 돼요, '서원誓願'. 서원을 세우는 것도 역시 머무는 거예요. 그것도 머물기 때문에 도솔천에 태어나는 겁니다.

미륵보살도 욕계의 천상에 태어나요. 도솔천도 욕계의 천상 중의 하나예요. '욕심이 있는 세계'라는 거죠. 천상은 천상인데, 아직 욕심이 있는 천상이에요. 왜 그래요? 서원을 세웠으니까요. 서원도 '하고자 하는 마음'이죠? 하고자 하는 마음을 일단 일으켰기 때문에. 하고자 하는 마음을 일으키긴 일으켰지만 '이생기심', 그러나 근본은 머무는 바 없음을 터득했어요. 그래서 '응무소주 이생기심'이 되는 거예요. "일체 중생을 제도하리라"고 마음을 일으켰지만, 사실은 알고 보면 제도당할 중생도 없고, 제도할 부처도 없다는 거예요. 사실은 제도할 번뇌도 없다는 거예요. 일체의 존재가 본래는 해탈의 모습입니다.

4. 일체의 존재가 해탈의 모습이다

이때, 유마힐의 방에 한 천녀가 있었는데, 모든 대인들을 보고 설하는바 법을 듣고 문득 그 몸을 나타내었다. 즉시 천상의 꽃으로써 모든 보살들과 대제자 위에 뿌렸다. 꽃은 모든 보살들에게 이르자 다 떨어졌지만, 대 제자들에게 이르자 문득 붙어 떨어지지 않았다. 일체 제자들은 신통력으로 떼어내려 하였으나 떼어낼 수 없었다.

그때 천녀가 사리불에게 물었다.

"왜 꽃을 떼어내려 하십니까?"

사리불이 답하였다.

"이 꽃은 여법하지 않기 때문에 떼어내려는 것입니다."

천녀가 말하였다.

"이 꽃이 여법하지 않다고 말하지 마십시오. 왜냐하면 이 꽃은 분별하는 바가 없기 때문입니다. 그대 스스로가 분별하는 생각을 일으켰을 뿐입니다.

천녀가 환희심이 나서 천상의 꽃을 뿌렸어요. 그 꽃이 보살들에게는 달라붙지 않고 바닥으로 떨어졌는데, 성문 아라한들에게는 이게 딱 붙어서 안 떨어진 거예요. 아라한들이 이걸 떼어내려고 했지만 안 떼어져요. 그때 천녀가 물었죠. "왜 굳이 꽃을 떼어내려고 합니까?", "아니, 스님인데 꽃을 막 주렁주렁 달고 있는 건 뭔가 안 어울리는 것 같아. 여법하지 않다고 생각해서 떼어내려고 했다" 하니, 바로 그 생각 때문에 안 떨어진다는 말이에요.

'여법하다, 여법하지 않다' 하는 것도 시비심입니다. '옳다, 그르다', 이 여법하지 않다는 생각으로 떼어내려고 하니까 안 떼어집니다. 여법하다는 것도 여법하지 않다는 것도 일종의 '착着'입니다.

그래서 삼조 승찬僧璨의 『신심명信心銘』에 보면 그런 게송이 있죠. "지도무난至道無難이니 유혐간택唯嫌揀擇이라. 단막증애但莫憎愛하면 통연명백洞然明白하리라." 즉 "지극한 도는 어렵지 않다. 다만 분간하고 선택함을 꺼릴 뿐이다. 그래서 다만 증오하거나 애착하지만 않으면 툭 트여서 명백해진다"는 거예요.

우리가 지상 최고의 도를 볼 수 없는 이유는 미워하거나 사랑하기 때문이에요. 좋아하는 것을 애착하고 싫어하는 것은 미워하잖아요? 정말 큰 도에 부합하려면 미워하지도 않고 애착하지도 않아야 된다는 겁니다. 사랑도 미움도 없어야 평정심이 되는 거지, 굴곡이 있는 마음은 번뇌가 된다는 소리입니다. 그게 바로 시비 분별심입니다. 왜냐? "일체의 존재가 해탈의 모습인데, 시비 분별심을 일으키면서 번뇌의 장애를 입게 된다. 지극한 도는 어렵지 않으니 오직 간택함을 꺼릴 뿐, 다만 증오하거나 애착하지 않는다면 툭 트여 명백해지리라. 꽃 자체는 분별하는 바가 없는데 네가 분별했기 때문에 '여법하다, 여법하지 않다'라고 했을 뿐이다." 여법하다는 게 '법에 여여하다, 법에 합당하다'라는 뜻이에요. 그러니까 여법하지 않다'는 것은 본인 생각일 뿐입니다.

만약 불법에 출가하여 분별하는 바가 있다면, 여법하지 않은 것이 됩니다. 만약 분별하는 바가 없다면, 그것이 여법한 것입니다. 모든 보살들을 보시면 꽃이 붙어 있지 않습니다. 그것은 이미 일체의 분별하는 생각을 끊었기 때문입니다.

비유컨대 마치 사람들이 두려워할 때, 사람 아닌 자들이 그 짬을 얻는 것과 같습니다. 이와 같이 제자들이 생사를 두려워하기 때문에, 색· 성· 향· 미· 촉이 그 짬을 얻는 것입니다. 이미 두려움을 여읜 자에게 일체의 오욕이 할 수 있는 것은 없습니다.

"불법에 출가해서 분별심을 쉬는 것이 여법한 것이지, 꽃이 붙어 있는 것이 여법하지 않은 것이 아니다"라는 거예요. "시비 분별심이 쉬어야 여법한 것이다. 그것이 법다운 것이다……." 천녀조차도 알고 있는 진리를 사리불이 왜 몰랐을까요? 참선공부, 마음공부를 하려면 분별심이 쉬어야 돼요. '옳다, 그르다, 맞다, 틀리다, 이익이다, 손해다, 네 편이다, 내 편이다', 이게 다 시비 분별심, 이분법입니다. 앞서 나왔었죠? 이분법의 견해를 쉬어야 비로소 진도가 나가고, 이분법의 견해를 쉬지 않으면 사람들은 자기 입장에서 생각합니다. 자기 생각이 옳다고 굳게 믿는, 그 자기 생각이 바로 '아상'이에요. 『금강경』에서 "아상, 인상, 중생상, 수자상을 없애야 된다"고 계속 나오죠? 아상이란 여러분들이 생각하고 있는 '이것이 옳다. 이것이 그르다'라는 생각인데, 그것을 굳게 고집한단 말이에요. '아, 이게 옳지. 당연히 이게 이익이지. 이게 손해지'라고 나누어서 분별하는 게 '나눌 분分'자, '구별할 별別'자예요. 나누어서 생각하는 것은 전부 다 아상이고 분별심입니다.

또 우리가 흔히 가지고 있는 거꾸로 된 생각은 뭐예요? "탄생은 축복이고, 죽음은 재앙"이라고 하잖아요. 사람이 죽으면 난리 법석 아니에요? 죽음을 굉장히 큰 재앙이라고 생각해요. 그런데 '복 닦기, 도 닦기'가 안 된 사람한테 죽음은 재앙이지만 '복 닦기, 도 닦기'가 된 사람한테 죽음은 축복입니다. 왜냐하면 더 좋은 곳에 태어나고, 더 업그레이드된 삶을 받으니까요. 안 좋은 몸, 안 좋은 상황에 있다가 훨씬 좋은 몸, 좋은 상황으로 가면 축복인 거죠.

이것을 여러분들이 알고 지내야 전도망상에서 벗어날 수가 있어요. 가장 큰 전도망상이 '삶은 축복이고 죽음은 재앙'이라는 생각인데 거기서 벗어나야 돼요. 그러면 죽었다고 슬퍼할 일도 없고, 태어났다고 축하할 일도 없습니다. '해피 벌스데이'가 아니라 '해피 데스데이'가 되어야 해요.

결박의 습기가 아직 다하지 않아 꽃이 몸에 달라붙을 뿐입니다. 결박의 습기가 다한 사람은 꽃이 붙지 않습니다."

'결박의 습기'라는 표현에서 이 '습기'란 습관적인 기운, 에너지예요. 애착이죠. 애착이 다한 사람은 꽃이 달라붙지 않아요. 접착제가 없기 때문이죠. 애착이 있는 사람은 접착제를 가지고 있기 때문에 계속 달라붙어요. 꽃도 달라붙고, 사람도 달라붙고, 돈도 달라붙죠. 좋은 것만 달라붙으면 좋은데, 나쁜 것도 달라붙어요. 행복만 달라붙으면 얼마나 좋아요? 불행도 달라붙는 거예요. 그 접착제를 놔버려야, 행복과 불행을 초월해야 해요. '나는 행복만 왔으면 좋겠어. 불행은 노?' 하면 안 됩니다. 불행이 오지 않기를 진심으로 바란다면 행복과 불행을 함께 놓아야 된다는 것이 진리입니다. 근데 사람들은 거꾸로 생각해서 행복만 달라붙고 불행은 떨어뜨리고 싶어요. 이런 마음을 가지고 있으면 행복과 불행이 계속 같이 달라붙는 거예요. 어쩔 수 없어요. 놓으려면 다 놓아야 되고, 잡으려면 다 잡아야 돼요.

어떤 남자가 있었는데 갑자기 노크 소리가 들려서 나가 보니까 문 앞에 기막히게 아름다운 여인이 서 있어요. 보기만 해도 기분이 좋아지고 몸에서 향 냄새가 은은하게 풍겨요. 그 여인이 "차 한잔할 수 있을까요?" 물어서 차를 딱 준비해서 마시려고 하는데 또 노크 소리가 들려요. 그래서 나가 봤더니 이번에는 완전 반대로 보기만 해도 기분이 나빠지는 여인이 몸에서 더러운 냄새가 나고 생긴 건 또 왜 저렇게 생겼나 싶은데 "들어가도 되겠습니까?" 묻습니다. 그래서 거절했더니 이 여인이 "방금 전에 한 여자 들어갔죠?", "들어왔지", "그 여자가 제 쌍둥인데 받으려면 둘 다 받으셔야 되고 놓으려면 둘 다 놓아야 됩니다"라고 하는 겁니다. 받으려면 행복과 불행을 같이 받아야 되고 놓으려면 둘 다 같이 놓아야 됩니다. 여러분이라면 어떻게 하겠어요? 둘 다 받겠어요, 둘 다 내보내겠어요?

사리불이 말하였다.
"천녀여, 이 방에 머문 지 오래되었습니까?"
천녀가 답하였다.
"제가 이 방에 머문 지는 장로의 해탈과 같습니다."
사리불이 말하였다.
"여기에서 머문 지 오래되었습니까?"
천녀가 말하였다.
"장로의 해탈은 또한 얼마나 오래되셨습니까?"

되물었습니다. 답변 중에 최고의 답변이 되묻는 거죠. 하하. 지금 천녀가 지혜제일 사리불 존자한테 되묻고 있는 거예요. 사리불이 천녀한테 먼저 물었죠. "이 방에 머문 지 오래되었습니까?" 했더니 "이 방에 머문 지는 사리불 장로의 해탈과 같습니다"라는 말에 다시 물었죠. "여기서 머문 지 오래되었습니까?" 혹시 잘못 알아들었나 싶어서 다시 물었더니 "장로의 해탈은 얼마나 오래되었습니까?" 하고 되물어요. "장로의 해탈은 얼마나 되었습니까?"

사리불이 묵묵히 답하지 않자, 천녀가 말하였다.
"어째서 장로님께서는 큰 지혜가 있으신 분이면서도 묵묵히 계십니까?"
그러자 답하였다.
"해탈이란 말로 설할 바가 없기 때문입니다. 그러므로 나는 여기서 뭐라고 일러야 할지 모르겠습니다."

해탈이란 '풀 해解'자, '벗을 탈脫'자예요. 어떤 속박에서 풀려서 벗어난다는 소리예요. 근데 누가 묶었습니까? 여러분 누가 묶었어요? 아무도 안 묶었어요. 자승자박입니다. 항상 자기 혼자 묶고 있는 거예요. 어떤 스님이 물었죠. "스님, 저를 좀 해탈케 해주십시오." 그 스승이 "누가 너 묶었냐?" "아니오, 묶은 적 없습니다", "그런데 무슨 해탈을 구하냐?", "예?"
본래 해탈인 거예요. 본래 해탈인데 스스로 고정관념, 이런 생각, 저런 생각, 분별심이 자기를 묶고 있는 거예요. '나다, 남이다,

이익이다, 손해다' 따지는 마음이 자기를 묶고 있는 겁니다. 아무도 여러분 묶은 적 없어요. 여러분들, 지금 보니까 다 아무도 안 묶여 있네요? 수갑도 안 차고 있고, 칼도 차고 있지 않고, 무슨 동아줄로 묶은 것도 아니고 지금 아무도 안 묶여 있잖아요. 그런데 스스로, 자기의 고정관념과 선입견에 묶여 있는 거예요. 그러니까 "해탈이 얼마나 오래되었습니까?"에 어떻게 답해야 할지 모르겠다는 거예요. 그래서 답을 안 하고 있으니 천녀가 또 한마디 해요. 사리불이 천녀한테 계속 당하는 거예요. 지금 또 한마디 합니다.

천녀가 말하였다.
"언설 문자가 모두 해탈의 모습입니다. 왜냐하면 해탈이란 안도 아니고 밖도 아니며, 중간에 있는 것도 아니기 때문입니다. 문자 또한 안도 아니고 밖도 아니며 중간에 있는 것도 아닙니다.
그러므로 사리불이여, 문자를 여의고서 해탈을 설할 수 없습니다. 왜냐하면, 일체의 존재가 해탈의 모습이기 때문입니다."

결국은 해탈 아닌 것이 없다는 거예요. 언어 문자도 해탈, 말도 해탈, 글도 해탈, 여러분도 해탈, 나도 해탈인 거예요. 스스로 묶이지만 않는다면. 언어 문자는 본래 속박이라고 할 수 있죠. 언어 문자에 매여 사는 사람이 얼마나 많아요? 그런데 그건 스스로 묶인 거지, 언어 문자 자체는 분별하지 않아요. 사람이 언어 문자로 인해서 분별을 일으킬 뿐이지, 언어 문자 자체가 분별하지는 않습니다. 꽃이 스스로 분별하지 않는 것과 똑같은 거예요. "우주의 모든 사물은 분별하지 않는데 내가 스스로 분별심을 내서 분별할 뿐이다."

5. 얻을 것도 없고 깨칠 것도 없다

사리불이 말하였다.

"음욕·분노·우치를 여읨으로써 해탈한다고 하는 것 아닙니까?"

천녀가 말하였다.

"붓다는 증상만[58]인 사람을 위해 음욕·분노·어리석음을 떠나는 것을 해탈로 삼았을 뿐입니다. 만약 증상만이 없는 사람이라면, 붓다는 음욕·분노·어리석음의 성품이 곧 해탈이라고 설하십니다."

'증상만增上慢'이란 '더할 증'자, '오를 상'자, '오만할 만'자로 '아만, 자만, 자만심이 더욱더 올라가는 사람'을 말합니다. 세상에서 내 생각이 항상 옳다고 생각하는 사람, 아상이 점점 증장하는 사람인 증상만을 위해서 음욕, 분노, 어리석음을 떠나는 게 '해탈'이라고 이야기합니다.

요새도 보면 눈높이 학습이라고 있죠? 그것처럼 불교도 눈높이가 요 정도에 있는 사람은 거기에 맞춰서 이야기해주고, 또 눈높이가 올라가면 거기에 맞춰 이야기해주는 거죠. "만약 증상만이 없는 사람이라면 음욕과 분노와 어리석음의 성품이 곧 해탈이다." 음욕의 성품, 분노의 성품, 어리석음의 성품이 해탈이라는 거예요. 성품은 바로 근본적인 본마음 자리죠. 음욕·분노·어리석음은 아바타

---

[58] 아만이 점점 증장하는 사람.

가 하는 거지, 딴 게 아니라는 거예요. "본래의 자리가 아니다. 그래서 그 음욕·분노·어리석음을 일으키는 성품, 근본 성품이 곧 해탈이라고 설한다. 탐진치의 성품이 곧 해탈이다." 왜냐하면 성품은 공한 거라고 말씀드렸죠? 불교는 성선설도 아니고 성악설도 아니고, 성공설이라고 해요. 성품은 공한 겁니다. 공하다는 건 '비어 있다', 그래서 이 공성, 성품은 "불생불멸 불구부정 부증불감", 『반야심경』에 나오는 대로예요. "생멸하는 것도 아니고, 더럽거나 깨끗한 것도 아니고, 오염되는 것도 아니고, 또 늘거나 주는 것도 아니다, 항상 '공'이다." 허공에다 주먹질하면 허공이 멍들어요? 허공은 더러워지지도 않고 멍들지도 않아요. 공, 그게 바로 공성인 겁니다.

사리불이 말하였다.
"훌륭하십니다. 훌륭하십니다. 천녀여, 당신은 어디에서 얻은 것이 있으며, 무엇을 깨쳤기에 변재가 이와 같습니까?"

변재辯才란 '말 잘하는 재주'입니다. '변'자가 '말 잘할 변'자예요. 변호사라 말할 때 그 '변'자입니다. 당신은 무엇을 얻고 깨쳤기에 '말 잘하는 재주가 이와 같습니까?'라는 말이죠.

천녀가 말하였다.
"저는 얻은 것도 없고 깨친 것도 없는 까닭으로 변재가 이와 같습니다.

왜냐하면, 만약 얻고 깨칠 것이 있다고 하면, 곧 불법에 있어서 증상만인 것입니다."

얻을 것도 없고 깨칠 것도 없다고 아는 게 증상만을 벗어난 거고, 여법한 거고, 아직 얻을 것도 있고 깨칠 것도 있다고 하면 그건 아직 아만이 팽팽한 거라는 소리예요. '뭘 모르는 거다, 아직 멀었다'라는 소리입니다.

사리불이 천녀에게 물었다.
"당신은 삼승 가운데 어디에 뜻이 있습니까?"
천녀가 말하였다.
"성문의 법으로써 중생을 교화하므로 저는 성문이 됩니다. 인연법으로써 중생을 교화하므로 저는 벽지불이 됩니다. 대비의 법으로써 중생을 교화하므로 저는 대승이 됩니다.
사리불이여, 어떤 사람이 첨복[59] 숲에 들어가면 다만 첨복의 향을 맡지, 다른 향기를 맡지 않습니다.
이와 같이 만약 이 방에 들어서서 단지 붓다 공덕의 향기를 맡을 뿐, 성문과 벽지불 공덕의 향기 맡기를 즐기지 않습니다.
이처럼 사리불이여, 제석천· 범천· 사천왕· 모든 천룡과 귀신 등이 있습니다만, 이 방에 들어온 이들은 저 거룩한 이의 정법 강설함을 듣고 모두 불 공덕의 향기를 즐기고자 발심하여 온 것입니다.

---

59 금색화金色華, 강한 향기가 나는 꽃.

월호 스님의 유마경 강설

첨복은 꽃 이름입니다. 금색 빛이 나는 꽃인데 향기가 아주 좋다고 해요. '부처님 공덕의 향기' 계를 잘 지키는 사람에게서는 계의 향(계향)이 나요. 선정을 잘 닦는 사람에게서는 선정의 향(정향)이 나요. 지혜가 밝은 사람에게서는 지혜의 향기(혜향)가 납니다. 해탈한 이에게서는 해탈의 향기(해탈향)가 나는 거예요. 스스로 해탈했다고 아는 사람에게서는 해탈지견의 향기(해탈지견향)가 나는 거예요. 사람은 각자 저마다의 향기가 있어요. 최상의 향기는 부처님 공덕의 향기입니다.

6. 불가사의한 붓다의 법

사리불이여, 내가 이 방에 머문 지 12년이 되었지만, 처음부터 성문과 벽지불의 법 설하는 것을 듣지 않았습니다. 단지 보살의 대자대비하며 불가사의한 모든 붓다의 법을 들었을 뿐입니다."
"사리불이여, 이 방은 언제나 여덟 가지의 미증유하고 얻기 어려운 법을 나타냅니다. 무엇이 여덟 가지인가?
이 방은 항시 금색의 광명이 비추어 주야로 다름이 없습니다. 해와 달이 비춰 밝은 것이 아닙니다. 이것이 첫째로 미증유하고 얻기 어려운 법입니다.
이 방에 들어온 자는 모든 더러움의 고뇌를 받지 않습니다. 이것이 둘째로 미증유하고 얻기 어려운 법입니다.
이 방에는 항상 제석천·범천·사천왕·타방 보살들의 내왕이 끊이지 않습니다. 이것이 셋째로 미증유하고 얻기 어려운 법입니다.

"이 방에 들어온 자는 더러움의 고뇌를 받지 않는다." 이 방은 공하기 때문이에요. 공에다가 무슨 숫자를 곱해도 결국은 공입니다. 고뇌를 받는 것은 아상이 있기 때문에 고뇌를 받습니다. 아상이 없으면 공이기 때문에 고뇌를 받지 않죠.

이 방은 항시 육바라밀과 불퇴전의 법을 설하고 있습니다. 이것이 넷째로 미증유하고 얻기 어려운 법입니다.

이 방은 언제나 으뜸가는 천상의 음악이 연주되며, 악기의 현으로부터 한량없는 법문으로 교화하는 소리가 나옵니다. 이것이 다섯째로 미증유하고 얻기 어려운 법입니다.

천상에도 음악가가 있어요. 금생에 모차르트 같은 사람은 태어나자마자 5세 때 작곡하고 바이올린을 켜고 열 몇 살에 오페라 쓰고 하잖아요. 전생에 음악가, 아니면 천상의 음악가였을 수도 있어요. 천상의 음악가가 또 인간으로 태어났을 수도 있어요.

필자가 지리산 쌍계사 살 때 금당선원에서 선정을 닦았는데, 가끔 천상의 음악 소리를 들었다는 스님들이 계셨어요. 저도 언뜻 들은 것 같아요. 우리나라 쌍계사가 범패梵唄의 본고장이잖아요. 범패는 천상의 음악 소리를 본따서 만든 겁니다. 천상에도, 신들의 세계에도 음악가도 있고 건축가도 있고 다 있어요. 그런 재능, 또 여러분들이 가지고 있는 재주 같은 것들이 금생에 온 게 아닙니다. 전생부터 수없이 연습한 것들이 금생에 태어나자마자 발현되는 거예요. 그래서 여러분들이 삼세인과를 믿어야 돼요. 꼭 되고 싶은

월호 스님의 유마경 강설

게 있으면, 금생부터 열심히 그쪽으로 연습하면 내생, 또는 내내생 가면서 반드시 됩니다.

이 방에는 네 개의 큰 창고가 있는데, 뭇 보배로 가득 쌓여 있어 궁핍한 이에게 베풀고 가난한 이를 구제함에 쓰고도 다함이 없습니다. 이것이 여섯째로 미증유하고 얻기 어려운 법입니다.

4개의 큰 창고는 사무량심四無量心이죠. 자비희사, 앞에서 배웠죠? 자심, 비심, 희심, 사심이 바로 4개의 큰 창고예요. 여러분들, 살아 있을 때 복덕의 창고 다 만들어놔야 돼요. 자심의 창고, 비심의 창고, 희심의 창고, 사심의 창고, 4개를 만들어야 되는데 4개는커녕 지금 하나도 없는 사람이 태반입니다.

석가세존 당시에 큰 부자가 있었습니다. 창고가 여러 개 있었어요. 보배들을 쟁여 놓고, 사람이 욕심이 많으니까 뭐가 어디 있는지를 자기만 알고 자식한테도 안 가르쳐줘요. 그러다 어느 날 갑자기 죽었어요. 죽음은 갑자기 옵니다. 죽은 다음, 아주 가난한 집에 태어났어요. 왜? 살아 있을 때 베풀지 않았기 때문에요. 용모도 추악하고, 가난해요. 박복한 사람이 태에 들어오면 그 어미도 박복해진다고 해요. 엄마 태에 들어왔는데 이 엄마가 거지였죠. 거지도 빌어먹을 복이 있어야 빌어먹는데, 애가 들어서면서 빌어먹을 복도 없어진 거죠. 이 엄마가 거지 집단에 있었는데, 전에 비해 걸식이 아주 안 돼서 "이건 분명히 박복한 놈이 있는 증거다, 이놈을 찾아내서 추방시켜야 된다" 해서 거지 집단을 반으로 나눠서 걸식을 보내요. 그러면 박복한 집단과 덜 박복한 집단이 나오잖아요. 결국 이 엄마를 찾아낸 거예요. "당신이 우리랑 같이 있으면 우리도 박복해지니까 나가라" 해서 거지 집단에서도 추방당해요. 그래서 쓰레기통 뒤져가며 겨우 연명해서 애를 낳았는데, 이 애가 그렇게 박복한 거예요. 어느 부잣집 앞을 지나가는데, 그 부잣집에 한 아이가 있었는데 얘가 과거생의 손자예요, 거지로 태어난 아이의 손자. 근데 이 거지를 보자마자 용모가 추악하고 더러우니까 울음을 터트렸어요. 하인들이 몰려와서 거지 아이를 몽둥이찜질을 하려고 하는 그때, 부처님께서 마침 그 옆을 지나가셨어요. "잠깐 너희들, 이 거지 아이가 누군지 아냐?" 하고 물어본 거예요. "생전 처음 보는 애인데 얘를 어떻게 압니까? 모릅니다", "울고 있는 애 할아버지야. 이 부잣집 주인이야. 원래", "아이고, 우리가 그걸 어떻게 믿어요. 아닙니다. 증거가 뭐가 있어요?" 묻자, 부처님께서 "아이야" 거지를 불러서 "네가 전생에 숨겨 놓은 최고의 보배 있지?" 말하자, 애가 기억하는 거예요. 부처님이 말씀하시니까 "네", "그럼 너 어디 있는지 알지?", "네", "그거 찾아봐". 집에 들어가더니 망설임도 없이 척척 땅을 파서 지금까지 창고에 있는 어느 보배보다도 더 값비싼 최고의 보배 단지 3개를 찾아냈어요. 이건 본인만 아는 거죠, 자기가 다 숨겨 놓고 죽었기 때문에. 그 보배는 창고에 놓기도 아까워서 파묻어 놓은 거예요. 거기를 아무도 모르게 해놓아서 죽은 할아버지만 아는 건데 애가 찾아냈어요. 그러니까 사람들이 깜짝 놀랐죠. 부처님 말씀을 믿게 된 거죠. 거지 아이가 과거에 부잣집 할아버지였는데, 그렇게 돈이 많으면서도 남에게 베풀기를 싫어했기 때문에 이번에 아주 천박한 거지로 태어난 거다, 그래서 삼세인과를 부처님께서 실증해주셨어요. '아는 만큼 전하고 가진 만큼 베풀자, 전할수록 알게 되고 베풀수록 갖게 된다', 이게 삼세인과를 통해서 다 나타나요.

이 방에는 샤캬무니불·아미타불·아촉불·보덕불·보염불·보월불·보엄불·난승불·사자향불·일체이성불과 같은 시방의 한량없는 모든 부처님들이 이 거룩한 이가 생각할 때 즉각 모두 오십니다. 그러고는 붓다의 비밀스럽고 요긴한 법문을 널리 설하시며, 끝나면 다시 돌아가십니다. 이것이 일곱째로 미증유하고 얻기 어려운 법입니다.

"모든 부처님들이 이 거룩한 이가 생각할 때 즉각 모두 오신다"라고 했어요. 거룩한 이가 누굽니까? 유마장자죠. 유마장자가 생각만 하면 부처님께서 바로 오신다고 해요. 유마장자 같은 서원을 세워서 실행하면 똑같이 오시죠. 우리도 유마장자와 같은 마음가짐과 몸가짐으로 살아가기 위해서 『유마경』을 배우는 겁니다. 그렇게 한없이 크고 모든 것을 포용하는 유마장자의 방이 사방으로 한 장밖에 안 된다고 했잖아요? 그 방에 온갖 부처님들이 다 들어오신다는, 한량없이 넓은 거예요. 마음이 넓으니까 모두 수용되는 거고, 좁으면 좁은 만큼 부딪치는 거예요. 좁은 사람들끼리 서로 부딪치면서 뭐라고 싸우느냐? "네가 더 좁냐, 내가 더 좁냐" 하고 싸워요. 하하하. 마음이 커야 포용이 되는데 마음이 작으니까 서로

부대끼는 거죠. "서로 누가 더 좁은지 한번 붙어보자" 하고, 온갖 투쟁과 다툼이 거기서 시작됩니다.

이 방에는 일체의 모든 천계의 장식된 궁전과 제불의 정토가 모두 그 가운데 나타납니다. 이것이 여덟째로 미증유하고 얻기 어려운 법입니다.

"모든 부처님의 정토", 부처님들께서는 나름대로 여러 가지 정토를 장엄하세요. 정토가 하나만 있는 게 아닙니다. 여러 가지 정토가 있어요. 청정한 국토. 그런데 그중에서 극도의 낙원, 정토 중의 정토를 바로 '극락정토'라고 해요. 기왕에 천당에 가려면 극락으로 가는 게 좋죠. 가장 수행하기 좋은 곳, 그게 바로 천상에서는 극락정토인 거죠. 거기 가면 불보살님들이 직강을 하세요. 월요일은 아미타 부처님의 아미타경 강의, 화요일은 미륵 부처님의 미륵하생경 강의, 이런 식이에요. 수요일은 석가모니 부처님의 금강경 강의, 이거 얼마나 좋아요? 그래서 공부하기에 최적화된 곳, 그리고 공부만 하는 게 아니라 복락을 누리기에도 최적화된 곳이 바로 극락정토입니다.

조선 시대 때『왕랑반혼전王郎返魂傳』이라는 유명한 책이 있었어요. 왕랑이라는 자가 평상시에 이웃집 노파가 맨날 염불하는 걸 비방하고 '그런다고 진짜 극락 가나?' 하며 우습게 여겼는데, 부인이 죽고 나서 11년이 된 어느 날 밤에 홀연히 "여보, 내일 당신이 죽을 차례야. 내가 죽은 지 11년이 됐는데도 아직 갈 곳을 못 가고 있는 이유는 당신이 죽기를 기다리고 있는 거야. 왜냐하면 염라대왕이 당신이 죽으면 둘이 같이 지옥으로 보낸다고 지금 기다리고 있어"라고 죽은 마누라가 나타나서 그렇게 말해요. 깜짝 놀랐죠. "뭐야 도대체?"라고 물으니, 염불하는 노파를 비방했기 때문에 큰 업장이 됐다는 겁니다. 그럼 어떻게 해야 되냐고 물으니, 오늘 밤 서쪽 벽에 '나무아미타불' 여섯 글자 써 놓고 목욕재계하고 단정하게 앉아서 밤새도록 '나무아미타불, 오직 나무아미타불' 염하래요. 그래서 왕랑이 밤새 '나무아미타불, 나무아미타불, 나무아미타불……' 새벽이 되자마자 저승사자가 들이닥쳐서 보니까 소문과 달라요. 소문으로는 그가 이웃집 노파의 염불을 비방한다 했는데, 웬걸? 본인이 열심히 염불하고 있는 겁니다. 어쨌든 그래도 자기네들 임무는 해야 되니까 정중하게 염라대왕 앞에 모시고 갔어요. 염라대왕이 묻자, 저승사자들이 있는 그대로, 본 대로 이야기한 거죠. 그래서 "염불을 열심히 하고 있더라" 말했더니 "그렇다면 다시 돌려보내라. 조금 더 살게 해라", 그래서 '이 염불 공덕이 수승하다는 것을 주변 사람들한테 알게 해라' 하는, 전법이 목적인 거죠. 그러면 왕랑의 부인은 어떻게 합니까? 11년 됐어도 아직 못 가고 있는데, 오면 같이 보내려고 그랬는데 그럼 부인은 어떻게 해야 돼요? "그래? 그러면 부인도 세트로 돌려보내라." 근데 이 부인은 죽은 지 11년이 지나서 시신이 다 썩었어요. 몸이 없는데 어떻게 돌려보내죠? 이래서 조사해봤더니 거기가 함경남도 길주 땅인데 거기에 군수 딸이 이제 막 죽었어요. 나이가 스물한 살밖에 안 됐고 막 죽어서 "그리 들어갈 수는 있습니다", 영혼이 떠났으니까. "그래? 그럼 그리 돌려보내라" 해서 이 부인은 길주 땅의 군수 딸로 다시 태어나고, 이 남자는 또 자기 몸으로 돌아와서 다시 태어나고, 그래서 함께 살았답니다. 지성으로 염불하면서 30년을 더 살다가 죽었다 해서 왕랑의 나이 80세, 부인의 나이 51세까지 염불을 하면서 살다가 죽었다 하는 이 『왕랑반혼전』, 조선 시대 이야기입니다.

사리불이여, 이 방은 언제나 여덟 가지의 미증유하고 얻기 어려운 법을 나타냅니다. 누가 이 불가사의한 일을 보고도 다시 성문법을 즐기겠습니까?"

사리불이 성문의 대표죠. 성문聲聞은 게송을 듣고 깨친 사람들을 뜻해요. '소리 성'자, '들을 문'자. 게송을 듣고서 수다원과須陀洹果, 사다함과斯陀含果, 아나함과阿那含果, 아라한과阿羅漢果의 지위를 얻은 성자들을 성문이라고 하죠.

그런데 전 여기서 의문이 들었어요. '가만 있자……, 공부가 일단 생겨난 사람, 어느 정도 입문한 사람이 수다원이고, 거기서 조금 더 배우면 사다함이고, 많이 배우면 아나함이고, 완전히 배우면 아라한인데, 아라한이 되면, 아예 이 세상에 안 태어나니까 우리 같은 중생들하고 만날 일이 없는데, 그러면 공부가 된 사람들이 안 태어나면 중생들은 누가 가르치지?' 진짜로 공부된 사람들이 우리랑 다 만날 일이 없잖아요. 그런 의문이 들었는데, 다행히 『법화경』이나 『능엄경』이나 『유마경』이나 대승 경전을 보고서 알았어요. 이 사람들은 업장이 소멸됐기 때문에 태어나지 않는 거예요. 업장

월호 스님의 유마경 강설

은 소멸돼서 불생불환과를 얻었지만, 다시 서원을 세워서, 짐짓 의도적으로 태어나서 오는 거예요. 그걸 바로 '보살'이라고 해요. 보살이 되어서 오는 겁니다. 그래서 가르쳐야 되는 거죠. 사람들을 이끌어줘야 된다고 해서 대승불교에서는 전법 공덕을 강조합니다. 업생에서 원생으로 전환을 해서 끊임없이 중생계가 다하도록 다시 태어나는 거죠. 그래서 누구나 다시 태어나는 거예요. 『법화경』에 보면 그런 말도 있죠? "아라한이거나 나의 제자라고 하면서 전법의 원을 세워서 실천하지 않으면, 그건 진정한 나의 제자도 아니고 진정한 아라한도 아니다."

7. 일체 존재는 아바타이다

사리불이 말하였다.

"당신은 왜 여인의 몸을 바꾸지 않습니까?"

천녀가 말하였다.

"저는 12년을 지내면서 여인의 모습을 찾았으나 얻지 못하였습니다. 마땅히 무엇을 바꾸어야 합니까? 비유컨대, 마치 아바타가 여자 아바타를 변화시키는 것과 같습니다. 만약 어떤 사람이 왜 여인의 몸을 바꾸지 않느냐고 묻는다면, 이 사람은 올바른 질문을 한 것입니까?"

사리불이 말하였다.

"아닙니다. 아바타는 고정된 모습이 없거늘 어찌 마땅히 바꿀 수 있겠습니까?"

천녀가 말하였다.

"일체의 존재 또한 이와 같이 고정된 모습이 없습니다. 어찌 여인의 몸을 바꾸지 않느냐고 물을 수 있겠습니까?"

천녀는 유마거사의 방에서 12년을 지냈기 때문에 이미 들은 거나 알고 있는 게 많아서 사리불이 상대가 안 돼죠. 성문 중의 지혜 제일의 제자임에도 불구하고 사리불은 천녀에게 번번이 당합니다. 사리불이 묻죠. "왜 여인의 몸을 바꾸지 않습니까?" 왜 이렇게 물었냐면, 여인의 몸에서 바로 성불하는 경우는 없다고 합니다. 성불을 하려면 여인의 몸으로 있다가도 남자의 몸으로 바꿔서 성불을 한다는 대승불교의 설이 있거든요. 그래서 여인의 몸을 보고, "듣자 하니 대단한 경지에 이른 것 같은데, 왜 여인의 몸을 남자의 몸으로 바꾸지 않느냐? 충분히 그럴 만한 능력이 있고 깜냥이 되는데?" 하고 물어본 거예요.

그러자 천녀가 "여인의 모습이라는 게 어떤 건데?" 하고 되물어요. "몸도 아바타, 마음도 아바타, 너도 아바타, 나도 아바타, 우리 모두 아바타인데, 아바타는 고정된 실체가 없는 건데 여인이 어디 있고 남자가 어디 있어? 그냥 아바타일 뿐이야. 남자 아바타, 여자 아바타, 아바타로 통일이야. 남자 보살, 여자 보살, 그냥 보살로 통일이야. 스님 보살, 재가 보살, 그냥 보살로 통일이야. 근데 남자니 여자니 묻는 그 질문 자체가 지금 잘못된 것 아니야?" 하고 물어보는 거예요. 그제야 사리불이 "아, 아닙니다. 아바타는 고정된 모습이 없거늘 어찌 마땅히 바꿀 수 있겠습니까?" 하니, 천녀가 "일체의 존재 또한 이와 같이 고정된 모습이 없습니다. 어찌 여인의 몸을 바꾸지 않느냐고 물을 수 있겠습니까?"라고 합니다.

육조 혜능 선사가 출가하기 전에 오조 홍인弘忍 선사를 찾아가서 만나 뵙고 인사를 드리죠. 그때 오조 홍인 대사가 이야기하기를 "너 어디서 왔냐?", "저는 저 남쪽에서 왔습니다". 지금 말하면 "저 광동성 남쪽에서 왔습니다" 그랬더니 "남쪽에서 왔으면 오랑캐인데 오랑캐가 무슨 수행을 하려고 그래?" 하고 떠본 거예요. 그때 이렇게 대답합니다. "불성에는 남북이 없습니다. 남쪽 오랑캐, 북쪽 오랑캐, 무슨 불성에 남북이 있겠습니까? 불성 무남북입니다"라고 대답한 거죠. 불성에는 남북도 없고 남녀노소도 없어요. 차별이 끊긴 경지입니다. 불성, 성품은 공한 거예요. '차별이 다 쉰 자리, 불성의 입장에서 보면 남북도 없고 남녀도 없고 노소도 없고, 인간이니 축생이니 하는 것도 없는 것입니다' 하고 대답을 한 거나 똑같은 이야기죠. '불성 무남녀입니다'라는 소리예요.

그러고는 천녀가 신통력으로써 사리불을 변화시켜 천녀와 같게 하였다. 천녀 스스로는 사리불처럼 몸을 변화시키고서 말하였다. "왜 여인의 몸을 바꾸지 않습니까?"
사리불이 천녀의 모습으로 답하였다.
"나는 지금 어떻게 바뀌어 여인의 몸이 되었는지 모르겠습니다."
천녀가 말하였다.
"사리불이여, 만약 이 여인의 몸을 바꿀 수 있다면, 즉 일체의 여인들도 또한 당연히 바꿀 수 있습니다. 마치 사리불이 여인이 아니지만 여인의 몸으로 나타나는 것과 같이, 모든 여인들도 또한 이와 같습니다. 비록 여인의 몸을 나타내지만 여인이 아닙니다. 이런 까닭으로 붓다는 일체의 모든 존재가 남자도 아니요, 여인도 아니라고 설하셨습니다."

"일체의 모든 존재가 남자도 아니요, 여인도 아니다······." 고정된 남자도 없고 고정된 여자도 없어요. 여러분도 금생에는 여자의 몸 또는 남자의 몸을 받아 태어났지만, 과거 생에 보면 남자로 태어나기도 하고, 또 여자로 태어나기도 하고, 금생에 여자라도 내생에 남자로 태어날 수 있어요.

여러분, 남자로 태어나고 싶으면 어떻게 하면 될까요? 서원을 세워야 돼요. 남자로 태어나겠다고, 내가 여자의 몸은 많이 연습했으니까 다음 생에는 남자의 몸을 좀 연습하겠다고 서원을 세워야 돼요. 그게 마음가짐이에요. 마음가짐을 그렇게 먹고, 몸가짐으로 복덕을 지어 나가면 됩니다.

그리고 즉시 천녀는 신통력을 거두어들였으며, 사리불의 몸도 전과 같이 돌아갔다.

8. 무소득의 소득

천녀가 사리불에게 물었다.
"여인의 몸뚱이 형상은 지금 어디에 있습니까?"

사리불이 말하였다.

"여인의 몸뚱이 형상은 있는 것도 없으며, 있지 않음도 없습니다."

천녀가 말하였다.

"모든 존재도 또한 다시 이와 같습니다. 있는 것도 없으며, 있지 않음도 없습니다. 무릇 있는 것도 없으며, 있지 않음도 없다는 것은 붓다께서 설한 바입니다."

모든 존재는 있는 것도 아니고 없는 것도 아니라는 거예요. 어떤 분은 천당이니 극락이니 지옥 같은 것 없다고 설하는 분도 있는데, 부처님 경전 보면 극락이나 지옥이 다 있어요. '도대체 진짜 있는 거야, 없는 거야?' 삼세인과가 있는 건지 의문이 생길 수 있는데 체体·상相·용用을 알면 그 의문이 없어져요. 체(본체)의 입장에서 보면 모든 것은 다 없는 거예요. 이걸 잘 알아야 돼요. 무슨 법문을 할 때, 지금 무아의 입장에서인지, 대아의 입장에서인지, 시아의 입장에서 설하는 건지 잘 알고 들어야 착각이나 오해를 안 하게 돼요.

무아의 입장, 즉 본체의 입장에서 보면 있는 건 하나도 없어요. 이 세상이 다 무아예요. "무고집멸도, 무색성향미촉법, 무안계, 무의식계, 무무명, 무무명진, 무안이비설신의, 무고집멸도." 사성제도 없어요. 지옥도 천당도 없어요. 고정된 실체가 없다는 거예요. 지옥도 변하고 천당도, 극락도 변해요. 이 천상 세계도요.

본체의 입장에서 볼 때는 없지만 현상의 입장에서 보면 다 있어요. 천상도, 지옥도, 인간도, 신도, 축생도 다 있어요. 그런데 내가 가지고 있는 이 몸과 마음과 현상을 어떻게 써 나가느냐에 따라서 현실을 살면서도 지옥 체험을 할 수도, 천상 체험을 할 수도 있어요. 그게 바로 시아의 입장이에요. "지금 내가 살면서 이렇게 즐겁고 복락을 느끼면 여기가 극락이지 극락이 어디 따로 있느냐?"는 말을 하잖아요. 그건 바로 시아의 입장에서 이야기하는 거예요. 여기가 극락이고, 또 어떤 때 너무 괴로우면 지옥 같다고 하잖아요. 현생에서 체험하는 천당과 극락, 또 현생이 아니라 죽고 나서 가는 천당과 지옥이 있어요. 근데 체의 입장에서 보면 아무것도 없어요, 고정된 실체는 없기 때문에. 무아, 대아, 시아법 모르면 절대 불교를 전체적으로 관통을 할 수가 없습니다. 코끼리 뒷다리 만지는 식으로 "불교에서는 천당도 공하고 지옥도 공해서 아무것도 없는 거야"라고 하는 것은 하나만 아는 거예요. 본체의 입장에서 보면 아무것도 없는 것이지만, 상의 입장에서 보면 모든 것이 존재하는 거고, 용의 입장에서 보면 바로 지금 이렇게 살면서도 여러분들이 얼마든지 지옥 체험, 천당 극락 체험이 순간적으로 가능합니다. 그래서 체·상·용, 무아, 대아, 시아를 꿰뚫고 있어야 관통을 하게 됩니다. 코끼리를 전체적으로 조망하는 것과 똑같은 거죠.

사리불이 천녀에게 물었다.
"당신은 이곳에서 죽으면 마땅히 어디에 태어날 것입니까?"
천녀가 말하였다.
"붓다가 화化하여 태어나시는 것처럼 저도 그렇게 태어날 것입니다."
"붓다가 화化하여 태어나는 것은 없어지거나 생겨나는 것이 아닙니다."

화化하여 태어난다는 건 아바타로 나툰다는 거예요. 화신불. 아바타는 실체가 없기 때문에 없어지거나 생겨나는 게 아니죠.

천녀가 말하였다.
"중생도 그와 같아서 없어지거나 생겨남이 없습니다."
사리불이 천녀에게 물었다.
"당신은 얼마나 지나면 아뇩다라삼먁삼보리를 증득할 수 있습니까?"
천녀가 말하였다.
"마치 사리불이 도리어 범부가 되면, 저도 마땅히 아뇩다라삼먁삼보리를 얻을 수 있을 것입니다."
사리불이 말하였다.
"내가 범부가 되는 그런 일은 있을 수 없습니다."
천녀가 말하였다.
"제가 아뇩다라삼먁삼보리를 얻는 것 또한 그런 일은 없습니다. 왜냐하면, 보리는 머무는 곳이 없기 때문입니다. 그러므로 얻는 이도 있을 수 없습니다."

그러면 아뇩다라삼먁삼보리를 얻으니 마니 하는 것 자체가 무의미한 거죠. 관찰자의 입장에서는 모든 법이 이미 충만하기 때문에, 달은 항상 보름달이기 때문이에요. 내가 깨달음을 얻었다고 초승달이 보름달로 변하고 하는 게 아니라는 거죠. 본래 보름달인 거예요.

사리불이 말하였다.
"그렇다면, 지금 제불이 아뇩다라삼먁삼보리를 얻었으며, 이미 얻었거나 마땅히 얻을 이가 마치 항하사와 같다는 것은 다 무엇을 이르는 말입니까?"
천녀가 말하였다.
"다 세속의 문자와 숫자를 쓰는 까닭에 삼세가 있다고 설하는 것입니다. 깨달음에 과거·미래·현재가 있다는 말이 아닙니다.

깨달음에 과거·현재·미래가 있다고 이야기하면 시간을 초월하지 못합니다. 깨달음은 몸도 초월하고 마음도 초월하고 시간도 초월하고 공간도 초월합니다. 내가 없기 때문이죠. 우리가 시공에 걸리는 이유가 뭐예요? 내가 있으니까요. 내가 있어서 시공에 걸리는 거예요. 내가 없음에 철저해지면 시공에 걸릴 일이 없어지는 겁니다. 과거·현재·미래세가 다 없어져요. 그래서 그 유명한 "과거심불가득, 현재심불가득, 미래심불가득" 화두가 있잖아요. "과거의 마음도 얻을 수 없고, 현재의 마음도 얻을 수 없고, 미래의 마음도 얻을 수 없다고 『금강경』에 나와 있는데, 그러면 어떤 마음에 점을 찍겠습니까?" 보통 노파가 아니에요. 대단한 노파예요. 도인이 사는 절 근처에 살면 그렇게 됩니다. 하하하. 서당개 3년이면 풍월을 읊는다고 그러죠? 선지식을 친견해야 돼요. 가까이 지내면서 한마디라도 더 듣고 하면 자꾸 이슬에 몸이 젖듯이, 콩나물에 물 주듯이, 콩나물에 물 주면 다 빠져 나가는 것 같지만 콩나물은 자라난다는 거예요. 그래서 여러분들이 강의를 듣고 또 법회할 때 와서 법문을 듣고 하는 게 굉장히 중요합니다.

사리불이여, 그대는 아라한의 도를 얻었습니까?"
"얻을 바가 없기 때문에 얻었습니다."
"제불보살도 또한 다시 이와 같습니다. 얻을 바가 없음으로 그러므로 얻은 것입니다."
이때 유마힐이 말하였다.
"사리불이여, 이 천녀는 이미 92억의 부처님께 공양을 해 마쳤습니다. 보살의 신통에 유희해서 원하는 바를 구족하고, 무생법인을 얻었으며, 불퇴전에 머물고 있습니다. 다만 본래의 서원 때문에 뜻하는 바대로 나타내어 중생을 교화하는 것입니다."

원생을 하고 있다는 겁니다. 업생이 아닌 것입니다.

제4장

보현일체색신보살의 질문과
유마의 게송 답변(八. 佛道品)

1. 도 아닌 것[非道]을 행함이 불도에 통달하는 것

그때에 문수사리가 유마힐에게 물었다.

"보살은 어떻게 불도에 통달합니까?"

유마힐이 말했다.

"만약 보살이 도 아닌 것을 행하면, 이것이 불도에 통달하는 것이랍니다."

"어떻게 보살이 도 아닌 것을 행한다는 것입니까?"

유마힐이 말했다.

"만약 보살이 오무간[60]을 행하더라도 고뇌하거나 화내는 일이 없습니다. 지옥에 이르러도 어떠한 죄와 허물도 없고, 축생에 이르

---

60 다섯 가지 무간지옥에 떨어지는 죄. 어머니를 죽이거나, 아버지를 죽이거나, 아라한을 죽이거나, 대중의 화합을 깨뜨리거나, 붓다의 몸에 피를 내는 것.

러도 무명과 교만 등의 과오가 없으며, 아귀도에 이르러도 공덕을 구족합니다. 색계와 무색계의 도를 행하더라도 수승함을 삼지 않습니다.

탐욕 행함을 보이지만 모든 애착과 오염에서 벗어나 있으며, 분노 행함을 보이지만 뭇 중생에게 성내는 장애가 없고, 우치 행함을 보이지만 지혜로써 그 마음을 조복 받습니다.

아끼고 탐하는 것 행함을 보이지만 안팎으로 소유를 버리고 신명을 아끼지 않습니다. 금계 무너뜨림을 보이나 청정한 계에 안주하며, 내지는 작은 죄에도 오히려 큰 두려움을 품습니다.

유마의 텅 빈 방에서 유마거사와 성문, 또 보살들이 지금 대화하고 있습니다. 문수사리가 유마에게 묻죠. "어떻게 하면 불도에 통달하겠습니까?" 그러자 유마힐이 "도 아닌 것을 행하면 불도에 통달한다"고 했어요. 대단하죠. 도 중의 도는 뭐예요? 팔정도八正道(올바른 여덟 가지 길)예요. 팔정도에 통달하면 불도에 통달하는 거라고 보통 생각하는데, 유마장자는 한 걸음 더 나아가서 팔사도八邪道(그릇된 여덟 가지 길)에 통달해야 진짜 불도에 통달한다고 합니다.

우리가 기존에 가지고 있던 고정관념, 선입견을 완전 깨고 있어요. 방편, 방법에 통달해야 한다고요. 도 아닌 것은 사실은 방편이라고 하고, 도인 것은 진실이라고 해요. 앞서 "방편만 구족하고 진실이 없으면 속박이고, 방편도 있고 진실도 있어야 그게 바로 해탈이다"라고 했어요. 한 가지 옳은 것에만 통달하면 그것은 진정으로 통달한 게 아니고 옳지 못한 것도 통달해야 된다는 말입니다.

예를 들어 임진왜란 때 스님들이 창칼을 들고 왜적들과 싸웠어요. 살생 중에 최고의 살생이 살인이잖아요. 스님들이 왜적들을 죽인 것이 실은 살생한 게 아니고 방생을 한 겁니다. 이 스님들이 어떤 마음가짐으로 싸웠죠? '우리 백성들이 처참히 당하고 있는데 우리가 산속에 앉아 있어서 되겠냐?' 왜구를 죽인다는 마음으로 싸운게 아니고 백성들을 살리기 위한 마음가짐으로 싸웠기 때문에, 몸가짐으로 보면 당연히 살생인데 마음가짐으로 보면 방생한 거예요. 그러니까 대승불교에서 보면 마음가짐이 소중하다는 거예요.

어떤 스님이 선지식이라고 소문이 나서 다른 많은 스님들이 모였어요. 그 도량에서 한 철 정진을 하겠다고 왔는데 그곳은 토굴처럼 좁은 도량이라서 10명만 살아도 빽빽하고, 그 이상은 수용이 안돼요. 근데 한 4~50명이 모였어요. 그래서 "보다시피 이 도량은 누추해서 10명 이상은 살기 어려우니까 자진해서 좀 가실 분들은 가시고 다음에 오시기 바란다"고 했죠. 그런데 아무도 안 가요. '내가 선지식이 있는 도량에서 공부 좀 해보려고 왔는데 왜 내가 가? 다른 사람이 가야지.' 그래서 이 스님이 그날 저녁부터 법당 앞에서 고기를 굽고 술을 마셨어요. 그다음 날 일어나 보니까 스님들이 반쯤 갔고, 3일을 그렇게 했더니 대여섯 명 남고 다 갔어요. 그러고 나서 술과 고기를 싹 치우고 청소를 하고 "자, 이제 쭉정이는 가고 알맹이만 남았으니까 한 철 공부 좀 잘해 봅시다"라고 했다고 합니다. 방편을 쓴 거죠. 사람들은 주로 겉모습을 보고 몸가짐을 가지고 판단해버려요. 그런데 그것보다 더 중요한 게 마음가짐이라는 거죠. 지금 얘기하는 것이 "도 아닌 것을 해야 한다"는 방편법을 행

월호 스님의 유마경 강설

하는 거죠. 마음가짐이 진실을 이미 터득했으면 방편법을 행하는 것이 도 아닌 것을 행하는 겁니다. 그것이 불도에 통달하는 것입니다. 그러니까 진실만을 주장할 게 아니고 방편법까지 통달해야 그게 불도에 통달하는 게 됩니다.

분노 행함을 보이지만 언제나 자유롭게 인내하며, 게으름 행함을 보이나 부지런히 공덕을 닦으며, 어지러운 마음 행함을 보이지만 언제나 생각이 고요하며, 어리석음 행함을 보이지만 세간과 출세간의 지혜에 통달하였습니다.

아첨이나 위선 행함을 보이지만 좋은 방편으로서 모든 경전의 이치에 수순합니다. 교만 행함을 보이나 오히려 중생에게는 마치 교량과 같으며, 뭇 번뇌 행함을 보이지만 마음은 언제나 청정합니다. 마구니에 들어감을 보이지만 붓다의 지혜에 수순하여 다른 가르침을 따르지 않습니다. 성문승에 들어감을 보이지만 중생을 위해 아직 듣지 못한 법을 설하며, 벽지불에 들어감을 보이지만 대비를 성취하여 중생을 교화하는 것입니다.

빈궁에 들어감을 보이지만 보배로운 손이 있어 공덕이 다함이 없고, 불구자에 들어감을 보이지만 모든 상호를 갖추어서 스스로 장엄합니다. 하천민에 들어감을 보이지만 붓다의 종성 가운데 태어나 뭇 공덕을 갖춥니다. 허약하고 누추함에 들어감을 보이나 나라연[61]의 몸을 얻어 일체중생이 즐겁게 바라보는 바가 됩니다.

---

61 나라연금강, 금강역사

나라연은 금강역사金剛力士를 얘기해요. 나라연금강那羅延金剛 그리고 금강역사, 최고로 건강한 몸을 가지고 있다고 합니다. "허약하고 누추함에 들어감을 보이나 나라연의 몸을 얻어 일체중생이 즐겁게 바라보는 바가 됩니다"라고 했어요. 이게 왜 가능하냐면 실체가 없기 때문에, 무아이기 때문에 대아가 될 수 있는 겁니다. "고정된 내가 없기 때문에 어떠한 나도 만들 수 있다."

근데 어떤 나도 만들 수 있는데, 지금 여러분이 이 몸, 이 마음 만들었죠? 그게 바로 시아라는 거예요. 여러분들 현재의 몸뚱이와 마음은 과거에 여러분이 연습한 대로 받은 것이고, 그래서 지금 여러분이 어떤 몸가짐과 어떤 마음가짐을 하느냐에 따라 미래가 바뀌는 거죠. 실체가 없다는 게 무지하게 좋은 겁니다. "실체가 없기 때문에 어떠한 나도 만들 수 있다", 이게 얼마나 좋아요? 부처도 될 수 있는데 뭔들 될 수 없을까? "신도, 인간도, 축생도 될 수 있다. 내가 선택한다. 내 작품이다. 내 몸가짐과 내 마음가짐이 만들어간다"는 거죠. 그게 바로 "몸가짐과 마음가짐이 나다"라는 소립니다.

늙고 병듦에 들어감을 보이지만 길이 병의 근원을 끊어 죽음의 두려움을 초월합니다. 재물이 생김을 보이나 항상 무상을 관하여 실로 탐하는 바가 없습니다. 처첩과 시녀가 있음을 보이지만 언제나 5욕의 진흙탕으로부터 멀리 벗어나 있고, 어눌함을 나타내지만 변재를 성취하여 모두 갖추어 잃어버림이 없습니다.

"처첩과 시녀가 있지만 오욕의 진흙탕에서 벗어나 있다." 원래

월호 스님의 유마경 강설

범본梵本인 『유마경』을 한문본으로, 산스크리트어를 한문으로 번역하신 분이 구마라집鳩摩羅什(쿠마라지바)입니다. 쿠마라지바는 서역국의 사람이에요. 인도와 중국의 중간에 있는 구자국龜玆國 사람이죠. 어린 나이에 시작해서 경전을 통달했습니다. 범어도 잘했고 한문도 잘한 언어의 대가였죠. 옛날에는 위대한 현인이 있으면 그를 데려오려고 전쟁도 불사했어요. 16국 시대 전진前秦 왕 부견이 고구려 소수림왕 때 불상하고 스님을 보내 우리나라에 불교를 전파했죠? 그 전진왕 부견이 쿠마라지바를 데려오려고 장수를 보내서 전쟁을 해서 이겼어요. 그래서 데리고 오는 사이에 그만 전진왕 부견이 죽었는데, 어쨌든 쿠마라지바가 중국으로 들어와서 경전을 번역해요. 우리가 지금 읽고 있는 『유마경』, 여러분이 좋아하는 『금강경』, 또 『법화경』 등을 대부분 쿠마라지바가 번역했습니다.

근데 쿠마라지바가 천재니까 대를 이어야 된다 해서 아리따운 궁녀들을 보내서 맥이 안 끊기게 했어요. 우리나라도 원효대사를 일부러 요석궁으로 보내서 설총이 태어난 것처럼 말이죠. 그런데 사람들이 자기 행위를 보고, 자기 행위는 여성들과 접촉을 했으니까 '계를 깨뜨린 사람이 경전 번역을 옳게 했을까?' 하고 의심할 수 있잖아요? 후에 쿠마라지바가 죽을 때 유언합니다. "내가 번역한 이 경전을 힘써 유포시켜 주십시오. 만약에 번역에 오류가 없다면 내가 죽은 후 화장을 해도 내 혀는 타지 않을 것입니다." 그랬는데 정말 혀만 안 타요. 나머진 싹 타 버렸어요. 옛날에 경전 번역할 때 말로 했거든요, 혀로. 말로 하면 거기 받아쓰는 사람이 받아쓰고 윤문하는 사람이 따로 있었죠. 일단 초벌 번역은 말로 하는 거기 때문에, 그래서 혀가 안 타는 거예요. 우리가 지금 읽고 있는『유마경』도 쿠마라지바 번역본을 필자가 다시 번역한 거예요. 애매한 부분은 범본을 참조해서 번역했어요.

우리가 사는 지구에서 보면 해가 동쪽에서 떠서 서쪽으로 져요. 그런데 해의 입장에서 보면 지구가 해의 주위를 자전하면서 공전하고 있으니까, 해가 동쪽에서 떠서 서쪽으로 진다는 것은 잘못입니다. 그것보다 더한 오류는 없어요. 오늘 아침에도 해가 동쪽에서 떴죠? 오늘 저녁에도 서쪽으로 지겠죠? 그건 내 입장이지 절대 진리가 아닙니다. 이게 코페르니쿠스 지동설이잖아요. 몇백 년 전까지만 해도 사람들이 이걸 안 믿고 해가 지구를 돈다 그랬어요. 그런데 해가 지구를 돌까요, 지구가 해를 돌까요? 지구가 해를 돌아요. 사람들은 수많은 고정관념과 오류 속에서 살고 있는데, 그게 고정관념이고 잘못인지조차도 모릅니다. 차원이 바뀌면 옳고 그름의 기준이 바뀌어 버립니다.

삿된 구제에 들어감을 보이나 올바른 구제로써 못 중생을 제도하며, 두루 6도에 들어감을 나타내지만 그 인연을 끊고, 열반을 나타내지만 생사를 끊지 않습니다. 문수사리여, 보살은 능히 이와 같이 도 아닌 것을 행하니, 이것이 불도에 통달한다고 하는 것입니다."

진정으로 불도에 통달하는 것은 도만 통달한 게 아니라 도 아닌 것을 행하는 것까지 되어야 불도에 통달한다는 겁니다. 앞서 본

월호 스님의 유마경 강설

"방편이 없는 지혜는 속박이다"라는 말과 같습니다. "방편이 있는 지혜가 해탈이다." 또 "지혜가 없는 방편은 속박이고 지혜가 있는 방편이 해탈이다." 다 같은 말이죠? '대도무문大道無門'이라는 말이 있어요. '진정한 큰 도는 문이 없다'는 거예요. 사람들은 문이 없다고 하면 완전히 폐쇄된 공간을 생각하기 쉽지만, 사실 문이 없다는 건 공하다는 거예요. 정해진 문이 없기 때문에 어떤 문으로도 들어갈 수 있다는 거죠. 사방이 다 트여 있는 것도 문이 없는 거죠. 사방이 다 막혀 있는 것도 문이 없는 거고요. 사방이 다 막혀 있는 것도 문이 없는 게 되지만 그거는 좁은 의미의 '무문'이고, 큰 의미에서는 사방이 다 트여 있으면 문이 필요 없죠. 그래서 '어떤 문으로도 들어갈 수 있다, 도는 물론이고 도 아닌 것까지도 통달해야 된다', 그것이 바로 이분법에서 벗어나는 거죠. 이분법적 견해를 가지고 있는 사람은 결코 불도에 통달할 수 없다고 하는 것입니다.

그래서 그 성숙된 사고방식이 점점 익어 가면, 이분법이 마침내 불이법不二法으로 바뀌어요. '둘이 아니다.' '아니 불'자, '두 이'자. 다음 장에 가면 유명한 유마거사의 침묵, 불이법문이 나옵니다. '둘이 아니다'. '둘이 아니다'라는 말과 '하나다'라는 말은 또 다른 거예요. '둘이 아니다' 또는 '하나와 비슷하다', '일여', 이렇게 표현하지 '하나다' 이렇게 말 안합니다. '부처님과 나는 둘이 아니다', 이렇게 표현해요. '왼손과 오른손이 둘이 아니다' 하면 맞죠. 왼손은 왼손으로 쓰임새가 있고, 오른손은 오른손의 쓰임새가 있어요. 왼손은 왼손의 모양이 있고, 오른손은 오른손의 모양이 있는 거죠. 그러니까 하나는 아니에요. 그러나 한 뿌리에서 나왔어요. 또 둘은 아니죠. 그래서 '불이'라는 개념이 상당히 중요한 개념입니다. 우리가 합장 인사를 하는데 합장이 '불이' 개념이에요. '왼손과 오른손이 둘이 아니다.' 합장해서 인사할 때 '인사를 하는 나나 인사를 받는 그대가 둘이 아니다'. 부처님한테 합장 인사를 할 때도 '인사를 하는 중생이나 인사를 받는 부처님이나 둘이 아니다'. 이게 '선과 악도 둘이 아니다'라는 개념이에요. 이렇게 가고 있습니다, 『유마경』이.

그래서 '도와 도 아닌 것이 둘이 아니다', 이렇게 가야 불도에 통달한다고 하는 겁니다. '나한테 잘해 주는 사람과 못해주는 사람이 둘이 아니다, 나를 좋아하는 사람과 미워하는 사람이 둘이 아니다, 그렇게 은인과 원수가 둘이 아니다'로 나가면 '번뇌와 보리가 둘이 아니다'가 됩니다. '번뇌가 없으면 보리가 없다', 이렇게 돼요. 사람들은 번뇌에서 벗어나기를 바라지만 번뇌에서 벗어나면 더 이상 보리심이 안 생겨요. 닦을 이유가 없어요. 그것은 성문과 같아요. 그래서 번뇌에서 벗어나려 하지 말고 번뇌를 활용해야 합니다. 관찰하는 게 활용하는 거예요.

2. 번뇌의 바다에 들어가지 않으면 지혜의 보배를 얻을 수 없다

이에 유마힐이 문수사리에게 물었다.
"어떠한 것들이 여래의 종자가 됩니까?"
문수사리가 말하였다.

"유신견[62]이 종자가 되고, 무명과 애착이 있음이 종자가 되고, 탐욕과 성냄, 어리석음이 종자가 됩니다.

탐진치가 여래로 가는 씨앗이 된다는 거예요. 탐진치를 없애려 하면 안 된다는 거예요. 이거를 활용해야죠.

4전도[63]로 종자를 삼고, 5개[64]를 종자로 삼으며, 6입을 종자로 삼고, 7식처를 종자로 삼으며, 8사법[65]을 종자로 삼고, 9뇌처[66]를 종자로 삼으며, 10불선도[67]를 종자로 삼습니다. 요약하여 말하자면 62견 및 일체의 번뇌가 다 붓다의 종자가 됩니다."

일체의 번뇌가 다 여래의 씨앗이 된다고 했어요. 유신견, 4전도, 5개, 8사, 9뇌처, 10불선도 등이 나옵니다. '4전도'는 범부가 생각하는 상락아정이에요. 우리가 불성은 상락아정이라고 얘기하는데, 이것을 진짜 실체가 있는 걸로 생각하면 안 돼요. 실체가 없는 게 항상하다는 소리예요. 범부가 생각하는 상락아정은, 외도들이 말하는 아트만 같은 겁니다. '참 나'를 추구한다고 할 때, 범부가 생각

---

62 이 몸이 고정된 실체로서의 '나'라고 하는 생각.

63 범부가 생각하는 상常·락樂·아我·정淨.

64 마음을 덮는 다섯 가지 번뇌. 탐욕, 성냄, 혼침, 도거, 의심.

65 팔정도의 반대.

66 붓다가 경험한 아홉 가지 고난. 첫째 6년 고행, 둘째 손다리녀의 비방, 셋째 나뭇가지에 발을 찔린 일, 넷째 석달 동안 말먹이 보리를 드신 일, 다섯째 석가족이 유리왕에 의해 살해된 일, 여섯째 탁발을 하였으나 빈 발우를 들고 나온 일, 일곱째 전다녀의 거짓 잉태, 여덟째 제바달다로 인한 발의 상처, 아홉째 겨울에 추위로 고생했던 일.

67 십선도의 반대.

하는 상락아정을 불교가 생각하는 상락아정으로 착각해서 '참나? 본마음 참나? 외도들이 말하는 아트만 아니야?'라고 말하는 건데, 다른 겁니다.

다음으로 '5개' 중에 도거는 마음이 오락가락하는 겁니다. '팔사' 는 팔정도의 반대, 바른 생각이 아니라 잘못된 생각, 바른말이 아니라 잘못된 말이죠. 8가지 팔정도의 반대예요. '9뇌처'는 부처님 께서 일생 동안에 경험한 아홉 가지 고난입니다. 여덟째로 든 제바 달다로 인한 발의 상처는, 제바달다가 부처님 죽이려고 바위를 굴 렸는데 파편이 발에 튀어서 발에서 피가 난 적이 있어요. 그걸 말 합니다. 이렇게 "부처님께서도 손수 몸을 받아서 이 세상에 나오셨 기 때문에 이런 아홉 가지 고뇌를 당하셨다", 그거를 종자로 삼는 거예요. 어떤 고난을 당한 것을 단순한 고난으로 생각하는 게 아 니라 그걸 오히려 전화위복의 기회로 삼는다, 우리가 어떤 어려움 을 당했을 때 그 어려움을 보는 마음가짐에 따라 달라진다는 거죠. '왜 나한테 이런 어려움이 왔지? 왜 하필이면 나야?' 그러고선 자 꾸 원망하고 불평하는 마음을 먹거나 자꾸 원인을 다른 사람한테, 심지어 국가 탓으로 돌립니다. 사실 국가라 하는 것도 실체가 없어 요. 계속 변화하는 현상으로써 존재하는 겁니다. 그런데 거기다 대 고 계속 원인을 되물으니까 본인이 발전할 여지가 없어요. 물론 국 가적인 법이라든가, 여러 제도라든가, 이런 건 '연'이에요. 그것도 중요합니다. 그러나 더 중요한 건 자기 마음가짐이에요. 어떤 어려 움이나 고난이 닥쳤을 때 그거를 자기 발전의 계기로 삼아야 돼요. '나한테 왜 이런 일이 생겼을까? 저 사람 때문이야'라고 생각하면 나는 절대 발전 못해요. 밖에다 핑계를 대면 국가가 바뀌어야 되고, 저놈이 바뀌어야 되고, 저 사람이 바뀌어야지, 나는 바뀔 게 하나도 없는 거죠.

유마힐이 말하였다.
"무슨 말씀인지요?"
문수사리가 답하였다.
"만약 무위無爲를 보고 바른 지위에 들어가는 자는, 다시 아뇩다라삼먁삼보리심을 일으킬 수 없습니다. 비유컨대 마치 고원의 육지에는 연꽃이 생겨나지 않고, 낮고 습한 진흙탕 속에서 이 꽃이 자라는 것과 같습니다.
이와 같이 무위법을 보고 정위에 들어가는 자는 기어이 다시는 불법을 일으킬 수 없으며, 번뇌의 진탕 속에 들어 있는 중생만이 불법을 일으킬 수 있을 뿐입니다.

무위를 보고 정위에 들어간다는 게, 아라한이 되느니, 아라한에 머무르는 것보다 차라리 중생으로 있는 게 더 낫다는 소리입니다. 지금 여러분들한테 다행이죠? 여러분들 아라한 아직 못 갔는데, 차라리 중생이 낫다는 소리예요.

또 마치 허공중에 갖가지 종자를 심어도 끝내는 생겨나지 못하나, 똥거름 땅에서는 무성히 자랄 수 있는 것과 같습니다.
이와 같이 무위로 바른 지위에 들어가는 자는 불법을 일으킬 수 없습니다. 아견我見을 일으킴이 마치 수미산 같더라도, 오히려 아뇩다라삼먁삼보리심을 발하여 불법을 일으킵니다.

'아뇩다라삼먁삼보리심을 일으킬 수 없다'는 것은 바로 아라한들에 대해 얘기하는 거죠. 아라한들은 아라한에 머무르게 돼요. 아라한들은 근심 걱정이 없어요. 근심 걱정이 없으면 도 닦을 마음이 안 일어나요. 보살은 번뇌가 있어요. 여러분들이 그렇게 좋아하는 관세음보살도 번뇌가 있다 했어요. 무슨 번뇌? 중생들을 구제해야 되는데 나오라고, 나오라고 계속 불러도 안 나오니까 할 수 없이 뻘 밭에 들어가야 돼요. 들어가서 건져내면 또 들어가고, 또 들어가고, 보살도 죽을 맛이죠. 오죽하면 지장보살은 지옥문 앞에서 맨날 울고 있다고 해요. 절에 가면 지장전地藏殿 있죠? 명부전冥府殿이라고도 해요. 거기 가면 "지옥문전 루불수地獄門前 淚不收"라는 말이 있어요. 지옥문 앞에서 하도 눈물을 흘려서 다 거둘 수 없어요. 지옥에서 나가는 놈이 더 많아야 자기가 빨리 성불하는데, 들어오는 놈이 더 많아서 지옥이 포화상태가 됐어요. '지옥이 텅 빌 때까지는 내가 성불하지 않으리라'고 지장보살이 서원을 했거든요. 근데 지옥이 비기는커녕 점점 늘어나서, 할 수 없이 눈물만 흘려요.

이러한 까닭으로 마땅히 아십시오. 일체 번뇌가 여래의 종자가 되는 것입니다. 비유컨대 마치 큰 바다에 내려가지 않으면 가치를 헤아릴 수 없는 보배 구슬을 얻을 수 없는 것과 같습니다. 이와 같

월호 스님의 유마경 강설

이 번뇌의 큰 바다에 들어가지 않으면 일체 지혜의 보배를 얻을 수 없습니다."

이때 대가섭이 감탄하여 말했다.

"훌륭하십니다! 훌륭하십니다! 문수사리여, 시원하게 그러한 말씀을 해주셨습니다. 참으로 말씀하신 바와 같습니다. 티끌 번뇌의 무더기가 여래의 종자와 같습니다. 우리들은 지금 다시 아뇩다라삼먁삼보리심 일으킴을 감당할 수 없습니다. 오무간죄를 지은 자가 오히려 뜻을 발하여 불법에 태어날 수 있겠지만, 지금 우리들은 길이 보리심을 일으킬 수 없게 되었습니다.

비유컨대 6근이 무너진 수행자가 오욕에 있어 다시 이롭게 할 수 없는 것과 같습니다. 이와 같이 성문으로서 모든 결박이 끊어진 자는 불법 가운데서 이익되는 바 없어, 영원히 지원하지 않습니다.

아라한들은 무아법에 통달했습니다. 그런데 무아에 머물러서는 안 된다는 겁니다. '참 나는 무아다'에 머무르면 안 된다, 그럼 어디로 가야 돼요? 일단 '무아는 대아다'로 가야 돼요. 대아라는 게 바로 보살도를 닦는 거죠. 무아, 즉 '참 나는 무아다'에 머물게 되면 '더 이상 할 일도 없고, 번뇌도 없고, 이익도 없고 그냥 조용히 살다가 가는 게 최상이다'라고밖에 안 되는 거죠. 무아의 진정한 의미는 대아로 가는 것입니다. 고정된 내가 없기에 어떠한 나도 만들 수 있는 것이지요. '나 아닌 것이 없어지는 거구나. 일체가 나이고 부처구나', 이게 대아로 가는 거죠.

이러한 까닭으로 문수사리여, 범부는 불법에 다시 돌아갈 수 있지만, 성문은 돌아갈 수 없습니다. 왜 그런가? 범부는 불법을 듣고 위없는 도심을 일으켜 삼보를 끊어지지 않게 할 수 있습니다. 하지만 성문들은 종신토록 불법에 10력과 4무외 등을 들어도, 영원히 위없는 도의 뜻을 일으킬 수 없습니다."

'번뇌가 없으면 보리도 없다.' 차라리 번뇌가 없는 거보다 번뇌가 드글드글한 게 더 낫다는 소리예요. 여러분들 번뇌가 있다고 슬퍼할 일이 아니죠. '이제 보니까 내가 성문보다도 아라한보다도 낫네', 마음의 위안을 가지세요. 번뇌가 있어야 보리를 얻을 수가 있습니다. 그래서 번뇌를 잘 활용하는데, 번뇌를 활용하는 제일 좋은 방법은 대면 관찰입니다.

3. 보리심을 일으키는 유마힐의 게송

그때에 회중에 보살이 있어 이름이 보현색신이었는데, 유마힐에게 물었다.
"거사여, 부모·처자·친척·권속·관리·지식인은 모두 누구이며, 노비·동복·코끼리·말·수레는 다 어디에 있습니까?"
이에 유마힐이 게송으로 답하였다.
"반야바라밀은 보살의 어머니요, 방편으로 아버지를 삼으니, 일체중생의 도사는 이로 말미암아 생겨나네. 법의 기쁨으로 처를 삼고, 자비심은 딸로 삼으며, 착한 마음과 성실함이 아들이고, 필경 공적함이 집이라네.

　여기 핵심이 "반야바라밀이 보살의 어머니다"입니다. 『반야심경』에 나오는 "이무소득고 보리살타 의반야바라밀다 고심무가애 무가애고 무유공포 원리전도몽상 구경열반", 핵심이 이거예요. "모든 삼세제불이 다 반야바라밀을 의지해서 아뇩다라삼먁삼보리를 얻는다." 반야바라밀이야말로 "시대신주 시대명주 시무상주 시무등등주是大神呪 是大明呪 是無上呪 是無等等呪"예요. 『관세음보살 구생경』에도 "마하반야바라밀 시대신주, 마하반야바라밀 시대명주, 마하반야바라밀 시무상주, 마하반야바라밀 시무등등주", "마하반야바라밀이야말로 크게 신비로운 진언이고 위가 없는 진언이고 동등함이 없는 진언이고 최상의 진언이다"라고 나옵니다. 관세음보살이건 신이건, 불보살님 명호를 외는 것은 방편이에요. 외부에서 어떤 도움을 바라는 거죠. 부처님이나 관세음보살이나 신이나, 외부에 어떤 정신적 존재를 가상해서 도움받는 것은 전부 '연'입니다. '연'은 방편, '인'은 뭐예요? 내 스스로 자생력이 있어요. 그분들 도움 안 받아도 내가 스스로 가지고 있는 에너지가 있는데, 그 에너지는 하나도 쓸 줄 모르면서 자꾸 밖에 있는 에너지만 써먹으려고 하는 게 방편입니다. 내가 가지고 있는 순수에너지를 끄집어내는 진언이 '마하반야바라밀'이라는 거죠. 그래서 필자가 항상 강의 시작할 때 '마하반야바라밀' 열 번씩 하고 또 우리 행불 행자들은 항상 마하반야바라밀을 구념심행, 입으로 염하고 마음으로 행하는 연습을 하라고 하는 이유가 바로 이겁니다. "반야바라밀이야말로 보살의 어머니다."

제자들은 모든 번뇌 마음대로 굴리는 바, 도품이 선지식이니 이로 인해 정각을 이룬다네.

번뇌는 어떻게 해야 돼요? 관찰을 해야 합니다. 내 번뇌로 생각하면 절대 거기서 벗어날 수가 없어요. 나의 번뇌와 내가 분리되는 게 바로 관찰입니다. 정확히 말하면 대면 관찰. 스트레스가 심하다면 '아바타가 스트레스가 심하구나' 하고 대면 관찰을 하면 번뇌하고 분리가 돼요. 내 번뇌가 아니라 아바타의 번뇌로 분리가 되는 겁니다. 일단 분리가 되어야 그다음에 다룰 수가 있어요. 분리가 안 되면 절대 못 다룹니다. 관찰을 통해서 번뇌와 나를 분리시키는 게 아바타 명상입니다.

어떤 분이 이번에 범종불사에 동참했습니다. 남편을 향해서 부글부글 끓는 마음이 있었는데 희한하게 입금과 동시에 이게 확 식어버렸어요. 범종이 원래 쇠와 구리를 부글부글 끓여가지고 확 식혀서 만들거든요. 그래서 범종 소리를 들으면 마음이 쉽니다. 근데 아직 소리를 들은 것도 아니고 입금만 했는데, 어떻게 부글부글 끓던 마음이 확 식었을까? 입금하는 순간 남편을 향해서 부글부글 끓고 있는 자기를 관찰하게 됐답니다. 관찰자 입장에 서게 된 거죠. 남편에게 부글부글 끓고 있는 자기 자신을 떼어놓고 볼 수 있게 된 거죠. 대면 관찰. 그러니까 자기는 더 이상 끓지 않는 겁니다. 관찰하고 있으니까. '아, 쟤가 지금 끓고 있구나.' 남편을 향해서 부글부글 끓고 있는 것은 내가 아니라 나의 아바타일 뿐이에요. 그 자리에서 바로 그냥 식어 버렸다는 게 대단한 거죠.

모든 바라밀은 도반이요, 4섭법은 기녀가 되어 노래로써 법문 읊고 외워 이로써 음악 삼네.

바라밀은 도반이 되고, 번뇌도 물론 도반이고, 도반 아닌 게 없어요. 나를 공부 잘하게 해주는 분도 도반이고, 나를 괴롭히는 사람도 도반이고, 방법만 다를 뿐이죠. 저 사람은 갈궈서 나를 공부하게 만들고, 저 사람은 베풀어서 나를 공부하게 만드는구나, 이렇게 따지면 도반 아닌 사람이 없는 거예요. 그다음에 4섭법은 네 가지로 중생들을 포섭하는 방법이에요. '끌어안을 섭'자죠. 중생들을 포섭하려면 기생이 되어야 돼요. 비위를 맞춰야 하죠. 비위를 안 맞춰주면 안 따라온다는 거예요. 오죽하면 기녀가 되어야 한다고 했을까. 사섭법이 보시섭·애어섭·이행섭·동사섭이죠? 보시는 '베풀어줘야 한다'. 저기 가면 뭐 하나 얻어먹을 게 있구나, 해야 사람들이 모인다는 거죠. 애어섭은 사랑스러운 말, 따뜻한 말, 부드러운 말로 해야 된다는 겁니다. 기녀가 술 먹는 사람 비위를 맞춰주니까 사람들이 기녀한테 가죠. 애교를 부리고 살랑살랑 말을 하고 술을 권하고 하니까 돈 내고 그리 가지, 안 그러면 집에서 먹지, 뭐 하러 거기로 가요? 그리고 이행섭. 뭔가 이익이 되는 행동을 해줘야 좋다고 하는 거예요. 마지막으로 동사섭. 같은 모양을, 같은 업종에 종사하는 모양을 보여줘야 따라온다, 이겁니다. 석가모니 부처님이 이 세상에 오신 뜻은 동사섭을 하러 온 거죠. 그냥 천신의 몸으로 있으면서 인간을 교화하려면 쉽지 않아요. 똑같이 인간의 몸을 맞춰서 '나도 인간이야, 그런데 봐라. 인간의 몸으로도 잘 닦으면 신은 물론이고 신의 스승도 될 수 있어' 하고 몸소 보여준 거죠. 몸소 보여주는 것을 동사섭이라 그래요. 그게 제일 확실한 방법이지만 괴롭죠. 부처님도 인간의 모습으로 오니까 병도 걸리고 늙어가기도 하고 나중에 다비식도 하고, 쉽지 않은 거죠.

다라니의 화원과 무루법의 숲속에서 깨달음의 이치 담은 깨끗하고 묘한 꽃과 해탈과 지혜의 열매 맺네.
8해탈[68]의 욕탕에는 선정의 물 그득하고, 일곱 가지 청정한 꽃[69] 펼쳐놓고, 때가 없는 사람이 여기에서 목욕하네.
코끼리와 말은 5신통으로 내달리며 대승으로 수레 삼고 일심으로 조어하며 팔정도에 노닌다네.
상호 갖추어 용모를 장엄하고 뭇 종호로써 그 자태를 꾸미며 부끄러워함은 옷이 되고 깊은 마음은 꽃다발 되네.
부유함은 일곱 가지 보물이며 가르쳐줌으로써 불어난다네. 설한 바대로 수행하니, 회향으로 큰 이익을 삼는다네.

"부유함은 일곱 가지 보물인데 가르쳐줌으로써 불어난다.", "아

---

68 여덟 가지 선정의 힘으로 탐착심을 제거하는 것. 1. 부정관, 2. 부정관 심화, 3. 정淨 해탈, 4. 공空 무변처, 5. 식識 무변처, 6. 무소유처정, 7. 비상비비상처정, 8. 멸진정.
69 칠정화 : 계戒정, 삼心정, 견見정, 도의度疑정, 분별도分別道정, 행단지경行斷知見정, 열반정.

는 만큼 전하고 가진 만큼 베풀자. 전할수록 알게 되고 베풀수록 갖게 된다. 가르쳐주면 자꾸 불어난다." 불교는 원래 법의 종교라 했어요. 사리자를 법의 사령관이라고 불렀어요. 여러 가지 중요한 게 많지만 그중에서 중요한 게 법이에요. 그다음에 전법, 법을 굴리는 것, 전해주는 것이야말로 최고 중요한 겁니다. 『금강경』에 보면 "사구게 하나만이라도 수지독송하고 남을 위해서 설해주면 그 공덕은 어마어마하다"라는 말이 자그마치 일곱 번이나 나와요. 『금강경』을 읽는 사람은 많고 공부하는 사람 많은데, 전하는 사람이 별로 없어요. 듣기만 하고 실천을 안 합니다. 게송을 전해주는 게 어마어마한 공덕인 이유는, 깨달음은 게송으로 얻는 것이기 때문입니다.

"코끼리와 말은 5신통으로 내달리며 대승으로 수레 삼고 일심으로 조어하며 팔정도에 노닌다네." 게송 하나에 대승불교, 선불교, 초기불교가 다 나와요. 그냥 다 이렇게 조화시키면서. 이게 바로 『유마경』의 특징입니다. 그러니까 "『유마경』을 보지 않은 자, 불교에 대해서 안다고 하지 말라"란 말을 해주고 싶어요. 왜냐하면 너무 편협하게만 공부하니까. 『금강경』 좋다고 맨날 『금강경』만 보면 편협해져요. 『금강경』은 색즉시공을 설한다 그랬죠? 『화엄경』도 봐야 돼요. 『화엄경』은 공즉시색을 설해요. 『유마경』을 보면 색즉시공, 공즉시색, 색즉시색까지 세 가지가 다 나와요. 다시 말해서 혜안, 법안, 불안까지 다 나와요. 『금강경』은 혜안을 밝혀주고, 『화엄경』은 법안을 밝혀주고, 『유마경』은 불안을 밝혀줘요.

4선정으로 침상과 좌복 삼고 바른 직업으로 살아가며 많이 듣고 지혜를 증장하여 자각의 법음으로 삼는다네.
감로의 법은 음식이며 해탈의 맛을 장으로 삼아 청정한 마음으로 목욕하고 계품으로 향수를 바르는 것으로 삼는다네.

계를 잘 지키면 계향이 나옵니다. 그래서 우리가 예불할 때 계향을 하죠? 계를 잘 지키면 향이 난다는 거죠. 선정을 잘 닦으면 선정의 향이 나와요. 그게 정향이죠. 지혜를 닦으면 지혜의 향, 혜향이 나오고 그다음에 해탈하면 해탈의 향이 나오고, 자기가 해탈했음을 바라볼 수 있으면 그게 해탈지견향이죠. 해탈을 했어도 해탈한 건지 안 한 건지 처음에는 헷갈려요. 경험이 없으니까요. 해탈은 처음이거든요. 해탈을 했는지를 확실히 알게 되는 것, 해탈지견향까지 해서 다섯 가지 향 '오분향례'라고 하는 거죠. 아침저녁으로 예불할 때 다섯 가지 향의 예절을 올린다는 뜻입니다.

번뇌의 적을 무찌르니 용맹과 건장함은 뛰어넘을 수 없으며 네 부류의 마군을 항복받아 승리의 깃발을 도량에 세운다네.

네 무리의 마군이라는 것은 '오음마五陰魔, 죽음의 마, 번뇌의 마, 천마', 이 네 종류의 마입니다. '오음의 마'라는 건 내가 가지고 있는 색·수·상·행·식 있죠? 이 몸뚱이, 그다음에 마음은 사실 알고 보면 마구니예요. 나라고 생각하고 이거를 어떻게 만족시켜 줄까, 이 몸과 마음을 충족시켜 주려고 우리가 노력하잖아요. 사실 인생을 사는 게 그거잖아요. 근데 그것 때문에 윤회하는 거예요. 이 몸과 마음은 내가 아닙니다. 이 둘을 자꾸 충족시켜 주려고 하다 보면 윤회에서 벗어날 수가 없어요. 분리시켜야 되는 거죠. 그래서 오음마라 하죠. 오음이라는 게 오온, 색·수·상·행·식입니다. 오음이 오온과 같은 말인데 이게 우리 마음을 가린다고 해서 '그늘 음'자를 쓰는 거죠.

비록 일어나고 사라짐이 없음을 알지만 다른 이에게는 짐짓 태어남을 보여 모든 국토에 다 나타남이 마치 태양을 보지 못함 없는 것과 같네.
시방에 계신 무량한 억만 여래에게 공양하나 부처님과 자신을 분별하는 생각 없네.

결국 부처님도 나도 둘이 아니라는 거죠. 합장하고 인사할 때, 합장을 받는 당신이나 합장을 인사하는 나나 둘이 아니다, 이런 뜻이라 그랬죠? '왼손과 오른손이 둘이 아니다.' 둘이 아니라는 건 굉장히 중요한 개념입니다. 본체는 하나지만 작용은 둘이라는 거에요. 본체는, 뿌리는 하나예요. 다 한 마음에서 다 나왔어요. 그러나 쓰임은 다르다, 그게 바로 '둘이 아니다'입니다. '하나다'라는 말하고, '둘이 아니다'라는 말하고 다른 말입니다. 어떻게 부처님하고 내가 하나겠어요? 뿌리는 하나지만 쓰임은 둘이다, 남자와 여자가 다 인간이라는 본질에서는 다 하나지만 쓰임은 다르죠? 남자는 남자로서의 작용이 있고 여자는 여자로서의 작용이 있단 말이죠. 그걸 바로 '불이'라 그래요. 왼팔 오른팔이 둘 다 똑같은 팔이지만 왼팔 용도와 오른팔 용도가 다르죠? 그게 바로 '불이'에요. 뒤에 가면 불이의 정신, 즉 '불이법문'이 나와요. 이게 바로 『유마경』의 핵심입니다.

비록 모든 불국토와 중생들이 더불어 공함을 알지만 그러나 언제나 정토행을 닦아 뭇 중생을 교화하네.

정토행을 닦아야 되는 거예요. 무아의 입장에서 보면 천당도 없고 지옥도 없어요. 또 있다고 해도 소용없어요. 내가 없는데 천당이 있고 지옥이 있는 게 무슨 상관이겠어요. 그러나 대아의 차원에 가면 천당도 있고 지옥도 있답니다. 정신세계가 왜 없겠어요? 그런데 시아의 차원에 가면 또 나의 행위에 따라서 천당도 되고 지옥도 되는 거죠. 여기가 천당이 되고, 여기가 지옥이 됩니다. 이 세가지 차원을 잘 알아야 합니다.

모든 중생의 부류와 형상, 음성 및 위의를 두려움 없는 힘을 가진 보살은 일시에 다 보일 수 있다네.
온갖 마군들의 일을 알아차리되 그들의 행위에 따르고 있음을 보여서 좋은 방편의 지혜로써 뜻대로 다 나타낼 수 있다네.
혹은 늙고 병들고 죽음을 보여 뭇 중생을 성취시키되 아바타와 같음을 확실히 알아 통달하여 막힘이 없다네.

월호 스님의 유마경 강설

"몸이 늙고 병들고 죽음을 보여서 중생들을 성취시킨다……." 석가모니 부처님도 2,500년 전에 오셔서 늙고 병들고 죽음을 보여주셨어요. 석가모니 부처님은 부처님의 아바타입니다. 화신불이에요. 석가모니불. 그래서 『법화경』에 보면 석가모니불이 하나만 있는 게 아니라 사방천지에 석가모니불이죠. 저 세계에도 이 세계에도 있고, 「종지용출품」에 보면 대보살들이 어마어마하게 출연하는데 다 자기네들이 석가모니 부처님의 제자래요. 석가모니 부처님이 그때는 돌아가시기 전이니까 80세도 아직 안 됐는데, 이런 수많은 대보살 제자들을 언제 만든 거야? 지금껏 본 적도 없고 들은 적도 없는데. "어떻게 당신들이 석가모니 부처님 제자입니까?" 물어요. '석가모니 부처님'은 아바타죠. 과거·현재·미래, 그리고 사방팔방에 있는 거예요. 그러니까 행불선원에도 석가모님 부처님이 계시고, 조계사에도, 봉은사에도 계시는 게 가능한 거예요, 아바타기 때문에.

혹은 겁이 다하여 소멸하고 천지가 다 텅 빔을 나타내어 항상하다고 생각하는 중생들에게 비추어 무상을 알게 하네.
무수한 억만의 중생이 함께 와서 보살을 청하면 일시에 그들의 집에 다다라 교화하여 불도로 향하게 하네.

수많은 중생들이 보살을 청하는데 일시에 그들 집에 다 나타난다는 거예요. 이게 어떻게 가능해요? 아바타니까 가능한 거죠. 분신. 아바타는 분신이거든요. 화신. 그래서 얼마든지 나타날 수 있다! 그러니까 '월호 스님이 어제 기도할 때 관세음보살님이 나타났다고 하고, 다른 절에서도 다른 스님이 그 절에서 그 시간에 관세음보살을 봤다는데, 어느 관세음보살이 진짜야?' 이럴 필요 없다는 거예요. 동시다발적으로 얼마든지 나타날 수 있다는 거예요.

경서와 금계 및 주술, 교묘한 온갖 기예들 빠짐없이 이러한 일들을 나타내어 모든 중생을 요익케 하네.
세간의 온갖 도법들 모든 그 가운데 출가하여 그로 인해서 사람들의 의혹을 풀고 사견에 떨어지지 않게 하네.
혹은 해와 달과 천상세계나 범천왕 세계의 주인이 되고 혹은 때때로 땅과 물이 되며, 혹은 다시 바람과 물이 된다네.
겁劫 중에 전염병이 퍼지면 뭇 약초가 되어 나타나서 만약 그 약초를 복용하는 자 있으면 병을 없애고 뭇 독을 제거하네.

요새처럼 전염병이 있을 때 "약초가 되어 나타난다……." 약초가 뭡니까? 『관세음보살 몽수경』이 약초예요. 몽수경을 해야 돼요. 저는 요새 틈만 나면 몽수경을 아침에도 하고 밤에도 틈나면 하고 운전하다가도 하고 몽수경 108독 USB를 만들어가지고 차에다 꽂아 놓고 다녀요. 시동 걸면 바로 나와요. 여러분도 그렇게 하면 좋습니다.

겁 중에 기근이 들면 몸을 나타내어 음식을 만들어 우선 그들의 기갈을 구하고 그리고 법으로써 사람들에게 일러준다네.

겁 중에 전쟁이 일어나면 그들을 위해 자비심을 일으켜 저 중생들을 교화하여 하여금 다툼이 없는 땅에 머물게 한다네.
만약 큰 전쟁 일어나서 서로 대등한 힘으로 버티면 보살이 위세를 나타내어 항복 시켜 화평하게 하네.

한번 실제로 그런 일이 있었는데, 전쟁 상황에 두 군대가 서로 대치하고 일촉즉발의 경계에 있었어요. 싸움을 시작하려고 하는데 중간에 도인 스님이 두 군대가 대치해 있는 그 가운데를 걸어간 거죠. 가사 장삼을 입고 천천히 걸어가고 있는 거죠. 지금 싸울까 말까 막 시작하려고 그러는데, 중간에 한 스님이 그렇게 걸어가고 있으니까 지휘관도 스님 지나가면 시작하지 뭐, 기다린 거죠. 근데 이 스님이 명상을 하면서 천천히 걸어가는데 너무 평화롭게 걸어가는 거예요. 양쪽에 군대가 그렇게 대치하고 있는데도 아랑곳하지 않고 표정도, 걸음걸이도 너무 평화롭게 걸어가는데, 양쪽 군인들이 다 그걸 보고 있는 동안에 투쟁심이 쉬어버렸어요. 그 평화로운 그 걸음걸이가, 마음이 전이되어 버린 거죠. 그래서 안 싸웠다고 합니다.

일체의 국토 중 지옥이 있는 모든 곳에 즉각 가서 그곳에 이르러 힘써 그들의 고뇌를 건네준다네.

"지옥까지도 가서 고뇌를 건네준다……." 이런 종교는 불교밖에 없어요. 다른 종교는 지옥에 가면 디엔드, 끝, 종신 지옥이에요. 한

번 지옥 가면 평생 지옥인데 불교 지옥은 그렇지 않아요. 불교는 지옥이 '너 잘못했으니까 고생 좀 죽어라고 해봐' 이게 아니고 말 그대로 교도소예요. 자기를 반성한 다음에 업장을 벗을 수 있는 기회를 주는 거예요. 그래서 지옥 중생도 제도한다는 지장보살이 있고, 또 지장보살뿐만 아니라 뭇 보살들도 "지옥이 있는 모든 곳에 즉각 가서 그곳에 이르러 힘써 그들의 고뇌를 건내준다"고 합니다.

일체의 국토 중 축생들이 서로 잡아먹으면 다 그들에게 태어남을 나타내어 그를 위하여 이익이 되게 하네.

불자들은 가급적이면 육식을 삼가고 채식 위주로 하는 게 좋습니다. 지금 우리가 너무 축생들을 많이 잡아 먹고 있죠. 지구상에서 또한 살처분한다고 막 몇만 마리씩 죽이고 이러잖아요. 그런 것들이 다 업이 되어서 코로나19 같은 걸로 나타나는 거죠. 전염병이 업장이 돼가지고요.

오욕을 받는 것도 보이고 다시 참선 수행하는 것도 보여서 마군의 마음을 어지럽혀 그들이 짬을 얻지 못하게 한다네.
불 속에서 연꽃을 피우면 이것을 희유하다고 할 수 있으니 욕망에 젖어 있으면서 참선을 닦음이 희유하기 또한 이와 같다네.

"불 속에서 연꽃을 피운다." 그러니까 음욕의 불길이 홍련으로 변화하는 모습을 관상을 하는데, 이게 음욕을 없애는 좋은 방법입

　　　　　　　　　　　월호 스님의 유마경 강설

니다. 음욕이라는 게 활활 타오르죠. 음욕의 불길이 홍련으로 변하는 모습. "원컨대 모든 중생들이 몸에 음욕의 즐거움이 없고 마음에 음심이 사라지다. 버드나무 청정수를 뿌려서 불꽃이 홍련으로 변하여지이다." 자꾸 이런 게송을 읊으면 음욕심이 홍련으로 바뀌어요.

혹 음녀가 되어 나타나서 뭇 호색한을 유인하여 우선 욕망의 고리로써 끌어들이고 후에 붓다의 지혜에 들게 한다네.

이것도 역시 방편으로 끌어들여서 진실로 인도해준다는 소리죠. 당나라 때 혁우라는 지방에 한 아리따운 소녀가 나타났어요. 홀연히 나타나서 홀로 살았는데 너무 이쁘니까 그 지방의 총각들이 처음부터 홀리는 거죠. '야, 저렇게 아름다운 여인이 도대체 어디 있다가 나타났냐.' 그래서 "나랑 결혼해주세요" 하고 청혼을 했는데 그게 한두 명이 아니고 수십 명, 수백 명이 되는 거죠. 그러니까 이 소녀가 '나는 하난데 청혼하는 사람이 이렇게 많으니까 어떻게 하나? 내가 과제를 하나 줄 테니까 이 과제를 해결하는 분에게 내가 시집을 가겠다' 합니다. 그게 뭔 줄 아세요? 「관세음보살보문품」을 가르쳐주고 "이것을 내일까지 외우는 분한테 가겠습니다", 그래서 「관세음보살보문품」을 마을 사람들이 죽어라 외운 거죠. 그다음 날 몇십 명으로 줄어든 거죠. 그래서 또 과제를 줬어요. "나는 홀몸이고 한 분을 뽑아야 되니까 다시 과제를 주겠습니다" 하고 "『금강경』을 내일까지 외우는 사람에게 시집을 가겠습니다"

해요. 잠도 안 자고 막 외워, 남자들이. 그다음 날에 왔는데 역시 아직도 여러 명이 외워서 온 거예요. 그래서 그날은 『법화경』을 주면서 3일 동안 이걸 외워오는 사람에게 시집을 가겠다 해가지고 줬는데, 한 사람이 외워 왔어요. 그 사람과 혼인식 날을 잡아서 결혼식을 하는데, 혼인을 막 올리려고 할 때 신부가 갑자기 "제가 몸이 좀 안 좋아서 잠깐 좀 쉬었다 오겠습니다" 하고 방에 들어갔어요. 근데 안 나와요. 문을 열어 보니까 거기서 죽었어요. 말짱하던 여자가 금방 죽어버렸어요. 그래서 결혼식도 못 이루고 결혼식장이 장례식장이 됐죠. 땅에 묻었는데 며칠 있다가 한 스님이 와서 "여기 한 소녀가 와서 죽지 않았느냐, 어디 있느냐?" 신랑 될뻔한 사람이 "죽어서 묻었다", 스님이 "파봐라" 해서 팠더니 시신이 없어지고, 시신이 있던 자리에 고리로 연결된 금 쇄골이 나타났어요. 스님이 그거를 딱 꺼내서 얘기하는 게 "사실은 그 소녀가 관세음보살님이다. 관세음보살님이 그대들 지방에 불교가 너무 없으니까 전법을 하려고 아리따운 소녀의 모습으로 나타난 것이다" 하고서 아미타불과 관세음보살의 모습으로 해서 허공으로 사라졌어요. 그때부터 그 지방에 불교가 급속히 전파됐어요. 이게 『법화영험전』에 나오는 말입니다.

혹 마을의 주체가 되고 혹은 상인의 지도자로 혹은 국사 또는 대신이 되어 중생을 도와 이롭게 하네. 모든 빈궁자에게는 다함 없는 곳간 만들어내어 그것으로써 그들에게 권하고 인도하여 보리심을 일으키게 하네.

'나'라는 마음이 교만한 자에게는 대 역사로 나타나서 뭇 뻐기는
마음을 녹여 항복받아 위없는 도에 머물게 하네.
두려움에 떠는 중생에게는 그들 앞에 나타나 위안이 되게 하고
먼저 두려움 없음을 베풀고 후에 도심을 일으키게 하네.

교만한 자는 좀 죽여주고 두려움에 떠는 중생은 살려준다는 거
예요. 살인도 활인검殺人刀 活人劍을 쓰는 거죠. 살활자재. 『금강경』
은 살인도, '아상·인상·중생상을 없애라', 계속 나오잖아요. 무아
상·무인상·무중생상·무수자상이 계속 나와요. '네 고정관념을
없애야 된다' 그래서 살인도고, 『화엄경』은 활인검이에요. 중생들
이 스스로 자기에 대해서 자존감이 너무 없을 때는 세상 살기가 힘
들거든요. 자존감을 채워주는 것입니다. '모든 수목조차도 다 정신
적 존재다, 신이 깃들어있다'라고 얘기하잖아요. 인간은 물론이고
풀까지도 다 살려내는 것입니다. 나아가 『유마경』은 살활자재. 죽
였다 살렸다 하는 게 자재로운 거죠.

혹 음욕을 여읨을 나타내어 오신통의 선인이 되어 모든 중생의
무리들을 열어 이끌어 계율과 인욕과 자비에 머물게 하네.
일에 이바지할 사람을 찾으면 하인이 되어 나타나서 그 뜻을 따
라 기쁘게 하여 이에 도심을 일으키게 하네.

과거에 어떤 절에서 불사를 할 때, 법당 만들어서 내부 단청을
해야 되는데 갑자기 어떤 사람이 나타나서, 자기가 단청을 무보수

로 해드리겠다고 한 거예요. "다만 조건이 하나 있다, 내가 단청 작업할 동안 절대 법당 안을 들여다보면 안 된다", 그래서 진짜 그에게 시켰는데, 동자승이 도대체 단청을 어떻게 하는 건지 너무 궁금해서 쳐다본 겁니다. 문 틈으로 쳐다봤더니 파랑새가 붓을 입에 물고 단청을 하고 있는 거예요. 근데 이걸 보는 순간 새가 날아가 버렸어요. 그래서 단청이 아직 미완성이래요. 그런 일화도 있어요. 그래서 정말 관세음보살이나 이런 대보살들은 "이런 게 필요하다, 그런데 방법이 없다", 그러면 직접 본인들이 몸을 나투어서 화공으로 나투어서 그거를 완성시킵니다.

저마다 필요한 바에 따라서 불도에 들어서게 하고 훌륭한 방편력으로써 모두 흡족하게 하네.
이와 같은 도는 한량없고 행하는 바에는 끝이 없으며 지혜는 가장자리가 없어 무수한 중생을 제도해 해탈케 하네.

"이와 같은 도"는 보살도를 얘기하는 거죠. 보살도는 한량이, 끝이 없어요. "행하는 바 끝이 없고, 지혜는 가장자리가 없다……." 우리가 어버이 은혜를 노래할 때 "가이 없어라"라는 말 하지요? 가이 없다는 게 가장자리가 없다는 겁니다. 가장자리가 없다는 건 끝이 없다는 것, 한이 없다, 무궁무진하다는 뜻이죠. "지혜는 가장자리가 없어서, 가이 없어서, 무수한 중생을 제도해 해탈케 하네." 알고보면 제도할 중생이 없죠. 중생들이 다 아바타입니다. 제도하는 나도 아바타고, 제도 당하는 중생도 아바타고, 다 같아요. 그래서

『금강경』에 보면 "제도했다고 해도 한 중생도 제도한 바 없다", 이렇게 나오죠. 왜 없어요? 중생이라는 것도 사실은 실체가 없어서, 아바타기 때문입니다.

가령 일체의 붓다께서 무수한 억겁에 있어서 그 공덕을 찬탄하더라도 오히려 다 할 수 없다네.
누군들 이와 같은 법문을 듣고 보리심을 일으키지 아니 하리오?
저 불초한 사람과 어리석고 캄캄하여 무지한 자가 아니라면."

불초란 어버이나 스승의 어떤 덕망을 이을 만한 자질이 없다, 못나고 어리석다는 뜻입니다. 그래서 우리가 불보살님의 유업을 이어야 불초한 사람이 안 되는 거예요.

여기까지, 일단 제4장이 끝났습니다. 다음 장부터는 '유마가 불이법문을 묻고 33보살이 답하다' 해서 불이법문, 『유마경』의 정상을 만납니다. '진정한 진리는 말로 설할 수 없다', 유마의 침묵으로 나오죠. '불가득이다, 얻을 수 없다, 충만해 있다, 이미 완벽하다'는 등 여러 가지 뜻을 담고 있습니다.

유마가 불이법문을 묻고 33보살이 답하다
(九. 入不二法門品)

이제 '유마거사가 불이법문을 묻고 33보살이 답하다', '입불이법
문품'을 배웁니다. '불이법문에 들어가는 대목'이라는 뜻이죠. '불
이不二'는 불교에서 굉장히 중요한 표현입니다. 진리를 표현할 때
'불이', 즉 '둘이 아니다'와 '하나다'는 달라요. 여러분, 몸과 마음이
하나예요? 오른손과 왼손이 둘이 아니죠? 하나가 아닙니다. 그러
니까 '신과 인간이 둘이 아니다', '부처님과 내가 둘이 아니다', 이
게 올바른 표현입니다. 체동용이體同用異, 즉 '본체는 동일하지만
쓰임은 다르다'는 것을 '불이'라고 합니다.

1. 불이법문에 대한 33보살의 답변

33보살의 답변 중에서 일반 보살들은 31명이고, 문수보살이 32
번째로 답변하고, 마지막으로 유마거사가 33번째로 답변을 합니

다. 전부 합쳐서 33보살입니다.

이때 유마힐이 뭇 보살들에게 말하였다.
"여러분! 보살은 어떻게 불이법문에 들어갑니까? 각자 좋아하는 바를 설명해보시기 바랍니다."

이제 유마힐이 보살들에게 묻죠. 거기에 대해 먼저 31명의 보살들이 답변합니다.

모임에 있던 법자재라 부르는 보살이 설하였다.
"여러분, 생과 멸이 둘이지만, 법은 본래 생겨나지 않으니 지금 곧 소멸할 것도 없습니다. 이 무생법인을 얻는 것이 바로 불이법문에 들어가는 것입니다."

'무생법인無生法忍'이란 '태어남이 없는 진리다', 즉 '태어나지 말아야 안 죽는다'는 거예요. 영생이란 말로만 존재하는 거죠. 토끼 뿔이나 거북이 털 같은 영생은 있을 수 없어요. 영생은 태어나기만 하고 '멸'이 없는 것인데, 그런데 누구나 태어나면 반드시 멸이 있어요. 그게 불생불멸의 진리인데, 사람들이 그걸 모르고 영생만 원합니다. 하지만 영구히 사는 것은 말로만 존재하고 실제로 있을 수 없는 허상을 좇는 거예요. 사실 영구히 사는 삶은 고苦예요. 몸뚱이를 유지한다는 게 쉬운 게 아니죠. 사람들은 부활을 꿈꾸죠. 그런데 여러분, 사람들이 매일같이 부활하는 데가 있어요. 그곳이 어디

나면 바로 지옥이에요. 죽어서 없어지고 싶은데, 다시 태어나서 또 고통받고, 다시 태어나서 또 괴로움 받고 해서, 매일같이 시시때때로, 죽었다 하면 바로 부활해요. 그래서 골치 아픈 데가 바로 지옥이에요. 죽고 싶어도 못 죽어요, 다시 태어나서. 그래서 영생이니 부활이니 하는 개념은 사람들이 그거를 꿈꾸고 추앙하고 바라지만, 그것은 거북이 털이나 토끼 뿔처럼 있을 수 없는, 말로만 존재하는 거다, 진정한 행복은 영생이나 부활이 아니라 '불생불멸'이라는 거예요. 생과 멸은 둘이라고 하지만 체로 보면 하나고, 작용이 둘이다, 그걸 얻는 것이 '무생법인'입니다. '안 태어난다. 무생. 생이 없다. 태어나지 않는 진리.' 태어나지 않으려면 어떻게 해야 돼요? 한 생각을 일으키지 말아야 돼요. 홀연히 한 생각 일으켜서 홀연히 생겨납니다. 홀기일념忽起一念(홀연히 일어난 한 생각)이라고 하죠. 그게 바로 무명입니다.

덕수보살이 말하였다.
"나와 나의 것이 둘이지만, 내가 있음으로 하여 나의 것이 있게 됩니다. 만약 나도 없고 나의 것도 없다면, 이것이 바로 불이법문에 들어가는 것입니다."

내가 있으니까 나의 것이 있죠. 내가 없어지면 나의 것도 없어집니다. 이렇게 '나'라는 생각이 없어져야 나의 생·노·병·사도 없어진다는 겁니다.

월호 스님의 유마경 강설

불현보살이 말하였다.

"느낌과 느끼지 않음이 둘이지만, 만약 법을 느끼지 않는다면 즉 얻을 수 없습니다. 얻을 수 없기 때문에 취할 것도 없고 버릴 것도 없으며, 조작할 것도 없고 시행할 것도 없습니다. 이것이 바로 불이법문에 들어가는 것입니다."

느끼고 느끼지 않는 그것도 역시 무엇이 있기 때문에 느끼고 느끼지 않는 거죠. 근데 사실은 무엇이라는 것조차 공한 것이기 때문에 그리 들어가면 불이법문에 들어가는 것입니다.

덕정보살이 말하였다.

"더럽고 깨끗함이 둘이지만, 더러움의 실다운 성품을 보면 즉 청정하다는 상相이 없습니다. 적멸의 모습을 따르는 이것이 바로 불이법문에 들어가는 것입니다.

더럽고 깨끗하다는 것도 사실 공한 것이지 정해진 상이 없다는 거예요. 자기 입장에서 하는 거죠. 재래식 화장실에 구더기가 많았잖아요. 구더기를 '아유 더러워. 똥물에서 냄새나고 어떻게 살아, 불쌍하다' 그래서 다 건져 맑은 물에 넣어 주면 구더기 다 죽어요. 구더기에게는 똥물이 천당이다! 더럽다, 깨끗하다는 개념은 다 자기의 관점에서, 나의 판단과 생각이 있기 때문에 있는 것이지, 다시 근본으로 돌아가면 그것도 역시 공한 것이라는 겁니다.

선숙보살이 말하였다.

"동動함과 생각이 둘이지만, 동하지 않으면 생각이 없고 생각이 없으면 곧 분별이 없습니다. 이를 통달하면 그것이 바로 불이법문에 들어가는 것입니다."

생각, 이 한 생각 일으킨다는 것이 바로 움직이는 거지요. 마음이 움직여서 한 생각이 일어나는 겁니다. 마음은 파동 에너지라 그래요. 몸은 뭉친 에너지고, 성품은 순수에너지라고 표현합니다. 순수에너지가 원래 고요한 적멸 상태인데, 거기에 딱 움직이는 동함이 생기면서 생각이 일어나죠. 그래서 무명無明이 일어납니다. "한 생각 일으키는 것이 모두 사실은 무명이다." 우리가 본명 자리에 있다가 한 생각 일어나면서 무명이 돼버려요. 본명이 가려져요, 마치 하늘에 구름이 꽉 끼는 것처럼.

선안보살이 말하였다.

"일상一相과 무상無相이 둘이지만, 만약 일상이 곧 무상인 줄 알고, 또한 무상도 취하지 않으면 평등에 들어갑니다. 이것이 불이법문에 들어가는 것입니다."

"법성원융무이상法性圓融無二相." 법성게에 보면 나오죠? 일상이나 무상이나 사실 두가지 상이 없는 거죠. 체로 보면 하나지만, 일상만 있으면 무상이 뭔지 모르게 돼요. 그래서 일상이 곧 무상입니다.

마음공부에 4단계가 있다고 했죠? '하심 공부, 일심 공부, 무심 공부, 발심 공부.' 여기서 무심 공부는 어떻게 하죠? 억지로 무심해지려고 한다고 무심이 되지 않죠. 일심을 연습하다 보면 어느 순간 무심이 돼죠. 참선이든 명상이든 마음 공부할 때는 단계를 잘 거쳐야 돼요. 일단은 마음을 낮춰 하심이 돼야 마음이 겸허해지고, 겸허해져야 드디어 가르침이 들어오기 시작합니다. 내가 제일 잘났다고 생각하면 누구의 가르침이 들어오겠어요? 석가모니 부처님이 와서 얘기해도 아니라고 하지요. 마음을 하심하면, 모든 이들의 가르침이 잘 들어와요. 그다음에 일심 공부, 한마음, '앉으나 서나 오나가나 자나 깨나 오로지 관세음보살', 이 일심 공부를 하다 보면 어느덧 무심해지는 경계가 옵니다. '마하반야바라밀'로 진입하는 거죠. 이게 바로 무심 공부예요. 일심에서 시작해서 무심으로 가는 겁니다.

묘비보살이 말하였다.
"보살심과 성문심이 둘이지만, 마음의 형상은 공해서 마치 아바타와 같다고 관하면 보살심도 없고 성문심도 없습니다. 이것이 불이법문에 들어가는 것입니다."

보살은 대비심, 성문은 무심이지만 보살이나 성문이나 일단은 아바타입니다. 마음은 모두 아바타니까 본체로 들어가면 똑같은 거죠. 작용이 다를 뿐이고요. 그래서 이게 '불이법문'이라는 말입니다.

불사보살이 말하였다.

"선과 불선不善이 둘이지만, 만약 선과 불선을 일으키지 않아서 형상이 없는 경계에 들어가 통달하면 이것이 불이법문에 들어가는 것입니다."

선이니 불선이니 하는 것도 다 자기 입장과 형상에 맞춰서 하는 말입니다. 때와 장소에 따라서, 예를 들면 살인도 평상시에 하면 중죄업이 돼서 감옥에 들어가는데, 전시 상황의 군인들은 적군을 많이 죽일수록 훈장을 받고 대단하다고 해요. 겉으로는 똑같은 살인이지만 때와 장소와 상황에 따라 다릅니다. 기만도 마찬가지죠. 사기는 굉장히 안 좋은 것이지만 전시에 기만 전술로 적군을 속여서 죽이면 굉장히 훌륭한 작전이라고 훈장을 받습니다. 선과 불선도 때와 장소와 상황에 따라 바뀐다는 겁니다.

사자보살이 말하였다.
"죄와 복이 둘이지만, 만약 죄의 성품을 통달하면 복과 더불어 다름이 없습니다. 금강의 지혜로써 이러한 모양을 완전히 깨달아 얽매인 것도 없고 풀 것도 없는 것이 바로 불이법문에 들어가는 것입니다."

"죄에는 자성이 없어서 마음 따라 일어날 뿐이네. 마음이 소멸하면 죄 또한 사라진다네." 죄와 복이라는 것도 자성이 없습니다. 마음 따라 일어나는 것일 뿐, 마음이 소멸하면 죄와 복의 업도 소멸한다 해서 우리가 평상시 살면서 복을 추구하고, 복 많은 삶을 살

월호 스님의 유마경 강설

기를 원하지만, 사실 알고 보면 끝없는 길을 가는 거예요.

복을 추구하는 건 일시적인 행복을 추구하는 것이고, 궁극적인 행복은 도 닦기에서 나옵니다. 그래서 복 닦기와 도 닦기를 겸해서 하면 좋다고 하는 것이죠.

사자의 보살이 말하였다.

"유루와 무루가 둘이지만, 만약 모든 법이 평등함을 얻으면 즉 번뇌라거나 번뇌가 아니라는 생각이 일어나지 않으며, 어떤 형상에도 집착하지 않고 또 형상이 없음에도 머물지 않습니다. 이것이 불이법문에 들어가는 것입니다."

유루무루. 여기서 '루'자는 '샐 루'라 그랬죠? 명사로는 '번뇌 루'. 번뇌가 많은 사람은 맨날 눈물, 콧물을 흘린단 말이죠. 번뇌가 있거나 번뇌가 없는 것은 둘이지만, 알고 보면 그것 역시 둘이 아니다, 번뇌는 즉 보리라는 겁니다. 번뇌가 있어야 '나한테 왜 이런 일이 생기지? 여기서 벗어나는 방법이 뭐지?' 하고 보리를 추구하게 되어 있어요. 번뇌 없이 승승장구하거나 어려운 일 없이 사는 사람들은 거기에 빠져 살게 돼요. 우리가 인간의 몸을 받아서 이 세상에 온 목적은 번뇌를 잘 다스려서 보리로 이끌기 위해서 온 겁니다. 그러니까 '무번뇌면 무보리'예요.

정해보살이 말하였다.

"유위가 무위가 둘이지만, 만약 일체의 숫자를 여의면 즉 마음이 허공과 같아서 청정한 지혜로써 걸릴 바가 없는 것이 불이법문에 들어가는 것입니다."

유위, 무위. 유위는 뭔가 작위가 있는 것이고 무위는 작위가 없는 것입니다. 하지만 유위니 무위니 하는 것도 역시 마음이 허공과 같은 것이기 때문에, 작용이 있고 없고는 아바타 현상일 뿐이란 소리입니다.

우리가 '법계, 속계'라고 얘기하지만 그럼 법계가 어디냐? 속계에서 한 생각 쉬면 그걸로 바로 법계예요. 법계가 따로 있고 속계가 따로 있는 게 아니에요. 지옥이 따로 있다고 하지만, 또 어떻게 보면 둘이 아닙니다. 예를 들어, 생선을 튀겨 먹을 때 만약에 여러분이 생선이라면 거기가 어디겠어요? 지옥인 거예요. 입장이 바뀌면 바로 거기가 지옥이 되는 거죠. 또 입장이 바뀌면 바로 천당이 되는 것이죠. 끓여서 먹는 입장이 되면 천당이고, 먹힘을 당하는 입장이 되면 지옥이 되는 거예요.

나라연 보살이 말하였다.
"세간과 출세간이 둘이지만, 세간의 성품이 공한 것이 곧 출세간입니다. 그 속에 들어가지도 않고 나오지도 않으며, 넘치지도 않고 흩어지지도 않는 것이 바로 불이법문에 들어가는 것입니다."
선의보살이 말하였다.
"생사와 열반이 둘이지만, 만약 생사의 성품을 보면 곧 생사가 없습니다. 얽힘도 없고 풀 것도 없으며, 생겨나는 것도 아니고 소멸

월호 스님의 유마경 강설

하는 것도 아닌 것이 불이법문에 들어가는 것입니다.”

생사와 열반. 열반은 ‘니르바나’라고 해서 완전 연소란 뜻이에요. 태어날 때 태어날 뿐. ‘생·생, 로·로, 병·병, 사·사’가 열반입니다. 니르바나. 따로 있는 게 아니고 생이 오면 생과 마주하고, 사가 오면 사와 함께한다, 이게 니르바나입니다.

현견보살이 말하였다.
“다함과 다하지 않음이 둘이지만, 법이 만약 구경에 다하거나 다하지 않는다면, 모두 다함이 없는 모양입니다. 다함이 없는 모양이 곧 공입니다. 공한 즉 다하거나 다하지 않는 모양이 있을 수 없습니다. 이와 같이 들어가는 것이 불이법문에 들어가는 것입니다.”

이 ‘다했다, 다하지 않았다’, ‘꽉 찼다, 덜 찼다’ 하는 개념은 둘이 아니라는 겁니다. 여러분, 보름달과 초승달이 같아요, 달라요? 애매하죠? 이럴 때 쓰는 말이 ‘둘이 아니다’라는 거죠. 보름달은 둥글고 꽉 찼어요. 근데 초승달은 가늘게밖에 안 보이잖아요. 사실 알고 보면 초승달이 보름달인데, 그림자가 져서 부분적으로 보일 뿐이지 실은 항상 보름달인 거예요. 본체는 보름달인데, 작용이 초승달로 나타났을 뿐입니다. 여러분들도 본체는 부처인데 작용이 지금 인간으로 나타났을 뿐이에요. 여자로, 남자로, 인간으로. 동물도 마찬가지고, 모든 자연현상 역시 마찬가지입니다. 본체는 다 부처인데 작용이 그렇게 나타났을 뿐, 그래서 둘이 아니라는 거죠.

보수보살이 말하였다.

"아我와 무아無我가 둘이지만, 자아도 오히려 얻을 수 없는데 자아가 아님을 어찌 얻을 수 있으리오? 자아의 진실한 성품을 보는 이는 두 가지가 일어나지 않습니다. 이것이 바로 불이법문에 들어가는 것입니다."

성품의 입장에 가면 '둘이 아니다', 이거예요. 성품 얘기가 계속 나와요. 성품, 본성, 이런 말을 하는데 우리가 몸과 마음의 입장에서는 나뉘지만 성품 자리로 들어가면 같다는 거예요. 동일한 성품, 동일 진성에서 나왔어요. 그래서 '둘이 아니다' 입니다.

여러분과 제가 고향이 같다 그랬죠? 같은 고향에서 왔어요. 어떤 큰스님께서 시자한테 "시자야. 오늘 오신 손님은 나랑 같은 고향에서 오신 분이니라. 잘해드리거라" 했어요. '우리 큰스님하고 같은 고향에서 오신 분이니 잘해야지.' 그다음에도 또 "한 고향에서 온 손님이니라. 잘 해드려라." 맨날 한 고향에서 왔대? "스님 고향이 대체 어딘데 맨날 한 고향입니까?", "우리가 다 똑같은 본성 자리, 불성 자리에서 왔어. 다 한 고향 출신인 거야, 알고 보면." 그렇게 얘기해요. 그 말이 맞는 말입니다. 여러분이나 저나 동일한 고향 출신입니다.

전천보살이 말하였다.

"명明과 무명無明이 둘이지만, 무명의 진실한 성품이 바로 명입니다. 명 또한 취할 수 없으며 일체의 숫자를 떠났으나 그 가운데서 평등하여 둘이 없습니다. 이것이 바로 불이법문에 들어가는 것입니다."

명 또는 무명. 무명이란 '없을 무'자, '밝을 명'자죠. 밝음이 잠시 없어졌다는 거예요. 아까 말한 것처럼 달이 보름달일 때는 완전히 밝지만 초승달이나 그믐달은 밝음이 없어지고 한쪽이 어두워졌죠? 그거를 어둡다고 표현 안 하고 밝음이 없어졌다고 표현해요. 밝음이 잠시 사라져 있을 뿐, 어둠은 본래 없다, 그래서 명과 무명의 성품 자리로 보면 무명도 본래는 명이다, 잠시 가려진 거지 보름달이 쪼개진 게 아니잖아요. 쪼개져서 없어진 게 아니라 잠시 가리워졌을 뿐이다, 그러니까 그 본 성품은 명 그대로인 것입니다. 여기서 달은 항상 보름달이라는 거죠.

희견보살이 말하였다.
"색色과 색의 공함이 둘이지만, 색이 곧 공空입니다. 색이 멸한 공이 아니요, 색의 성품이 스스로 공입니다. 이와 같이 수·상·행·식과 식의 공이 둘이지만, 식이 곧 공입니다. 식이 멸하여 공한 것이 아니요, 식의 성품이 스스로 공입니다. 그 가운데 통달하는 것이 불이법문에 들어가는 것입니다."

"색수상행식, 오온이 다 공하다." 『반야심경』에 '오온개공' 나오죠? "사리자여, 색즉시공, 공즉시색"이 나오고 나중에 "수상행식 역부여시"라고 나옵니다. '오온'은 요새 안 쓰는 말이죠. 요새 말로 번역하면 몸과 마음이에요. '색'은 몸, 물질현상을 말하고, 마음의 현상을 '수상행식'이라고 합니다. 마음의 감수 작용, 판단 작용, 의지 작용, 기억 작용, 이 네 가지를 나눠서 '수·상·행·식'이라고 하죠.

"몸뚱이의 성품은 공이고, 마음도 성품이 공이다." '몸도 아바타, 마음도 아바타'란 소리입니다. 몸과 마음은 실체가 없이 현상만 있는 것이고, 현상이란 끊임없이 변화하는 것입니다. 그것을 바로 '공'이라고 합니다. 공이란 텅 비었기 때문에 무엇이든 채울 수 있다는 뜻입니다. 아예 없다는 말과 다릅니다.

명상보살이 말하였다.

"4종(지·수·화·풍)의 다름과 공종空種의 다름이 둘이지만, 4종의 성품은 곧 공종의 성품입니다. 마치 과거와 미래가 공한 까닭으로 중간 또한 공한 것과 같습니다. 만약 이와 같이 모든 종의 성품을 알 수 있다면, 이것이 불이법문에 들어가는 것입니다."

4종이란 지수화풍地水火風을 말합니다. 땅의 요소, 물의 요소, 불의 요소, 바람의 요소. 이게 모여서 인간이나 어떤 존재를 만들죠. 우주, 존재 같은 것들이 지수화풍으로 이루어집니다. 그 근본에는 '공'이 들어 있어요. 지구가 허공 가운데 떠 있는 거죠. 지구가 공에 들어 있는 거예요. 우주가 굉장히 크고 넓게 보이지만 그 우주에 공간이 더 많을까요? 존재가 더 많을까요? 공간이 훨씬 많죠. 전부 공간이죠, 허공. 공간에 홀연히 하나씩 떠 있는 거지, 꽉 채워져 있는 게 아니란 말이죠. 그러니까 지구도 허공에서 생겨난 거예요.

거기서 한 생각 일으켜서 생겨난 겁니다. 우리 몸뚱이도 역시 마찬가지고, 마음도 마찬가집니다. 그래서 이 지수화풍이 다 공하기 때문에 결국은 공과 둘이 아니라는 겁니다.

묘의보살이 말하였다.

"눈과 사물이 둘이지만, 만약 눈의 본성을 알면 사물을 탐하지 않고 화내지 않으며 어리석지도 않습니다. 이것을 이름하여 적멸이라 합니다. 이와 같이 귀와 소리· 코와 향기· 혀와 맛· 몸과 접촉· 뜻과 사물이 둘이지만, 만약 뜻의 본성을 알면 사물에 있어서 탐하지 않고 화내지 않으며 어리석지도 않습니다. 이것을 이름하여 적멸이라 합니다. 그 가운데 안주하는 것이 불이법문에 들어가는 것입니다."

육근六根 중에서 수행할 때 가장 효용적인 기관은 귀입니다. 눈, 귀, 코, 혀, 몸, 뜻 중에서 제일 일심으로 들어갈 수 있는 게 귀예요. "이근耳根으로 원통에 들어간다." 관세음보살님께서 이근으로 원통을 얻었고, 부처님께서도 이근으로 원통을 얻었습니다. 그래서 말세 중생들에게 가장 권하는 방법이 이근원통耳根圓通입니다. '이근으로 원만하게 통한다. 모든 것에 도통한다'는 뜻이죠. '귀 이'자, '뿌리 근'자입니다.

무진의보살이 말하였다.

"보시와 일체의 지혜로 회향하는 것이 둘이지만, 보시의 본성이 곧 일체의 지혜로 회향하는 성품입니다. 이와 같이 지계·인욕·정진·선정·지혜와 일체의 지혜로 회향하는 것이 둘이지만, 지혜의 본성이 곧 일체의 지혜에 회향하는 본성입니다. 그 가운데 하나의 모양으로 들어가는 이것이 불이법문에 들어가는 것입니다."

본성으로 보면 육바라밀이 다 같은 것입니다. 왜 그러겠어요? 육바라밀 모두 다 충만함을 연습하는 거예요. '본성으로 보기'입니다. '보시'는 내가 가지고 있는 것이 충만하다고 자기한테 확인시켜 주는 거죠. 내가 충분하니까 남한테 베풀겠죠. '지계'는 내가 청정함이 충만하다는 것을 연습하는 거예요. 내가 청정함이 충만하니까 지계를 하겠죠. '인욕'은 내가 무아법에 충만하다는 것을 확인하는 겁니다. 내가 없으니까 인욕이 되는 거죠. 내가 없는 인욕이 진짜 인욕이겠죠. 내가 있는데 참는다, 이것은 한계가 있습니다. 언젠가는 터지게 되어 있어요. 본래 무아임을 확인하는 거고요. 정진도 마찬가지로 정진할 게 없음을 확인하는 겁니다. 수행을 왜 하느냐면, 수행할 게 없음을 알기 위해 수행하는 거예요. 깨달음은 뭘 깨닫냐면, 깨달을 게 없음을 깨닫는 거예요. 이게 바로 바라밀 수행이란 거죠. 선정도 마찬가지, 지혜도 마찬가지입니다.

심혜보살이 말하였다.
"공과 무상無相과 무작無作이 둘이지만, 공이 곧 무상이요, 무상이 곧 무작입니다. 만약 공·무상·무작이라면 곧 심·의·식이 없습니다. 하나의 해탈문이 곧 세 가지 해탈문이니, 이것이 바로 불이 법문에 들어가는 것입니다."

여기는 세 가지가 나왔는데 왜 둘이라고 하느냐? '공과 유, 무상과 유상, 무작과 유작'이란 소리예요. 다시 말해서 공하다는 것과 있는 것, 무상과 유상, 무작과 유작이 나눠놓으면 둘이지만, 그러나 공이 무상이요, 무상이 유작입니다. 공해지면 상이 없죠. 상이 없으면 작위가 없어지죠. 이게 서로 상통하기 때문에 결국 공과 유, 무상과 유상, 무작과 유작이 저 본성 자리에서 보면 둘이 아니라는 겁니다.

적근보살이 말하였다.
"불·법·대중이 둘이지만, 붓다가 즉 바로 법이요, 법이 즉 대중입니다. 이 삼보가 다 무위의 모습이어서 허공과 같습니다. 일체의 법 또한 그러하니, 이러한 수행을 따를 수 있는 것이 바로 불이법문에 들어가는 것입니다."

불·법·승이 둘이다, 불·법·승으로 나눈 유위의 상과 불·법·승 삼보의 무위의 체가 둘이다, 그렇지만 근본 자리에 가면 둘이 아닙니다. 불법승, 세 가지가 다 무위라는 거예요. 근데 나와서 활동할 때는 유위죠. 결국 유위와 무위가 둘이 아니라는 겁니다.

심무애보살이 말하였다.
"몸과 몸의 소멸이 둘이지만, 몸이 곧 몸의 소멸입니다. 왜냐하면

몸의 실상을 보는 이는 몸을 보는 것과 몸의 소멸을 보는 것을 일
으키지 않습니다. 몸과 몸의 소멸이 둘이 없으며 분별이 없습니다.
그 가운데서 놀라거나 두려워하지 않는 것이 바로 불이법문에 들
어가는 것입니다."

　몸과 몸의 소멸이 둘이 아닙니다. 왜냐하면 아바타기 때문이죠.
이 몸도 아바타고, 몸의 소멸도 아바타의 소멸입니다. 아바타가 소
멸하거나 말거나, 놀라거나 두려워할 필요가 없습니다. 몸과 마음
은 아바타기 때문입니다.

　상선보살이 말하였다.
"몸과 입과 뜻의 업이 둘이지만, 이 삼업이 모두 상을 지음이 없
습니다. 몸으로 상을 지음이 없음이 곧 입으로 상을 지음이 없음
이요, 입으로 상을 지음이 없음이 뜻으로 상을 지음이 없음입니
다. 이 삼업으로 상을 지음이 없음이 일체 법에 상을 지음이 없는
것입니다. 이와 같이 지음이 없는 지혜를 따르는 것이 불이법문에
들어가는 것입니다."

　"상을 지음이 없다." 몸(身)과 입(口)과 뜻(意), 이 삼업三業의 행위
를 정한 규율이 둘이 아니란 뜻이에요. 이 신구의 삼업으로 선업도
짓고 악업도 짓습니다. 근데 결국은 몸과 입과 뜻이라는 것은 변화
하는 것이기 때문에 실체가 없죠.
　쉬운 얘기로, 지난주에 강의했을 때의 월호 스님과 지금 월호 스

님은 엄밀히 따지고 보면 같은 사람인가요, 다른 사람인가요? 다른 사람입니다. 컨디션도 다르고 확실히 달라졌어요. 여러분도 마찬가지입니다. 지난주의 여러분과 지금의 여러분은 엄밀히 놓고 보면 다른 사람이죠. 고정된 상이 없습니다. 그런데 우리는 그냥 같은 사람이라고 생각하는 거예요. 엄밀히 보면 사실 고정된 상이 없습니다.

복전보살이 말하였다.
"복의 행과 죄의 행과 부동不動행이 둘이지만, 세 가지 행의 진실한 성품은 곧 공입니다. 공한 즉, 복의 행도 없고 죄의 행도 없으며 부동행도 없습니다. 이 세 가지 행이 일어나지 않는 것이 바로 불이법문에 들어가는 것입니다."

복과 복의 행, 죄와 죄의 행, 부동과 부동의 행에 대해 말합니다. 부동이라는 것은 복도 짓지 않고 죄도 짓지 않는 것을 부동행이라고 합니다. 복도 아니고 죄도 아닌 행위를 말하죠. 그리고 복과 죄, 이런 것의 성품은 다 공하다는 겁니다.

앞서 나온 "죄무자성 종심기 심약멸시 죄역망罪無自性 從心起 心若滅是 罪亦亡"처럼 "복무자성 종심기 심약멸시 복역망福無自性 從心起 心若滅是 福亦亡"이 되는 거예요. 만약에 죄가 실체가 있다고 하면 여러분들이 오랜 시간 동안 지은 죄는 얼마나 될까요? 창고에 쌓아놨다고 치면 아마 지구상 창고로는 모자랄 거예요, 실체가 없기 때문에, 안 보이는 거니까. 그나마 다행입니다. 공 사상은 허무

주의로 내려가는 게 아니라 여러분들을 굉장히 편안하게 만들어
줍니다.

화엄보살이 말하였다.
"자아로부터 둘을 일으키는 것이 둘이지만, 자아의 실상을 보는
이는 이분법을 일으키지 않습니다. 만약 이분법에 머무르지 않는
다면, 즉 인식이 있을 수 없습니다. 인식하는 바가 없는 것이 불이
법문에 들어가는 것입니다."

자아로부터 둘을 일으킨다는 것은 '보는 나'와 '보이는 나'를 뜻
해요. 몸과 마음에서 일어나는 현상을 아바타의 현상으로 대면 관
찰하면, 보는 나와 보이는 내가 있어요. 관찰자와 아바타는 둘이
아니다, 둘이 아니면 무엇인가요? 어떨 때는 하나가 됐다가 어떤
땐 둘이 됐다가 하는 게, 바로 둘이 아닌 겁니다.

둘이 아니게 사는 게 뭐냐면 완전 연소하는 거예요. 그게 바로
니르바나입니다. '뿐!' 밥 먹을 때는 밥 먹을 뿐, 잠잘 때는 잠잘 뿐,
아플 땐 아플 뿐, 죽을 땐 죽을 뿐, 이렇게 되는 거죠. 그게 바로 '둘
이 아니다'.

덕장보살이 말하였다.
"얻을 바 있는 모습이 둘이지만, 만약 얻을 바가 없으면 곧 취하고
버릴 것이 없습니다. 취하고 버릴 것이 없는 것이 불이법문에 들어
가는 것입니다."

　　　　　　　　　월호 스님의 유마경 강설

무소득이 바로 불이법문에 들어가는 길입니다. 무소득이 진정한 진리죠. '더 이상 얻을 바 없다, 충만하다'는 겁니다.

월상보살이 말하였다.

"어두움과 밝음이 둘이지만, 어두움도 없고 밝음도 없으면 곧 둘이 있을 수 없습니다. 왜냐하면 마치 느낌과 생각이 소멸한 선정에 들면 어두움도 없고 밝음도 없는 것과 같습니다. 일체 법상도 또한 이와 같아서 그 가운데에 평등하게 들어가는 것이 불이법문에 들어가는 것입니다."

느낌과 생각이 소멸된 선정인 '멸진정滅盡定'에 들어가면 어둠도 밝음도 없습니다. 멸진정은 내 몸의 작용도, 마음의 생각도 멈춘 상태예요. 모든 것이 소멸했다고 해서 '멸진'이라 해요. 멸진정에 들어가면 어두움이니 밝음이니 하는 것도 없어지는 거죠.

보인수보살이 말하였다.

"열반을 좋아하고 세간을 좋아하지 않는 것이 둘이지만, 만약 열반을 좋아하지 않고 세간을 싫어하지 않는다면 곧 둘이 있을 수 없습니다. 왜냐하면 얽힌 것이 있다면 풀 것이 있겠지만, 만약 본래 얽힌 것이 없다면 그 누가 풀 것을 구하겠습니까? 얽힌 것도 없고 풀 것도 없으면 곧 좋아하고 싫어하는 것이 없습니다. 이것이 불이법문에 들어가는 것입니다."

"저를 좀 해탈시켜 주십시오" 그러니까 뭐라 그래요? "누가 묶었냐?" 여러분들, 제가 해탈시켜 드릴까요? 저한테 한번 요청하세요. "저를 좀 해탈시켜 주십시오" 해보세요. "누가 묶었냐?"라고 제가 대답할 겁니다. 부처님도 여러분 해탈 못 시켜줍니다. 여러분들 스스로 풀어야 돼요. 스스로 푸는 비결이 뭘까요? "몸과 마음은 아바타, 관찰자가 진짜 나." 이게 스스로 푸는 주문입니다.

주정왕보살이 말하였다.
"정도正道와 사도私道가 둘이지만, 정도에 머무는 자는 이것이 삿되다거나 이것이 바르다고 분별하지 않습니다. 이 둘을 여읜 것이 불이법문에 들어가는 것입니다."

정도와 사도에 대해 말합니다. 간혹 중국 드라마를 보면 무림 정파와 무림 사파가 대결하는 장면이 나와요. 무림 정파와 사파가 서로 싸우는데, 희한하게 무림 정파에 소속된 사람들이 아주 삿된 방법을 쓰고, 사파에 소속된 사람들이 올바른 방법을 쓰는 장면들이 나와요. 그러니까 재미있는 거죠. '정도와 사도가 둘이 아니다.'

낙실보살이 말하였다.
"실다움과 실답지 아니함이 둘이지만, 진실로 보는 이는 오히려 진실도 보지 아니하는데 하물며 진실이 아닌 것이랴? 왜냐하면 육안으로 보는 바가 아니라 혜안으로 볼 수 있는 것입니다. 이 혜안은 보는 것도 없고 보지 않는 것도 없습니다. 이것이 불이법문에 들어가는 것입니다."

『금강경』에 오안五眼이 나와요. 육안·천안·혜안·법안·불안. 육안과 천안은 밖을 보는 눈, 중생의 눈이에요. 천안을 천안통天眼通이라고 하지만, 천신의 눈 또한 밖을 봐요. 그래서 중생의 안목입니다. 혜안부터가 지혜로운 안목입니다. 혜안은 색즉시공(모든 존재는 공하다)을 보는 안목이고, 법안은 공즉시색(텅 비었기 때문에 무엇으로든 채울 수 있다), 불안은 색즉시색(모든 존재는 있는 그대로일 '뿐')입니다. 그래서 안목을 높이는 게 중요한 거죠. 자기 안목을 충족시켜 주려고 하면 안목을 높일 수 없게 돼요. 그 사람의 행위를 보는 게 아니라 안목을 봅니다. 왜냐하면 저 사람이 겉으로 보기엔 똑같은 살생 행위를 했더라도 중생을 구제하기 위해서, 그런 안목으로 하는 살생과 말 그대로 죽이려고 하는 살생은 다른 거죠. 안목이 바뀌면 사람이 차원이 바뀌는 거죠. 차원을 높이는 게 더 중요한 겁니다. 자기 안목을 채워주려고 하지 말고 안목을 높이려고 해야 하는데, 그러려면 반드시 수행, 경전 공부를 해야 돼요. 선지식을 만나야 돼요. 그렇지 않으면 결코 안목을 높일 수 없어요. 비슷한 사람들끼리 끼리끼리 살면 똑같이 끼리끼리 생각하기 때문에 절대 안목을 높일 수 없고, 오히려 공고하고 견고해집니다. 가치관이 뛰어난 사람들을 자꾸 접해야 하고, 그러기 위해 우리가 경전 공부를 하는 거죠. 부처님께서 우리 안목을 계속 자극해서 높여주는 역할을 하거든요. 필자가 즉문즉설 1년간 하면서 느낀 게 '사람들이 안목을 높일 생각을 안 하고 자꾸 안목을 채워주지 못해서 안달하는구나. 그래서 경전 공부를 해야겠구나. 내가 경전을 가르쳐야 되겠구나'라고 생각한 거예요. 경전 공부가 최고입니다.

2. 유마의 침묵

이와 같이 모든 보살이 각각 설명을 마치고 문수사리에게 물었다.
"무엇이 보살이 불이법문에 들어가는 것입니까?"
문수사리가 말하였다.
"내가 생각하기에는 일체 법에 있어서 언설이 없으며 보일 수도 알 수도 없어서, 모든 문답을 떠난 것이 불이법문에 들어가는 것이 됩니다."
이에 문수사리가 유마힐에게 물었다.
"우리는 각자 설명을 마쳤습니다. 그대는 마땅히 무엇이 보살이 불이법문에 들어가는 것이라 설하겠습니까?"
그때 유마힐은 묵묵히 말이 없었다.(默然無言)
문수사리가 감탄하여 말하였다.
"훌륭하고 훌륭하십니다. 문자와 언어가 없는 이것이 참으로 불이법문에 들어가는 것입니다."
이 「입불이법문품」을 설하였을 때 그 대중 가운데 5천 명의 보살들이 다 불이법문에 들어 무생법인을 얻었다.

이 대목이 바로 『유마경』의 하이라이트예요. 히말라야산맥의 맨 꼭대기를 에베레스트산이라 하는 것처럼 『유마경』의 정상, 꼭대기가 바로 지금 읽은 「입불이법문품」의 요 대목입니다. 유마의 침묵.

문수사리보살이 말로써 표현하기로는 최고로 잘 표현한 겁니다. "일체 법에 있어서 언설이 없으며 볼 수도 없고 알 수도 없어서 문답을 떠난 것이 불이법문에 들어가는 것이다." 언설로 설명할 수 있는 최고의 설명입니다. 말로는 이보다 더 잘할 순 없어요. 그래 놓고 문수보살이, "그러면 그대는 어떻게 설하겠습니까?"라고 유마거사한테 물었을 때 "유마장자는 묵묵히 말이 없었다", 묵묵해서 한마디도 하지 않았다, 이게 바로 침묵으로 답변했다는 거죠. 묵묵한 침묵이지만 우레 같은 소리라는 겁니다.

예로부터 선사들이 이 대목을 굉장히 좋아했습니다. "결코 진리는 말로 설할 수 없는 것이다." 진리를 말로 표현할 수 없으면 그것을 어떻게 표현하고 어떻게 깨달을까요? 몸가짐과 마음가짐으로밖에는 표현이 안 돼요. '몸은 내가 아니야. 마음은 내가 아니야'라 했는데 이 대목에 와서 '몸가짐이 바로 나야. 마음가짐이 바로 나야'를 말하는 거죠.

"언어는 마치 별빛과 같고 침묵은 보름달과 같다네. 어두운 하늘에 보름달이 떠오르니 온갖 별빛이 무색해진다네." 필자가 여기에 붙인 게송이에요. 유마의 침묵을 설명하는 게송입니다. 별이 없어지나요? 별은 그대로 있지만 보름달이 환하게 떠오르면 별이 더 이상 없는 것과 마찬가지입니다. 그래서 여러분들이 '마하반야바라밀'을 꾸준히 연습해서 크고 밝고 충만해지면, 온갖 번뇌가 별빛처럼 무색해지는 게 바로 '바라밀 명상'입니다. 굳이 번뇌를 없애려고 할 필요 없어요. 보름달이 떠오르면 별빛은 그냥 있어도 없는 것과 마찬가지죠. 이걸 무색해진다 그래요. 여러분들이 '마하반야 바라밀'을 앉으나 서나 오나 가나 자나 깨나 연습해서 스스로 크고 밝고 충만함을 느끼게 되면, 마치 보름달이 떠올라서 온갖 별빛이 무색해지는 것처럼 모든 번뇌가 빛을 잃는다……. 그것이 바로 대아 체험인 '바라밀 명상'이죠.

●제6장●

아바타 보살의 출현과 유마의 대중공양
(十. 香積佛品)

1. 아바타 보살이 중향국의 향적불께 탁발을 가다

이 우주에는 사실 사바세계의 석가모니불만 있는 게 아니라 어마어마하게 많은 세계가 있고 어마어마하게 많은 부처님이 있습니다. 우리가 알고 있는 것이 사바세계 석가모니불일 뿐이죠.

이제 아바타 보살이 중향국의 향적불께 탁발을 갑니다. 유마거사가 아바타 보살을 만들어요. 그 아바타로 하여금 저 먼 우주의 중향국이라는 국토에 있는 향적불이라는 부처님께 가서 음식을 탁발해 오도록 합니다. 그래서 그 자리에 있는 대중들에게 밥을 먹이는 장면입니다.

이에 사리불이 마음속으로 생각하였다.

'식사 시간이 다 되어 가는데 이 모든 보살들이 어떻게 식사를 하

지?'

그때 유마힐이 그의 생각을 알고 말하였다.

"붓다께서 8해탈을 설하시고 그대가 받들어 행하여야 하는데, 어찌 먹을 생각을 하면서 법문을 듣는단 말입니까. 만약 먹고자 한다면 우선 잠시만 기다리시지요. 마땅히 그대에게 미증유의 음식을 얻도록 하겠습니다."

유마힐이 "법공양을 열심히 하고 있는데 무슨 밥공양을 생각하느냐?" 했어요. 어떻게 보면 한방 맞은 거지만, 어떻게 보면 사리불은 대중들에게 어머니 같은 존재였다고 해요. 부처님이 아버지 같은 분이셨다면, 사리자는 어머니같이 대중들을 일일이 챙겨줬다고 합니다. 대중들이 탁발 나가면 맨 마지막에 남아서 뒷정리를 해주고, 아픈 사람을 간병해주고, 대중들도 챙겨주고 하는 어머니 같은 역할을 한 분이 사리불입니다.

그러고는 유마힐이 삼매에 들어 신통력으로 모든 대중에게 보였다. 상방세계 쪽으로 42항하사의 불국토를 지나 한 나라가 있는데, 이름이 중향이며 붓다의 명호는 향적으로서 지금 그 나라에 계시었다. 향기는 시방의 모든 붓다의 세계와 인간과 천상의 세계의 향기와 비교해도 가장 제일이었다.

그 국토에는 성문이나 벽지불이라는 이름은 없고, 오직 청정한 대보살들만 있었으며, 붓다께서 법을 설하고 계셨다. 그 세계에는 일체의 모든 것을 향으로써 누각을 만들었으며, 향기로운 땅에서 경행하고, 화원도 향으로 만들어졌다. 그 음식의 향기는 시방의 무량한 세계로 두루 퍼져 나갔다.

마침 그곳의 붓다께서 뭇 보살들과 함께 앉아 식사를 하고 계셨다. 뭇 천신의 아들이 있었는데 다 향엄이라 불렸으며, 모두 아뇩다라삼먁삼보리심을 일으켰다.

여기는 모든 것이, 즉 누각도 향이고, 땅도 향기롭고, 음식도 너무 향기로워서 사방으로 그 향이 퍼져 나갑니다. 필자가 엊그저께, 음력 초하룻날 공양을 올리고 기도했어요. 근데 그날 향이 났어요. 태어나서 그렇게 좋은 향은 처음 맡아봤어요. '어디서 누가 향을 피웠나?' 싶었는데, 향을 피운 게 아니고 기도 가피로 느껴진 향이었지요.

붓다와 여러 보살들께 공양 올렸는데, 여기 모든 대중들이 쳐다보고 있었다. 그때 유마힐이 뭇 보살들에게 물었다.

"여러 보살님들이여, 누가 저 붓다의 공양을 받으러 가시겠습니까?"

문수사리의 위신력으로 말미암아 모두가 다 묵묵히 있었다.

문수사리보살이 아무 말 안 하니까 자기네들이 나설 수는 없었다는 거죠.

유마힐이 말하였다.

"보살이시여, 이 대중들이 부끄러워할 것은 없습니다."

문수사리가 말하였다.

"붓다께서 말씀하신 바와 같이, 아직 배우지 못한 자를 가벼이 여겨서는 안 됩니다."

이에 유마힐은 앉은 자리에서 일어서지 않고 모인 대중들 앞에서 변화로 보살을 만들었는데, 상호는 빛나고 위덕은 수승하여 회중을 덮었다. 그리고 그에게 말하였다.

일부러 아바타로 보살을 만들었다는 겁니다. 이런 아바타 화신, 분신 같은 표현들이 많이 나옵니다. 『유마경』뿐만 아니라 대승경전, 심지어 초기경전에도 많이 나와요. 부처님이 탁발 나오신 걸 뵙고 용모를 보고 반해서 따라다닌, 왁깔리는 부처님을 매일 쳐다보기 위해 출가했어요. 출가하고 난 후에도 경전도 안 읽고 참선도 안 하고, 오직 부처님 바라기만 했어요. 거의 스토커 같았겠죠? 부처님께서도 그걸 아시고 '넌 여기서 이번 철을 보내라. 난 저기 딴 데 가서 보낼게' 하고 가버렸어요. 그러니까 왁깔리가 이번 여름 석 달 내내 부처님을 볼 수 없다는 게 너무 절망적이었습니다. '에잇 자살이나 해야겠다' 하고 투신자살하려고 마음먹고 절벽에 올라가는데, 멀리 계시던 부처님께서 그 마음을 다 읽으시고는 아바타를 보내서 왁깔리가 떨어지려고 하는 절벽 허공 앞에 나타나셨어요. 아바타가 나타나셔서 '오너라, 비구여' 하고 간단하게 게송을 설하십니다. 그 게송을 듣고 왁깔리가 환희심이 나서 뛰어내렸어요. 분명 영축산에서 뛰어내렸는데 부처님이 계신 『금강경』 설법하신 곳, '기수급고독원'으로 간 거예요. 지금도 성지순례 가보면 알지만, 영축산과 기수급고독원이 엄청 떨어져 있어요. 버스 타고도 몇 시간 가야 해요. 근데 영축산에서 뛰어내렸는데, 부처님의 신통력으로 기수급고독원 부처님 앞으로 딱 떨어진 거예요. 그래서 부처님한테 신심 제일의 제자 왁깔리로 인정받습니다. 아바타 부처님의 게송을 듣고 그 스토커 같은 마음이 신심으로 전환된 거예요.

"그대가 상방의 세계 쪽으로 42항하사와 같은 불국토를 지나면 한 나라가 있는데, 이름을 중향이라 하며 부처님 명호는 향적이라. 바야흐로 여러 보살들과 함께 공양을 드시고 계시니, 그대가 그곳에 이르러 나의 말과 같이 말씀드리시오.

'유마힐은 세존의 발에 머리 숙여 한량없이 공경하며 문안 올립니다. 기거하심에 병이나 고뇌는 없으시며, 기력은 편안하신지요? 바라옵건대 세존께서 드시고 남은 음식을 얻어 마땅히 사바세계에서 불사를 베풀고자 합니다. 이 작은 법을 좋아하는 자들에게 넓고 큰 도를 얻게 하시고, 또 여래의 명성이 널리 들리게 하소서.'

여기서 작은 법이라는 건 소승법이죠. 너무 무아에 집착하면, 개인의 무아에만 머무르면 소승법이 돼요. 내가 무아가 된 것처럼 모든 사람들이 다 무아가 되어야 비로소 진정한 해탈이다, 이게 바로 넓고 큰 도, 즉 대아입니다.

그러자 아바타 보살이 즉각 모인 사람들 앞에서 상방의 세계로 올라갔다. 대중들 모두 그가 사라져서 중향계에 이르러 저 부처님의 발에 예를 올리는 것을 보고, 또 그의 말을 들었다.

요새 왜 저 시내 길거리 한복판에 큰 화면 보이죠? 대낮에도 많이 보이잖아요. 그걸 연상하시면 됩니다. 비디오 화면이 크게 보이는데, 하늘의 사람들이 보고 듣기까지 해요. 보기만 하는 게 아니라 소리도 다 들을 수 있었다는 것입니다.

"유마힐은 세존의 발에 머리 숙여 한량없이 공경하며 문안 올립니다. 기거하심에 병이나 고뇌는 없으시며, 기력은 편안하신지요? 바라옵건대 세존께서 드시고 남은 음식을 얻어 마땅히 사바세계에서 불사를 베풀고자 합니다. 이 작은 법을 좋아하는 자들에게 넓고 큰 도를 얻게 하시고, 또 여래의 명성이 널리 들리게 하소서."
그곳의 모든 보살들이 아바타 보살을 보고 미증유함을 찬탄하며 곧 붓다께 여쭈었다. "지금 이분은 어디에서 오셨으며, 사바세계는 어디쯤 있으며, 어찌하여 작은 법을 좋아하는 자들이라 부르는지요?"
붓다께서 일러 말씀하셨다.
"하방으로 42항하사와 같은 불국토를 지나서 한 세계가 있는데, 이름은 사바라 하며 붓다의 명호는 석가모니라 하느니라. 지금 현재 오탁악세서 작은 법을 좋아하는 중생들을 위해 진리의 가르침을 펴고 있느니라.

그곳에 한 보살이 있는데, 이름이 유마힐이라. 불가사의 해탈에 머물며 뭇 보살들을 위해 설법을 하느니라. 짐짓 아바타 보살을 보내 나의 명호를 칭양하고 아울러 이 국토를 찬탄케 하여 저곳 보살들로 하여금 공덕을 더욱 늘어나게 하고자 하느니라."

그 보살이 말하였다.

"그 사람은 어찌하여 이 아바타를 만들었으며, 덕망의 힘과 무외와 신통이 이와 같습니까?"

붓다께서 말씀하셨다.

"심히 크니라. 일체의 시방에 모두 아바타를 보내어 불사를 베풀어 중생을 요익케 하느니라."

유마힐의 아바타가 한 군데만 있는 게 아니라 일체 시방세계에 전부 보냈다고 합니다.

이에 향적여래께서 중향국의 발우에 향기로운 음식을 가득 담아 아바타 보살에게 주었다. 그때 그곳의 9백만 보살들이 다 소리를 내어 말했다.

"저도 사바세계에 가서 석가모니 붓다께 공양을 올리고, 아울러 유마힐 등 여러 보살 대중을 보고자 합니다."

그래서 중향국의 보살들은 사바세계가 궁금해진 겁니다. '사바세계라는 데가 있어? 거기 석가모니 부처님이 법을 설하셔? 한번 가볼까?' 하고 마음을 낸 거죠.

붓다께서 말씀하셨다.

"가도 좋다. 그러나 그대들이 향기를 끌어안아 저 중생들로 하여 금 의혹을 일으켜 마음에 애착이 없도록 하여라.

향기를 있는 대로 다 뿜어내면 중생들이 그 향기를 맡고 '와, 이 거 무슨 향기지? 이 향기를 어떻게 하면 얻을 수 있을까?' 하고 애 착을 내니까 향기를 너무 내뿜지 말고 조절을 하라는 말씀이에요.

또 당연히 그대들의 본래의 형상을 버려야 하느니라. 그 국토에서 보살도를 구하는 사람들에게 스스로 비천하다고 부끄러움을 느 끼게 하지 말라. 또 그대들이 그곳에서 업신여기거나 천박하다는 마음을 품어 장애되는 생각을 내지 말라.

형상을 있는 그대로 보여주면, 우리 사바세계에서 보면 '저렇게 멋질 수가, 너무 멋지다'라고만 생각하면 좋은데 '나는 뭐지? 내 꼬 락서니가?' 하면서 스스로 비참하다고 느낀다는 거예요. 실제로 사 바세계, 지금 이 지구상에서 최고의 미녀들도 천상세계 선남선녀 에 비하면 원숭이와 같아요. 경전에 나옵니다. 부처님 제자 난타는 본의 아니게 얼떨결에 출가했다고 하죠? 난타가 태자로 관정식을 받는 날, 결혼식과 관정식을 함께하는 경사스러운 날이었어요. 부 처님이 탁발 오셔서 발우를 난타한테 맡겼어요. 부처님 발우니까, 발우를 들고 부처님 뒤를 쫓아다녀야 해요. 사람들이 부처님한테 공양 올릴 때 받는 발우니까 대신 받아줘야 되는데, 부처님이 그걸

주고는 곧바로 절로 가버렸죠. 할 수 없이 난타도 절로 가야 돼요. 관정식 하고 결혼식 해야 되는데, 그런 상황이니까 따라가면서도 자꾸 뒤를 쳐다봅니다.

저 뒤에 부인이 될 여자가 불러요. "아니, 태자님 어디 가세요? 우리 결혼식 해야 되는데 빨리 오세요." 결혼식하는 곳 방향과 반대 방향으로 가고 있으니까 당연히 부르죠. 그 여자가 미스 인디 아였어요. 인도 땅에서 최고로 아름다운 여인이 손을 막 흔들어 대고, 난타는 할 수 없이 부처님을 따라가서 발우만 놓고 잽싸게 오리라 하고 따라가는데, 부처님께서 "난타야. 너 출가 하지 않을래? 출가하는 게 좋겠다. 출가해라" 말합니다. 그래서 "네? 네" 하고 얼떨결에 출가를 해버렸어요.

그 후부터 앉으나 서나 약혼녀가 생각나는 거죠. 온통 그녀 생각뿐, 공부가 될 리가 만무하죠. 그렇지 않아도 출가할 생각이 없었는데, 공부도 안 되고 마음도 없고, 지겨워지는 거죠. 환속하고 싶어집니다. '환속한다고 오늘 말할까, 내일 말할까?' 하는 생각만 하고 있는 거예요. 부처님이 다 아시죠, 손바닥 안이니까 "이리 오라" 해서 불이 타고 남은 숲으로 데려갔어요. 타다 남은 불이 있고, 구석에 암컷 원숭이가 한 마리 있는데 화상을 입었어요. 원숭이 자체도 못생겼는데 화상까지 입었으니 얼마나 흉측하겠어요? "저 원숭이 보이냐?", "네", "어떠냐?", "보기가 좀 안 좋습니다", "그렇지? 이제 따라와라." 그렇게 천상 세계로 들어가는 거예요.

천상 세계에 아름답기 짝이 없는 여인들이 한 명도 아니고 5백 명이 으리으리한 대저택 궁전에서 손님 맞이할 준비를 하고 있습니다. 한쪽에서 요리를 하고 한쪽에서 청소하고 단장을 하고 난리입니다. 이 사람들에게 "뭘 합니까?" 하고 물어보니, "지금 저 밑에서 난타라고 하는 분이 출가해서 공부하려고 하는데 그분이 돌아가시면 여기로 올 예정입니다. 그래서 우리가 맞이할 준비를 하고 있습니다" 하고 아직 죽지도 않았는데 미리 준비한다는 거예요, 자기를 맞이할 준비를. 부처님이 묻죠. "앞서 원숭이하고 네 약혼녀 중에 누가 더 이쁘냐?", 난타가 "아이고, 비교할 걸 비교해야죠. 우리 약혼녀는 미스 인디아인데 화상 입은 원숭이하고 비교가 됩니까?", "그렇지. 그러면 네 약혼녀하고 지금 이 5백 명이나 되는 여인하고 누가 더 이쁘냐?" 그래서 5백 명 되는 여인들 보니까 약혼녀는 화상 입은 원숭이나 마찬가지였죠. 그래서 부처님이 최초의 개런티 보증서를 써줍니다. "네가 출가해서 공부 잘하면 내가 저 5백 명의 여인을 다 줄게."

그때부터 난타가 공부가 잘됩니다. 그전에는 앉으나 서나 약혼녀 생각뿐이었는데 알고보니 그녀가 원숭이와 다름없어요. '지금 내가 엉뚱한 데, 화상입은 원숭이한테 꽂혀서 그동안 공부를 못했구나' 하고 열심히 수행하니까 다른 제자들이 다 비방했어요. "쟤는 미녀 얻으려고 공부하는 애야." 그러거나 말거나 열심히 해서 드디어 아라한과를 얻었습니다. 부처님께서 난타가 아라한과를 얻고 나서 "네가 드디어 과위를 얻었구나. 이제 5백 명의 여인을 내가 약속한 대로 너한테 주마"라고 하자 난타가 말합니다. "아니요. 더 이상 저에게 미녀는 필요 없습니다." 아라한에게 미녀가 무슨 필요가 있겠습니까? 그것도 애욕이 남은 사람에게 필요한 거지, 애욕이 없는 사람에게 미녀는 필요가 없죠. 거추장스러울 뿐인 거죠. 더는 필요 없습니다. 그래서 부처님이 "그래. 네가 진짜 아라한과를 얻었구나"라고 인정하게 된 거예요. 지구상 최고의 미녀도 천상의 미녀에 비하면 화상 입은 원숭이와 다름없습니다.

왜냐하면 시방의 국토는 모두 허공과 같으니라. 또 모든 붓다는 작은 법을 좋아하는 자를 교화하기 위해 그 청정국토를 다 나타내 보이지 않을 따름이니라."

원래는 청정불국토인데 사람은 아는 만큼 보는 거예요. 모든 사람은 다 자기가 아는 만큼 봅니다. 그래서 안목이 중요하다는 거죠. 우리가 살면서 제일 중요한 게 안목을 높이는 일이에요. 아까 말한 난타도 안목이 높아졌죠? 지구상에 미스 인디아가 최고 미녀인 줄 알았더니 천상의 미녀에 비하면 원숭이구나, 이건 안목이 높아진 거죠. 안목이 높아지면 기존에 애착하던 게 다 하찮아 보입니다. 가치관이 달라져요. 가치관을 높여야지, 자꾸 자기 가치관을 충족시켜 주려고만 하면 진전이 없어요. 육안의 차원에서 천안의 차원으로, 난타는 그게 된 거죠. 육신의 눈으로 보이는 미녀가 진짜 미녀인 줄 알았더니 천안으로 보는 미녀가 그보다 훨씬 더한 미녀구나, 미남도 마찬가지예요. 여러분들이 지금 최고의 미남이라고 생각한 영화배우, 스타, 가수, 이런 사람들은 천상의 미남에 비하면 오랑우탄이에요. 비교가 안 돼요. 그러니까 여기 있는 미남들은 다 좀 잘 빠진 원숭이예요. 원숭이도 잘 빠진 놈이 있고, 못 빠진 놈이 있잖아요? 정확합니다. 육안만 있으면 그걸 못 보는 거죠. 천안이 열리면 벌써 보는 눈이 달라지지만, 천안까지도 역시 밖의 대상을 보는 눈인 거예요. 그것도 중생의 눈입니다. 그래서 천신도 아직 해탈을 못한 거예요.

혜안부터 자기를 돌이켜보는 눈입니다. 지혜의 눈으로 보면 미녀도 추녀도 미남도 추남도 공한 것입니다. 이걸 보는 게 혜안인 거예요. 거기서 한 걸음 더 나아가면 공즉시색, '공한 것 가운데서 저런 색으로 나툰 것일 뿐이구나' 하고 보는 게 공즉시색이에요. 그다음에 더 나아가면 불안, 부처님 안목, 색즉시색, '모든 존재는 그대로 다 존재할 뿐, 태어나는 것도 없고 죽는 것도 없다', '달은 항상 보름달이므로 초승달이 보름달이 되려고 할 필요는 없다', 초승달은 초승달대로 살아가는 것뿐이고 보름달은 보름달대로 살아갈 뿐! 보름달이 죽어서 초승달이 된 것도 아니고, 초승달이 살아나서 보름달이 된 것도 아니라는 거죠. 초승달은 초승달로, 그믐달은 그믐달로, 보름달은 보름달로, 그저 자기 역할에 충실하게 살면 될 뿐이지 보름달이 되려고 안달복달하거나 그믐달이 되려고 안달복달하거나 하는 것은 충만하지 못한 거죠.

그때 아바타 보살은 이미 발우의 음식을 받고, 더불어 그 9백만 보살들과 함께 붓다의 위신 및 유마힐의 힘을 받들어 그 세계에서 홀연히 사라져 잠깐 사이에 유마힐의 집에 이르렀다.

월호 스님의 유마경 강설

2. 다함이 없는 공양

그때 유마힐이 9백만의 사자좌를 변화시켜 만들었다. 장엄은 이전과 같았으며, 모든 보살들이 다 그 위에 앉았다. 그때 아바타 보살이 발우에 가득 찬 향기로운 음식을 유마힐에게 올렸다. 음식의 향기는 비야리성 및 삼천대천세계 널리 퍼졌다.

그때 비야리의 바라문과 거사 등이 이 향기를 맡고, 몸과 마음이 상쾌하여 미증유라고 감탄하였다.

이에 장자들의 주장인 월개가 8만 4천의 사람들을 따라 유마힐의 집에 들어왔다. 그의 방 안에는 보살들이 매우 많았으며, 모두 사자좌가 높고 크며 장엄이 잘된 것을 보고 모두 크게 환희하였다. 뭇 보살들 및 대제자들께 예를 올리고 한쪽에 머물렀다. 모든 토지신과 허공신 및 욕계와 색계의 모든 천신들이 이 향기를 맡고 또한 다 유마힐의 집으로 들어왔다.

토지신, 허공신, 천신…… 경전에 다 나오잖아요. 『몽수경』에도 나오죠? "하늘의 신, 땅의 신, 사람들을 재난에서 구해주네."

그때 유마힐이 사리불 등 대성문들에게 말하였다.

"여러분, 식사를 하시지요. 여래의 감로 맛의 음식은 대자비로 익힌 바이니, 한정된 마음으로 먹어서 소화가 안 되게 하지는 마십시오."

"여래의 감로 맛의 음식"은 불로 익힌 게 아니라 대자비로 익혔어요. "대자비로 익힌 바이니, 한정된 마음으로 먹어서 소화가 안 되게 하지 마십시오." 대자비의 마음으로 먹어야 된다는 거죠. '이 음식을 먹고 법을 전하여서 모든 중생들이 법의 향기를 두루 맡아지이다.' 이런 마음이 한정되지 않은 마음이죠. 한정된 마음은 '이걸 먹고 내가 건강해서 잘 먹고 잘 살아야지', 이게 한정된 마음이라는 겁니다.

다른 성문이 생각하였다.
'이 밥이 적거늘, 이 대중들이 사람마다 다 먹을 수 있을까?'
아바타 보살이 말하였다.
"성문의 조그마한 덕과 지혜로써 여래의 한량없는 복덕과 지혜를 헤아리려 하지 마십시오. 사해가 마를지언정 이 음식은 다함이 없습니다. 모든 사람이 먹어 치우기를 마치 수미산만큼 1겁 동안 하더라도 오히려 다 먹을 수가 없습니다.

먹어도 먹어도 마르지 않는다, 마셔도 마셔도 다함이 없다, 성경에 보면 '오병이어의 기적'이라고 있어요. 떡 다섯 개랑 물고기 두 마리 가지고 수많은 사람들을 먹였는데도 남았다는 말이죠. 그거는 여기에 비하면 별것이 아닙니다. 여기는 모든 사람이 먹어 치우기를 수미산만큼 일 겁 동안 먹어도 다 먹을 수 없다니까 말이죠.

왜냐하면 다함이 없는 계·정·혜·해탈·해탈지견의 공덕을 구족

월호 스님의 유마경 강설

한 이께서 먹고 남은 것은 마침내 다함이 없기 때문입니다."

오분향례 할 때 이거 나오죠? 계향·정향·혜향·해탈향·해탈지견향. 계를 짓는 이에게는 향기가 나요. 선정을 짓는 이에게는 향기가 나요. 지혜를 짓는 이에게는 향기가 나요. 해탈한 이에게는 해탈의 향기가 나요. 해탈지견을 얻은 이에게는 해탈지견의 향기가 납니다.

이에 발우의 음식은 모인 대중들이 다 배부르게 먹고도 오히려 다하지 않았다. 그 모든 보살과 성문, 천신들로서 이 음식을 먹은 자는 몸이 편안하고 쾌락하였다.
비유컨대 마치 일체락장엄국의 모든 보살들과 같았으며, 또한 털구멍에서 갖가지의 묘한 향이 나왔는데, 마치 중향국토의 뭇 나무의 향기와 같았다.

향기로운 음식을 먹으니까 몸에 향이 나는 것과 마찬가지죠. 여러분들이 냄새나고 탁한 음식을 먹으면 몸에서도 탁한 냄새가 납니다. 최소한 3일을 가요. 그래서 옛날에 우리 어른들은 기도할 때 최소 3일 전부터 음식부터 가렸어요. 왜냐면 지금 먹는 게 기도할 때 부처님 앞에서 다 냄새가 나니까 그래선 안 된다고 음식 가리고 목욕재계하고 정성을 들여 기도를 많이 했죠.

3. 향적여래의 설법과 석가모니불의 설법

진리를 한 마디로 표현하기는 정말 불가능하고 어렵지만, 군이 표현을 '불이' '둘이 아니다' '왼손과 오른손이 둘이 아니다'라고 합니다. 합장하고 인사할 때 이 합장의 의미가 바로 그겁니다. 왼손도 손이고 오른손도 손이라는 입장에서는 같아요. 하지만 왼손은 왼손으로 용도가 있고 오른손은 오른손으로 용도가 있는 건 달라요. '체', 본체는 같지만 '용', 쓰임이 다른 것. 이게 바로 '둘이 아니다', 나와 남이 둘이 아니라고 생각해야 우리가 좀 더 따뜻한 마음으로 이 세상을 살고, 인간과 자연이 둘이 아니라고 생각해야 무분별하게 자연을 해치는 일도 삼가게 되죠. 필요한 만큼 적당히, 정말 꼭 필요한 것만 취하는 식으로 정책 같은 것들이 되어야 돼요.

이때 유마힐이 중향국의 보살에게 물었다.
"향적여래는 무엇으로 설법을 하십니까?"
그 보살이 말하였다.
"우리 국토의 여래는 문자로써 설법함이 없습니다. 단지 뭇 향으로써 모든 천신들에게 계율의 행에 들어갈 수 있게 합니다. 보살들은 각각 향나무 아래에 앉아 그 오묘한 향을 맡으면 즉시 일체덕장삼매를 획득합니다. 이 삼매를 얻은 자는 보살이 가지는 바 공덕을 모두 다 구족합니다."

향나무 아래서 향을 맡는 게 법문 듣는 거랑 똑같다면 얼마나 좋을까요? 『능엄경』에 보면 33보살이 각각 원통을 얻은 계기를 설명하죠. 냄새를 맡고 원통을 얻는 사람도 있고, 귀로 듣고 얻는 사람도 있고, 눈으로 보고, '색성향미촉법 안이비설신'의 각각으로 말이죠. 어떤 방법으로든 자기가 삼매에 들어가면 거기서 원통을 얻을 수 있습니다. 향을 맡으면서 반문문향(향을 맡는 일을 돌이켜 향을 맡는다), 이 향을 돌이켜 맡으면 원통을 얻는 겁니다. 원만하게 통한다, 그래서 어떤 방법으로든 다 가능하다, 이렇게 나옵니다. 실제로 향적국이라는 나라에서는 전부 다 향나무 아래에서 향을 맡으면서 일체 덕장삼매를 얻는다고 해요.

그 여러 보살들이 유마힐에게 물었다.
"지금 세존 석가모니께서는 무엇으로 설법하십니까?"
유마힐이 말하였다.
"이 국토의 중생들은 굳세고 강하여 교화하기 어려운 까닭으로, 붓다께서는 굳세고 강한 말로써 설법하시어 그들을 조복시킵니다.

"사바세계 중생들은 굳세고 강하다"는 게 무슨 뜻이죠? 고집이 세고 고정관념이 강하다는 소리예요. 굳세고 강하다는 게 아주 건강하고 힘이 세다는 소리가 아닙니다. 고집이 세서 말해도 잘 안 듣는다는 소리예요. "교화하기 어려운 까닭에 똑같이 굳세고 강한 말로 설법하신다. 그래서 그들을 조절하고 조복케 한다."

말하자면, '이것이 지옥이요, 축생이며, 아귀니라. 이것이 뭇 재난의 처소이다. 이곳은 어리석은 사람이 태어나는 곳이다.

이것이 지옥이고 축생이니까 나쁜 짓 하면 지옥에 간다고 얘기를 해요. 또 축생같이 살면 다음 생에 축생으로 떨어진다, 즉 아무리 얘기해도 못 알아듣거나 안 알아듣는다는 소리예요. '지금 잘먹고 잘사는 게 중요하지. 사기를 쳐서 나도 부자가 되면 되는 거지' 식으로 생각하는 게 고집이 굳세고 강하다는 겁니다. '말을 하면 지옥 가? 안 되겠구나. 내가 조심해야겠다. 내가 지금 손해를 보더라도 그냥 잘 살아야겠다. 축생이 돼? 안 되겠구나. 내가 꼭 복 닦기를 해야겠구나.' 다음 생에 축생으로 태어나기 싫으면 반드시 복 닦기, 도 닦기를 해야 됩니다. 복을 닦으면 인간으로 태어날 수 있고 복을 많이 닦으면 천신으로 태어날 수도 있어요. 복을 많이 닦은 사람이 가는 천상세계는 욕계의 육천. 도를 많이 닦은 사람이 가는 천상세계는 범천. 쉽게 말하면 유유상종, 끼리끼리 모인다는 소리예요. 내생이라는 게 딴 게 아닙니다. 여러분들이 금생에 연습한 대로 내생에 모입니다. 비슷한 사람끼리. 한번 가슴에 손을 얹고 생각해보세요. 나하고 똑같은 사람들이 있는 데가 좋은 데일까 나쁜 데일까? 바로 답이 나와요. 나하고 똑같은 비슷한 그런 성향을 가진 사람들이 모여 있는 데가 천당일까 지옥일까? 바로 답이 나옵니다.

이것이 몸의 삿된 행이며, 이것이 몸의 삿된 행의 과보다.
이것이 입의 삿된 행이며, 이것이 입의 삿된 행의 과보다.

월호 스님의 유마경 강설

이것이 뜻의 삿된 행이며, 이것이 뜻의 삿된 행의 과보다.

신·구·의 삼업이죠. 몸과 입과 뜻으로 삿된 행을 지으면 그 삿된 행의 과보를 받는다는 것입니다. 십악업은 몸으로 짓는 업 3가지, 입으로 짓는 업 4가지, 뜻으로 짓는 업 3가지 해서 10가지 악업이 있습니다. 반대로 하면 10가지 선업을 짓는 거예요. 살생 대신에 방생, 투도 대신에 보시, 이런 식으로 역시 10가지 선업도 몸과 입과 뜻으로 짓는 거예요. 그중에서 제일 많은 게 입으로 짓는 게 제일 많아요. 그래서 입이 중요합니다. 여러분들이 입으로 선업도 지을 수 있고 악업도 지을 수 있으니까 입을 조심해야 해요. 덕 있는 말을 하는 게 선업 짓는 가장 좋은 방법이에요. 그냥 입으로 '참 대단하다. 훌륭하십니다. 잘하십니다. 덕분에 감지덕지입니다'라고 말하는 게 선업을 짓는 거예요. 불사에 동참 못 해도 불사에 동참한 사람한테 '잘하셨습니다. 훌륭하십니다' 하면 똑같은 공덕이 있습니다. 「보현행원품」에도 "남이 불사 짓는 거를 보고 칭찬하면 불사를 짓는 사람과 똑같은 공덕이 있다"고 나와요.

이것이 살생이며, 이것이 살생의 과보다.
이것이 주지 않는 것을 취하는 것이며, 이것이 주지 않는 것을 취한 과보다.
이것이 사음이요, 이것이 사음의 과보다.

이게 다 몸으로 짓는 것들이죠. 살생, 투도, 사음.

이것이 망어요, 이것이 망어의 과보다.
이것이 양설이요, 이것이 양설의 과보다.
이것이 악구요, 이것이 악구의 과보다.
이것이 옳지 못한 말이요, 이것이 옳지 못한 말의 과보다.

망어는 거짓말이고 양설은 이간질하는 말이죠. 이쪽에서 이 말 하고 저쪽에서 저 말하는 것, 두 가지로 설해서 서로 관계를 나쁘게 하는 게 양설이에요. 악구는 상스러운 말, 욕설이에요. 그다음에 옳지 못한 말은 기어예요. 번지르르한 말, 아첨하는 말이 옳지 못한 말이죠. '기'가 '번지르르할 기'자예요. 필요 이상으로 과도하게 하는 말은 간신들이 하는 거죠.

이것이 탐욕과 질투요, 이것이 탐욕과 질투의 과보다.
이것이 성내는 괴로움이요, 이것이 성내는 괴로움의 과보다.
이것이 삿된 견해요, 이것이 삿된 견해의 과보다.
이것이 아끼고 인색함이요, 이것이 아끼고 인색함의 과보다.
이것이 계를 무너뜨림이요, 이것이 계를 무너뜨림의 과보다.

욕심이 많은 사람일수록 질투를 많이 합니다. 질투가 많다 그러면 '내가 욕심이 많은 사람이구나' 스스로를 반추해야 돼요. 그래서 탐욕과 질투를 묶어 놓은 겁니다. '탐욕과 질투는 동전의 양면과 같다.' 탐욕이 적은 사람은 질투를 당연히 적게 하죠. 사람에 대한 욕심, 명예에 대한 욕심, 재물에 대한 욕심이 많은데 나보다 더

월호 스님의 유마경 강설

많은 거 같으니까 질투가 나는 거죠. 욕심이 없는 사람은 남이 많이 갖건 말건 자기가 질투를 느낄 이유가 없죠. 때때로 질투가 올라오면 이것이 '나의 탐욕심이구나' 하고 알면 정확합니다.

그다음에 "성내는 괴로움, 성내는 괴로움의 과보다". 성을 내면 괴로움으로 돌아오죠. 화낼 때는 시원한 것 같지만 그것보다 더 큰 화가 돌아오죠. 한마디 잘못했다가 되로 주고 말로 받는다고, 그런 게 바로 성내는 괴로움의 과보입니다.

"이것이 삿된 견해요, 이것이 삿된 견해의 과보다." 삿된 견해란 인과를 믿지 않는 거예요. '인과는 없다, 내세도 없다, 지옥도 없고 극락도 없다', 이게 다 삿된 견해입니다. 그런 거에 현혹되면 안 돼요. 인과를 믿는 게 불교를 믿는 거죠. 인과를 믿고 천당과 지옥 있음을 믿는 거죠. 백중기도 하는 것도 '목련존자가 지옥에 떨어진 어머니를 구제하기 위해서 백중날 스님들에게 공양을 올려서 이 공양 공덕으로 지옥에 계신 어머니께서 지옥불을 벗어나신다' 하는 마음가짐으로 한 거예요. 그래서 '지옥불을 벗어나서 천상세계로 올라가자'는 게 백중기도의 기원입니다. 천당도 없고 지옥도 없다는 말을 하려면 최소한 아라한과를 얻어야 해요. 그러면 부분적으로 맞을 수도 있어요. 아라한과를 얻어서 무아법에 통달하면, 내가 없으니까 뭐 상관이 없는 거죠. 무아법에 통달하지도 못한 사람이 "지옥도 없고 천당도 없다. 윤회도 없다. 환생도 없다", 이딴 소리 하면 그 과보가 어마어마합니다.

이것이 분노요, 이것이 분노의 과보다.

이것이 게으름이요, 이것이 게으름의 과보다.

이것이 뜻을 어지럽게 함이요, 이것이 뜻을 어지럽힌 과보다.

이것이 어리석음이요, 이것이 어리석음의 과보다.

이것이 결계요, 이것이 지계며, 이것이 계를 범하는 것이다.

이것이 마땅히 해야 하는 것이요, 이것이 마땅히 하지 말아야 하는 것이다.

이것이 장애요, 이것이 장애가 아니다.

결계結界란 '계를 맺는다'는 거죠. "이 도량 안에서는 계를 지키겠습니다."라는 말입니다. 지리산 쌍계사에서는 매년마다 보살계 행사를 해요. 대문 입구에 '결계 도량'이라고 써 놓습니다. 최소한 보살계 행사를 하는 3박 4일은 도량 안에 이렇게 계를 맺어 놨으니까 계를 잘 지켜야 된다는 소리예요. 제가 잘 아는 신도가 있었는데, 그분이 보살계 행사를 위해서 쌍계사에 와서 대웅전과 설법전 사이 큰 공터에 대보살들이 서 있는 모습을 봤어요. 설법전 기와지붕이 굉장히 높은데 그보다 더 커요. 그런 분들이 도열해 있는 모습을 보고 깜짝 놀라서 "불보살님들이 출현하셨어요"라고 얘기하더라고요. 결계를 맺고, 거기서 법을 설하고, 대중들이 그 보살계를 지키겠다고 맹세를 하고 나면 불보살님들이 환희하니까 나투시잖아요. 한 분도 아니고, 법당 앞에 굉장히 큰 분들이 도열해 서 계셨답니다.

이것이 죄를 짓는 것이요, 이것이 죄를 여의는 것이다. 이것이 깨

끗함이요, 이것이 허물이다. 이것이 유루有漏요, 이것이 무루無漏
다. 이것이 사도私道요, 이것이 정도正道다. 이것이 유위요, 이것이
무위다. 이것이 세간이요, 이것이 열반이다'라고 설하십니다.

살도음망을 통해서 죄를 짓는 거고, 살생 대신 방생을 하고 도둑
질 대신 보시를 하고 음행 대신 정행을 닦고 거짓말 대신 진실한
말을 하면 죄를 떠나게 되죠. "이것이 깨끗함이다. 또 죄를 짓는 것
이 허물이다. 유루무루." 유루는 번뇌가 있음이고 무루는 번뇌가
없음이에요. 그다음에 "이것이 사도요, 이것이 정도다." 정도 중의
정도 팔정도. 진리 중의 진리는 사성제. '바른 생각, 바른 말, 바른
행위, 바른 생계, 바른 정진, 바른 관찰, 바른 선정, 바른 견해'가 바
로 팔정도죠. 이것이 유위요, 이것이 무위다. 유위라는 것은 할 게
있다, 무위라는 것은 할 게 없다. 무위법을 통달하고서 본래 할 게
없는 거를 아는데, 일부러 일을 만들어서 하는 사람들을 '보살'이
라고 하는 거죠. 본래 할 게 없는 걸 알고, 무위법을 알고 아무것도
안 하는 사람들을 뭐라 그래요? '성문'이라 그래요. 그래서 사실은
본래 할 게 없어요. 내가 아바타인데 할 게 뭐가 있어요? 너도 아바
타, 나도 아바타, 몸도 마음도 온 우주가 아바타인데 아바타를 갖
고 무엇을 한다는 것은 결국은 다 공한 것입니다.
　『삼세인과경』에 보면 "전생사를 알고 싶은가? 현재의 상황을 보
라. 내생의 일을 알고 싶은가? 현재 행위를 보라" 하고 나와요. 여
러분 전생을 알고 싶죠? 지금 집에서 거울을 한번 보세요.
　여러분들도 다 환생했어요. 필자가 아는 스님도 할머니 돌아가

시고 1년 후에 자기가 태어났대요. 보통 애들이 고사리 이런 거 안
좋아하는데 그 스님은 고사리를 그렇게 좋아했대요. 그런데 할머
니가 그렇게 고사리를 좋아했답니다. 근데 할머니 소원이 딱 하나
있었대요. 할머니의 소원이 뭐냐면 '다음 생에는 스님이 되고 싶
다', 소원을 빌었는데 성취한 거지요. 남자로 태어나서 스님이 됐
으니까요. 여러분도 가능합니다. 지금부터라도 원을 세워서 꾸준
히 복 닦기, 도 닦기 하면서 발원을 하면 됩니다.

　　교화하기 힘든 사람은 마음이 마치 원숭이 같으므로, 몇 가지의
　　법으로써 그 마음을 제어하여 조복할 수 있습니다.
　　비유컨대, 코끼리나 말이 울부짖으며 조복되지 않으면, 매질을 가
　　해서 뼈에 사무치도록 한 후에 조복시키는 것과 같습니다. 이와
　　같이 굳세고 강하여 교화하기 어려운 중생이기 때문에 일체의 쓰
　　고 절박한 말로써 곧 조율할 수 있습니다."

　'일체의 쓰고 절박한 말'은 "너 그딴 짓 하면 지옥 가. 너 그딴 짓
하면 축생 돼. 지옥 갈 날이 얼마 안 남았어"와 같은 말입니다. 사람
은 죽기 전에 벌써 내세의 모습이 형성됩니다. 마음을 축생처럼 쓰
면 죽기 전에 벌써 말이나 소, 개 대가리가 보인다는 거예요. 백성
욱 박사님이라고 초대 장관도 하신 분인데, 원래 출가해서 스님으
로 있다가 환속하셔서 유럽에서 우리나라 최초로 철학박사 학위
를 받은 분이에요. 그분이 서울에서 부천까지 시외버스 타고 다녔
단 말이죠. 버스에 타면 사람들이 양쪽에 쭉 앉아 있잖아요. 그중

에 반은 벌써 축생보畜生報를 쓰고 있었다고 해요. 그런 사람이 죽으면 바로 축생으로 가는 겁니다.

저 여러 보살들이 이러한 설명을 듣고 모두 말하였다.
"미증유합니다. 저 세존 석가모니 붓다께서는 그 한량없는 자재의 힘을 감추고, 빈곤한 이들이 즐기는 바 법으로써 중생을 제도하십니다. 여기의 여러 보살들 또한 수고롭게 겸손하여 한량없는 대자비로써 이 불국토에 태어났습니다."

보살 같은 경우는 자기가 어떤 불국토에 태어날지 선택할 수가 있어요, 원생이기 때문에. 업으로 태어나는 것은 자기가 선택권이 없어요. 그냥 업에 의해서 떠밀려 가는 거죠. 그러나 원으로 태어나는 것은 자원봉사이기 때문에 자기가 선택할 수가 있어요. 자원봉사는 자기가 어디 가서 할까 선택할 수 있는데, 이 사바세계에 온 보살들은 대자비로써 태어났다는 거죠. 왜냐하면 조복받기 힘든 중생들한테 와서 봉사를 하니까요. 정말 말 안 듣는 사람들한테 와서 전하려니까 그게 쉽겠어요? 어렵죠.

4. 사바세계에만 있는 열 가지 훌륭한 법

유마힐이 말하였다.
"이 국토의 보살이 모든 중생에게 큰 자비가 견고한 것은 진실로 말한 바와 같거니와, 한 세상 동안 중생을 요익하게 한 것은 저 국토의 백천 겁 동안 행한 것보다 많습니다. 왜냐하면 이 사바세계에는 열 가지 훌륭한 법이 있으며, 여러 다른 정토에는 없기 때문입니다.

이게 웬 반가운 소식? 사바세계는 굳세고 강해서 힘들다 그러더니 웬걸? 사바세계에만 있는 10가지 훌륭한 법을 말해요. 우리가이 정도는 알아야죠. 사바세계에 오길 잘했네.

무엇이 열 가지인가? 보시로써 빈궁함을 거두어주고, 청정한 계율로써 계 무너뜨림을 거두어주고, 인욕으로써 분노를 거두어주고, 정진으로써 게으름을 거두어주며, 선정으로써 어지러운 마음을 수습하고, 지혜로써 어리석음을 수습하며, 어려움을 제거하는 법을 설하여 8난을 만난 자를 제도하고, 대승법으로써 소승을 즐기는 자를 제도하며, 모든 선근으로써 덕이 없는 자를 제도하고, 언제나 4섭법으로써 중생을 성취케 하니, 이것이 열 가지입니다."

사바세계에만 있는 열 가지 훌륭한 법입니다. 보시로써 빈궁함을 거두어준다는데, 빈궁한 사람들이 많으니까 보시로써 거두어줄 수가 있는 거죠. 향적불 계신 세계에는 빈궁한 사람이 없어요. 그러니까 보시를 할 일이 있겠어요? 다 잘 사는데 내가 뭐 준다고 받겠어요? 줄 필요도 없지만 받지도 않아요. '나도 많은데 뭘 주냐?'가 되는 거죠. "금덩어리 줄까?", "우리집에 금송아지 있어요." 그러니까 보시로써 빈곤함을 거두어 줄 일이 없는 것, 보시바라밀을 닦을 찬스가 없는 거예요. 빈궁한 사람들을 보면 '내가 보시바라밀을 닦기 딱이구나. 저 가난한 사람들이 있는 덕분에 내가 보시바라밀을 할 수 있게 되었구나'라고 생각하는 겁니다.

"청정한 계율로써 계 무너뜨림을 거두어주며", 계 무너뜨리는 사람이 있으니까 내가 계율를 보여줌으로써 계 무너지는 사람들을 거두어 준다는 거예요. 향적불의 국토에는 향으로써 다 끝나기 때문에 계를 무너뜨릴 사람이 없어요. 거기는 무슨 먹을 걱정, 입을 걱정, 다 필요 없어요. 향만 한 가지 있으면 돼요.

"인욕으로써 분노를 거두고"는 화내는 사람이 있으니까 내가 인욕으로써 그것을 도와줄 수 있는 거죠. 화내는 사람이 하나도 없으면 내가 인욕할 일이 없겠죠. 인욕바라밀을 연습하려면 날 화나게끔 만드는 사람들이 있어야 내가 인욕바라밀을 닦겠죠? 나를 화나게 만드는 사람을 보면 '저 사람이 인욕바라밀을 닦을 기회를 주는구나. 고맙다. 덕분에 내가 인욕바라밀을 닦는구나.' 이게 보살도죠. "정진으로써 게으름을 거두어주며"도 똑같습니다.

"선정으로써 어지러운 마음을 수습하고, 지혜로써 어리석음을 수습하며 어려움을 제거하는 법을 설하여 팔난을 맞는 자를 제도하고"에서 팔난은 삼재팔난 할 때 팔난이죠. 어려움 중의 어려움은 불법을 못 만난 어려움이라고 해서 불법을 만나기 어려운 8가지 상황을 말해요. 지옥, 아귀, 축생, 변방, 장수천, 맹롱음아, 세지변총, 불전불후, 이게 바로 8난입니다. 삼재팔난. 이 8가지 어려움은 우리가 피해 가야 됩니다. 이런 상황에 처하면 불법을 만나기 어려워요. 불법을 만나기가 어렵다는 것은 윤회에서 벗어나기 어렵다는 거죠.

저 보살들이 말하였다.

"보살이 몇 가지 법을 성취하여야 이 세계에서 결함 없이 정토에서 태어납니까?"

유마힐이 말하였다.

"보살은 여덟 가지 법을 성취하여야 이 세계에서 결함 없이 정토에 태어납니다. 무엇이 여덟 가지인가?

1. 중생을 요익케 하되 보답을 바라지 않고, 2. 일체중생을 대신하여 모든 고뇌를 받으며, 3. 지은 바 공덕은 모두 다 베풀고, 4. 중생과 대등한 마음으로 겸손히 낮추어 걸림이 없으며, 5. 뭇 보살들 보기를 마치 붓다와 같이 하고, 6. 아직 들어보지 못한 경전을 듣고 의심치 않으며, 7. 성문과 더불어 위배하지 않고 다른 사람의 공양을 질투하지 않아 자기의 이익을 높이지 않으며 그 가운데에서 그 마음을 조복 받고, 8. 언제나 자기의 허물을 반성하여 남의 단점을 따지지 않고, 항상 일심으로써 모든 공덕을 구함이니, 이것이 여덟 가지 법입니다."

이런 8가지 법을 성취해야 결함 없이 정토에 태어난다는 거죠. 결함 없이 정토에 태어나는 게 상품상생이죠. 많은 사람들은 이 8가지 법을 성취하기가 어렵습니다. 그래도 염불을 잘하면 중품중생, 하품하생은 갈 수 있어요. 결함 있게 정토에 태어나는 거예요. 아직 탐진치가 있지만, 그럼에도 정토에 태어나는 것은 염불 공덕입니다.

경전을 독송하고 염불을 외고, 우리 불교식 상례법은 장례식장

가서 항상 독경과 염불을 해주는 겁니다. 곡을 하는 건 불교식이 아닙니다. 장례식 가서 독경해주면 영가도 따라 합니다. 자기가 아는 것을 따라 하죠. 그래서 마음이 편안해져요. 또 염불하면 불보살님이 출현하십니다. 그래서 불자라면 장례식은 물론이고 병고에 들어도 마찬가지로 독경과 염불을 득력처得力處로 삼아야 해요. '얻을 득'자, '힘 력'자. 힘을 얻는 곳이 있어야 돼요. 나 혼자만의 힘으로 사바세계를 살아나가는 것은 어렵습니다. 굉장히 힘들어요. 자력과 타력을 함께 써서, 가피를 입어서 이 험한 길을 걸어 나가야 되는 거죠. 불교는 자력신앙도 아니고 타력신앙도 아니고, 자각각타 신앙입니다. 스스로 깨닫고 남을 깨닫게 해준다, 자각각타예요. 자력은 '인'이고 타력은 '연'입니다. 인과 연이 합쳐졌을 때 '과'가 풍성해지는 것입니다.

자력과 타력을 같이 쓰는 게 지혜로운 방법입니다.

유마힐과 문수사리가 대중 속에서 이러한 법을 설하였을 때, 백천의 천신들은 모두 아뇩다라삼먁삼보리심을 일으켰고, 십 천의 보살들은 무생법인을 얻었다.

백 천의 천신. 얼마나 많으면 백 천의 천신이라 그러겠어요. 하늘을 의지해서 사는 천신이 있고, 하늘과 땅 중간에 왔다 갔다 하는 팔부신중이 있고, 토지에 의지해서 사는 호법 선신이 있는 겁니다. 상계 욕색제천중, 중계 팔부사왕중, 하계 호법선신중. 수많은 신, 정신적 존재들이 있습니다.

제3막

✳
✳
✳

다시 암라팔리 동산

『유마경』 제3막이 드디어 시작되었어요. 『유마경』 전체가 하나의 오페라처럼 굉장히 웅장하면서도 아주 다채롭게 전개되고 있습니다. 암라팔리 동산에서 유마거사에게 문병 갔다가 유마의 방에서 여태 있었던 일을 봤어요. 이제 다시 본래 자리, 암라팔리 동산으로 돌아온 겁니다. 자, 그래서 제1장, 아난의 질문과 세존의 답변을 봅니다.

아난의 질문과 세존의 답변
(十一. 菩薩行品)

세존은 유마의 방까지는 가지 않으셨습니다. 문수보살이 보살들과 십대제자를 거느리고 문병을 간 거고, 세존은 암라팔리 동산에 기다리면서 그대로 계셨죠.

1. 금빛 상서와 보살들의 향기

이때 붓다께서 암라수원에서 설법하고 계셨는데, 그 땅이 홀연히 널리 장엄이 되었으며 일체 대중이 다 금빛으로 되었다.
아난이 붓다께 여쭈었다.
"세존이시여, 무슨 인연으로 이런 상서가 있고, 이곳이 홀연히 널리 장엄이 되어 일체 대중이 다 금빛으로 되었습니까?"
붓다께서 아난에게 말씀하셨다.
"이것은 유마힐과 문수사리가 모든 대중과 더불어 공경히 에워싸여 오려고 하는 뜻을 일으킨 까닭으로 우선 이런 상서가 있는 것이니라."

이에 유마힐이 문수사리에게 말하였다.

"함께 붓다를 뵙고 여러 보살들과 예를 드리고 공양을 올리도록 하실까요?"

문수사리가 말하였다.

"좋습니다. 가시지요. 지금이 바로 그때입니다."

지금이 바로 그때라는 겁니다. 지금이 바로 『유마경』을 공부할 때다, 지금이 바로 무아·대아·시아를 설할 때고, 지금이 법문을 들을 때다……

유마힐이 즉각 신통력으로써 모든 대중과 아울러 사자좌를 가져다 오른손 손바닥 위에 올려놓고 붓다가 계신 곳에 와서, 도착하자마자 땅에 내려놓았다.

유마힐의 신통력이 대단하죠? 오른손 손바닥 위에 모든 대중들과 넓고 큰 사자좌를 다 싣고 온 거예요. 『서유기』에서 손오공이 근두운 타고 신나게 날아가보니 기둥이 다섯 개 있어서 거기 하나에 오줌을 누죠. 거기다가 '제천대성 왔다 가다'라고 글을 써놓고 와서, 부처님 곁에 와서 큰소리 치면서 "갔다 왔다"고 했더니 부처님께서 손을 딱 보여주시는데 손바닥에서 지린내가 나요. 거기에 '제천대성', 손오공이 쓴 글씨가 있던 거죠. 그래서 나온 말이 '부처님

월호 스님의 유마경 강설

손바닥 안이다.'라는 표현입니다.

우리가 아무리 잘난 척해도 부처님 손바닥 안에 있어요. '여래실지실견如來 悉知悉見', 『금강경』에도 자주 나오는 그 말을 우리가 믿어야 돼요. '실지실견', 부처님은 모두 알고 모두 보고 계세요. 그러니까 사람들이 내 마음을 몰라 준다고 한탄할 필요도, 또 내가 허물을 저질러 놓고 사람들이 모른다 그래서 좋아할 것도 없어요. 다 알고 다 보고 계세요.

붓다의 발에 머리 조아리고 오른쪽으로 일곱 바퀴를 돌아 일심으로 합장하고 한쪽에 서 있었다. 그 모든 보살들도 다 자리에서 벗어나 붓다의 발에 머리 조아리고, 또한 일곱 바퀴를 돌고 한쪽에 서 있었다.

우리가 부처님 사리탑 같은 데 가면 오른쪽으로 세 바퀴 또는 일곱 바퀴를 도는 게 예의입니다. 『금강경』에 보면 '우요삼잡右繞三匝'이라고 나오죠? 오른쪽으로 세 바퀴를 돌았다는 소리예요. 내 오른쪽 어깨가 탑 쪽을 향해서 도는 거죠. 여기에서 일곱 바퀴를 돌았다는 것은 최상의 공경심을 표현하는 겁니다.

여러 큰 제자들, 제석천, 범천, 사천왕 등 또한 다 자리를 벗어나 붓다의 발에 머리 조아리고 한쪽에 서 있었다.

『유마경』에도 제석천, 범천, 사천왕이 나오는데, 모두 신들이에요. 신들 중에서도 욕계의 대표적인 신이 제석천이고, 색계의 대표적인 신이 범천이에요. 상계 욕색제천중上界 慾色諸天衆입니다. 그 다음에 중계 팔부사왕중中界 八部四王衆이라고 그러죠?

천상의 세계에도 상계, 중계, 하계가 있어요. 중계에는 팔부신중하고 사천왕이 있다고 해서 팔부사왕중이라고 해요. 그다음에 하계 호법선신중下界 護法善神衆, 즉 하계의 신은 토지나 나무나 산을 의지해서 사는 신을 말합니다.

이에 세존께서 여법하게 여러 보살들을 위문하시고 각자 자리에 다시 앉아 곧 모두 가르침을 받게 하시니, 대중이 자리에 앉게 되었다.
붓다께서 사리불에게 말씀하셨다.
"그대는 보살대사가 신통력으로 하는 바를 보았느냐?"

여기서 말하는 보살대사가 바로 유마힐이죠. 유마힐은 단순한 거사가 아닙니다. 부처님의 아바타예요. 부처님이 거사의 몸으로 나투신 화신입니다, 아바타.

"예, 그렇습니다. 이미 보았습니다."
"어떻게 생각하느냐?"
"세존이시여, 저는 그것을 보고 불가사의하다고 생각하였습니다. 생각으로 도모할 수 있는 것이 아니며, 헤아려 측량할 수 있는 것이 아닙니다."

우리 중생들의 깜냥을 초월해요. 사람들은 자기 깜냥을 초월하면 그거를 안 믿어요. 그리고 '정말 그럴까?' 반신반의하게 되는 경우가 많죠. 생각의 깜냥이라는 것은 생각의 그릇이거든요. 자기 생각의 그릇을 초월하니까 알 수가 없는 거예요. '우물 안 개구리'가 그래서 나오죠. 개구리가 우물 안에서 하늘을 보면 하늘이 동그랗게 생겼죠? 우물 입구가 동그랗게 생겼잖아요. 그러니까 우물 안 개구리한테 아무리 "하늘은 그렇게 동그랗게 생긴 게 아니야. 하염없이 크고 넓어" 하고 이야기해줘도 개구리가 믿겠어요? 안 믿죠.

이때 아난이 붓다께 여쭈었다.
"세존이시여, 지금 맡은 바 향기는 예전에 없던 것입니다. 이것은 무슨 향기입니까?"
붓다께서 아난에게 말씀하셨다.
"이것은 저 보살들의 모공에서 나는 향기다."
이에 사리불이 아난에게 말하였다.
"우리들의 모공에서도 또한 이 향기가 나옵니다."
아난이 말하였다.
"이것은 어디에서 왔습니까?"
"이 장자 유마힐이 중향국에서 붓다의 남은 음식을 갖고 와 집에서 먹은 이는 모두 모공에서 다 이와 같은 향기가 납니다."

향기 나는 음식을 먹으면 몸에서 향이 나죠. 냄새나는 음식을 먹으면 몸에서 냄새가 나죠. 그 소리예요.

아난이 유마힐에게 물었다.

"이 향기는 얼마나 오랫동안 머무릅니까?"

유마힐이 말하였다.

"이 음식이 소화될 때까지입니다."

"이 음식은 얼마나 지나야 소화가 됩니까?"

"이 음식의 세력은 7일에 이른 후에야 소멸됩니다.

우리가 오늘 어떤 음식을 먹으면 일주일 동안 몸에 그 기운이 남아 있다는 소리예요. 옛날 우리 할머니, 할아버지들은 기도하러 갈 때 보통 7일 전, 최소 3일 전부터는 음식을 가렸어요. 누린 것, 비린 것 먹으면 안 된다는 소리를, 어머니한테 많이 들었어요.

또 아난이여, 만약 성문인이 아직 바른 지위에 들지 않고 이 음식을 먹은 자는, 바른 지위에 든 후에야 소멸됩니다. 이미 바른 지위에 들어서 이 음식을 먹은 자는 마음의 해탈을 얻은 후에 소멸됩니다.

여기서 바른 지위라는 것은 수다원과입니다. 수다원과에 이르러야 소멸된다는 것이고, 바른 지위에 들어서 음식을 먹은 자는 마음의 해탈을 얻은 후에 소멸된다는 겁니다. 마음의 해탈을 얻은 건 아라한과죠. 아직 수다원과에 안 든 사람은 이거 먹으면 수다원과에 들 때까지는 계속 향기가 나는 거예요. 그리고 이미 수다원과에 든 사람은 이 향기로운 음식을 먹으면 아라한과에 들어서야 이게

월호 스님의 유마경 강설

소멸된다는 거예요.

만약 아직 대승의 뜻을 일으키지 못하고 이 음식을 먹은 자는 뜻을 일으킴에 이르러서 소멸됩니다.

아라한과를 얻은 후에는 대승의 뜻을 일으켜야 되는 거예요. '내가 병에서 완전히 치유됐지만 모든 인류가 치유돼야 진정하게 내가 치유된 거다' 하는 마음으로 인류의 치유를 기원하는 게 바로 대승의 뜻이죠.

이미 뜻을 일으키고 이 음식을 먹은 자는 무생법인을 증득한 후 소멸됩니다.

이미 대승의 뜻을 일으키고 나서 먹은 사람은 무생법인(태어남, 생겨남이 없는 진리의 가르침)을 증득한 후 소멸된다고 합니다. 무생법인은, 즉 불생불멸이고 상락아정이라는 소리입니다. 생겨나면 없어지게 되어 있어요, 몸은 생로병사, 마음은 생주이멸, 그런데 성품은 불생불멸, 상락아정이란 소리예요. 그래서 성품을 깨우친 이, 바로 무생법인을 증득하는 거예요. 몸과 마음은 아바타이고 관찰자가 진짜 나인데, 이 관찰자는 불생불멸, 상락아정, 이것을 몸으로써 체득한 사람이 무생법인을 얻은 게 됩니다.

이미 무생법인을 얻고서 이 음식을 먹은 자는 일생보처에 이른 후에 소멸됩니다.

무생법인, 상락아정, 불생불멸을 얻고서 이 음식을 먹은 이는 일생보처 보살에 이른다고 합니다. 일생보처가 바로 미륵보살이죠. 미륵보살 같은 경지가 일생보처인 거예요. 한 생만 대기하고 있으면 다음 생에 부처님이 되는 것을 일생보처 보살이라고 해요. 미륵보살처럼 대기하고 있는 거죠. 대기자 명단의 첫 번째 순위로 대기하는 보살이 바로 일생보처 보살입니다.

비유컨대 어떤 약이 있어 이름을 상미上味라고 하는데, 그 약을 복용하는 자는 몸의 모든 독이 소멸한 후에 소화되는 것과 같습니다. 이 음식도 이와 같이 모든 번뇌의 독을 제거한 후에 소화됩니다."

상미, 최상의 맛인 거예요. 정말 멋진 음식이네요. 모든 번뇌, 탐진치의 삼독을 제거한 후에 소화가 된다는 이 음식, 한번 먹어보고 싶지 않아요? 우리 한번 먹어 볼까요? 마하반야바라밀이, 그것입니다.

2. 일체제불의 법문에 들어감

아난이 붓다께 말씀드렸다.

"미증유합니다. 세존이시여, 이와 같은 향기로운 음식으로써 불사를 지을 수 있습니까?"

붓다께서 말씀하셨다.

"그러하고 그러하다. 아난이여, 혹 어떤 불국토는 붓다의 광명으로써 불사를 짓고, 어떤 곳은 여러 보살로써 불사를 지으며, 어떤 곳은 붓다의 아바타로써 불사를 짓고, 어떤 곳은 보리수로써 불사를 지으며, 어떤 곳은 붓다의 의복과 침구로써 불사를 짓는다.

불사라는 것은 부처님 일인데, 부처님 일이 다른 게 아니죠? 전법입니다. 부처님이 이 세상에 무슨 일 하러 왔겠어요? 법을 전해주러 오신 거예요. 부처님 불사 중의 최고의 불사는 전법이니까 전법을 하려면 법이 뭔지를 알아야 돼죠? 부처님 법의 핵심은 게송이에요. 원래 경전이 게송집이었습니다. 이게 후대로 내려오면서 산문, 설명문 등이 붙은 거예요. 게송이 법의 핵심이에요. 게송 하나라도 수지독송하고 남에게 전해주는 것이 최고의 불사예요.

어떤 곳은 음식으로 불사를 짓고, 어떤 곳은 동산과 숲, 누각으로 불사를 지으며,

누각 만들고 범종루 만드는 것도 불사예요. 종을 치면 그 종소리를 듣고 많은 사람들이 마음의 해탈을 얻는단 말이에요. 이 종을 치려면 종만 있으면 안 돼죠. 종각이 있어야, 종각에 대들보를 걸어서 종을 매달고 이걸 치는 거죠. 그게 바로 불사입니다.

어떤 곳은 32상 80종호로써 불사를 짓는다. 어떤 곳은 붓다의 몸
으로서 불사를 짓고, 어떤 곳은 허공으로써 불사를 짓는다.

불상을 만드는 것, 이런 것도 역시 '붓다의 몸으로서 불사를 짓
는다', 이거예요.

중생은 마땅히 이러한 연으로써 계율의 행에 들어갈 수 있다.

중생들에게 부처님과 연을 맺어주는 겁니다. "부처님과 인이 있
고 부처님과 연이 있다"라고 『몽수경』에 나오죠? 부처님과 '인'이
있다는 것은 여러분들이 발심하는 거예요. '연'이 있다는 것은, 이
런 불사에 같이 동참하게 하는 것이 바로 부처님과 '연'을 맺는 거
예요. 그래야 '아, 불교가 이런 것이구나'를 알 수 있어요. 또 불교
에서 말하는 계율의 행, 가장 중요한 '살도음망', 살생·투도·사
음·망어, 이 네 가지가 우리가 살아가면서 꼭 지켜야 하는 것임을
알게 되는 거예요.
  '살생 대신 방생을 해야겠구나', 살생을 금한다는 것은 부분적인
계율을 지키는 것인데 소극적인 계율행은 살생을 금하는 것이고,
적극적인 계율은 방생하는 거예요. 그다음에 도둑질(투도) 대신 보
시를 해요. 내가 지금 베풀어도 시원치 않은데 뺏는다는 건 상상이
안 가는 거죠. 보시, 즉 '베풀어야 되는구나' 하는 거죠. 다음으로
지금 내가 올바른 수행을 해야 되는데 사음, 삿된 행을 해서 수행
이 되겠어요? 그러니까 그것 역시 수행에 마음이 가 있으면 자연

히 소멸되는 거죠. 또 망어, 진실한 말을 하려고 노력하는 사람은 자연히 거짓말이 줄어들게 되는 거죠. 이것이 바라제목차, 즉 부분해탈인 것입니다.

어떤 곳은 꿈과 환영과 메아리와 거울 속 영상과 물속의 달과 뜨거울 때의 아지랑이 등의 비유로 불사를 짓는다.

환영幻影, 여기서는 '허깨비 환'자, '그림자 영'자, 이렇게 썼는데 결국 '아바타'라는 소리죠. 꿈과 아바타, 메아리, 거울 속의 영상, 물속의 달, 뜨거울 때의 아지랑이 등의 비유로 불사를 짓는다, 우리 존재가 다 이와 같다……. "일체유위법 여몽환포영 여로역여전 응작여시관." 응당 이렇게 관찰을 해라, 이런 게송으로 불사를 짓는다, 이거예요.

어떤 곳은 음성· 언어· 문자로써 불사를 짓고,

음성으로 나투신 부처님이 바로 보신불이라고 그랬죠. 음성으로 나투셔서 가르침을 주시는 거예요.

혹 어떤 청정한 불국토는 적막하고 말이 없으며, 설함도 보임도 없고, 알지도 짓지도 하지도 않는 것으로써 불사를 짓는다.

이건 무위법이에요. 아무것도 하지 않는 것으로 불사를 짓는다.

이게 진짜 엄청난 불사죠.

옛날에 알렉산더 대왕이 페르시아와 유럽 일대를 정벌하고, 최종적으로 인도까지 정벌하려고 가는 길에 한 강가에서 디오게네스를 만났어요. 디오게네스가 물통 같은 곳에서 머문 철학자죠? 우리 동양식으로 표현하자면 도인이죠. 디오게네스를 만났는데, 알렉산더가 보기에도 평범하지 않고 비범하게 보인 거죠. 그래서 "제가 그대를 위해서 뭐를 좀 해주고 싶은데, 뭐를 해드리면 좋겠습니까?" 하고 디오게네스한테 물어요. 그때 디오게네스가 뭐라 그랬어요? 조금 옆으로 비켜 달라고 합니다. "내가 지금 일광욕을 하고 있는데 자네가 그 태양을 가로막고 있어. 햇볕을 가리니까 조금 옆으로 비켜 달라"고 부탁합니다. 또한 디오게네스가 "어쩐 일로 이렇게 오셨냐?" 물었더니 "세계 정복을 위해서 인도로 가는 길인데 지금 당신 명성을 듣고 잠깐 들렀다" 그래요. "그럼 세계 정복하고 나서는 뭐 할 건데요?", "그때는 나도 당신처럼 좀 푹 쉬고 싶다, 일광욕이나 하면서", 그때 디오게네스가 뭐라 그랬어요? "지금 그렇게 해도 되는데." 라고 했습니다.

이와 같이 아난이여, 모든 붓다 거동의 나아가고 멈춤과 베풀어 하는 바가 불사가 아닌 것이 없느니라. 아난아, 저 네 마군[70]과 8만 4천의 모든 번뇌의 문이 있어 모든 중생들이 이러한 것에 의하여 피로하니, 모든 붓다는 즉 이러한 법으로써 불사를 짓는다.

---

[70] 번뇌마煩惱魔, 오온마五蘊魔, 천마天魔, 사마死魔.

월호 스님의 유마경 강설

8만 4천의 번뇌가 있어서, 이 8만 4천의 번뇌를 다스리는 법을 가르쳐준 게 바로 팔만사천대장경입니다. 이것을 압축해서 팔만 대장경, 팔만대장경을 또 압축해서 현대인이 보기 쉽게 만들어 놓은 게 바로『붓다의 노래』,『담마의 노래』,『승가의 노래』입니다. 여러분들이 팔만대장경의 핵심 게송만 뽑아서 만들어 놓은『삼보의 노래』를 잘 활용해야 돼요. 고려 때 만든 팔만대장경이 지금 이 시대에 되살아나, 부처님 가르침의 핵심을 파악할 수 있게 만들어 놓은 법 중의 법이에요, 게송집. 인도 불교의 3대 보살이 있다고 했죠? 용수 보살, 마명 보살, 세친 보살이 인도 불교 역사상 지금까지, 아니 인도만 아니라 불교의 전체 역사상 3대 보살이에요. 용수 보살은 '중론 송'을 짓고, 마명 보살은 '대승기신론 송'을 짓고, 세친 보살은 '구사론 송'을 지었어요. 근데 이것을 번역하는 사람들이 제목부터 잘못 번역했어요. '중론, 대승기신론, 구사론'이라고 제목을 붙였어요. 실은 논문이 아니라 게송집이에요. '구사론 송', '중론 송', '대승기신론 송', 모두 게송집이에요. 게송집을 잘 만든 사람이 최고의 보살이라는 거예요. 게송이 불교의 핵심이고, 불법의 핵심 게송을 잘 엮어서 그 시대 사람들이 잘 이해할 수 있게 압축해서 엑기스를 편찬한 사람들이 최고의 보살입니다.

이것이 이름하여 '일체제불의 법문에 들어감'이다. 보살로서 이 문에 드는 이는, 설혹 일체의 맑고 좋은 불국토를 본다 하더라도, 즐거움을 삼지 아니하고, 탐하지 않으며, 뻐기지도 않느니라.
만약 일체의 청정치 못한 불국토를 본다 하더라도, 우환을 삼지 않고, 걸리지 않고, 빠지지도 않느니라.

쉽게 말하자면, 사바세계가 좀 더러운 데라고 했죠? 그런데 그더러운 곳에 온 덕분에 우리가 수행을 더 열심히 할 수 있다는 소리예요. 주변에 말 안 듣는 사람이 많은 덕분에 내가 내 마음을 좀더 성찰할 수 있다, 이러한 마음가짐처럼요. 사바세계에만 있는 열가지 법을 이야기했죠? 사바세계는 더럽고 험한, 또 말을 안 듣는중생들이 많은 곳인데, 그렇기 때문에 오히려 더 큰 불사를 지을수 있다는 겁니다. 자기 마음가짐에 따라서 '때문에'가 '덕분에'로변하는 거죠.

단지 모든 붓다에게 청정심을 일으켜, 환희하고 공경하며 미증유라 하느니라. 제불여래의 공덕은 평등하지만 중생을 교화하기 위한 까닭으로 불국토를 같지 않게 나타내는 것이니라.
아난아, 네가 제불의 국토를 지상에서는 약간 볼 수 있으나 허공에서는 조금도 볼 수 없다. 이와 같이 제불의 색신을 약간 볼 수있을 뿐, 그 무애한 지혜는 조금도 볼 수 없는 것이다.
아난아, 제불의 색신·위상·종성·계·정·혜·해탈·해탈지견·10력·4무소외·18불공지법·대자·대비·위의·소행 및 그들의 수명과 설법 교화하여 중생을 성취하고 불국토를 청정하게 하여 온갖불법을 갖춤이 모두 다 동등하다. 이러한 까닭으로 이름하여 '삼먁삼붓다'라 하고, '타타아가타'라 하며, '붓다'라 하느니라.

월호 스님의 유마경 강설

여래십호如來十號는 응공, 정변지, 명행족, 선서, 세간해, 무상사, 조어장부, 천인사, 불세존을 말합니다. 그러면 여래의 본명은 뭐예요? 여래예요. 그래서 '여래십호'라 하는 거죠. 나머지는 다 별명입니다. 부처님께서는 본인을 지칭하실 때 항상 '여래'라는 표현을 썼어요. '아미타여래, 석가여래'라고 할 때처럼 '여래, 이와 같이 오신 분이다', 범어로 '타타아가타'가 바로 여래입니다. '타타아'가 '여'라는 뜻이고 '가타'가 '래'라는 뜻이에요.

'삼먁삼붓다'는 '정변지'라는 뜻이에요. 정변지는 '바르게 두루 아시는 분', 붓다는 '깨달은 분'이라는 소리예요. 우리는 부처님이라고 그러지만, 사실은 여래가 더 존칭입니다. 여래는 본명이고 붓다는 별명입니다. '빠쩨까붓다' 할 때 붓다도 똑같은 붓다예요. 그분도 역시 깨우친 분이에요. 연기법을 깨쳤다고 해서 '연각'이라 그러죠? '깨우칠 각'자. 그런데 '빠쩨까붓다'는 홀로 수행하신 분이라서 '독각'이라고도 해요. 이분은 보살도를 아직 겪지 않았기 때문에 독각이라고 합니다. 그래서 반드시 여래가 되려면 보살도가 필수 과목이라고 하는 거예요.

아난아, 만약 내가 이 세 이름의 뜻을 널리 설명하면, 너는 1겁의 수명으로서도 다 받아들이지 못하느니라. 바로 삼천대천세계에 가득한 중생이 다 아난의 다문제일과 같아 일념에 모두 지니더라도, 이 모든 사람들 또한 1겁의 수명으로서도 다 받아들이지 못하느니라. 이와 같이 아난아, 제불의 아뇩다라삼먁삼보리는 한량없고 지혜와 변재도 불가사의하니라."

부처님의 지혜와 변재, 깨달음 같은 것은 사실 우리가 측량할 수 없습니다. 왜냐하면 자기 그릇만큼밖에 못 보기 때문에 자기 깜냥을 초월하는 것은 알 수가 없어요. 그래서 이 깜냥을 키우는 게 중요한 겁니다. 즉 안목을 높이는 게 중요한 거지, 자기 안목에 세상을 맞추려는 것은 중요한 게 아니에요.

안목을 키워야 합니다. 육안의 안목에서 천안의 안목으로, 천안의 안목에서 혜안의 안목으로, 혜안의 안목에서 법안의 안목으로, 법안의 안목에서 불안(부처님의 안목)까지 우리가 계속 업그레이드 시키는 게 중요합니다. .

아난이 붓다께 말씀드렸다.
"저는 지금부터 감히 스스로 다문이라 할 수가 없겠습니다."
붓다께서 아난에게 말씀하셨다.
"물러설 뜻을 일으키지 마라. 왜냐하면 내가 너를 성문들 중에 다문이 최고라 하는 것이지, 보살을 말함이 아니니라.

'다문제일多聞第一'이란 '많이 들은 게 최고'라는 소리죠. 부처님 옆에서 시봉한 시자들이 사실 아난 말고도 여럿 있었어요. 그런데 아난이 가장 오랫동안 시봉을 했습니다. 그래서 '다문세일'이라고 하죠. 또 총기가 좋아서 한 번 들으면 잊어버리지 않는다고 '다문제일'입니다. 한번은 아난의 등에 종기가 심해서 등창 수술을 할 때였어요. 수술 날짜를 잡아야 되는데 의사가 언제 수술을 하면 될지 물었을 때 아난이 "제가 부처님 법문을 듣고 있을 때 하십시오",

"그럼 마취해야 되는데요?", "마취 안 해도 됩니다", "정말요?", "그렇습니다. 걱정 말고 그때 하십시오". 그래서 부처님 법문 듣고 있을 때 진짜 수술했어요. 고름 짜내고 꿰매고 마취도 안 하고요. 왜 그랬냐면, 부처님 법문 들을 때는 온 신경이 거기로 가서 등판을 찢든 꿰매든 아무 느낌이 없으니까요. 완전히 거기 꽂혀서, 마취도 안 할 정도니까 '다문제일'입니다.

그만두어라. 아난아, 저 지혜가 있는 자는 응당 모든 보살들을 한정하지 않느니라. 일체의 바다의 깊이를 오히려 측량할 수 있을지 언정, 보살의 선정·지혜·총지·변재와 일체의 공덕은 헤아릴 수 없느니라.

아난아, 너희들은 보살이 행하는 바는 차치하고, 이 유마힐이 한때 나타낸바 신통의 힘도 일체의 성문과 벽지불이 백천 겁토록 힘을 다하여 변화하더라도 지을 수 없는 바이니라."

3. 세존께서 일체묘향국 보살들에게 법어를 선물하시다

그때에 중향세계에서 온 보살이 합장하며 붓다께 말씀드렸다.

"세존이시여, 우리들이 이 국토를 처음 보았을 때 보잘것없다는 생각을 내었지만, 지금은 스스로 후회하고 책망하며 이러한 마음을 버렸습니다. 왜냐하면 모든 붓다의 방편은 불가사의하지만 중생을 제도하기 위한 까닭으로, 그들이 응하는 바에 따라서 불국토도 달리 나타나는 것입니다. 그러니 세존이시여, 원하옵건대 작은 가르침이라도 내려주시기 바랍니다. 저 국토에 돌아가서도 마땅히 여래를 생각하겠습니다."

중향세계의 일체묘향국 보살들이 사바세계와는 다른 세계에 왔어요. 거기서는 향으로 법문한다 그랬죠? 나무 밑에 앉아서 향 내음 맡는 게 법문 듣는 거예요. 얼마나 좋아요? 먹는 것도 밥을 안 먹고 향을 먹어요. 여기는 향으로 시작해서 향으로 끝나는 세계라고 해서 '중향세계'라고 하는 겁니다. 일체가 다 오묘한 향이에요. 향을 맡으면서 '향을 맡는 이것이 무엇인가?'를 생각하는 게 공부거리예요. 우리가 '안이비설신의', 즉 '눈, 귀, 코, 혀, 몸, 뜻'으로 '색성향미촉법'하고 닿게 되죠. '대면하고 접촉을 하게 되는데, 그 접촉을 하는 이것이 무엇인가?' 바로 '이 뭣고' 화두입니다. 중향 보살들이 왔다가 돌아가기 전에, 석가모니 부처님께 법문을 요청하는 거죠. 자그마한 법문이라도 내려주시기 바란다고 말입니다.

붓다께서 여러 보살에게 말씀하셨다.
"다함과 다함이 없는 해탈법문이 있으니, 그대들은 마땅히 배워라. 무엇이 다함인가? 유위법을 말하느니라. 무엇이 다함이 없음인가? 무위법을 말하느니라. 보살은 유위를 다하지도 않고, 무위에 머무르지도 않는다.

유위라는 건 할 일 있음이고, 무위는 할 일 없음이에요. '유위', 즉 할 일이 있음을 다하지도 않고, '무위', 즉 할 일 없음에 머무르지도 않는다. 꾸준히 일한다는 소리예요. 왜냐하면 우리 마음은 실체가 없어요. '무소득'입니다. 그렇지만 쓰임이 있어요. '유소용'이에요. 이 두 가지를 다 알아야 돼요. 무소득만 알면 무위에 머무르게 돼요. 무소득에 머무는데, 무위에 머무르지도 않고, 그다음에 유위를 다 하지도 않는다, 뭔가를 꾸준히 한다는 거예요. 왜냐하면 체는 없지만, 용이 있어요. 이것을 '진공묘유眞空妙有'라고 합니다. 그 도리를 여기서 설하는 거예요.

4. 유위를 다하지 않는 것

무엇이 유위를 다하지 않는 것인가?
소위 대자大慈를 여의지 않고, 대비大悲를 버리지 않으며, 일체 지혜의 마음을 깊이 일으켜 잠시도 잊지 않고, 중생을 교화함에 피곤해하거나 싫증을 내지 않고, 4섭법에 항상 수순하여 행할 것을 생각하고, 정법을 지킴에 신명을 아끼지 않으며, 모든 선근을 쌓지만 피곤해하거나 싫증을 내지 않고, 뜻은 항상 방편과 회향에 안주하며, 진리를 구함에 게으르지 않고 법을 설함에 인색함이 없다.

한편으로는 진리를 구하면서 한편으로 또 법을 설하는데, 법을 설함에 인색함이 없다고 합니다. 관대하신 어르신처럼 인색함이 없어요. 그냥 있는 거 다 가르쳐 주는 것입니다.

모든 붓다께 부지런히 공양하는 까닭으로 생사에 들어가도 두려워하는 바가 없다. 모든 영광과 치욕에 마음이 근심하거나 기뻐함이 없다. 배우지 못한 자를 가벼이 하지 않고, 배운 자를 공경하기를 마치 부처님같이 한다.

번뇌에 떨어진 자는 바른 관찰을 일으키게 하고,

번뇌에 떨어진 자를 바른 관찰을 일으키게 해서 번뇌에서 벗어나게 해주는 게 올바르게 가는 거예요. 번뇌에 떨어진 자를 감언이설로 잠시 번뇌를 잊게 만들어줄 수는 있지만, 그건 일시적인 겁니다. 궁극적인 안심은 실체를 바로 보게 하는 거예요. '네가 지금 번뇌에 떨어져 있는데, 번뇌에서 벗어나려 하지 말고 번뇌를 너의 깨달음의 자량資糧으로 삼아야 해.' 관찰 대상이 됩니다. 번뇌가 없으면 수행도 안 해요. 스트레스가 없으면 사람들이 공부를 안 해요. 천상에 가면 공부 안 해요. 공부하기 최적화된 게 인간입니다. 그중에서도 최적화된 장소가 대한민국이에요. 막 격변하잖아요. 전통과 현대가 공존하기 때문에, 또 다양한 종교가 공존하기 때문에 스트레스도 많고 도 닦을 기회도 많은 곳이 바로 대한민국입니다. 여러분, '대한민국, 이 시대에 태어나서 온갖 스트레스 다 받고 공부를 다 할 수 있어서 정말 고맙습니다'라고 생각해야 돼요. 번뇌를 없애려 하지 말고 관찰하려고 해야 돼요. 관찰하다 보면 저절로 떨어집니다. 분리가 돼요. 이미 관찰하고 있다는 것은 번뇌를 내가 바라보고 있다는 거잖아요. 바라보고 있다는 건 이미 분리되었다는 거예요.

월호 스님의 유마경 강설

멀리 여읜 즐거움으로 귀함을 삼지 않는다. 자기의 즐거움에 집착하지 않고 남의 즐거움을 기뻐한다.

이것은 자기 행복에만 초점이 맞춰져 있으면 불가능한 얘기예요. 안심에 초점이 맞춰져 있으면 가능합니다.

뭇 선정에 있으면서 지옥과 같이 생각하며, 생사 속에서 낙원을 보듯 생각한다.

혼자 선정에 있는 것을 지옥과 같이 생각한다는 거예요. 차라리 생사 속에서 낙원을 보듯 생각한다는 겁니다. 사바세계야말로 공부하기에 최적화된 곳이다…….

찾아와 구하는 자를 보면 좋은 스승이라 생각하며, 소유한 것을 다 버려 일체의 지혜 갖출 것을 생각하고, 계를 범하는 사람을 보면 구할 생각을 일으킨다. 모든 바라밀을 부모로 생각하고, 37도품의 법은 권속으로 생각한다.
선근을 행하되 제한이 없고, 여러 정토를 장엄하는 일로써 자기의 불국토를 성취한다. 한량없는 보시를 베풀어 상호를 구족한다. 일체의 악을 제하고 신· 구· 의를 깨끗이 한다.

아바타지만 역시 이런 것들을 또 게을리하지 않는다는 거예요. 실체가 없다고 해서 아무것도 안 하는 게 아니고 계속 선행을 쌓아 나간다는 말이죠. 왜냐하면 실체는 없지만 작용은 있기 때문입니다.

생과 사의 수없는 겁에서도 마음이 용감하며,

몸과 마음이 아바타라고 생각하면 용감해질 수 있어요. 그런데 '한 번뿐이다. 죽으면 끝이다'라고 생각하면 겁이 나죠. '하나밖에 없고 죽으면 끝인데 이걸 내가 함부로 버릴 수 있나?' 생각하지만 '아바타다'라고 생각하면 수없이 죽어도 상관없게 돼죠.

우리가 왜 영화배우들 보면 수없이 죽죠? 근데 살아 있죠? 어떤 영화에선, 특히 단역 배우들은 총 맞고 칼 맞고 잘 죽잖아요. 영화마다 죽는 역할만 하는 엑스트라들도 많아요. 엑스트라들 엄청나게 죽지만 여전히 살아 있어요, 출근해요. 오늘도 죽으러 간다. 오늘은 A라는 영화에서 죽고, 내일은 B라는 영화에서 죽고, 모레는 C라는 영화에서 죽고, 수없이 매일 죽어요. 하지만 안 죽었어요. 그거랑 똑같은 거예요. 이게 연극 무대입니다. 인생은 한바탕 연극 무대예요. 연극하러 왔으면 내 역할을 충실하게 멋지게 하고 가는 게 중요하죠. 요것도 안 되고 저것도 안 되고, '죽으면 어떡하지? 아프면 어떡하지?' 하다 보면 자기 역할 못한다는 겁니다.

붓다의 무량한 덕을 듣고서도, 뜻이 게으르지 않는다.

왜냐면 부처님이 무량한 법을 쌓을 때는 오랜 세월을 거쳐서 법을 쌓은 거거든요. 오랜 세월 작용을 통해서 쌓은 거죠. '아이구, 어떻게 저렇게 많이 쌓을 수 있나?' 하고 게을러지지 말자는 거예요. 나도 지금부터 꾸준히 쌓다 보면 삶은 한 번뿐이 아니니까 할 수 있어요. '한 번뿐인 인생'이라고 흔히 말하는데, 그것도 잘못 가르치는 겁니다. 금생은 한 번뿐이지요. 하지만 내생, 내생, 내내생까지 계속 이어집니다.

> 지혜의 검으로써 번뇌의 적을 타파하고, 5음·18계·6입으로부터 벗어나서 중생을 짊어지고 영원히 해탈케 한다.
> 대정진으로써 마군을 항복받고, 언제나 무념과 실상과 지혜의 행을 구한다. 작은 욕심으로 만족함을 알고, 세간의 법을 버리지 않는다. 위의를 무너뜨리지 않고 세속을 따르며, 신통과 지혜를 일으켜 중생을 인도한다.
> 총지를 생각하여 들은 바를 잊지 아니하며,

불교에서는 '마하반야바라밀' 같이 짧은 문구 속에 수많은 뜻을 감추고 있는 것을 총지摠持라 해요. '모두 총'자, '지닐 지'자.

> 중생의 의혹을 끊어주고, 잘 설하는 언변으로 법을 폄에 걸림이 없다. 10선도를 청정히 하여 천상과 인간의 복덕을 받으며, 사무량심을 닦아 범천의 길을 열어준다.
> 설법을 권청하고 따라 기뻐하고 잘한다 칭찬한다. 붓다의 음성을 얻어 신·구·의가 선하며, 붓다의 위의를 얻어 깊이 선법을 닦아

행하는 바가 더욱 수승하게 된다.

대승의 가르침으로써 보살승을 이루고, 마음에 방일함이 없어 뭇 선을 잃지 않는다. 이와 같은 법을 행하는 것이 이름하여 보살이 유위를 다하지 않는 것이라 하느니라."

잘한다고 자꾸 칭찬을 해줘야 더 열심히 하지, 남을 볼 때 단점이나 허물을 자꾸 얘기해주면 그게 단점을 회복해서 잘 살라고 얘기하는 거여도 안 좋습니다. 자식 키울 때도 마찬가지입니다. 단점을 얘기해서 고치라고 하는 것보다 장점을 말해서 장점을 살리는 게 훨씬 효과적입니다. 그러면 단점을 얘기하지 말라는 거냐? 그건 아니고, 장사단일, 장점 네 번, 단점 한 번, 이렇게요. 이것은 심리학자들이 통계적으로, 심리 분석으로 만들어낸 결과입니다. 현대의학의 결과예요. 장점 한 번에 단점 네 번 해주면 장점 얘기해도 소용이 없대요. 단점이랑 장점을 같이 얘기하려면, 장점 먼저 얘기해서 기분이 확 좋아졌을 때 단점 얘기해주는 건 들어주지만, 단점 얘기해서 기분 안 좋을 때 장점 얘기하면 기분이 나빠서 안 듣는 거죠.

5. 무위에 머무르지 않는 것

"무엇이 보살이 무위에 머무르지 않는 것인가? 공空을 수학하지만 공으로써 깨침을 삼지 않으며, 무상無相·무작無作을 수학하지만 무상·무작으로써 깨침을 삼지 않고, 무기無起를 수학하지만 무기로써 깨침을 삼지 않는다.

결국 도를 닦는다는 것은 무위법을 깨치는 거예요. 무위란 '할 바가 없다'는 겁니다. 얻을 바가 없기 때문이죠. 할 바 없음이 되려면 '무소득심'을 깨쳐야 돼요. 얻을 바도 없고 할 바도 없으니까 무상, 무상이라는 건 고정된 상이 없다는 것, 아바타라는 소리입니다. 무작. 지을 게 없어요. 그믐달을 보름달로 만들려고 헛된 노력할 필요가 없다는 겁니다. 왜냐하면 이미 보름달이니까요. 깨달음을 얻으려 하지 말고 무소득을 얻으려고 해야 돼요. '얻을 바 없음'을 얻어야죠. 깨달음조차 구해서는 안 돼요.

간화선, 특히 화두를 들어 참선할 때 '깨달음을 구해서는 안 된다'가 제일 중요하다는 것이 선사들의 한결같은 얘기예요. 많은 이들이 그걸 까먹고 열심히 수행하면서 "왜 수행하냐?" 물으면 "깨달으려고요"라고 해요. 첫 단추부터 잘못 끼웠죠. 일반인이 행복을 추구하면 안 되는 것처럼, 수행자는 깨달음을 추구하면 안 되는 겁니다. 일반인이 행복을 추구하지 말고 안심을 추구해야 한다고 했죠? 수행자는 무소득을 추구해야 해요.『반야심경』에도 나오죠. '얻을 바 없으므로 마음에 걸림이 없어지고, 걸림이 없으므로 두려움이 없어지고, 뒤바뀐 마음 너머 니르바나 증득한다.' 굉장히 중요한 건데, 의외로 많은 사람들이 간과하고 있어요. 첫 단추부터 잘못 꿰면 그다음 단추를 아무리 열심히 꿰어도 안 돼죠. 오히려 열심히 꿰면 안 좋아요. 왜냐하면 다 풀러야 되니까요. 첫 단추를 잘못 꿰면 차라리 노는 게 나아요. 더 이상 꿰지 않고 있으면, 나중에 거기서부터 새로 꿰면 되거든요. 그런데 첫 단추부터 잘못 꿰면 열심히 두 번째, 세 번째, 네 번째 단추까지 꿴 사람은 나중에 바르게 하려면 처음부터 다시 풀러야 되니까 첫 단추를 잘못 꿰느니 차라리 노는 게 낫다는 겁니다.

무상無常을 관하지만 선의 근본을 싫어하지 않고, 세간의 고통을 관하지만 생사를 싫어하지 않는다. 무아無我로 관하지만 타인을 가르침에 게으르지 않고, 적멸에 대해 관하지만 영원히 적멸하지 않는다. 멀리 여읨을 관하지만 몸과 마음으로 선을 닦으며, 돌아갈 바 없음을 관하지만 선법을 향하여 돌아간다.

선악을 초월했지만 여전히 선을 실행한다는 거예요.

무생無生을 관하지만 생법生法으로 일체를 짊어지며, 무루無漏를 관하지만 모든 번뇌를 끊지 않는다.

무루란 '번뇌 없음'이죠. '루'가 '번뇌'라 그랬죠? '번뇌 없음'을 관찰하지만 모든 번뇌를 끊지 않습니다. 모든 번뇌를 끊으면 관찰할 대상이 없어지잖아요. 관찰할 대상이 있어야 해요.

닦을 바 없음을 관하지만, 수행법으로써 중생을 교화하며, 공空하여 없음을 관하지만 대비를 버리지 않는다. 정법의 계위를 관찰하여 소승을 따르지 않는다.

모든 법이 허망하여 굳셈이 없고 나도 없고 주인도 없고 모양도 없음을 관하되, 본원이 아직 차지 않아서 복덕· 선정· 지혜가 헛되지 않다.

마음을 닦는다고 얘기하지만 마음은 본래 닦을 수가 없어요. 왜냐하면 '멱심료 불가득'이다, 즉 얻을 바가 없기 때문에, 실체가 없기 때문에 닦을 수가 없어요. 마음을 닦는다는 표현을 정확히 하면 마음을 관찰한다고 해야 돼요. 닦는 게 아니라 관찰하는 거예요. '아, 아바타가 성질이 일어나고 있구나' 하고 관찰하는 게 닦는 겁니다.

여기서 본원本願은 '본래의 서원'을 말합니다. 부처님들의 본래 서원. 아미타부처님의 본원은 모든 중생들을 극락정토로 인도하는 거예요. 우리가 부처님의 본원력에 힘입으면 굉장히 쉽고 빠르고 편하게 갈 수가 있어요. 그건 마치 뒷배가 든든한 사람은 편하게 사는 거랑 똑같은 거죠. 그런데 스스로 개별의 원을 세워서 하려면 쉽지 않아요. 그래서 불보살님들의 본원에 의지하는 것은 좋은 겁니다. 본원에 의지하여 가는 것입니다.

이와 같은 법을 닦는 것을 이름하여 보살이 무위에 머무르지 않는 것이라 한다. 또한 복덕을 갖추었기 때문에 무위에 머무르지 않으며, 지혜를 갖추었기 때문에 유위를 다하지 않는다. 대자비한 까닭으로 무위에 머무르지 않고, 본원을 채우는 까닭으로 유위를 다하지 않느니라.

법의 약을 모으기 때문에 무위에 머무르지 않고, 약을 주는 대로 따르기 때문에 유위를 다하지 않느니라. 중생의 병을 알기 때문에 무위에 머무르지 않고, 중생의 병을 없애주기 때문에 유위를 다하지 않느니라.

중생의 병 중에서 가장 핵심은 자기가 아바타라는 걸 모르는 겁니다. '자기가 실체가 있다고 생각하는 것'이 고질적인 병입니다. 병에서 벗어나려면 내가 없어져야 한다는 거죠. 중생의 고통은 집착 때문에 생기는 건데, 그것이 소멸하려면 내가 없어져야 해요. 나를 놔두고 병만 다스리려 하니까 한계가 있는 거예요. 무아법에 통달해야 진실로 병이 없어지고, 노병사에서 벗어나 진정한 해탈이 되는 거죠. 그런데 무아만 있는 게 아니라 무아에서 한 발 더 나아가서 대아, 대아에서 한 발 더 나아가서 시아, 이게 바로 초기불교, 대승불교, 선불교로 발전해가는 거예요.

올바른 이들이여, 보살이 이러한 법을 닦아 유위를 다하지 않고 무위에 머무르지 않으면, 이것을 이름하여 진盡무진無盡 해탈법문이라 한다. 그대들은 마땅히 익혀야 하느니라."
이때 그 모든 보살들이 이러한 법 설함을 듣고 모두 크게 환희하여, 여러 가지 묘한 갖가지의 색과 갖가지의 향이 나는 꽃으로써 삼천대천세계에 두루 뿌려, 붓다 및 이 경의 교법과 아울러 모든 보살들에게 공양을 올렸다. 붓다의 발에 머리 조아리고 미증유함을 찬탄하여 말하였다.

월호 스님의 유마경 강설

"석가모니붓다께서 여기에서 방편을 잘 행하고 계십니다."

이 말을 마치고 홀연히 사라져 본국으로 돌아갔다.

"방편을 잘 행한다." 지금까지 설한 게 전부 방편이죠. 지금까지 설한 이 법은 중향국에서 온 보살들에게 그 사람들의 수준에 맞추어 설한 법문입니다. 그래서 이분들은 원래 자리로 돌아가셨고, 우리는 여전히 남아서 공부를 합니다.

제2장

여래를 바르게 관찰하라
(十二. 見阿閦佛品)

이 책에서는 필자가 편의에 의해서 제3막, 제2장으로 나눠놓은 거고, 원래 예전부터 내려오는 『유마경』 한문 경전에는 '12. 견아촉불품'으로 되어 있습니다. '아촉 부처님을 보는 대목'입니다.

1. 여래는 오지도 않았고 가지도 않는다

그때에 세존께서 유마힐에게 물었다.

"그대가 여래를 보려 한다면, 무엇으로써 여래를 관찰한다고 할 것이냐?"

유마힐이 말하였다.

"스스로가 육신의 실상을 관찰함과 같이 붓다를 관찰함 또한 그러합니다. 제가 여래를 관찰하니 즉금 이전에 오지 않았고, 즉금 이후에 가지 않을 것이며, 즉금에도 머물지 않습니다.

즉금이란 '바로 지금'이란 뜻입니다. "바로 지금 이전에 오지도 않았고, 바로 지금 이후에 가지도 않을 것이며 그렇다고 바로 지금 에도 머무르지 않습니다." 『금강경』에 이 말이 있죠? "과거심 불가 득, 현재심 불가득, 미래심 불가득, 삼세심 불가득." 떡 파는 노파가 한 얘기죠. 덕산 스님은 평생 『금강경』만 연구한 전문가였어요. 어 딜 다닐 때에도 꼭 죽간에 쓴 책을 짊어지고 다니는데, 그게 한 짐 이에요. 이 스님이 어떤 큰스님을 뵈러 가는데 마침 점심때가 됐어 요. 어디 먹을 게 있나 찾아봤더니 한 노파가 떡을 팔고 있는 거예 요. 그 노파한테 가서 "점심 좀 먹으려 하는데 떡을 좀 주쇼." 그랬 더니 노파가 "점심이라는 말이 '점 찍을 점'자에 '마음 심'자죠? '마 음에 점을 찍는다'는 말을 하셨는데, 삼세심 불가득인데 어떤 마음 에 점을 찍겠습니까?"라고 해요.

노파가 그렇게 물어보니까 스님이 답을 못한 겁니다. 노파가 "제 질문에 답변하시면 떡을 공짜로 드리겠습니다. 하지만 답변을 안 하시면 안 팔겠습니다" 하는데도 답변을 못 했어요. 결국 쫄쫄 굶 고 그냥 갔어요. 노파한테 한 방 먹은 거죠.

여러분도 오늘 이 말에 답변하면 점심 먹어도 되지만 답이 안 되 면 오늘 점심 없습니다.

색을 관찰하지 않고 색의 여여함으로도 관찰하지 않습니다. 색 의 성품으로도 관찰하지 않고 수· 상· 행· 식으로도 관찰하지 않 습니다.
인식의 여여함으로도 관찰하지 않고, 인식의 성품으로도 관찰하

지 않습니다. 4대로부터 일어난 것도 아니어서 허공과 같습니다. 6
입은 쌓임이 없어서, 안· 이· 비· 설· 신과 심은 이미 지나갔으므로
삼계에 있지 않으며 세 가지의 허물을 이미 떠났습니다.

이게 다 아바타이기 때문에 이렇다는 소리예요. 실체가 없고 작
용만 있는 것이기 때문에 다 떠났다는 거예요. 삼계에 있지도 않다
는 겁니다.

3해탈문[71]에 수순하고, 3명[72]을 구족합니다.

3해탈은 해탈의 문으로 들어가는 세 가지 선정, 즉 공해탈, 무상
해탈, 무언해탈 문입니다. 3명은 숙명명, 천안명, 무진명을 말해요.
'3명 6통' 할 때 쓰죠. 숙명통이 열리는 걸 숙명명이라 그래요. '숙
명이 밝아졌다.' 천안통이 열리는 걸 천안명이라 그래요. '천안이
밝아졌다.' 누진통이 열리는 걸 누진명이라고 하죠. '번뇌가 다하였
다, 번뇌가 완전히 소멸한 것'을 누진명이라 그래요. 그래서 외도
들도 숙명명과 천안명은 얻을 수 있지만 누진명은 얻지 못합니다.
'누진통을 얻는 것이 진짜 신통을 얻은 거고, 나머지는 집착할 바
없다' 라고 얘기를 하죠.

무명과 평등하여 하나의 상相도 아니고 다른 상도 아니며, 자신의

---

71 해탈로 들어가는 문이 되는 세 가지 선정. 공空해탈문, 무상無相해탈문, 무원無願해탈문.
72 숙명명, 천안명, 누진명.

월호 스님의 유마경 강설

상도 아니고 타인의 상도 아니며 상이 없음도 아니고 상을 취함도 아니며, 이 언덕도 아니고 저 언덕도 아니며 중간의 흐름도 아니지만, 중생을 교화합니다.

적멸함을 관찰하지만 또한 영원히 적멸하지도 않으며, 이것도 아니고 저것도 아니며, 이것으로써도 아니고 저것으로써도 아니며, 지혜로써 아는 것도 아니며, 의식으로써 인식하는 것도 아닙니다.

여러분이 유마힐의 경지에 이르게 되면 알게 됩니다. 유마힐은 여래의 아바타예요. 그러니까 여래의 경지에 대해 쭉 설하는 건데 '아, 이런 말도 있구나. 이런 경지도 있구나' 하고 넘어가면 됩니다.

어둠도 없고 밝음도 없으며, 이름도 없고 형상도 없으며, 강함도 없고 약함도 없습니다. 청정함도 아니고 더러움도 아니며, 방향에 있는 것도 아니고 방향을 떠난 것도 아닙니다. 유위도 아니고 무위도 아니며, 보일 것도 없고 설할 것도 없습니다.
베풀지도 않고 아끼지도 않으며,

여태 베풀라고 배웠는데, "여래가 베풀지도 않고 아끼지도 않는다"니, 무슨 말이죠? 여태 '대승보살도를 닦으려면 보시바라밀이 첫째다. 그래서 베풀어야 한다'고 했는데 말이죠? 여래가 베풀지도 않는다는 게 무슨 소리인지 의아심이 생길 수 있어요. 여래는 일체가 다 한 몸이기 때문에 베풀라고 해도 베풀 수가 없는 거예요. 여러분, 왼쪽에 있는 돈을 오른쪽 호주머니에 옮겨놓고 '나 돈 보시

했어' 그래요? 안 그러죠. 속주머니에 있는 돈을 겉주머니에 넣고 보시했다고 그래요? 안 그러잖아요. 그냥 한 몸이잖아요. 그래서 여래는 베풀어도 베푼 게 아니에요, 나와 남이 둘이 아니기 때문에. 베푼다는 건 나와 남이 갈라져 있을 때 하는 것이므로 실상은 베풀어도 베푼 게 아닙니다.

계를 가지지도 않고 범하지도 않으며, 참지도 않고 성내지도 않으며,

참는 것도 욱하니까 참는 거지, 욱하는 것 자체가 없으면 참을 게 뭐가 있어요. 그게 여래의 경지라는 거죠.

정진하지도 않고 게으르지도 않으며, 선정을 닦지도 않고 산만하지도 않으며, 지혜롭지도 않고 어리석지도 않습니다. 진실하지도 않고 속이지도 않으며, 오지도 않고 가지도 않으며, 나가지도 않고 들어가지도 않아서 일체 언어의 길이 다 끊어졌습니다.

표현할 수가 없는, 표현을 초월한 경지입니다. "오지도 않고 가지도 않는다." 여래如來라 할 때 '래'자가 '올 래'자거든요. '이와 같이 오신 분'이라는 뜻인데 본래는 '올 바도 없고 가는 것도 없다'는 뜻이에요. 항상 계세요. 여래는 없는 데가 없어요. 부처님은 없는 곳이 없고 없는 때가 없습니다. 언제 어디에나 계세요. 그러나 보려고 해도 보기는 힘들어요. 무소득, 얻을 바가 없기 때문에요. 그

럼 아예 없느냐? 그건 아니고 '유소용'이에요. '쓰일 바가 있다.' 쓰는 곳에 부처님이 나타나요. 왔다 가셨어요, 벌써. 사실 온 것도 아니고 간 것도 아니죠.

복전도 아니고 복전이 아님도 아니며, 공양에 응함도 아니고 공양에 응하지 않음도 아닙니다. 취함도 아니고 버림도 아니며, 상이 있음도 아니고 상이 없음도 아닙니다. 진제와 같고 법계와 같아서 일컬을 수도 없고 헤아릴 수도 없어서 모든 헤아리고 잼을 벗어났습니다.

헤아리고 재는 것, 우리가 측정하는 것에서 벗어났다는 거예요. "온 국토의 티끌은 다 세어서 알 수 있고, 큰 바닷물을 통째로 마실 수 있고, 허공의 무게를 잴 수 있고, 바람을 묶을 수 있다 하더라도 부처님의 공덕은 다 설할 수가 없구나." 여러분이 지금 이렇게 존재하는 것도 부처님의 공덕입니다. 이 공간도 부처님이 만들어주신 공덕이고, 그 공덕 다 헤아릴 수가 없어요.

크지도 않고 작지도 않으며, 보는 것도 아니고 듣는 것도 아닙니다. 느낌도 아니고 앎도 아니며, 온갖 결박을 다 떠나서 모든 지혜와 같고 중생과 같습니다. 모든 법에 분별이 없어서 일체를 얻음도 없고 잃음도 없으며, 탁함도 없고 번뇌도 없습니다.
지음도 없고 일으킴도 없으며, 생김도 없고 멸함도 없습니다.

불생불멸이죠. 불구부정. 부증불감.

두려움도 없고 걱정도 없으며, 기쁨도 없고 싫음도 없습니다. 과거에 있음도 아니고 미래에 있음도 아니며 지금 있음도 아닙니다. 가히 일체 언설로 분별하고 나타내 보일 수 없습니다.

『유마경』에서는 항상 쭉 얘기 잘해놓고 끝에 "언설로 표현할 수 없다"고 하죠. 여러분들이 보고 듣고 깨달은 경지는 아직 더 가야 합니다. 여기 다 표현할 수가 없고, 다 설할 수가 없습니다, 부처님의 공덕을.

세존이시여, 여래의 몸은 이와 같으니, 이와 같이 관찰해야 합니다. 이렇게 관찰하는 것이 바른 관찰이라 할 수 있고, 만약 다르게 관찰한다면 그것은 삿된 관찰입니다."

여래의 몸도 사실 아바타입니다.

2. 모든 존재는 아바타라 죽고 태어남이 없다

이때 사리불이 유마힐에게 물었다.
"그대는 어디서 죽어서 여기에 태어났습니까?"
유마힐이 말하였다.
"그대가 얻은 법은 죽고 태어남이 있습니까?"

사리불이 말하였다.

"죽고 태어남이 없습니다."

육신은 죽고 태어나지만, 법신은 죽고 태어남이 없다는 얘기를 하는 거예요.

유마힐이 말하였다.

"만약 모든 법이 죽고 태어나는 모양이 없다면 어째서 그대는 어디에서 죽어서 여기에 태어났는가를 묻습니까? 어떻습니까? 비유컨대, 마치 아바타가 아바타로 남녀를 만든 것과 같습니다. 어찌 죽고 태어나겠습니까?"

'아바타가 아바타로 남녀를 만들었다. 꿈속에서 꿈을 꾸었다', 이런 거랑 똑같은 거죠. 깨고 나면 아무것도 없는 거죠, 실체가.

사리불이 말하였다.

"죽고 태어남이 없습니다."

"그대는 어찌 붓다께서 모든 존재는 마치 아바타의 모습과 같다고 설하심을 듣지 못했습니까?"

'모든 존재가 아바타다', 이거예요.

사리불이 답하였다. "그렇군요."

"만약 모든 존재가 마치 아바타와 같은 모습이라면, 어찌하여 내게 어디서 죽어서 여기 태어난 것이냐고 묻습니까? 사리불이여, 죽는다는 것은 허황된 존재가 썩고 부서지는 모습이며, 태어난다는 것은 허황된 존재가 상속하는 모습입니다. 보살은 비록 죽더라도 선의 근본을 다하지 않고, 비록 태어나더라도 뭇 악을 증장하지 않습니다."

배우들 보면 평생 동안 수십 번 죽죠? 사고로, 칼에 찔려서, 총 맞아서, 포탄 맞아 죽고, 영화 속에서 수없이 죽고 살기를 반복했지만, 실제 그 배우는 안 죽었죠? 영화나 연극 속에서 죽고 태어나고 한 것과 똑같이, 여러분들도 지금 영화 찍고 있는 겁니다. 지금 이 인생이 영화예요. 누가 찍어요? 관찰자가 영화 찍고 있는 겁니다. 여러분들, 지금 각자 배역을 맡은 거예요. 배역에 충실하게 사는 게 일차적으로 잘 사는 거고, 현재 배역이 마음에 안 들면 바꿀 수도 있어요. 바꾸려면 그만큼 공덕을 쌓아야 됩니다.

"모든 존재는 아바타라 죽고 태어남이 없다." 죽는 것도 아바타. 태어나는 것도 아바타. 병이든 것도 아바타. 늙는 것도 아바타다. 나는 뭐 하고 있어요? 관찰하고 있어요. 이게 생사에서 벗어날 수 있는 가장 쉽고 가장 빠른 방법입니다. 격리, 분리가 첫째입니다. 격리해놓고 봐야 다룰 수 있지, 분리 안 해놓으면 다룰 수가 없어요. 그러니까 마음의 주인공이 된다는 것은 자기 마음을 다룰 수 있을 때 마음의 주인공이 되고, 자기 몸을 다룰 수 있을 때 몸의 주인공이 되는 거죠. 그러려면 분리해 놓고 봐야 돼요.

월호 스님의 유마경 강설

첫째가 분리, 둘째가 전환. 전환하는 게 바로 바라밀이에요. 마하반야바라밀. '마하'는 크며 '반야'는 밝으며 '바라밀'은 충만합니다. 충만함이 헛헛함의 반대예요. 스스로가 충만하면 더 이상 남한테 잘 보이려고 애쓸 것도, 일부러 못 보이려고 할 것도 없고 그냥 있는 그대로를 살아가게 되니까. 그게 바로 바라밀 명상입니다. 아바타 명상으로 일단 분리시켜 놓고 그다음에 바라밀 명상으로 스스로의 마음가짐을 충만하게 전환시켜 놓고 그다음에 행불명상으로 충만한 마음을 남들과 함께 더불어 나누는 기쁨을 누립니다. 첫 번째 분리, 둘째가 전환, 셋째가 나눔.

이때 붓다께서 사리불에게 말씀하셨다.

"이름이 묘희라는 나라가 있는데 붓다의 명호는 무동無動이라. 이 유마힐은 그 나라에서 죽어 이곳에 태어난 것이니라."

사리불이 말하였다.

"미증유입니다, 세존이시여. 이분은 청정국토를 버리고 이 분노와 상해가 많은 곳에 기꺼이 오신 것입니까?"

유마힐이 사리불에게 말하였다.

"어떻습니까? 햇빛이 나올 때 어두움과 함께합니까?"

"아닙니다. 햇빛이 나오면 모든 어두움은 사라집니다."

유마힐이 말하였다.

"무릇 해는 어찌하여 염부제에 다닙니까?"

"밝게 비춤으로써 어두움을 제거하기 위한 까닭입니다."

유마힐이 말하였다.

"보살도 이와 같습니다. 비록 부정한 불국토에 태어나지만 중생을 교화하기 위함입니다. 어리석고 어두운 것과 함께 합하지는 않습니다. 다만 중생의 번뇌의 어두움을 소멸할 뿐입니다."

꿈속으로 다시 들어가지만, 좋은 꿈 꾸려고 들어가는 게 아니고 중생들에게 '이것이 꿈이다'라는 것을 가르쳐줘서 미몽(迷惑한 꿈)에서 깨어나게 해주려고 보살은 태어나는 것이다, 그 소리를 하는 거죠. 앞서 유마거사가 "모든 존재가 아바타이기 때문에 죽는 것도 없고 태어나는 것도 없다"고 얘기했어요. 근데 부처님께서 "묘희라는 나라가 있는데 유마힐은 거기서 죽어서 이곳에 태어난 것이다"라고 얘기하셨죠? '죽고 태어남이 없다' 그래 놓고서 여기서는 또 죽고 태어남이 있어요. 왜 그러겠어요? 둘이 틀린 말을 하는 게 아니라, 차원에 따라서 말한 겁니다. 중생들의 차원에서 보면 죽고 태어남이 있죠? 중생들에게 우리가 '해피 벌스데이 투 유' 하지 '해피 데스데이 투 유', '죽음을 축하합니다' 하는 노래는 없죠? 다만 죽음을 애도하는 노래는 있죠. 그 사람의 차원에 맞춰줘야 되는 거죠. 즉 차원에 따라서 이게 달라요.

중생들은 무아가 아니라 유아의 차원입니다. 유아의 차원에서는 이것도 있고 저것도 있어요. 산도 있고 강도 있고 물도 있고 다 있어요. 무아의 차원에 오면 산도 없고 물도 없습니다. 나라는 거 자체가 없으니, 있어도 아무 의미가 없는 거죠. 그다음 대아의 차원에 오면 '산이 물이고 물이 산'이에요. '산시수 수시산山是水 水是山.' 다 그냥 하나죠. 다른 게 아니에요. 시아의 차원에서 보면 뭐가

돼요? '산은 산이요 물은 물이다.' 시아할 때 '시'자가 '산시산 수시
수山是山 水是水'의 '시'자입니다.

유아, 중생의 차원에서 보면 천당도 있고 지옥도 있는 거예요.
무아, 아라한의 차원에 가면 천당도 없고 지옥도 없어요. 대아, 보
살의 차원에의 가면 천당이 지옥이고 지옥이 천당이에요. 실체는
공한 거고 작용만 있기 때문입니다. 여러분들이 혹시 지옥에 가더
라도 『마하반야바라밀경』 외우면 바뀌는 거죠. 이 세상은 어둡지
만 보살이 딱 출현하니까 밝아져버리는 거예요. 그러니까 여러분
들이 밝은 마음을 가지고 어느 곳에 가면 거기가 밝아지는 거예요.
내가 밝아져야 그 장소로 가서 밝게 만드는 거고, 내 마음이 어두
우면 거기 가서도 어둡게 만든단 말이죠. 그러면 여기가 천당이고,
여기가 지옥이 되는 겁니다. 이것이 시아是我의 차원입니다.

그래서 이 세상을 불국토로 만들고 싶으면 여러분 마음이 즐거
워야 돼요. 그리고 옆에 전염시켜야 돼요. '남이 나를 즐겁게 해주
길 기다리지 말고 내가 먼저 남을 즐겁게 해주자', 이게 보살입니
다. '누가 나 좀 기쁘게 안 해 주나?'는 바로 중생심입니다. 오죽하
면 불전함에 '부처님, 용돈 쓰세요' 하고 붙여놓겠어요. 부처님이
나를 즐겁게 해주기를 기다리지 말고 내가 먼저 부처님을 기쁘게
해드리자, '부처님 용돈 쓰세요' 하면 부처님도 흐뭇해 하십니다.

3. 유마힐이 신통으로 묘희 세계를 옮겨오다

이때 대중이 묘희 세계와 무동여래 및 그곳의 보살과 성문의 무

리를 보고자 갈망하였다.

묘희 세계에서 왔다고 하니까 '그럼 묘희 세계는 어떤 곳이야?' 궁금해한 거죠.

붓다께서 일체의 모인 대중들의 생각하는 바를 알고 유마힐에게 고하셨다.
"선남자여, 여기 모인 대중들을 위해 묘희국과 무동여래 및 그곳의 보살과 성문의 무리를 나타나게 하라. 대중들 모두 보고자 함이라."
이에 유마힐이 마음으로 생각하였다.
'나는 마땅히 자리에서 일어나지 않고 묘희국의 철위산· 하천· 계곡· 강하· 대해· 샘· 수미의 여러 산, 그리고 해· 달· 별· 천룡· 귀신· 범천 등의 궁전, 아울러 뭇 보살과 성문의 무리· 도시· 마을· 남녀· 노소, 내지 무동여래 및 보리수, 모든 묘련화로 시방의 불사 짓는 것을 보고 듣게 하리라.

'이런 모든 자연이나 신들이 사는 궁전 또 보살과 성문의 무리, 그리고 여래, 그리고 불사 짓는 것, 이런 것을 보고 듣게 하리라' 하고 원을 일으킨 거죠, 마음을.

세 갈래 보배로 된 계단은 염부제로부터 도리천에 이르고, 이 보배로 된 계단으로 모든 천신들이 내려와 무동여래께 예경을 올리

월호 스님의 유마경 강설

고 경법을 들으며, 염부제의 사람들 또한 그 계단을 따라 도리천에 올라 그 모든 천계와 묘희 세계를 보리라.

지상으로부터 도리천까지 계단을 놓은 거예요. 세 갈래 계단, 보석 계단이죠. 석가모니 부처님도 천상세계 도리천에 올라가서 어머니 마야 부인을 제도 했어요. 마야부인한테 법을 설해서 수다원과를 얻게 합니다. 이 세상 효도 중에 최상의 효도가 부모님에게 수다원과를 얻게 하는 겁니다. 부처님도 그걸 실천하셨어요. 수다원과를 얻게 해주고 도리천에서 내려오실 때 쌍카시아라는 인도의 한 지방에 보석 계단을 세 계단을 놓아요. 부처님께서 중앙 계단으로 내려오시고, 좌측에 범천왕과 범천의 신들, 우측에 제석천왕과 도리천 신들이 같이 내려옵니다.

천상세계와 지상세계를 계단으로 연결한다는 개념들이 우리가 보기엔 '참, 이게 도대체 뭔 소린가?' 하지만, 이 계단은 불보살님 또 유마힐의 신통력으로 장엄된 계단입니다. 인도에 가면 지금도 '쌍카시아'라고, 과거에 도리천에서 부처님이 보석 계단을 밟고 내려오신 장소가 있어요. 탑처럼 흙벽돌 쌓아놓은 유적지가 있습니다. 필자가 십여 년 전에 거기 가서 참배를 했는데 독경하고 참배할 때 하늘에 갑자기 동그란 무지개가, 또렷한 상이 보였어요. '여기가 진짜 옛날에 보석 계단이 내려온 장소다'라는 것을 마치 인증샷을 날리듯이 갑자기 무지개가 나타나서, 사람들이 신기하다 그랬어요.

이와 같은 무량공덕을 성취하되, 위로는 아가니타천에서 아래로는 물 경계에 이르기까지 오른손으로써 잘라 취하기를 마치 도자의 물레와 같이하여 이 세계에 집어넣기를 마치 꽃다발을 가지고 일체 대중에게 보이듯이 하리라.'

유마거사가 신통력이 대단한 거죠. 유마거사는 부처님이 만약에 거사의 몸으로 나투면 어떨까 하는 것을 시연해주는 아바타입니다.

이와 같이 생각을 마치고 삼매에 들어 신통력을 나타내어 그의 오른손으로써 묘희 세계를 잘라 취하여 이 국토에 두었다. 그곳의 신통을 얻은 보살 및 성문들과 아울러 나머지 천신들이 다 소리를 내어 말했다.
"아! 세존이시여, 누군가가 저희를 데리고 갑니다. 원컨대 구해주시기 바랍니다."
무동불이 말씀하셨다.
"내가 한 바가 아니니라. 유마힐이 신통력으로 하는 것이니라."

이것은 우리 지금 태양계, 태양을 비롯해서 위성들이 있고 해와 달이 있는 은하계를, 한 세계를 딱 끊어서 다른 세계로 옮겨놓은 거예요. 대단하죠. 그러니까 그 세계에 머물러 있는 일반 대중들은 아예 눈치도 못 채고, 그나마 거기 있는 보살하고 성문, 천신들은 '와, 우리가 옮겨지고 있는데 이거 어떻게 된 일인가?' 하고 부처님한테 '구해주시기 바랍니다' 해요. 이게 혹시 어떤 재난이 아닌가 싶어서요. 부처님께서 "그런 건 아니고 유마힐이 신통력으로 하는 것이니 안심해라", 이 소리죠.

그밖에 아직 신통을 얻지 못한 자들은 자기들이 가고 있는 바를 느끼지도 알지도 못했다. 묘희 세계가 비록 이 땅에 들어왔지만 그러나 증감하지 않았으며, 이 세계도 또한 좁아지지 않았고 본래 와 같이 다름이 없었다.

벌써 다른 차원을 얘기하는 거죠. 지금 지구가 계속 돌고 있죠? 돌고 있으면 여러분들 어지러워요, 안 어지러워요? 이 세계 들어 와서 그냥 그 세계 일원으로 사니까 안 어지러운 거예요. 지구는 지금까지 계속 돌고 있어요. 공전하면서 자전하면서 돌고 있는데 우리는 전혀 못 느끼죠. 내가 지금 있는 이곳이 지금 빙빙 돌고 있 단 말이죠. 근데 우리가 태양이 움직인다고 생각하고 달이 움직인 다고 생각하지, 지구가 움직인다고 생각 안 하잖아요. 내가 있는 것은 그대로 있는 것 같으니까요. 어떤 사람이 배를 타고 지나갈 때 강기슭을 보고 있으면 강기슭이 움직인다 생각하지 자기는 움 직인다 생각 안 해요. 그거랑 똑같아요. 해가 움직인다고 생각하는 거죠. '해가 동쪽에서 떠서 서쪽으로 졌다'라고 얘기하지 '오늘도 지구가 반 바퀴 돌았다' 이런 식으로 말하는 사람 없어요.

지구가 도는 걸 우리가 모르는 것처럼 중생들이 자기네 땅이 옮 겨지는지도 모르는 거죠. 그다음에 "그 세계도 증감하지 않았다.

이 세계도 또한 좁아지지 않았고 본래와 같이 다름이 없었다"고 합니다. 본래 다 공하기 때문에 가능한 거죠.

이때 석가모니 붓다께서 모든 대중에게 고하셨다.
"그대들은 묘희 세계의 무동여래와 그 국토의 장엄과 보살행의 청정함과 제자들의 청정함을 보는가?"
모두가 말하였다.
"네! 그렇습니다. 이미 보았습니다."
붓다께서 말씀하셨다.
"만약 보살이 이와 같은 청정 불국토를 얻고자 한다면, 마땅히 무동여래의 행하는 바 도를 배워야 하느니라."
이 묘희국이 나타났을 때, 사바세계의 14나유타의 사람들이 아뇩다라삼먁삼보리심을 일으켜 모두 묘희 불토에 태어나기를 원하였다. 석가모니 붓다께서 곧 그들에게 수기하며 말씀하셨다. "마땅히 그 나라에 태어날 것이니라."

'수기'라는 게 여기도 나오네요. 『법화경』에도 많이 나오죠. 수기라는 건 '줄 수'자, '기별 기'자에요. '앞으로 너희들은 묘희세계에 태어나리라' 하고 기약을 주는 것을 '수기'라고 하는 거죠. 『법화경』에 보면, 처음에는 10대 제자에게 수기를 주고, 그다음에 오백 나한, 이런 식으로 1200나한에게, 나중에는 '모든 중생이 다 부처가 되리라' 하고 수기를 주시죠. 그래서 이 세상에는 두 가지 부류의 사람밖에 없어요. 부처가 된 사람과 부처가 될 사람. 언젠가는

월호 스님의 유마경 강설

여러분들도 다 부처가 됩니다.

그러자 묘희 세계가 이 국토에서 응당히 요익한 일을 마치고 다시 본래의 처소로 돌아가는 것을 온 대중이 다 보았다.

4. 이 경전의 공덕

붓다께서 사리불에게 말씀하셨다.

"그대는 이 묘희 세계와 무동불을 보았느냐?"

"네, 그렇습니다. 이미 보았습니다. 세존이시여, 원하옵건대 일체중생으로 하여금 청정국토 얻기를 마치 무동불과 같이하고, 신통력 획득하기를 마치 유마힐처럼 되게 하소서.

세존이시여, 저희는 기쁘게 좋은 이익을 얻었습니다. 이분을 뵙고 가까워졌으며, 공양을 받았습니다. 저 모든 중생들이 지금 현재나 또는 불멸후에 이 경을 듣는 자 또한 좋은 이익을 얻을 것입니다. 하물며 다시 듣고 나서 믿고 이해하고 받아 지녀 독송하고 해설하여 여법하게 수행하는 사람이겠습니까?

만약 어떤 이가 손수 이 경전을 얻는다면, 이미 법보의 창고를 얻은 것이 됩니다. 만약 독송하고 그 뜻을 해석하며 설함과 같이 수행하는 사람이 있으면, 곧 모든 붓다께서 호념하는 바가 될 것입니다.

여러분이나 필자나 『유마경』을 독송하고 그 뜻을 해석하고 있으니 다 "부처님께서 호념하신다"는 겁니다. 호념이라는 건 '보호하고 염려해주신다'는 거예요. 신들의 스승인 부처님께서 여러분들이 혹시라도 '물가에 가서 놀지 않을까, 물가에서 놀다가 물에 빠지면 어떡할까?' 자꾸 보호해주시고 염려해 주신다니 얼마나 좋아요? "나는 붓다의 제자다"라는 생각만 해도 세상이 든든해지는 거죠. 악몽을 꾸거나 악귀한테 시달리거나 하면 얼른 그 말을 하면 돼요. "나는 붓다의 제자다." 그럼 함부로 못 건드립니다.

이와 같은 사람을 공양하는 그 사람은 마땅히 부처님께 공양하는 것으로 알아야 합니다.

이 경전을 독송하고 해석하고 수행하는 사람에게 공양을 올리면 부처님한테 공양하는 것과 똑같은 공덕이 됩니다.

이 경전을 써서 지니는 그 사람은 마땅히 그 방에 여래가 계신 곳으로 알아야 합니다.

'우리가 지금 이렇게 공부하고 있으면 이 방에 부처님이 계신 것으로 알아야 된다. 부처님께서 다 알고 다 보시고 계신다.'

만약 이 경을 듣고 따라 기뻐하는 사람, 그는 즉 일체의 지혜를 취할 것입니다. 만약 이 경을 믿고 이해하여 내지는 하나의 사구게만이라도 타인을 위해 설한다면, 마땅히 이 사람은 곧 아뇩다라삼먁삼보리의 수기를 받은 것으로 알아야 합니다."

아뇩다라삼먁삼보리, 무상정등정각이죠. 부처님의 깨달음을 아뇩다라삼먁삼보리라고 해요. 깨달음에도 종류가 있어요. 그래서 외도들도 깨달음을 얻을 수가 있어요. 자기 나름대로 깨달음을 얻었다고 얘기하는 사람들도 많이 있잖아요? 그것을 '상사각相似覺'이라고 해요. "유사품에 속지 마세요" 할 때 '유사한', 서로 유사한 깨달음이 상사각입니다. 비슷해 보이지만 정품이 아닌 거죠. 중생들은 불각(깨달음을 얻지 못함), 외도들은 상사각(비슷해 보이지만 아닌 깨달음), 그다음에 수분각(분에 따르는 깨달음)이 있습니다.

제3장

제석천의 서원과 법공양의 의미
(十三. 法供養品)

1. 불가사의 해탈경전

그때에 석제환인이 대중들 속에서 붓다께 사뢰었다.

"세존이시여, 저는 비록 붓다와 문수사리를 따르며 백 천의 경을 들었지만, 일찍이 이런 불가사의하고 자재신통하며 결정적인 실상의 경전을 들은 적이 없습니다.

수많은 경을 들었지만 이렇게 불가사의하고 신통이 자재하고 결정적인 내용을 담은 실상의 경전은 들은 적이 없다고 합니다. '석제환인'이라는 말, 낯익지 않나요? 『삼국유사』에 나옵니다. 제석천왕을 애기하는데, 『삼국유사』에 보면 제석천왕의 아들이 내려와서 '인간 세상에 홍익인간의 뜻을 품고 널리 인간을 이롭게 하리라'고 합니다. 제석천왕의 아들이니까 천신이죠? 천신이 인간들 사는 거 보니까 너무 안돼 보여서 '내가 가서 인간들을 좀 잘 살게, 이롭게 해줘야겠다' 하고 '홍익인간弘益人間'의 뜻을 품고 내려옵니다. '넓을 홍'자, '이익 익'자입니다. '홍익인간'의 이념을 안고 지상으로 내려온 환웅이 결혼해서 낳은 아들이 단군이죠. 단군신앙이 거기서 나왔어요. 단군이 제석천왕의 자손인 거예요. 우리나라 사람들은 위로 쭉 올라가면 제석천왕의 자손입니다. 제석천왕은 천신의 왕이지만 독실한 불자였어요. 그래서 우리나라가 옛날부터 불교 국가로서 불교 유적이 곳곳에 남아 있는 겁니다. 한국불교는 융합불교이기 때문에 세계화될 가능성이 제일 커요. 모두 다 들어 있으니까요. 너무 섞여 있으니까 좀 어렵긴 하죠? 그러니까 공부를 해야 정확히 알게 됩니다.

제가 붓다께서 설하신 뜻을 이해하기로는, 만약 어떤 중생이 이 경법을 듣고, 믿고 이해하고 받아 지녀 독송하는 자가 있다면 반드시 이 법을 얻으리라 의심치 않습니다. 하물며 설하는 바와 같이 수행함이겠습니까?
그 사람은 곧 온갖 악의 길을 막아버리고 모든 선의 문을 열어 항상 제불의 호념하는 바가 될 것이며, 외도를 학습한 자를 항복받고, 마군과 원수를 소멸하며, 보리를 닦아 다스리고 도량에 편안히 머물러 여래께서 행하신 자취를 따라 실천할 것입니다.
세존이시여, 만약 받아 지니고 독송하여 설하는 대로 수행하는 자가 있으면, 저는 마땅히 모든 권속들과 더불어 공양 공급하며 섬기겠습니다. 마을과 도시 그리고 산림이나 광야나 이 경이 있는 곳이면, 저는 또한 모든 권속들과 더불어 법을 듣기 위한 까닭으로 함께 그곳에 이를 것입니다. 아직 믿지 못하는 자는 마땅히 믿음을 내게 할 것이며, 이미 믿는 자는 마땅히 보호할 것입니다."

지금 이 경이 있는 곳을 제석천왕과 권속들이 보호한다고 하니까, 여러분들이 어디 이사를 가거나 기분이 좀 안 좋은 데 가면『유마경』을 가져가서 읽고『관세음보살 몽수경』삼독하고 '마하반야바라밀' 외우면 끝나요. 분위기 평정입니다. 왜냐하면 제석천왕이 내려오면 마귀들은 다 꽁무니 빠지게 도망가게 되어 있으니까요.

붓다께서 말씀하셨다.
"기특하고 기특하구나. 천제여, 그대가 말한 바와 같으니라. 내가 그대의 환희를 도와주마. 이 경은 과거·미래·현재의 모든 붓다의 불가사의한 아뇩다라삼먁삼보리를 널리 설한 것이니라. 이런 까닭으로 천제여, 만약 선남자 선여인으로 이 경을 받아 지니고 독송하여 공양하는 자는 곧 과거와 미래와 현재의 붓다에게 공양하는 것이니라.

'천제'란 천상의 제왕, 즉 제석천왕을 얘기하는 거예요.

천제여, 가령 삼천대천세계에 여래가 가득한 것이 비유컨대 감자·대나무·갈대·벼·삼·수풀과 같이 많다고 하자. 만약 선남자와 선여인이 있어 혹 1겁, 혹은 1겁이 못 되게 공경·존중·찬탄·공양하

월호 스님의 유마경 강설

여 안락한 것으로 받드느니라.

모든 붓다의 멸후에 이르러 낱낱이 전신사리로써 칠보탑을 세우되, 가로 세로가 4천하가 되게 하고 높이는 범천에 이르게 한다. 표찰은 장엄하여 온갖 꽃·향·영락·당번·기악의 미묘함이 제일 가는 것으로써 만약 1겁 또는 1겁이 못 되게 거기에 공양하였다고 하자. 천제여, 그대의 생각으로는 어떤가? 그 사람이 심은 복이 많지 아니한가?"

당연히 복이 많죠. 어마어마한 불사를 이룬 거예요. 그러나 그보다 이 경전을 신수봉행한 공덕이 훨씬 더 크다고 지금 얘기하려는 거예요.

석제환인이 말씀드렸다.

"매우 많습니다. 세존이시여, 그의 복덕은 만약 백천억 겁 동안 설한다 하더라도 다할 수 없습니다."

붓다께서 제석천에게 말씀하셨다.

"마땅히 알라! 이 선남자와 선여인이 이 불가사의 해탈경전을 믿고 이해하고 받아 지니며 독송하여 수행하면 복은 그것보다 더욱 많으니라. 왜냐하면 제불의 깨달음은 다 이로부터 생기느니라. 깨달음의 모양은 한량할 수 없으니, 이 인연으로 얻는 복도 헤아릴 수 없느니라."

모든 부처님의 깨달음은 다 이 경전으로부터 생긴다, 그러니까

이 경전을 독송하고 수행하면 복도 어마어마한 거죠. 나이가 들수록 사람들이 고민이 달라져요. 요새 젊은이들의 고민은 어떻게 하고자 하는 바가 별로 없는 게 고민이래요. "뭐하고 싶냐?" 물으면 "모르겠어요. 하고 싶은 게 없어요. 꿈이 없어요"라고 한답니다. 그래서 제가 "축하한다. 꿈속에서 무슨 꿈을 또 꾸냐? 지금 이것도 꿈인데. 그게 아주 현명한 거다"라고 말했어요. 십여 년 전에 어른들이 '꿈은 이루어진다'고 했잖아요. '꿈은 이루어진다'라고 꿈을 권하는 사회에 살았어요. 그런데 그 꿈의 절정까지 갔던 사람들이 다 몰락했잖아요. 대통령이던 사람이 감옥 가고, 천하제일의 재벌이 병석에 오래 누워 있다가 죽고, 자기가 가진 재산들 제대로 써보지도 못하고 말예요.

2. 모든 공양 가운데에 법공양이 으뜸이다

우리가 복 닦기, 도 닦기를 해야 되는데, 그 방법은 결국 공양 올리고 베푸는 겁니다. 그중에서 가장 으뜸이 법공양입니다.

붓다께서 천제에게 말씀하셨다.
"과거 무량한 아승지겁 때 세상에 붓다가 계셨는데, 명호가 약왕여래·응공·정변지·명행족·선서·세간해·무상사·조어장부·천인사·불·세존이라. 세계의 이름은 대장엄이며, 겁의 이름도 정엄이라고 하였다. 붓다의 수명은 20소겁이며, 그곳의 성문승은 36억 나유타였고, 보살승은 12억이나 있었다.

과거세의 부처님 얘기를 하는 거예요. 과거·현재·미래, 삼세의 무대가 계속 요리 갔다 저리 갔다 바뀝니다. 과거도 현재도 미래도 있고, 저 세상도 있고 이 세상도 있고 여러 가지 다양한 세상, 우리가 알고 있는 시간과 공간을 초월한 어마어마한 세계가 있다는 것입니다. 물론 제일 중요한 건 바로 지금 여기죠. 하지만 그렇다고 해서 다른 공간이나 다른 시간이 없다는 것은 어리석은 말입니다.

천제여, 그때 전륜성왕이 있었는데 이름을 보개라 하였다. 칠보로 구족하고 사천하를 주관하였다. 왕에게는 천 명의 아들이 있었는데, 단정하고 용감하며 건장하여 능히 원적을 항복시켰다.
그때 보개가 그의 권속들과 더불어 약왕여래께 공양하고 온갖 안락한 것을 보시하여 5겁이 차도록 하였다. 5겁이 이미 지나고 나서 그 천 명의 아들에게 말하였다. '너희들 또한 마땅히 나와 같이 깊은 마음으로 붓다께 공양하도록 하라.'
이에 천 명의 아들이 부왕의 명을 받들어 약왕여래께 공양하기를 다시 5겁을 채우도록 일체의 안락한 것을 보시했다. 그 왕의 한 아들 이름이 월개였다. 홀로 앉아 '어떤 공양이 이보다 더 수승할 수 있을까?' 사유하였다.

자그마치 5겁이란 어마어마한 시간이죠.
사방 10리가 되는 정육면체 바위가 있어요. 그리고 천상에서 선녀가 입는 아주 사뿐사뿐한 옷이 있어요. 천상에서 선녀가 한 번씩 내려와서 그 바위에 살짝 걸터앉았다가 다시 올라가요. 그래서 사방 10리가 되는 바위가 다 닳아서 없어지는 시간, 그게 바로 1겁입니다. 상상이 안 되는 어마어마하게 긴 시간이 1겁인데, 1겁도 아니고 5겁을 계속 공양을 올리고, 자기가 한 것도 모자라 자기 권속들에게, 천 명의 아들에게 5겁 동안 공양을 올리게 했습니다. 그 공양 공덕이 얼마나 크겠어요? '부처님께 공양을 올렸으니 그 공덕이 얼마나 클까?'라고 생각하고 있었던 거죠. "어떤 공양이 이보다 더 수승할 수 있을까?" 사유하였다는 겁니다.

붓다의 신통력으로써 공중에 있는 천신이 말하였다.
'선남자여, 법의 공양이 모든 공양보다 뛰어나다.'

'네가 지금 5겁, 10겁의 공양을 올렸는데 그거보다 법공양이 더 뛰어나다'는 거죠.

'무엇이 법의 공양입니까?'
천신이 말하였다.
'네가 약왕여래께 가서 여쭤볼 수 있으며, 마땅히 너를 위해 법의 공양에 대해 널리 설해주실 것이다.'

법공양에 대해 설해주는 장면입니다. 법공양이야말로 모든 공양 가운데 으뜸입니다. 법공양에 제대로 깨치면 무소득을 깨치게 돼요. 깨달음을 얻었다는 소리를 굳이 한 마디로 표현하면, 무소득을 깨쳤다는 소리입니다. "얻을 바 없고 잃을 것도 없다. 이익과 손해의 총합은 공이다. 행복과 불행의 총합은 결국 공이다. 그러니까 너무 행복을 추구하지도 말고 불행을 너무 피하려 하지도 말라"는 것입니다.

3. 법공양의 의미

즉시 월개 왕자는 약왕여래가 계신 곳에 나아가서 붓다의 발에 머리 숙이고 한쪽에 물러서서 붓다께 여쭈었다.
'세존이시여, 모든 공양 중에서 법공양이 수승하다고 하니, 무엇을 이름하여 법공양이라 합니까?'
붓다께서 말씀하셨다.
'선남자여, 법공양이라는 것은 모든 붓다께서 설하신 깊은 경전이다. 일체의 세간은 믿기 어렵고 받아들이기 어려우며, 미묘하여 보기 어렵다.
청정하여 물들지 아니하고, 분별·사유로 얻을 수 있는 바가 아니다. 보살의 법장에 섭수된 바며, 다라니의 도장으로 봉인하였다. 불퇴전에 이르러 육도를 성취하여, 뜻을 잘 분별하여 보리의 법에 순응한다.

법공양은 부처님께서 설하신 법, '해탈 법'이라는 거예요. 근데 이것은 세간 사람들은 받아들이기 어렵습니다. 사유 분별하는 각자의 깜냥으로는 중생들이 얻을 수가 없다는 거죠. 왜냐하면 중생들의 깜냥과는 완전히 다른 차원이기 때문이죠. 그래서 법공양은

'보살의 법장에 섭수된다'고 하고 '다라니의 도장으로 봉인하였다'고 합니다. 봉인이란, 편지를 써서 봉투에 넣어 풀로 바르고 거기다가 도장을 찍는 것을 말하죠. 이 편지를 아무나 열지 말고 꼭 받을 사람만 열라는 거예요. 다라니의 도장으로 봉인하기 때문에, 이것을 풀려면 다라니를 외워야 풀 수가 있어요. 다라니라는 게 법장으로 들어가는 통로예요.

극락정토에 갔다 온 한 중국 스님이 책을 썼는데, 거기에 보면 극락정토에 갈 때 큰 물을 건너야 돼요. 극락으로 가는 큰 통로가 있는데, 거기를 건너려면 다라니를 외워야 하죠. 그 스님은 능엄주를 외우니까 오색구름 다리가 쫙 생겨서 그리 넘어갔어요. 여러분도 최소한 다라니 하나쯤은 외우고 있어야 돼요. 꼭 능엄주만 아니라 천수다라니 외워도 좋고, 아니면 『관세음보살 몽수경』으로 해도 돼요. 그래야 건너갈 수 있는 거죠. 본인의 지혜와 깜냥으로는 못 건너가니까 다라니를 통해서 힘을 얻는 거죠.

뭇 경전의 위에 있으며 대자비에 들어가서 뭇 마군의 일과 사견으로부터 벗어나 인연법에 순응한다. 무아·무인·무중생·무수명이며, 공·무상·무작無作·무기無起로써 능히 중생으로 하여금 도량에 앉아 법륜을 굴리게 한다.

『금강경』에 "아상·인상·중생상·수자상"이 나옵니다. 무아라는 건 '내가 없다'는 소리고, 인상은 '남과 다른 나도 없다'는 뜻이에요. 무중생은 '살아 있는 나도 없고', 무수명은 '수명이 지속하는 내가 없다'는 뜻입니다. 모두 '아상'인데 그걸 구체적으로 설명하는 겁니다. 한마디로 '고정된 내가 없다. 그래서 공한 것이고, 텅 비었고, 고정된 형상이 없고, 작위할 필요가 없다'는 거죠. 초승달이 보름달 되려고 노력할 필요가 없다고 했어요. 그게 바로 '무작'이라는 거죠. 억지로 지어가지 말라는 거예요.

모든 천신·용신·건달바 등이 함께 찬탄하며 칭찬하는 바니라. 능히 중생으로 하여금 불법의 곳간에 들게 하여 모든 현성의 일체 지혜를 섭수하여 뭇 보살의 행하는 바 도를 설하게 한다.

'현성'은 '현인'과 '성인'이란 뜻입니다. 현명한 사람과 성스러운 사람을 말해요. 구체적으로 수다원과 이상을 얻으면 현인이고, 아라한과 이상을 얻어야 성인이라고 합니다.

제법실상의 뜻에 의지하고, 분명히 무상·고·공·무아·적멸의 법을 선양한다. 능히 일체의 계를 무너뜨린 중생을 구제하고, 모든 마군·외도 및 탐착하는 자를 두렵게 한다.
모든 붓다와 현성이 함께 찬탄하는 바이니라. 생사의 고를 등지고 열반에 즐거움을 보이며, 시방삼세의 제불이 설하는 바이니라.
만약 이와 같은 경전을 듣고, 믿고 이해해 받아 지녀 독송하고 방편력으로써 모든 중생을 위하여 분별하고 해설하면, 분명하게 법을 수호함을 나타내 보임이니, 이것을 이름하여 법공양이라 하느니라.'

무상·고·공·무아·적멸의 법을 전하는 것을 법공양이라고 합니다. '모든 존재는 무상한 것이다', 무상이라는 건 항상함이 없다는 소리죠. 한마디로 '잘나가는 것도 한때고 못 나가는 것도 한때다. 잘나갈 때 공덕 짓고 못 나갈 때 공부 짓자'는 것입니다.

또 제법에 있어서 설하는 것과 같이 수행하고, 십이인연에 수순하여 모든 삿된 견해를 떠난다. 무생법인을 얻어 결단코 무아요, 중생도 없지만 인연과 과보에 있어서 어긋나거나 다툼이 없으며, 온갖 나의 것으로부터 벗어난다.
뜻에 의지하되 말에 의지하지 않고, 지혜에 의지하되 지식에 의지하지 않으며, 요의경에 의지하되 불요의경에 의지하지 않고, 법에 의지하되 사람에 의지하지 않는다.

'요의경'이란 한마디로 '부처님의 근본 뜻을 설한 경전'을 뜻해요. 근본 뜻을 설하지 않고 고통을 일시적으로 벗어나는 방편법만 설한 것을 '불요의경'이라고 해요. 예를 들어, 부자되는 방법을 설한 책 등이 '불요의경'입니다. '요의경'은 해탈법, 무아법을 설한 『반야심경』 같은 책을 말하죠. 부처님의 가르침 중에 근본 핵심을 설한 거죠. "오온개공 도일체고액"이 요의입니다. "몸과 마음, 아바타라 관찰하고 모든 고통 벗어났다."

법상法相에 수순하여 들어가는 바도 없고 돌아가는 바도 없으며, 무명이 필경 적멸하기 때문에 모든 존재도 필경 적멸하며, 내지 태

월호 스님의 유마경 강설

어남도 필경 적멸하기 때문에 늙고 죽음도 또한 필경에 적멸이다. 이와 같이 관하여 12인연이 다하는 모양까지 없어서 다시 견해를 일으키지 않으니, 이것을 이름하여 최상의 법공양이라 한다."

12인연이 다 한다, '12연기설'이야말로 불교사상의 핵심이죠. 12연기 인과설의 핵심을 설한 게송이 바로 사리자가 앗사지 존자를 만나서 들은 게송이라고 했죠. 즉 "모든 현상에는 원인이 있다네. 여래께서는 그 원인에 대해 설하신다네. 원인이 소멸한 결과에 대해서도 여래께서는 또한 설하신다네", 콩 심은 데 콩 나고 팥 심은 데 팥 난다는 소리예요.

"늙고 죽음 왜 생겼나? 태어남이 있기 때문. 태어남은 왜 생겼나? 존재 열망 있기 때문. 존재 열망 왜 생겼나? 내 것으로 취함 때문. 내 것 취함 왜 생겼나? 상대적인 애착 때문. 상대 애착 왜 생겼나? 상대적인 느낌 때문. 상대 느낌 왜 생겼나? 서로 접촉하기 때문. 접촉함은 왜 생겼나? 여섯 기관 있기 때문. 여섯 기관 왜 생겼나? 몸과 마음 있기 때문. 몸과 마음 왜 생겼나? 나름 생각 하기 때문. 나름 생각 왜 생겼나? 의도적인 행위 때문. 의도 행위 왜 생겼나? 밝지 못함 때문이네."

이것이 바로 근본 원인까지 찾아 나가는 열두 고리예요. 늙고 죽음의 문제를 해결하려면 결국 이것들이 해결되어야 한단 소리예요. 일부만 해결돼서는 근본적인 해결이 안 되고, 여기부터 해결돼야 돼요. 무명부터, 무아를 깨쳐야 하는 거죠. 무아에 어두운 게 무명이거든요. 내가 있다고 홀연히 생각하기 때문에 밝지 못한 거죠. 그래서 무명부터 없애 나갑니다.

"무아법에 밝아지면, 의도 행위 사라지고, 의도 행위 사라지면, 나름 생각 사라지고, 나름 생각 사라지면, 몸과 마음 사라지고, 몸과 마음 사라지면, 여섯 기관 사라지고, 여섯 기관 사라지면, 접촉함이 사라지고, 접촉함이 사라지면, 상대 느낌 사라지고, 상대 느낌 사라지면, 애착함이 사라지고, 애착함이 사라지면, 내 것 취함 사라지고, 내 것 취함 사라지면, 존재 열망 사라지고, 존재 열망 사라지면, 태어남이 사라지고, 태어남이 사라지면, 늙고 죽음 사라지네."

이것이 바로 생·노·병·사에서 해탈하는 방법입니다.

4. 약왕여래가 월개 왕자에게 수기를 주시다

붓다께서 제석천에게 말씀하셨다.

"왕자 월개는 약왕불을 따라 이와 같은 법을 듣고 유순柔順의 진리를 얻었다. 곧 보배 옷과 장신구를 벗어 붓다께 공양하며 말하였다.

세존이시여, 여래 멸후 저는 마땅히 법공양을 행하여 정법을 수호하겠습니다. 원하옵건대 위신력으로써 가엾게 여기시어 저로 하여금 마군을 항복받고 보살행을 닦을 수 있게 해주십시오.'

붓다께서 그의 깊은 마음으로 생각하는 바를 아시고 수기하며 말씀하셨다. '그대는 뒷날 법의 성을 수호하리라.'

천제여, 때에 왕자 월개는 법의 청정함을 보고 붓다의 수기를 들었으며 믿음으로써 출가하였다. 선한 법을 닦고 익혀 정진한 지 오래지 않아 오신통을 얻었으며, 보살도를 갖추고 다라니를 얻어 변재가 끊어짐이 없었느니라.

붓다께서 열반에 드신 후에, 그가 얻은 신통·총지·변재의 힘으로써, 10소겁이 차도록 약왕여래가 굴리신 법륜을 따라 널리 펼쳤느니라.

월개 비구는 법을 수호하고 부지런히 닦고 정진하여 그 몸으로써 백만 억 사람들을 교화하여, 아뇩다라삼먁삼보리에서 물러나지 않게 하였느니라.

여러분도 『유마경』의 법을 듣고 아뇩다라삼먁삼보리심을 일으켜야 돼요. 그걸 '발보리심'이라고 해요. 정확히 얘기하면 '발무상정등정각심'입니다. 최상의 깨달음을 얻겠다는 마음을 발현해야 돼요. 그러려면 첫째는 아바타 명상으로 무아법을 깨치고, 둘째로 바라밀 명상을 해야 돼요. 마하반야바라밀법에 의지해서 아뇩다라삼먁삼보리를 얻어야 됩니다.

14나유타의 사람들은 깊이 성문과 벽지불의 마음을 일으켰으며, 한량없는 중생들이 천상에 태어났느니라.

한량없는 중생들을 천상에 태어나게 하고, 성문과 벽지불의 마음을 일으키게 하는 것들은 모두 법공양으로 되는 것이지 밥공양으로 되는 게 아니라는 겁니다.

천제여, 때에 왕 보개가 어찌 다른 사람이었겠느냐?

지금 현재 붓다를 이루어 명호가 보염여래요, 그 왕의 천 명의 아들은 곧 현겁 중의 천 불이니라. 가라구손타가 처음 붓다가 되기 시작하여 최후의 여래의 명호는 누지라 한다. 월개 비구란 곧 나의 몸이니라.

우리가 사는 이 세계가 현겁입니다. 이 겁에 천 명의 부처님이 나투세요. 첫 번째가 가라구손타 부처님이고, 맨 마지막 부처님은 누지 부처님입니다. 석가모니 부처님은 그중 한 분이에요. '천 불 중에 한 분'이라고 합니다. 월개비구란 석가모니 부처님의 과거 전생이에요. 바로 한 전생에는 도솔천에 계셨고, 오래전 전생 인간으로 있을 때 월개비구였습니다. 그러니까 과거 삼세인과를 믿어야 모든 경전이 풀리게 돼 있어요.

이와 같이 천제여, 마땅히 이 요지를 알지니 법공양이 모든 공양에 있어서 최상이 되니, 제일이며 비교할 수 없느니라. 이러한 까닭으로 천제여, 마땅히 법공양으로써 붓다께 공양할지니라."

법을 아는 사람은 법공양을 하는 게 중요합니다. 부처님도 항상 법공양 하셨어요. 법공양은 부처님과 제자 아라한들이 잘하셨죠? 밥공양을 잘하는 사람은 따로 있어요. 그 시대에 밥공양을 가장 잘했던 사람이 급고독 장자입니다. 기수급고독원을 기증한 급고독 장자. 급고독 장자라는 이름 자체가 원래 별명이에요. '고독한 이에게 밥을 공급해 줬다'고 해서 급고독 장자가 된 겁니다.

● 제4장 ●

미륵보살에게 법을 부촉하시다
(十四. 囑累品)

1. 보살의 두 가지 모습

이에 붓다께서 미륵보살에게 말씀하셨다.

"미륵이여, 내가 지금 이 무량 억의 아승지겁 동안 모은 바 아뇩다라삼먁삼보리의 법으로 그대에게 부촉하느니라. 이와 같은 경을 불멸 후 말세 중에 그대들이 마땅히 신통력으로써 널리 설하고 유포하여 염부제에 단절됨이 없게 하여라.

왜 그런가? 만약 미래세 중에 마땅히 선남자와 선여인 및 천룡· 귀신· 건달바· 나찰 등이 아뇩다라삼먁삼보리심을 일으키고 큰 법을 즐기더라도, 이러한 경을 듣지 못하면 곧 좋은 이익을 잃게 되리라.

이와 같은 부류의 사람들은 이러한 경을 듣고 반드시 많이 믿고 좋아하여 희유한 마음을 일으킬 것이다. 마땅히 이마에 받들어 모든 중생들이 응당 얻을 바 이익을 따라서 널리 설하리라.

미륵이여, 마땅히 알아라. 보살에는 두 가지 모습이 있으니, 무엇이 둘인가? 첫째는 잡다한 어구와 글로써 수식하는 일을 좋아하는 것이다. 둘째는 깊은 뜻을 두려워하지 않고 실답게 들어가는 것이다.

만약 잡다한 어구와 글로써 수식하는 일을 좋아하는 자는 마땅히 알지니, 이들은 새로 배우는 보살이다. 만약 이와 같이 물듦이 없고 집착이 없는 매우 깊은 경전에 두려움 없이 능히 그 속에 들어갈 수 있으며, 듣고 나서 마음을 깨끗이하여 받아 지니고 독송하여 설하는 바와 같이 수행하면 마땅히 알지니, 이는 오랫동안 도행을 닦은 것이니라.

여러분은 첫 번째예요, 두 번째예요? 스스로 가슴에 손을 얹고 반성해보시기 바랍니다.

미륵이여, 다시 두 가지 법이 있으니 새로 배우는 자들은 매우 깊은 법을 결정할 수 없다. 무엇이 둘인가?

첫째, 아직 들어보지 못한 심오한 경전을 들으면 놀라고 두려워하여 의심을 일으켜 따를 수가 없어 훼방하거나 믿지 않고 이런 말을 한다. '나는 애초에 듣지 못했는데, 어디로부터 왔는가?'

『유마경』이 바로 그런 경이에요.

월호 스님의 유마경 강설

둘째, 만약 이와 같은 깊은 경을 지니고 해설하는 자가 있다면, 기꺼이 친근·공양·공경하려 하지 않는다. 혹 때때로 그 가운데 과오를 말하느니라.

『유마경』 같은 심오한 내용의 경전을 들으면, 첫째는 믿지 않는 사람이 있고, 둘째는 해설하는 자를 가까이하거나 공유하거나 공경하지 않고 오히려 자꾸 허물을 짚어서 사람들로 하여금 신심을 떨어뜨리게 한다는 거예요.

이 두 가지 법이 있으면 마땅히 알지니, 새로 배우는 보살이니라. 스스로를 상처내고 헐뜯어서 심오한 법 가운데에서 그 마음을 조복하지 못하느니라.
미륵이여, 다시 두 가지 법이 있으니, 보살이 비록 심오한 법을 믿지만, 오히려 스스로 헐뜯고 상처 내어 무생법인을 얻을 수 없다. 무엇이 둘인가?
첫째, 새로이 배우는 보살을 가벼이 업신여겨 가르치지 않는 것이다. 둘째는 비록 심오한 법을 믿고 이해하지만 모양을 취해서 분별하는 것이다. 이것이 두 가지 법이니라.”

이런 법을 가지고 있으면, 사람들에게 아낌없이 베풀어야지, 신학보살을 업신여기거나 안 가르쳐주거나 하면 다음 생에는 바보가 됩니다. 어떤 사람이 바보 멍청이로 태어났는데 그 사람 전생을 보니까 학문이 대단한 사람이었어요. 왜 바보로 태어났는지 살펴

보니까 남들한테 안 가르쳐 줬어요. '난 평생을 걸려 배운 건데 이걸 가르쳐 줘?' 법에 인색했던 거죠. 이렇게 법에 인색하면 다음 생에 바보가 됩니다. 그러니까 여러분들도 혼자만 가지고 있지 말고 자꾸 주변에 유포를 해야 돼요. 그렇게 전할수록 더 알게 돼요.

2. 미륵보살의 서원

미륵보살은 이러한 말씀을 듣고서 붓다께 사뢰어 말씀드렸다.
"세존이시여, 미증유합니다. 붓다께서 설하신 바와 같이 저는 마땅히 이와 같은 악으로부터 멀리 떠나, 여래께서 무수한 아승지겁 동안 모은 바 아뇩다라삼먁삼보리의 법을 받들어 지니겠습니다. 만약 미래세에 선남자와 선녀인이 대승을 구하는 자라면, 이와 같은 경전을 손에 얻게 하겠습니다. 그에게 염력을 주어, 받아 지니고 독송하며 남을 위해 널리 설하도록 하겠습니다.
세존이시여, 만약 후대의 말세에 받아 지니고 독송하여 남을 위하여 설하는 자가 있다면, 마땅히 그것은 다 이 미륵의 신통력으로 이루어진 것이라고 알아야 합니다."

미륵보살의 신통력에 힘입어 번역도 하고 여러분들에게 강의도 하는 거죠. 지금 이 경을 읽거나 설한다면 미륵보살의 가피를 벌써 받고 있는 거죠. 여러분들, 우리가, 다 같이요.

붓다께서 말씀하셨다.

"기특하고 기특하다, 미륵이여. 그대가 말한 바와 같으니라. 붓다가 그대를 도와 기쁘게 하리라."

이에 일체 보살이 합장하고 붓다께 사뢰었다.

"저희들도 또한 여래의 멸후에 시방의 국토에 아뇩다라삼먁삼보리의 법을 널리 펴고 유포하겠습니다. 또 마땅히 여러 설법자를 깨우쳐 인도하여 이 경을 얻게 하겠습니다."

그때에 사천왕이 붓다께 사뢰어 말씀드렸다.

"세존이시여, 성읍·마을·산림·광야의 어떠한 곳에서건 이 경전을 독송하고 해설하는 자 있으면, 제가 마땅히 모든 관리와 하인들을 이끌고 법을 듣기 위해서 그곳에 나아가겠습니다. 그 사람을 옹호하여 면전에서 백 유순까지 스스로 그 짬을 얻지 못하도록 하겠습니다."

사천왕이 짬을 얻지 못하게 한다는 것은 빈틈 없이 경호를 하겠다는 소리예요.

이때 붓다께서 아난에게 말씀하셨다.

"이 경을 수지하여 널리 펴서 유포하여라."

아난이 말하였다.

"그렇게 하겠습니다. 이미 요지는 받아 가졌습니다. 세존이시여, 마땅히 이 경을 무엇이라 이름 불러야 하겠습니까?"

붓다께서 아난에게 말씀하셨다.

"이 경의 이름은 『유마힐 소설』이니라. 또 『불가사의해탈법문』이니,

이와 같이 받아 지니어라."

'유마힐 장자가 설한 바'라는 거예요. 여기서 소설은 소설책이 아니고, '유마힐이 설한 바 경전'이라는 뜻입니다. 앞에서 불가사의 해탈보살 얘기 나왔죠? "불가사의해탈법문이니 이와 같이 받아 지 녀라"라는 겁니다.

붓다께서 이 경을 설해 마치자, 장자 유마힐과 문수사리·사리 불·아난 등과 모든 천신·인간·아수라와 일체 대중이 붓다께서 설하신 바를 듣고 모두 다 크게 환희하여 믿고 받아 받들어 행 하였다.

『유마경』 시작할 때와 종강할 때는 입제 회향이 중요하죠. 오늘 『유마경』 마치는 순간에 동참한 여러분들은 모두 미륵보살의 가피를 받고 사천왕의 옹호를 받는다는 것이 위의 내용입니다. 이로써 『유마경』을 마치게 되었습니다. 『유마경』이야말로 이 시대에 꼭 필요한 경전이 아닌가 싶어요. 왜냐하면 병고를 엄청 겪고 있는 오늘날의 상황에 『유마경』이야말로 병의 원인과, 또 어떻게 하면 이 병에서 벗어날 수 있는지, '나만 벗어나면 되는 게 아니다. 온 중생이 다 병이 나아야 내가 나은 거다' 하는 대승사상이 잘 갈무리되어 있기 때문이죠.
유마거사야말로 부처님의 아바타입니다. 부처님이 만약에 재가 자로 오신다면 이런 모습일 것을 보여줬어요. 『유마경』에서 여러 가지 좋은 대목이 많지만, 필자에게 가장 와닿았던 건 "지금 이 세상이 보살에게는 불국토다"란 겁니다. 우리는 가끔 '나도 불국토에 빨리 가고 싶다'고 생각할 때가 있어요. 근데 지금 이 사바세계가 보살도를 닦는 사람에게는 최적화된 곳이에요. 천상세계에 가면 내가 도와줄 사람이 없고, 법문을 들을 사람도 없습니다.

그다음에 "번뇌의 바다에 깊숙이 들어가지 않으면 어찌 지혜 보배를 캐낼 수 있으랴?" 우리가 번뇌가 안 생기길 바라고 스트레스 안 받기를 바라지만, 번뇌야말로 내 도반입니다. 번뇌가 없으면 진도가 안 나가요. 번뇌가 있으니까 그것을 자꾸 닦으려고, 대면 관찰하려고 노력하고, 보리심을 일으키려 하죠. 번뇌가 없으면, 즉 사람이 정말 먹고살 만하고 순탄해서 현실적인 근심 걱정이 하나도 없다면 보리심이 일기 어려워요. 살면서 어려움을 겪을 때 사람이 단련되고, 정신적 고통이나 육체적 고통을 자신의 도약의 기회로 삼습니다. 그걸 통해 단련되고 차원이 올라간다는 거죠.『보왕삼매론』에 보면 "병이 없기를 바라지 마라. 병이 없으면 마음이 오만해지니까 병고로써 양약을 삼으라"는 말이 있어요.

그다음에 "보살을 핍박하는 이는 불가사의해탈보살이다". 내가 보살심을 내고 서원을 세워서 보살도를 닦으려는데, 날 핍박하거나 괴롭히거나 해코지하려는 사람은 악마나 마구니가 아니고, 불가사의해탈보살입니다.

또 "평등심으로 중생계를 보살의 불국토로 삼아야 된다"고 해서, 결국 우리가 살면서 가장 중요한 것은 안목을 높이는 일이에요. 자기 깜냥을 충족시키는 데 머무르지 말고, 깜냥을 넘어서, 육안의 깜냥에서 천안의 깜냥으로, 천안에서 혜안으로, 혜안에서 법안으로, 법안에서 불안으로 올라가야 돼요. 안목이 높아져야 됩니다. 우리가 이 세상에 태어난 이유는 몸뚱이로 체험학습해서 안목을 높이려고 태어난 것입니다.

바로 이곳이 불국토!

유마거사에 의해 설해진 『유마경』에서는 '중생계가 바로 보살의 불국토'라고 합니다. 보살에게는 온갖 중생이 어울려 사는 이곳이 바로 '불국토'라는 뜻입니다. 불국토라 하면 부처님이 계신 평화롭기 짝이 없는 장소인데, 아귀다툼이 끊이지 않는 바로 이곳이 불국토라니, 어째서 그럴까요?

온갖 중생들이 더불어 살고 있는 이곳이야말로 보살도를 닦기에 최적화된 곳입니다. 예컨대, '보시바라밀'을 닦고자 하면 보시를 받아줄 중생이 있어야 합니다. 천상 세계는 모두가 풍족하니 주거나 받을 이도, 줄 것도 받을 것도 별로 없습니다. 지옥 중생이나 아귀는 주어도 못 받아먹습니다.

그러니 받을 이도 많고 줄 것도 많은 이곳이야말로 보시바라밀을 닦기에 최적화된 곳이 아닌가요? 지혜바라밀도 마찬가지입니다. 천상세계는 스트레스가 거의 없어 스스로를 돌아볼 기회가 적습니다. 오히려 쾌락에 젖어 헤어나기가 어렵습니다. 반면에 지옥이나 축생은 스스로를 돌아볼 겨를조차 없습니다. 그런 점에서 적당히 스트레스 받으며 스스로를 돌아볼 수 있는 이곳이 바로 지혜바라밀을 닦기에 최적화된 곳입니다.

그러므로 『유마경』에서는 '번뇌를 끊지 않고 열반에 들어간다'고 말합니다. 번뇌는 끊어야 하는 것이 아니라 활용해야 하는 것입니다. 시시때때로 일어나고 사라지는 번뇌가 실체 없음을 관찰하며 관찰자의 입장에 서는 것이 열반에 들어가는 것입니다. 관찰자는 항상하고, 즐겁고, 불성인 '내'가 있고, 청정하기(常樂我淨) 때문입니다.

'나의 번뇌'는 '내'가 있기 때문입니다. 그런데 이 '나'라고 하는 것은 실체가 없습니다. 몸은 생로병사生老病死하고 마음은 생주이멸生住異滅합니다. 끊임없이 변화하는 이 몸과 마음 어디에 고정된 실체로서의 '나'가 있겠습니까?

몸도 아바타, 마음도 아바타, 나도 아바타, 너도 아바타일 뿐!

우리 모두 아바타임을 깨쳐 자신의 애착은 쉬되, 남에게는 따뜻한 애정을 머금고 살아가는 것이 최상입니다. 그러기 위해서는 대면 관찰과 보시 복덕이 필수입니다. 이를 전하는 것이 바로 '아바타가 아바타에게 법을 설한다'고 하는 것입니다.

월호 스님의 유마경 강설